KB142707

최신 경찰기획론

임재강 著

 21세기사

2014년 4월 16일 낮에 TV에서 세월호가 침몰되어 가는 과정을 목도하며 기성세대의 한 사람으로서 미안함과 성찰을 하지 않을 수 없었다. 국민의 생명과 재산을 보호하는 꿈을 그리는 경찰기획의 연구에서도 성찰의 기회를 가져야 한다는 생각이 들었다. '오늘 할일, 오늘 한일'과 같은 일일업무계획에서부터 10년 후의 경찰비전을 제시하는 장기발전계획에 이르기까지 세월호에서 희생된 어린 학생들에 대한 반성이 포함되어야 마땅하고 경찰기획은 이처럼 불확실하고 불안한 시대에 국민을 지키는 역할을 제대로 하는데 기여하여야 할 것이다.

이러한 시대에 한국 경찰은 기획방범활동과 기획수사활동, 경찰정책기획 등과 같은 경찰기획활동을 통하여 지역사회와의 협력치안을 수행하고 고품질의 경찰서비스를 제공하며, 국민이 낸 세금을 가장 효율적으로 사용할 때 만이 '뛰는 범죄, 나는 범죄꾼'들을 제압할 수 있다. 한국의 경찰은 피터 드러커(peter drucker)의 5대 기획명제를 고민하는 경찰이 되어야 한다.

1. 우리의 일은 무엇인가? (what is our business?)
2. 고객은 누구인가? (who is the customer?)
3. 고객에게 가치 있는 것이 무엇인가? (what is value to the customer?)
4. 우리의 일은 어떻게 될 것인가? (what will our business be?)
5. 우리의 일은 어떻게 되어야 하는가? (what should our business be?)

아무쪼록 이 책을 통하여 경찰행정학을 전공하는 학생들이 경찰기획마인드를 갖고 장차 경찰관으로서 이기적이지 않고 협소하지 않은 넓고 깊은 시야로 치안환경을 통찰하고 모든 국민들을 위해 봉사할 수 있게 되기를 기원한다.

2014년 8월 저자

Index
차 례

제3장 경찰기획의 과정 / 138

제4장 경찰기획 정보관리기법 / 187

표 차례

그림 차례

제1장

경찰기획의 개념

생각의 샘 ·

경찰기획론을 배우는 목적은 무엇인가?

일. 범인의 뒤만 쫓아다니는 경찰이 아니라 미리 범죄꾼이 출몰하는 범죄현장에 지켜 서서 범죄를 사전에 차단하고 예방하는 경찰이 되기 위함이다.

이. 10만 경찰 모두가 지식경찰이 되고 기획전문가가 되어 시시각각 경찰이 당면 하게 되는 각종 치안문제에 대하여 신속하게 대책을 강구하여 대응할 수 있도록 경 찰기획역량을 강화하기 위함이다.

삼. 사후약방문(死後藥方文)이 아닌 선견 · 선결 · 선제행정이 가능하도록 기획역량 을 학습하기 위함이다.

세월호 사건을 롯한 여러 사례들을 살펴보고 경찰기획에 대한 문제의식을 가져보 도록 하자. 경찰기획론을 끝까지 학습하고 나면 경찰의 난제들을 해결할 수 있는 반 듯한 기획보고서를 작성할 수 있어야 한다.

✔사례1. 세월호 사건과 우왕좌왕 행정

기대를 모았던 미국 잠수팀이 물에 한 번 들어가지도 않고 미국으로 떠났는 데요. JTBC 취재 결과 돈 문제가 있었습니다. 미국 잠수팀은 일당 3천만 원을 받는 줄로 알고 있었고, 우리 범대본 측은 그렇게 약속한 적이 없다는 것이었 습니다. 일이 틀어진 과정이 매우 허술합니다.

박상욱 기자의 보도입니다.

미국 잠수팀의 한국 대행사가 우리 범정부사고대책본부 측과 주고받았다는 용역 계약서입니다. 1인당 일당이 3천만 원이라고 쓰여 있습니다. 우리 민간 잠수사들의 하루 일당이 98만 원인 것에 비하면 30배가 넘는 거액입니다. 범대본 측은 이런 문서를 본 적이 없다며 황당해 합니다.

알고보니 미국 팀의 대행사는 범대본의 민간 자문위원 A씨에게 계약서를 전달했는데, 정작 이 계약서를 해경이나 해수부는 받아보질 못했다는 겁니다. 이처럼 계약이 제대로 이뤄지지 않은 채 지난 11일 사고해역으로 간 미국팀은 3만달러가 먼저 지급돼야 시험 잠수를 할 수 있다고 주장했습니다.

[조셉 디투리/미국 잠수팀 : 저희는 이번 잠수를 위해 많은 돈을 들여 한국으로 날아왔지만, 한국 구조당국은 어떠한 활동비도 못 주겠다고 했습니다. 그래서 저희는 그건 부당하다고 얘기한 겁니다.]

미국 팀의 대행사 역시 항공료 등에 2억 원 넘게 들었다며 범대본 측에 보상을 요구하겠다는 입장입니다.

당국의 허술한 일처리로 실종자 가족들에게 실망만 안긴 채 아무 성과 없이 수억 원을 날리게 됐습니다.

■ 이 사례의 시사점

해경이나 해수부가 세월호 구조와 수습과정에서 허술하고 비기획적 행정으로 국력을 낭비했는지 의심할 수 있는 사례이다. 공무원의 기획력 부족이 국격을 훼손할 수도 있는 것인데 해경의 업무기획력에 문제가 있다고 하겠다.

✔ 사례2. 경찰인력구조 개선 기획

■ 현 황

2003년 9만1천6백여 경찰관중 하위직 경찰관인 순경－경장－경사(7급 이하)급은 7만9천여 명으로 전체의 86.2%를 차지하고 있다. 경찰 공무원은 순경에서 경감까지 진급하는 데 평균 24년이 걸린다. 그나마 경위 승진도 못한 채 정년퇴직하는 경찰이 74%에 달하고 있다. 대부분이 순경으로 입직하여 경사로 퇴직해 왔다.

■ 문제점

다른 일반 공무원 중에서 9~7급이 전체의 57.7%밖에 차지하지 않는 것과 비교해보면 하위직 경찰관이 얼마나 많은지 잘 드러난다. 일반 공무원은 9급에서 6급까지 승진하는 데 겨우 17년이 걸린다. 경찰이 7년이나 늦다.

■ 개선방안

이런 문제점을 해결하기 위해 경찰청은
- 경사급 파출소장, 경찰서 조사요원, 교통사고 조사요원, 형사반장 등을 경위급으로 바꾸고
- 경위급 순찰지구대장, 경찰서 조사·형사계장과 청문감사관을 경감급으로,
- 경찰서 경감 과장이나 지방청 경감 계장을 경정으로, 지방청 경정 과장은 총경으로 조정하자는 기획안을 내놓았다. 이 계획에 따르면 경위는 2,100여 명, 경감은 1,300명, 경정은 500여 명이 늘어나는 대신 경사 이하는 그만큼 줄어든다.

■ 이 사례의 시사점

과거 수십 년 동안 경찰관들의 계급분포가 이렇듯 열악하다는 사실은 누구나 알고 있었으나 그것을 문제점으로 심각하게 인식한 사람은 적었다. 즉, 문제를 문제로 보는 혜안이 누구에게나 있는 것은 아니라는 것이며 더더군다나 문제를 기획서로 제시하여 현실을 변혁시키는 일은 아무나 할 수 있는 일이 아니라는 이야기다.

여러분들은 위 문제점을 보고 어떤 해결방안을 구상 하였는가. 공중에 떠다니는 문제의식들을 활자화하는 능력을 키우는 것이 경찰기획론의 학습목표이다. 경찰인력구조의 문제점을 인식한 경찰관이라 하더라도 계급구조를 어떻게 개선할 것인지 구체적인 대안을 기획한 경찰간부는 드물었다. 대부분의 경찰관들이 문제를 문제로 인식하고 있으면서도 해결 대안을 생각하려 하지 않았거

나, 해결 대안을 알고 있으면서도 실천 역량이 부족하여 차일피일 미루어 왔던 것이다. 2004년에 들어서야 경찰청에서는 경찰인력구조개선을 위한 실천을 하기 시작했다.

이제 경찰기획론의 연구를 통해 경찰기획역량 강화를 이루어보자. 경찰기획은 정확한 현황 분석 ⇨ 현명한 문제 인식과 원인 분석 ⇨ 정책 대안 기획 등의 3박자가 고루 갖추어져야 하며, 더 나아가 최고정책결정자의 결단을 이끌어낼 정치적 역량도 요구된다.

✔ 사례 3. 경찰인사 및 복무관리 종합대책

이 사례는 2004년 초 경찰관들의 각종 비리가 연이어 터지자 경찰청에서 경찰인력에 대한 종합관리대책을 내 놓은 것이다. 여러분들의 생각과 어떤 점에서 유사하고 상이한지 비판적으로 평가하고 토론해보기 바란다.

■ 현 황

• 경찰관들의 부패와 비리사건들이 빈발하고 있음

■ 문제점

● 채용 단계

• 적성검사(5점) 및 구두면접 시험(10점)을 통해 부적격자 선발을 제한하고 있으나, 적성검사 점수 비율이 낮고 면접을 통한 변별 효과 미흡

※ 채용 점수분포 : 필기 75%, 체력 5%, 면접 20%(적성 5%, 면접 10%, 자격증 5%)

● 교육 단계

• 직권퇴교 등을 통해 부적격자를 배제하나 퇴교사례는 극히 미미하고, 지도교관 부족으로 전문적·실질적 생활지도 곤란

※ 99년 이후 신임순경 교육생 14,910명중 직권퇴교자 26명(0.17%)

● 시보 단계
  • 시보기간 경과 후, 정규임용심사위원회의 심사를 거쳐 임용여부를 결정
    하나, 특별한 사고가 없는 한 실제 배제사례는 거의 없는 실정

● 재직 단계
  • 재직자 종합적성검사 미실시, 직권면직의 기피 등으로 부적격자 조기 발
    견 및 사전 예방대책 수립 곤란

■ 대 책

● 채용 단계
  • 신원조사 강화
    – 채용후보자 신원조사의 항목에 친절도 · 청렴도 · 신용도 추가
      ※ 현행 : 신상, 성향, 가정환경, 생활실태, 학교생활, 전근무지, 세평
        및 종합의견
    – 채용후보자 「신원조사관제」를 도입, 면밀한 신원조사 실시

  • 면접시험 강화로 인성위주 선발
    – 종합적성검사 결과, 신원조사, 학교 생활기록부 등 서류조사를 통해
      인성부적격자를 선별하고, 적성검사 점수비율 상향 조정
      ※ 현행 적성검사 비율 5%를 10%로, 필기시험점수 75%를 70%로
        조정
    – 면접위원을 현행 3명에서 5명으로 증원하고 점수 산정 시 최고 · 최
      저점수를 제외한 평균점수를 반영, 공정성 확보

● 교육 단계
  • 교칙과 생활규범 기준강화, 엄격 적용
    – 당연퇴교 사유에 음주운전 · 절취행위 등을 포함, 교육단계에서 부적
      격자 배제가 용이하도록 보완
      ※ 퇴교사유 : 구속, 파면 · 해임, 직위해제, 교육성적 6할 미만자, 자
        퇴자
    – 생활규칙 위반자 감점 상향 조정 및 감점기준 엄격 적용

※ 동료간 시비·비방 3점 → 10점, 허위보고·사실 유포 10점 →
20점

- 교육수료 1주전 상호간 동료평가 실시 및 의견수렴 활성화
  - 동료평가 항목은 청렴도·성실성·협동성·책임감으로 하고 상·
  중·하 평가

- 문제해결 등 실질적 면담을 위해 전문가를 계약직으로 채용
「전문상담관」을 운영하고, 「생활지도교관 책임제」실시

● 시보 단계

- 시보경찰관 「책임지도간부」를 경정~경위급으로 1 : 1 지정
  - 면담·관찰 결과, 정규임용심사위원회 심사자료로 활용

- 정규임용심사위원회 운영 강화
  - 책임지도간부를 심사위원으로 위촉하고, 면직규정 철저 적용

● 재직 단계

- 저명인사 특강 등 윤리교육 강화로 공동체 의식 및 자긍심 고취

- 재직자 종합적성검사 정례화 및 다양한 교육 프로그램 운영
  - 적성검사 프로그램을 개발, 5년마다 적성검사 실시
  - 적성검사 결과에 따라 외부전문기관 위탁 등 교육을 실질화하고, 기
  관별 상담관을 위촉 사안별 문제해결 적극 지원

- 직권면직 사유 엄격 적용, 사고발생 이전에 부적격자 배제
  - 부적격자 총기휴대부서·민원부서 배치 차단 등 인사관리 강화

■ 기본 방향

- 비리반복 부서 집중점검을 통해 사고 유발요인 적극 개선
- 감찰첩보 수집 강화 및 관리감독 강화를 위해 관련규정 개정

■ 강화 방안

● 「문제성 직원 선정심사위원회」 구성·운영

• 면담, 세평 등 철저한 검증을 거쳐 문제성 직원 선정·관리

● 관리대상 직원의 등급 상향 조정

• 현행 나급 → 가급으로, 다급 → 나급으로 상향, 관리 강화

※ '가'급 부적합자, '나'급 위험상존자, '다'급 기타 특별관리를 요하는 자

✔사례 4. 외근경찰관 근무제도

다음은 지구대 외근경찰관의 열악한 근무환경에 대하여 개선을 요구하는 글로 어느 현직 경찰관이 경찰청 혁신 게시판에 올린 것이다. 여러분이 경찰간부라 생각하고 이에 대한 대책을 어떻게 마련할 것인지, 기획안을 직접 구상하여 작성해보도록 하자.

외근경찰관 휴무일 및 조기퇴근에 대해 몇 가지 외근경찰관들의 바램을 적어 봅니다.

현행 지구대 외근경찰관 휴무일을 18일/ 주간에 1회, 조퇴1회 쉬도록 하고 있으나 … 대다수 외근경찰관은 야간 휴무를 주기를 바라고 있습니다.

─ 그 이유는 ……

첫째, 야간수당 및 초과근무 수당을 제대로 받지 못하고 있는 경찰관에게 해당 야간근무를 줄여 경찰관의 건강과 제대로 보존 받지 못하는 야간근무 및 시간외수당을 보전해야 할 것이고 …

둘째, 야간휴무를 준다고 하여 꽤 많이 쉬는 것으로 생각하기 쉬우나 소방직 및 보안직과 비교하여 소방은 야간에 출동이 없으면 취침을 교대로 하고 있고 출동수당이 따로 있기에 그들에 대한 보상은 그런대로 충분히 이루어지고 있으며, 또한 보안직도 야간에 5시간 취침을 할 수 있고 시간외수당 및 야간수당 휴일수당을 합하여 똑같은 3부제 경찰과 비교하여 30~40만원을 더 보존 받고 있으며 또한 현업부서인 3부제근무는 야간휴무를 준다고 하여 주간휴무와 개념

이 다르지 않다는 인식을 하고 있음.

셋째, 주간에는 교통스티커 발부, 소재수사, 금융권순찰, 서에서 하달되는 각종 조사등 야간에 비해 결코 적지 않은 근무를 하고 있으면서도 야간근무를 보존하고 주간휴무를 주는 이유가 타 공무원의 주5일제에 맞추어 외근경찰관의 의사와 관계없이 형식적으로 주는 인상을 주고 있음.

넷째, 야간근무시 새벽5시에 조기퇴근하는 경우 대다수 경찰관들은 불만을 표시하고 있다. 현실에 맞게 3부제 근무의 특성을 고려하지 않은 형식적인 것에 지나지 않는다고 불만을 토로 하고 있다.

예를 들어 야간근무후 새벽5시에 퇴근할경우 경찰서 직장조회나 사격, 무도훈련, 교양이 있을 때는 이는 조퇴가 아니라 휴게 개념이 되며 집에 퇴근할 수도 없고 지구대로 통합되면서 가뜩이나 비좁은 지구대에 잠을 잘 수 있는 공간도 없어 어정쩡하여 퇴근도 휴게도 할 수 없는 현실.

- 이에 대한 대책으로……

주간 휴무일 및 야간조퇴를 야간일 휴무로 대체하여 보존 받지 못하는 시간외근무를 감소시키는 것이 바람직해보이고..연속3회 야간근무에 대한 피로를 야간근무일 휴무로 피로를 해소해야 할 것입니다.

우리 지구대 직원들의 여론 및 제 짧은 소견을 몇 자 적었습니다.

1. 경찰기획의 개념과 조직

(1) 경찰기획의 개념

1) 일반적 의미의 기획

기획(企劃)은 꾀할 기(企)와 그을 획(劃), 즉, 꾀하는 기술로 풀이할 수 있다. 꾀한다는 것은 생각하여 일을 도모한다는 의미이므로 기획은 지혜나 슬기, 창조와 일맥상통하는 바가 있는 개념이다.

쉬운 용어로 풀이하자면 기획은 한 마디로 '준비'라고 할 수 있으며 '미래를 준비하는 활동'이라고 할 수 있다. 졸업여행이나 신혼여행을 갈 때 어디로 갈 것인지 등에 관해 준비하지 않는 사람은 없을 것이다. 마찬가지로 농부의 농사준비, 학생의 시험준비, 취업준비, 목사의 설교준비, 교수의 강의준비 등과 같이 기획은 미래의 할 일에 관하여 준비하는 활동이라고 할 수 있다. 교활하고 사악한 범죄자들과의 투쟁을 전담하는 경찰조직은 더욱 철저한 공공의 적과의 전쟁준비가 필요함은 물론이다.

경찰활동에 있어 기획은 필수적인 행동요소이며 그 차원은 경찰청장으로부터 의경에 이르기까지 계층을 망라하여 포괄적이다. 경찰청장은 10년 앞을 내다보면서 경찰청의 모든 자원의 효율적 활용과 관련된 장기계획을 수립해야 하며 매년 1년 후의 경찰활동계획인 예산안을 국회에 제출해야 한다. 순경은 순찰차 근무시에 어디로 운행해야 할 것인지 자신의 조원과 매일 활동계획을 의논해야 하며, 의경은 음주운전 단속이나 방범순찰시에 흉악한 범법자를 어떻게 제압할 것인지에 대해 체포계획을 머리 속에 구상하고 있어야 한다. 이처럼 경찰기획은 다양한 계급의 경찰관들이 무한히 다양한 상황에 직면할 때 개별 상황들을 어떻게 효율적으로 처리하고 대응해야 하는지에 관하여 미리 준비된 구상과 절차와 지침들로 조합되어 있다.

보통 행정과정은 「기획(planning) – 집행(doing) – 평가(seeing)」의 3단계로 일컬어지고 있는데 이중 기획은 모든 업무의 첫 단계에 해당한다. 일반적으로 알려진 기획(企劃, Planning)의 정의는 어떤 개인이나 또는 조직이 소망하는 욕구나 목적을 성취하기 위하여 가장 효율적인 실행방법을 구상하는 준비과정이다. 이를 달리 표현하면 기획이란 목적과(무엇을 얻고자 하는 것인지에 관한) 수단에(어떻게 그것을 달성할 것인지에 관한) 관한 제반 요소의 종합이라고 할 수 있다.

최근에 기획의 개념은 전략기획과 거의 동일한 의미로 사용되고 있으며 기획의 개념적 의미에 대한 학자들의 다양한 정의를 살펴보면 다음과 같다(김성준. 김용운, 2003: 195).

① Steiner는 전략기획을 기본적인 조직 목표, 목적, 정책 등을 수립하고 조직의 목표를 달성하기 위해 사용될 전략을 개발하는 체계적인 노력이다(Steiner, 1979).

② Olsen과 Eadie는 조직의 실제목표가 무엇이며 조직이 특정업무수행을 왜 해야 되는지에 대한 결정과 행동을 산출해내는 훈련된 노력으로 전략기획을 정의한다(Olsen and Eadie, 1982).

③ Bryson도 이들의 정의를 바탕으로 조직이 무엇이고, 무엇을 해야 하며, 왜 그것을 해야 하는지에 대한 기본적인 결정과 행동을 산출해내는 훈련 된 노력으로 전략기획을 규정하고 있다(Bryson, 1988: 5).

④ Miesing & Anderson(1991)은 조직을 환경과 조화시키는 방법이라고 말한다.

⑤ Blacker(1994)는 계획된 미래의 성과, 성과를 달성하기 위한 방법, 성과달성을 측정·평가하는 방법에 대하여 의사결정을 하는 계속적이고 체계적인 과정이라고 말한다.

⑥ Arizona 州(1998)는 기관의 임무, 목적과 성과 측정을 정의함에 있어서 고객, 이해관계자, 정책결정자 뿐만 아니라 기관장의 전폭적인 지지를 필요로 하는 참여과정이라고 말한다.

⑦ Poister & Streib(1999)은 조직의 전략적인 의제를 발굴하기 위한 모든 주요한 활동, 기능, 그리고 지시 등을 통합할 수 있는 집중적인 관리과정이라고 말한다.

⑧ 김신복(1999)은 조직이 생존과 발전을 위하여 반드시 생각하고 수행해야 할 일들이 무엇인가를 찾아내는 데 활용될 수 있는 개념, 절차 및 도구라고 말한다.

2) 세 가지 차원의 기획 개념

위와 같이 다양한 기획에 대한 학자들의 관점과 견해를 편의상 세 가지 차원으로 나누어 살펴볼 수 있다. 최협의로 고전조직론자들은 관리과정중 하나의 단계로 보고, Dror는 넓은 의미로 미래를 준비하는 과정으로, Waterston은 최광의로 국가정책을 달성하는 수단으로 보고 있다.

① **Waterston(1965: 26)이나 Merriam(141: 489) 등 발전론자**

기획은 사회변화와 국가발전목표를 효율적으로 달성하는 수단이다. 최근 저개
발국 관료들이 한국경제발전의 비결을 배우기 위해 방문을 하고 있는데 한국
경제발전의 기적은 경제개발5개년계획 덕분이라고 말할 때 사용되는 뜻이다.

② **Y. Dror(1963: 46-58)**

최적의 수단으로 목표를 성취할 수 있도록 장래에 취할 행동을 위한 일련의 결정
을 준비하는 과정이다.

③ **고전조직론자**

행정 또는 관리를 "POSDCORB"[1]라는 7단계 과정으로 설명하고 있는 고전적 조직이
론에서는 기획을 첫 단계로 내세워 그만큼 중요시했고, Koontz와 O'Donnell(1959,
453)은 여러 대안 가운데 목표, 예산, 절차, 사업계획 등을 선택하는 관리자의 기
능이 기획이라고 하였다.

3) 경찰기획의 개념

이러한 논의를 바탕으로 경찰기획을 정의하면 다음과 같이 표현할 수 있다.

① 경찰기획은 경찰조직의 목표를 달성하기 위하여 가장 효율적인 수단을 강구하는
미래지향적인 활동이다.

② 경찰기획은 "경찰조직이 왜 무엇을 하고, 누가 해야 하고, 어느 때 하고, 어디서 어
떻게 해야 하는가를 세부적으로 준비하는 과정"이다.

③ 경찰기획은 현재 경찰조직이 존재하는 곳과 잠시 머무를 곳, 그리고 장차 있기를
원하는 곳을 연결해주는 다리 역할(혹은 청사진, 도로, 등대)을 하는 것이다.

정리하자면 경찰기획이란 "경찰조직의 사명과 임무를 수행하는데 영향을 미치는 주변
환경을 분석하고, 문제점을 발견하고, 이를 극복하고 해결하기 위하여 여러 가지 수단을
구상하고, 여러 대안 중에서 가장 합리적인 수단을 선택하여 이를 효율적으로 실천할 수
있도록 세부계획을 준비하고, 진행상황을 점검하고, 결과를 평가하고, 미비점을 시정하

---

1) POSDCORB란 기획(Planning), 조직화(Organizing), 인사(Staffing), 지휘(Directing), 조정(Coordinating),
보고(Reporting), 예산(Budgeting)의 약자임

는 일련의 연속적 준비과정"이라고 정의할 수 있다.

4) 경찰기획의 특성

위와 같이 경찰기획을 정의할 때 몇 가지 공통된 특성을 발견할 수 있다.

① 기획은 목표달성을 위하여 연이어서 이루어지는 과정(process)이며
② 기획은 하나의 결정이 아니라 한 묶음(a set)의 결정들이 계속 이루어진다는 점에서 복합적인 결정과정이고
③ 기획은 실천과 행동을 통해 문제의 해결이나 현실의 개선에 목적을 두고 있다는 점에서 행동지향적(action-oriented)이며
④ 불확실한 미래를 대상으로 한다는 점에서 미래지향적(future-oriented)이고
⑤ 목표를 성취하기 위한 활동이란 점에서 목표지향적(goal-oriented)이며
⑥ 바람직한 최적의 수단을 강구하는 등 합리성(rationality)을 추구한다.

5) 경찰기획의 중요성

기획통 관료가 출세한다는 말이 있다. "교수들은 논문으로 말하고, 기자는 기사로 말을 한다면 **공무원은 기획서로 말한다.**" 경찰관 개인의 업무수행능력은 기획서로 검증되고 표현된다. 아무리 좋은 아이디어도 기획서로 문서화 하지 않으면 공로를 인정받기 어렵다. 경찰조직에서 기획서의 중요성은 지나침이 더하여 부작용이 발생할 정도이다. 순찰을 나가야할 경찰관이 열심히 일하겠다는 혁신 보고서를 작성하느라 사무실에 남아 컴퓨터 앞에 앉아있는 어처구니없는 일까지 발생하기도 한다. 사건현장에서 직접 일을 하는 것이 아니라 서류로 일하고, 실제 업무보다 서류작성에만 매달리는 공무원들이 있다. 그러다보니 국민들로부터 "공무원들은 직접 일을 하는 것이 아니라 서류가 일을 한다"거나 "기획보고서 쓰다가 망하겠다"는 비아냥을 듣기도 한다. 선진국이라고 예외는 아니다. 1991년 미군이 이라크와 전쟁을 치루던 "사막의 폭풍작전(storm of sands)" 때에도 병사들이 전장에서 보고서를 작성하려고 컴퓨터를 짊어지고 다녔다는 말이 나돌 정도이다. 과장이 심하지만 관료조직에서는 이 정도로 기획서작성이 중요하다는 사실을 인식하면 좋을 것이다. 기획업무가 중요한 이유를 몇 가지 들어보자.

① 기획 아이디어가 아무리 좋다하더라도 제대로 된 기획서가 뒷받침되지 않는다면 기획내용은 정책결정자에게 전달되지 못하고 결국 실패할 수밖에 없게 된다. 구상

한 기획내용이 아무리 훌륭하더라도 관심을 끌지 못하고 결정권을 가진 경찰간부들을 제대로 설득하지 못한다면 그 정책은 태어나지도 못하고 사장될 것이다.

② 일상의 업무수행에 있어서도 하루 일과가 기획서 작성으로 시작되고 마무리 된다. 기획서 내용의 상세함과 정확성에 따라 경찰조직의 업무 성과가 좌우된다. 기획서는 분업화된 조직을 통합시키고 원활하게 자동차의 네 바퀴가 함께 돌아갈 수 있도록 만드는 기능을 한다.

③ 무엇보다 기획서는 기획내용을 기록하고 보존하는 수단이 되며, 시간이 지난 후에도 법적·행정적 책임의 근거가 된다. 공과를 논할 때 근거가 되는 것은 문서밖에 없다.

(2) 경찰기획조직

과거 경찰청의 기획담당부서는 경찰청 경무기획국 혁신기획과 등에서 관장하였으나 현재는 "기획조정관-기획조정담당관"의 조직으로 운영하고 있다. 이는 기획기능의 축소라기보다는 사이버안전국과 외사국 등의 신설과 더불어 경무기획국을 기획조정관과 경무인사기획관으로 분산 배치한 것이다.

경찰청과 그 소속기관 직제 제5조의2 기획조정관의 업무 분장 내용은 다음과 같다.

① 기획조정관은 치안감으로 보한다.

② 기획조정관은 다음 사항에 관하여 차장을 보좌한다.

1. 행정제도, 업무처리절차 및 조직문화의 개선 등 경찰행정 개선업무의 총괄·지원

2. 조직진단 및 평가를 통한 조직과 정원(전투경찰순경은 제외한다)의 관리

3. 정부3.0 관련 과제 발굴·선정, 추진상황 확인·점검 및 관리

4. 주요사업의 진도파악 및 그 결과의 심사평가

5. 주요정책 및 주요업무계획의 수립·종합 및 조정

6. 삭제

7. 경찰위원회의 간사업무에 관한 사항

8. 예산의 편성과 조정 및 결산에 관한 사항

9. 국유재산관리계획의 수립 및 집행

10. 경찰 관련 규제심사 및 규제개선에 관한 사항

11. 법령안의 심사 및 법규집의 편찬·발간

12. 법령질의·회신의 총괄

13. 행정심판업무와 소송사무의 총괄

2. 경찰기획의 유사 용어

경찰기획이 무엇인지 그 개념을 이해하는데 아주 유용한 수단이 유사 용어와 비교해 보는 것이다.

(1) 기획과 로드맵(roadmap)

기획의 의미로 대중적으로 사용하는 용어가 로드맵이다. 로드맵은 이정표라는 의미로 번역할 수 있지만 참여정부에서는 '연도별 개혁계획'의 뜻으로 사용하고 있다. 참여정부는 'Roadmap First, Action Later'(계획 우선)라는 모토로 인사개혁로드맵, 행정개혁로드맵 등을 발표하고 이에 따라 개혁을 추진하였다. 로드맵은 기획의 한 가지 방법이라고 하겠으며, 목표를 향해 나아가는 과정을 지도로 표현하여 제시함으로써 국민들이 쉽게 이해하고 참여하는 가운데 실천력을 강화해 나가고 실수를 예방하려는 의도가 담겨있다.

(2) 기획과 정책결정

정책결정과 기획은 미래의 행동을 구상한다는 본질적인 면에서는 거의 차이가 없다. 즉, 정책결정이나 기획은 각각 정책과 기획서라는 결과물을 만들어내기 위한 의견수렴과 의사결정의 과정이나 절차이다. 기획은 정책결정에 비해 특정성, 구체성을 띤다고 하는 점에서 상대적인 차이는 있으나 본질적인 차이는 없다. 따라서 기획현상을 정책결정 현상과 유사한 입장에서 파악하여도 별 무리는 없을 것 같다.

정책결정과 기획은 다 같이 문제해결을 위한 행정활동이며 사용하는 분석기법도 유사하다. 그러나 정책결정과 기획이 강조하는 점, 존재양식, 이념과의 관계 면에서 차이가 없는 것은 아니다. 기획은 정책결정보다 더 많은 행정과정을 포함하고 있으며, 상위직

뿐만 아니라 중하위직 구성원의 행정활동도 강조하고, 미래지향성과 이념성이 더 강하다.

(3) 기획과 정책

기획은 미래를 준비하는 행정활동을 의미하며 정책(policy)은 그 결과물이다. 즉, 기획은 과정과 절차의 개념이라면 정책은 결과의 개념이다. 정책의 개념에 대해 중요 학자들의 견해를 보면 다음과 같다.

① **다이**(T. R. Dye, 1984: 2) - 정책이란 정부가 하겠다고 또는 하지 않겠다고 결정한 모든 것이다.
② **샤간스키**(Sharkansky, 1975: 4) - 정책이란 정부의 중요한 활동이다.
③ **앤더슨**(Anderson, 1984: 3) - 정책이란 문제해결을 위한 행동 방책이다.
④ **정정길**(1991: 37) - 정책이란 바람직한 사회 상태를 이룩하려는 정책목표와 이를 달성하기 위해 필요한 정책수단에 대하여 권위 있는 행정기관이 공식적으로 결정한 기본 방침이다.
⑤ **최봉기**(1995: 240) - 정책이란 문제해결 및 변화유도를 위한 공적 수단으로서, 현재 및 미래에 관한 정부의 제반 활동지침이다.

"우리나라 경제정책이 잘못되어 있다"거나 "통일정책에 문제가 있다"고 할 때에 정책이란 용어는 정부의 각종 시책, 대책, 방침, 지침, 법률, 규칙, 기획, 계획 등을 포괄하는 넓은 의미로 사용된다. 정책은 "정부의 기본적인 활동지침"이라고 할 수 있다. 특히 행정학에서 사용하는 정책이란 기업의 경영분야에서 사용하는 '경영정책'과는 달리 정부기관에서의 '공공정책'을 의미한다. 그러므로 공공정책(public policy)은 "공익(public interest)을 실현하기 위하여 각종 공공문제(public affairs)를 해결하고 개선하기 위하여 정부기관이 선택한 행동지침"이라고 개념 지을 수 있다.

정리하면, 정책이나 계획은 모두 기획의 결과물이며, 기획은 이러한 정책이나 계획과 같은 결과물을 창출해내기 위한 행정활동을 의미한다. 기획은 대표적인 행정활동인 「기획-집행-평가」 중에 첫 단계인 것이다.

(4) 기획과 계획

기획과 계획(計劃, plan)은 통상 혼용하고 있으나, 엄밀히 말하자면 기획은 가능한 복수의 대안중에서 단일대안을 선택해 가는 연속적인 활동인데 비해 계획은 기획의 결과로 나타난 최종산물(output)로 이해할 수 있다. 즉, 기획은 영어의 planning에 해당하고, 계획은 그 과정의 결과로 나타난 최종산물로서 영어의 plan에 해당하며 최종산물인 plan은 보통 기획서나 계획서, 혹은 계획으로 번역한다. 기획은 여러 선택 대안을 구상하고 그 중에 하나를 선택하는 문제해결과정이라 한다면, 계획은 대안이 이미 설정되었음을 의미한다.

또 다른 측면에서 차이를 구별하면 기획은 목적과 전략에 치중하고 예산이나 일정 등은 소홀한 반면에 계획은 목적과 전략이 주어진 상태에서 주로 누가 언제 업무를 수행하고 예산을 어떻게 활용하느냐에 초점을 둔다.

(5) 기획과 전략

전략은 정책목표를 실천하기 위한 수단과 방법이라고 하겠으며 전략의 하위개념이 전술이다. 전략(strategy)은 군사용어로 전쟁의 방법이나 책략을 의미한다. 영어의 Strategy는 장군의 기술이라는 그리스어에서 유래되었다. 어원은 고대 그리스어로 군대를 목표를 향해 이끄는 사람을 의미했다. 한자의 전략(戰略)은 싸움에서 이기기 위한 지략이다.

이처럼 전략은 군사부문에서 사용되던 용어였으나 1940년대 게임이론을 다루면서 존 폰 노이만이 도입했다. 1950년대 이후 기업간의 경쟁이 전쟁만큼 치열해지자 기업에서 차용하여 사용하기 시작하였고 재무계획과 예산계획이 유행하였다. 1960년대는 엄청난 경제호황기였다. 기업들은 장기계획으로 발전을 도모했다. 1970년대에는 오일쇼크가 세계 경제를 강타하는 시대였다. 이에 따라 기업도 불안한 환경에 대응하여 전략적인 계획이 필요했다. 시장성장률과 시장점유율의 경영환경변수를 중시한 제품 포트폴리오 매트릭스 모델이 등장했다. 보트톤 컨설팅 그룹에서 개발한 BCG 매트릭스는 성공사업과 수익사업, 신규사업과 사양사업으로 구분하여 기업전략을 도출하였다. 이보다 발전한 것이 GE 매트릭스로 산업의 매력도와 사업의 강점을 양축으로 하여 분석하면 청신호, 주의신호, 적신호의 9개 영역이 나타나 이를 기준으로 사업전략을 선택하는 것이다. 1980년대에는 전지구적 차원의 생존경쟁이 진행되어 차별화와 핵심역량, 그리고 전략적 경영이 핵심 이슈가 되었다. 마이클 포터 하버드대 교수의 산업구조분석모델과 가치사슬분석모 델, 1990년대에는 핵심역량분석모델이 등장했다. 경찰이나 공공부문에서는 1990년대 이후 기업경영에서 활용되던 이들 전략기법을 도입해 사용하고 있다. 특히 SWOT 모델 은 널리 활용되고 있다.

민츠버그와 알스트랜드, 람펠은 전략이론에 관한 학파를 10개로 분류했다. 디자인학 파, 계획학파, 포지셔닝학파, 기업가학파, 인식학파, 학습학파, 파워학파, 문화학파, 환경 학파, 배치학파 등이다(랄프 쇼이스, 2010: 46-52). 톰 피터스(Tom Peters)는 세상에서 가장 어려운 일이 사람들에게 새로운 아이디어를 받아들이게 만드는 것이 아니라 낡은 아이디어를 잊게 만드는 것이라고 한다. 빌 게이츠, 스티브 잡스, 잭 웰치와 같은 과거의 수많은 전략들로부터 아이디어를 얻을 수도 있지만 거기에 포획될 수도 있다. 손자와 클 라우제비츠, 나폴레옹, 마오쩌뚱, 이순신에 이르기까지 최고의 위대한 전략가들이었다. 이들의 전략을 학습하되 새로운 전략을 상상할 수 있어야 한다.

전략의 근본은 철학이다. 우리는 누구에게 봉사하는가? 어느 방향으로 발전할 것인가? 에 관한 사명과 비전, 우리는 무엇을 추구하는가?에 관한 가치관과 원칙, 우리는 누구인 가?와 어떻게 할 것인가? 라는 정체성과 슬로건의 설정이 가장 중요하다. 그 다음이 전 략이다. 핵심문제는 어떤 사업을 진행할 것이냐에 있다. 전략을 설계하고 시행하고 출구 전략을 세우는 과정이 연속된다. 이러한 전략이 제대로 시의적절하게 수립되어야 기획이 순기능할 수 있을 것이다.

(6) 기획과 예산

예산은 1년간의 수입·지출의 예정표로서 화폐 단위로 표현한 것으로 일종의 완결된 기획서 라고 할 수도 있다. 기획과 예산은 상호 보완적인 관계에 있으며 기획 없는 예산 은 자원낭비에 불과하고, 반대로 예산의 뒷받침 없는 기획은 비현실적인 미래예측에 불 과하다. 그러므로 기획과 예산은 항상 상호보조적인 것이다.

(7) 비전, 목적과 목표

비전이란 꿈의 축약적 표현이라고 하겠으며 현실성 있고 믿을 만하며 매력적인 조직 의 미래상을 말한다. 2005년 경찰백서에 나타난 경찰혁신의 비전은 "가장 우수한 경찰,

가장 안전한 나라"이다. 이러한 비전은 경찰조직구성원에게 자부심을 제공하고 업무수행에 있어 참여의지와 활기를 북돋고 나아가 향상의 기준을 설정해 준다. 좋은 비전은 구성원에게 큰 꿈을 갖게 해주고 열정을 불러 일으키며 쉽게 이해될 수 있는 것이다.

목적과 관련된 용어에는 mission, purpose, object, objective 등이 있고 목표와 관련된 용어에는 aim, goal, target 등이 있다. 흔히 목적은 철학적이고 궁극적인데 비해 목표는 다소 구체적이고 계량적이라고 구분한다. 또한 목적은 장기적이고 지속적인데 비해 목표는 단기적이고 자주 변경된다. 2005년 경찰백서에 나타난 혁신의 3대 목표는 따뜻한 경찰, 든든한 경찰, 깨끗한 경찰이다.

목표의 바람직한 모습은 현재의 역량보다 20% 정도 상향된 것으로 좀처럼 달성하기 어려운 도전적인 것이어야 하며 측정 가능한 형태로 표현되는 것이 바람직하다. 또한 무엇을 얼마만큼 언제까지 달성하겠다는 대상, 기준, 기한이 명확하게 나타나 있고 그들 사이에 우선순위가 정해져야 한다.

목표수행과정에서 지켜야할 행동기준이나 중요한 역점사항을 보통 방침이라고 부르는데 방침은 목표의 보조 하위개념이라고 하겠다.

(8) 기획과 유사개념의 서열 구조

기획과 관련된 유사개념들이 많이 있는데 이들을 서열화하면 「이상(vision)—목적(goal)—목표(objective)—전략」 혹은 「정책(policy)—사업계획(program)—세부사업계획(project)」 순으로 정리할 수 있다. 다음 페이지에 제시된 [경찰청 2006년 주요업무계획의 목표체계]를 보면 전략부분이 이행과제로 표현되어 있다.

보통 정책이라는 표현은 "이상-목적-목표"가 결정된 이후 공표되는 지침이라는 의미에서 사용된 협의의 정책개념이며, 광의로서의 정책은 "이상으로부터 세부사업계획"까지를 모두 포괄하는 의미를 갖기도 한다.

뉴욕경찰청의 2007년 매뉴얼(http://www.lapdonline.org/)에서는 기획에 사용되는 개념을 다음과 같이 정의하고 있다. 정책(policy)은 경찰청 업무목표를 달성하는데 지침이 되는 원칙과 가치를 포함하는 것이다. 가치(value)는 윤리적 기능적 목표를 결정하는 기초가 되는 것으로 완성해야하는 성과의 질을 의미한다. 목표(objective)는 경찰의 사명을 달성하는데 필요한 완수하여야 하는 바람직한 도달상태를 의미하며 이는 여러 보조적인 목표들로 구성된다. 원칙(principle)은 경찰활동을 윤리적으로나 기능적으로 판단해야 할 경우에 연역적 논리에 의거하여 평가하는 개념적 지침이라고 하겠으며 보통 경찰활동의 한계를 지워주는 역할을 한다. 절차(procedure)는 경찰 활동을 수행하는 방법 내지 행동요령을 규정해 놓은 것이다. 규칙(rule)은 경찰활동에 있어 준수해야 할 특정한 금지사항이나 요구사항을 말한다.

LA경찰은 목표를 모토, 이상, 임무, 핵심가치, 경찰관윤리강령, 경찰청운영절차 등의 여러 형식으로 표현하고 있다. LA경찰의 모토는 "보호와 봉사"(To Protect and To Serve)이며 시민의 인명, 신체, 재산을 보호하고 봉사하는 것을 의미한다. LAPD의 이상은 범죄와 무질서가 없는 시를 건설하는 것이다. LAPD의 임무는 시민의 삶의 질을 향상시키기 위하여 시민의 생명과 재산을 보호하고, 범죄와 범죄에 대한 공포를 감소시키는 것이다. 동시에 임무수행시에 명예심과 성실, 그리고 신뢰에 맞는 윤리적 기준에 부합하게 행동하는 것이다. LAPD의 핵심가치는 지역사회에 대한 봉사, 법의 존중, 리더로서의 헌신, 청렴함, 인간존중, 지속적인 개선 발전이다.

LAPD는 절차로 공정성과 평등성을 확보하는 법의 존중, 최우선 과제로서의 범죄예방, 경찰에 대한 시민의 존중 확보, 자발적 준법의 확보, 시민의 협조 확보, 공정하고 친근한 법집행, 최소한의 강제력 사용, 시민 속의 경찰, 경찰권의 한계 준수, 경찰 효율성 평가기준은 범죄의 부재와 질서의 존재, 민경협력 확보, 자율방범체제 구축, 경찰관리자의 덕목, 경찰내 공조, 사법기관과의 공조, 경찰과 언론과의 협조, 목표관리, 참여관리, 관할 책임, 개방적 태도와 정직성 등을 제시하고 있다.

LAPD는 주요목표로 먼저 직무목표로 범죄예방, 범죄발생의 억제, 인명 존중, 범죄자의 체포, 피해품 환수와 반환, 교통 소통, 공공 서비스, 재난 대비를 두고 있으며 자원운용목표로 인적자원과 자원이용의 효율화, 외부기관의 참여에 의한 효율화 등을 들고 있다.

한국 경찰청의 2006년 주요업무 목표체계의 「비전 – 정책목표 – 이행과제」의 서열구조를 보면 다음 그림과 같다.

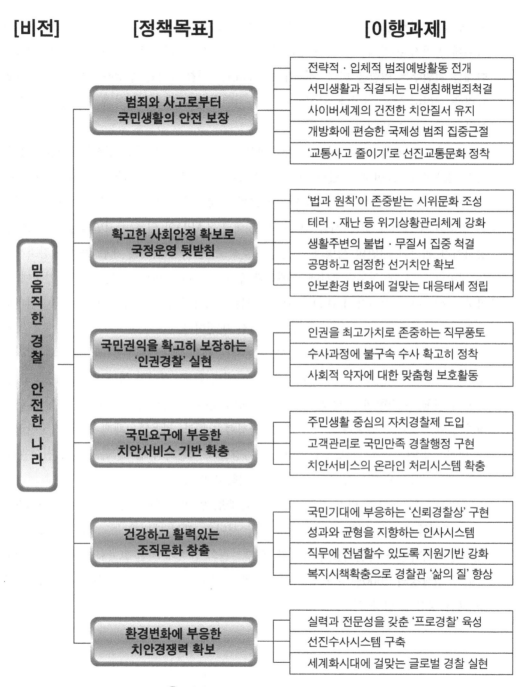

[비전]	[정책목표]	[이행과제]
	범죄와 사고로부터 국민생활의 안전 보장	전략적·입체적 범죄예방활동 전개
		서민생활과 직결되는 민생침해범죄척결
		사이버세계의 건전한 치안질서 유지
		개방화에 편승한 국제성 범죄 집중근절
		'교통사고 줄이기'로 선진교통문화 정착
믿음직한 경찰 안전한 나라	확고한 사회안정 확보로 국정운영 뒷받침	'법과 원칙'이 존중받는 시위문화 조성
		테러·재난 등 위기상황관리체계 강화
		생활주변의 불법·무질서 집중 척결
		공명하고 엄정한 선거치안 확보
		안보환경 변화에 걸맞는 대응태세 정립
	국민권익을 확고히 보장하는 '인권경찰' 실현	인권을 최고가치로 존중하는 직무풍토
		수사과정에 불구속 수사 확고히 정착
		사회적 약자에 대한 맞춤형 보호활동
	국민요구에 부응한 치안서비스 기반 확충	주민생활 중심의 자치경찰제 도입
		고객관리로 국민만족 경찰행정 구현
		치안서비스의 온라인 처리시스템 확충
	건강하고 활력있는 조직문화 창출	국민기대에 부응하는 '신뢰경찰상' 구현
		성과와 균형을 지향하는 인사시스템
		직무에 전념할수 있도록 지원기반 강화
		복지시책확충으로 경찰관 '삶의 질' 향상
	환경변화에 부응한 치안경쟁력 확보	실력과 전문성을 갖춘 '프로경찰' 육성
		선진수사시스템 구축
		세계화시대에 걸맞는 글로벌 경찰 실현

○ 경찰청 2006년 주요업무 목표체계

3. 경찰기획의 유형

경찰기획에는 어떤 형태가 있는지 그 기간이나 지역수준 또는 계층별로 그 유형을 분류하여 살펴보자.

○ 경찰기획의 종류

구 분	기 간	지역수준	기 능	고정성 여부	이용 빈도	계층별	실무사례별	보고형태별
기획의 종류	단기 중기 장기	경찰서기획 지방청기획 광역권기획 경찰청기획	경무기획 생활안전기획 경비기획 보안기획 교통기획 정보기획 등	고정 연동	단용 상용	정책기획 전략기획 운영기획	업무보고 업무계획 행사기획 동향보고	1페이지보고서 상세보고서 OHP, PPT

(1) 기간별 유형

① 기간별로 단기계획(short-term plan)은 3년 미만의 계획을 가리키는데, 전형적인 단기계획은 연차계획(annual plan)으로, 연차계획은 대체로 중장기계획을 집행하기 위한 운영계획(operative plan)의 성격을 띠며 예산과 연결된 구체적인 실천계획의 역할을 한다.

② 중기계획(medium-term plan)이란 3년 내지 7년을 대상기간으로 하는 계획으로 5개년계획이 가장 일반화되어 있으며, 장기계획을 위한 실제적인 목표를 설정하고 단기계획에 대한 기준이나 지침을 제공한다.

③ 장기계획(long-term plan)은 대체로 10년 내지 20년에 걸친 계획기간을 가지며, 실제로는 계획이라기보다 전망(perspective)의 성격이 강하고 기본방향과 지침을 제시하는데 더 의의를 가지고 있다.

장기계획은 흔히 장기전략계획으로 불리며 조직 전체의 목표를 명확히 하여 전략의 우선순위를 정함으로써 이에 따라 체계적이고 합리적으로 자원을 배분하는 기능을 한다. 또한 장기전략계획은 전체 구성원에게 조직의 미래비전을 제시하여 동기를 부여하는 기능을 한다(최신융 외, 2005: 216-217).

(2) 지역수준별 유형

지역수준별 분류로 경찰서단위의 경찰서기획, 지방경찰청 단위의 지방청기획, 중앙정부 단위의 경찰청기획으로 나눌 수 있다. 그리고 복수의 경찰서간 협력을 위하여 기획권(planning region)을 설정한 광역署기획, 복수의 지방경찰청간 협력을 위한 광역廳기획 등이 있다.

(3) 기능별 유형

기능별 분류로 경찰조직의 부서별로 경무기획, 경비기획, 정보기획, 보안기획, 교통기획, 생활안전기획, 외사기획 등이 있다.

(4) 고정성여부별 유형

고정성 여부로 계획기간을 집행이 끝날 때까지 고정시키느냐 또는 집행과정에서 변경하느냐에 따라 고정계획(Fixed plan)과 연동계획(Rolling plan)으로 나눌 수 있다.

① 고정계획의 예로는 우리나라의 제1차(1962~1966)·제2차(1967~1971)·제3차(1972~1976) 경제개발 5개년계획을 들 수 있다. 연동계획의 예로는 제4차 경제개발 5개년계획(1977~1981)을 들 수 있는데, 77년 말에 계획을 수정하여 다시 1978년에서 1982년에 걸친 새로운 5개년계획을 수립하였다. 그 후에도 매년도말에 동일한 절차를 반복하여 시발년도가 없어지는 대신 마지막 연도에 한 해가 추가되어 항상 5개년 계획이 유지되었다.

② 연동계획은 장기적인 비전과 미래설계 속에서 구조적인 변화를 기할 수 있는 장기계획의 장점과, 계획의 실현 가능성(feasibility)과 타당성이 높은 단기계획의 장점을 결합시키려는 시도라 할 수 있다.

(5) 이용빈도별 유형

이용빈도별 분류로 1회 사용하는 단용기획과 수시로 활용하는 상용기획으로 나눈다.

(6) 계층별 유형

경찰조직의 계층별로 정책기획, 전략기획, 운영기획으로 나눈다. 정책기획은 기획활동의 지침이 되는 궁극목적을 설정하는 것으로서 고도의 가치함축성을 갖는다. 전략기획은 정책목표를 달성하기 위한 최선의 방법과 수단을 제시하는 기획과정이라고 할 수 있으며, 또한 운영기획은 전략기획을 실천하는데 필요한 예산과 인력, 일정을 제시하는 기획과정이다.

경찰청장을 중심으로 국장급 이상이 관심을 갖는 정책기획은 목표지향적이며 창조적 능력이 필요한 분야이다. 경찰청의 국장급부터 계장급 이상이 관심을 갖는 전략기획은 목표달성수단의 형태로 장기적·포괄적·동적인 성격을 갖는다. 경찰청 계장급 이하의 실무진이 관심을 갖는 운영기획은 전략기획을 바탕으로 수단을 구체화시킨 형태로 구체적·단기적·부분적·정적이다. 경찰서를 예로 들면, 경찰서 안에서의 정책기획은 경찰서장, 전략기획은 과장급, 운영기획은 계장급 이하의 실무진이 담당한다.

정책기획이나 전략기획은 그 성격이 매우 복잡하고 선례가 없으며 고정된 내용과 형식이 없으므로 창의성에 많이 의존하게 된다. 반면에 운영기획은 비교적 단순하고 선례에 기초하여 구조화된 문서 형식에 따라 세부적인 행동 스케줄을 작성하는 형식이 많다.

(7) 실무사례별 유형

1) 업무보고

통상적으로 대통령이나 국무총리, 행자부 장관, 경찰청장등 중요인사의 방문시에 혹은 국회에 출석하여 경찰청이나 해당 경찰기관의 기관별 업무의 수행사항을 보고하기 위해 일정기간 또는 단위사업별로 업무 수행 상황을 작성 보고하는 형태를 업무보고라고 지칭한다. 여기에는 ① 연간업무계획(연말 또는 연초), ② 의회업무보고(상·하반기 예산심의, 감사 등), ③ 분기보고, ④ 월간보고(확대간부회의), ⑤ 중간보고(진행사항), ⑥ 관리자 교체시 업무보고 등이 있다.

2) 업무(사업)계획

특정한 사업을 실현하기 위하여 중·장기적으로 종합적인 계획을 수립·시행하는 기획으로 ①○○○추진계획, ②○○○활성화계획, ③○○○정비계획, ④○○○대책, ⑤○○○개선계획, ⑥○○○사업, ⑦○○○개발계획, ⑧○○○건립계획 등이 여기에 포함된다.

3) 행사기획

각종 회의나 행사를 개최할 때 필요한 기획으로 단기기획이 대부분이다. ① 회의개최기획, ② 세미나, ③ 포럼, ④ 심포지엄, ⑤ 토론회, ⑥ 공청회, ⑦ 위원회 개최기획 등이 있다.

4) 동향보고

업무와 관련하여 경찰청 내부, 중앙부처 또는 타 시·도, 구·군의 동향, 유관기관·단체의 동향, 업무의 진행상황 등을 간략히 보고하는 경우에 동향보고의 형식을 갖게 된다. 동향보고는 실무에서는 '어떤 기관이나 단체에서 일어나고 있는 내용'을 보고하는 형태로 이용되고 있는데, 외형상 정형화된 표준안은 없다.

언론동향이나 사건동향 등을 시시각각 보고하는 동향보고는 단발성이며 1회용 기획으로 ① 언론동향보고, ② 여론동향, ③ 지휘보고, ④ 사건동향보고, ⑤ 국내외 정책동향보고 등이 있다.

(8) 경찰기획서의 관련기관별 유형

경찰기획서는 소속기관별로 다음과 같은 유형으로 나눌 수 있다.

① **대통령(청와대)과 관련된 문서**
  a. 대통령 업무보고
  b. 대통령 공약사항·지시사항·언급사항 검토(보고)서, 시행계획서
  c. 청와대 비서실의 제출요구 자료

② **총리(국무조정실)와 관련된 문서 작성**
  a. 총리 지시사항 검토(보고서)서·시행계획서
  b. 심사분석 제출자료

③ 장관 또는 경찰청장, 기관장과 관련된 문서 작성

   a. 취임 시 업무보고서

   b. 대통령 업무보고의 세부시행계획서

   c. 장관 지시사항 검토(보고)서 및 시행계획서

④ 국장, 과장의 지시사항 및 관심사항

   a. 국내, 과내 브레인스토밍 결과 나온 제안들의 타당성 검토(보고)서

⑤ 청 내부의 부서간 의사소통을 위한 문서 작성

   a. 심사분석 제출자료

   b. 국회에서 요구한 자료

   c. 소속기관에서 본부에 보내는 보고문서 또는 요승인 문서

   d. 본부에서 소속기관에 보내는 지시문서

   e. 타부서의 협의를 득하기 위한 법령 또는 사업계획 검토(보고)서

⑥ 타 부처와 관련된 문서 작성

   a. 부처 협의를 위한 법령 개정 검토(보고)서

   b. 부처 협의를 위한(또는 승인을 득하기 위한) 사업계획서

   c. 인적, 물적 자원 확보를 위한 관계부처 요승인 문서

   d. 타 부처로부터 온 협의 문서에 대한 검토(보고)서

⑦ 감사 · 진단 · 평가 등에 대비하거나 당해 기관의 요구 시 제출자료

⑧ 여야 당정 협의를 위한 자료

⑨ 국회와 관련된 자료

   a. 정기 국회 업무보고자료

   b. 임시 국회 업무보고자료

   c. 예산국회 업무보고자료

   d. 국회의원, 또는 보좌관의 요구자료

   e. 국회 전문위원 요구자료

⑩ 언론과 관계된 자료

    a. 보도자료 작성

    b. 언론보도에 대한 해명서(장관 등에게 변명도 해야 함)

    c. 기자의 요청에 따라 보내 줄 자료 작성

    d. 언론에 보도된 정책적 사안에 대한 검토(보고)서

⑪ 대민 관계 자료

    a. 시민단체 등의 요구에 따른 자료 작성

    b. 정보공개에 응하기 위한 자료

    c. 질의 및 민원 사항에 대한 검토(보고)서

    d. 법령 개정(안) 입법예고 자료

(9) 보고형태별 유형

1) 1페이지 보고서

모든 기획은 1페이지 보고서의 형태로 표현되어야 바람직하다. 두꺼운 보고서로는 기획의 목적을 최고결정자인 경찰청장에게 설명하기 어렵다. 왜냐하면 기획보고서를 읽는 각급 기관의 경찰기관장은 업무량이 과다하기 때문에 서류함에 올려 진 수백 페이지에 달하는 각종 결재서류와 기획보고서를 모두 읽기 어렵다. 최고정책결정자는 한눈에 들어오는 간결한 내용의 기획서가 아니면 잘 읽지 못한다. 그러므로 1페이지로 요약된 기획보고서가 요구된다. 그러므로 모든 업무보고서나 일반적인 행사계획, 동향보고 등은 모두 간결한 1페이지 보고서 형태를 갖추는 것이 필요하고 상세한 내용은 첨부하도록 한다.

2) 상세 보고서

1페이지 보고서의 구체적인 사항을 담은 것이 상세 보고서이다. 상세 보고서는 예를 든다면 배경, 목적, 현황 및 여건분석, 환경분석, 예산계획, 인력계획, 수익·수혜정도 평가, 비용편익분석, 문제점 분석과 과제분석, 참고자료 등이 상세하게 정리되어 있는 것이다.

3) OHP 및 파워포인트

OHP 및 파워포인트(ppt) 등은 시청각적으로 시선을 집중하게 하고 보고내용을 간결하고 응집력 있게 표현해낼 수 있기 때문에 프리젠테이션하는 도구로 많이 활용되고 있다.

⑩ 전략기획

기업조직에서는 1970년대 이후부터, 공공기관에서는 1980년대 이후부터 기획이라고 하면 전략기획(strategic planning)을 의미하는 것으로 이해되고 있다. 전통적 기획에서의 전략기획은 단순히 부여된 정책목표를 달성하는 세부 수단을 마련하는 미시적 차원이었지만 전략기획은 미래의 비전을 개발하고 전혀 새로운 수단을 창출하는 거시적인 차원이다. 보통 전략기획에서는 미래의 꿈을 실현하기 위해서 오늘 어떤 일을 수행해야 하는가를 도출해내는데 초점을 둔다. 공공부문에서도 최근 전략기획이 주목받는 연구주제가 되고 있고 공공기관에서도 도입이 시도되고 있다. 이에 관한 세부 내용으로는 다음 읽기자료를 읽어보기 바란다.

⑪ 인력기획

정부조직에서 기획업무를 수행할 때 반드시 고려해야만 하는 2대 자원이 인력과 예산이다. 인력기획(human resource planning)이란 조직이 추구하는 목표를 효율적으로 달성하는데 필요한 우수한 인력을 안정적으로 제공하는 기능을 하는 행정활동이다. 아무리 찬란한 비전을 수립한다고 해도 업무를 집행하는 주체는 사람이기 때문에 인력기획은 기획의 핵심적 위치를 차지하고 있다고 하겠다. 인력기획의 주요 과정을 보면 필요한 인력의 수요를 예측하는 '인력수요기획과정'과 어떻게 인력을 공급할 것인지를 계획하는 '인력공급기획과정'이 있다. 이에 관한 세부 내용으로는 다음 읽기자료를 읽어보기 바란다.

⑫ 재정기획

경찰조직을 운영하는데 필요한 재원은 경찰청 경무기획국 재정과와 같은 예산담당부서와 기획예산처, 국회를 통하여 확보하여 집행하게 된다. 재정기획(financial planning)은 경찰활동 및 기관운영을 위해 필요한 예산을 최대한 확보하여 계획된 경찰업무수행에 잘 쓰여질 수 있도록 하는 것이다. 하나의 새로운 경찰정책이나 사업을 계획하게 되면 담당 경찰관에게 지급하는 인건비, 경찰관서를 짓거나 관리하는 예산, 사업집행에 필요한 운영비 등이 필요하게 되므로 어떻게 보면 예산확보야말로 기획의 성패를 가름하는 중요 요소라고 하겠다. 나아가 비용효과분석을 통하여 낭비요소가 없도록 하는 것도 재정기획의 중요 목적이다. 거시적으로 보면 재정기획은 기획예산처가 매년 수립하는 중기재정계획을 통하여 국가 전체적인 가용재원을 파악하고, 경찰청에서는 사용할 수 있는 가용재원의 범위 안에서 경비지출의 타당성을 검토하여 적정한 경찰정책과 사업을 검토하고 축소, 확대 등의 과정을 거치게 된다.

⒀ 목표관리제

계획적 조직관리를 위해 많이 활용하고 있는 관리기법이 목표관리제이다. 목표관리제(MBO)는 조직목표를 달성하려는 관리방법의 일종이지만 그 두드러진 특징은 조직 구성원의 참여와 토론이라는 방법과 성과측정기법을 사용하는 것이다. 조직 구성원들이 조직목표달성에 필요한 개인목표, 부서목표, 조직목표 등을 참여와 토론으로 설정하고, 추진성과를 목표와 대비하여 평가하는 것이 목표관리제이다. 따라서 목표관리제는 기획과정 중에서 목표설정과정과 기획평가과정에 강조점을 두는 관리방법이라고 이해할 수 있다.

특히, 목표관리제는 목표지향적 업무수행과 성과중심의 보상체제라는 두 가지 수단을 활용하여 행정의 능률성을 높이려는 시도이다. 모든 정책에 구체적인 성과측정 지표를 개발하여 목표달성도를 엄정하게 평가하고 평가 결과를 공무원 개인의 성과연봉제와 성과상여금제 등으로 연계시켜 4급 이상 관리자의 인사평정수단으로 활용하고, 이를 통하여 연공서열 위주의 평정과 승진인사를 탈피하는 효과를 얻어내고자 한다. 목표관리제가 변화효과를 내는 연유는 업무 실적에 따라 차등보상을 함으로써 무사안일한 행정행태를 혁신하게 되며, 이에 따라 행정서비스의 질을 개선하고 문제 있는 관료를 도태시키는 결과를 낳기 때문이다. 우리나라 정부에서는 1998년에 시범운영을 거쳐 1999년부터 실시하고 있다.

⒁ Balanced Scorecard

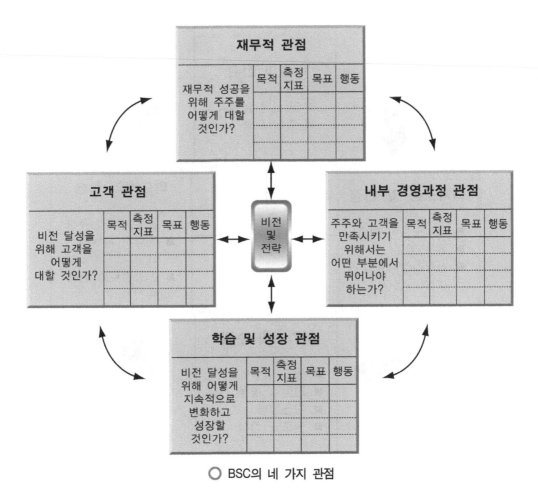

○ BSC의 네 가지 관점

자료원 : Robert S. Kaplan, David P. Norton, "The Balanced Scorecard as Strategic Management System," *Harvard Business Review on Measuring Corporate Performance*, Harvard Business School Press, 1998, p. 186.(Originally published on Harvard Business Review in January-February 1996)

BSC는 성과를 종합적인 관점에서 측정할 수 있게 도와주는 성과측정 시스템이며 동시에 기획에도 준용된다. BSC는 성과를 네 가지 관점에서 살펴 볼 수 있게 한다. BSC는 조직을 네 가지 시각을 통해 봄으로써 단기적 기획을 장기적 비전 및 전략과 연계될 수 있도록 해준다.

BSC는 비전의 전환, 의사소통 및 연결, 사업계획 수립, 피드백과 학습이라는 네 가지 과정을 반복적으로 수행함으로써 조직의 장기전략을 단기적 목표 및 활동으로 연결시킨다.

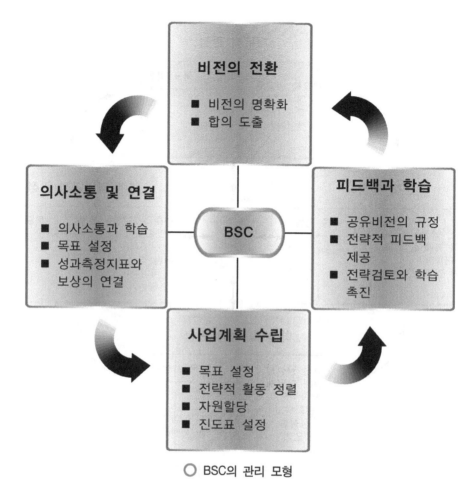

○ BSC의 관리 모형

자료원 : Robert S. Kaplan, David P. Norton, "Using the Balanced Scorecard as a Strategic Management System" *Harvard Business Review on Measuring Corporate Performance*, Boston, Harvard Business School Press, 1998, p.187.(Originally published on Harvard Business Review in January-February 1996)

읽기자료1 전략기획[2])

(1) 전략기획의 의의와 특징

1) 의 의

미국 연방정부의 경우 1993년에 전략기획의 도입이 의무화되어 있다. 현대기획은 곧 전략기획과 동의어로 사용될 정도로 전략기획은 기획의 대명사가 되고 있다. 기업에서도 전략기획을 바탕으로 하는 전략경영, 각국 정부에서도 전략기획기법을 활용하여 국가전략기획을 적극적으로 시도하고 있다.

2) 특 징

여기서는 전략기획의 도입과정과 장단점 등을 살펴보고자 한다.

① 전략기획은 조직의 비전(vision)과 사명(mission) 또는 가치(value)를 확인하고, 이를 수정 보완하는 과정을 중요시한다. 즉, 조직의 존재이유를 부여해주는 사명을 확인하고 조직 내에서 발생할 수 있는 갈등을 완화시킴으로써 구성원들에게 동기부여의 역할을 한다(Bryson, 1988: 49).

② 전략기획은 조직과 연관된 내외적인 환경적 여건을 중요하게 여기기 때문에, 조직 내부의 장단점을 분석하고 조직 내외에서 발생하는 위협과 기회요인을 어떻게 효과적으로 대처하느냐에 초점을 둔다(김형렬, 1998: 3-4).

③ 전략기획은 조직이 직면한 전략적 이슈를 확인하고 해결하는 데 역점을 둔다(Bryson, 1988: 7). 여기서의 전략적 이슈란 목표(what), 수단(how), 철학(why), 위치(where), 시기(when), 이해관계자집단(who) 등에 있어서의 갈등과 같은 문제를 효과적으로 해결하기 위해 불확실한 상황에 대처할 준비를 갖추는 것을 말한다(Bryson, 1988: 56).

④ 전략기획은 정책형성과 정책집행을 연결하는 안전장치의 역할을 한다. 정책형성과 정책집행체계가 잘 되어 있더라도 예상하기 어려운 정책환경에 변화가 생기면 정책이 실패할 수 있기 때문에 이를 예방하기 위한 수단적 방안을 마련하는 것이 전

---

2) 전략기획에 관한 유용한 읽기자료로 김성준 김용운(2003: 189-218)의 논문중 일부를 요약하였다. 이 부분은 도시행정을 다루고 있고 난이도가 있으므로 참고자료로만 제시하였다.

략기획의 역할이다(김형렬, 1998: 5).

⑤ 전략기획은 분석보다는 종합(synthesis)에 더 역점을 둔다(Mintzberg, 1994: 108). 따라서 전략기획가의 역할은 조직의 재량범위, 조직의 비전과 사명 등을 명확하게 확인하면서 조직의 강점과 약점, 기회 및 위협 요인 등을 탐색하고 이 모든 정보와 자료를 종합하는 것이라 할 수 있다.

⑥ 전통적 기획은 주어진 목표를 예산이나 사업으로 구체화하기 위해 활용되는 것으로서, 주로 기존의 조직 역할에 중점을 둔다. 또한 장래의 환경 변화에 따른 대처 능력이 부족하며, 법규 및 기획부서의 지위 등에 따라 많은 제약을 받게 된다. 반면, 전략기획은 주로 전략적 이슈의 확인 및 해결을 위해 활용되는 것으로, 조직 내외의 환경에 대한 평가를 통해 비전을 추구하면서 조직의 미래모습을 구체적으로 제시한다. 이는 정책결정의 측면에서 조직의 모든 실제적·잠재적 역할을 고려하게 되어 정치적 상황에 보다 탄력적으로 대응할 수 있다는 의미이다. 또한, 정책집행 측면에서는 법령이나 지침의 제약을 상대적으로 덜 받아 재량의 범위가 넓고, 계획내용에서도 주요 이해관계를 종합적으로 고려하기 때문에 실제적 유용성이 높다.

(2) 전략기획의 장점

전략기획은 다음과 같은 장점들이 있다(Arizona주, 1998).

① 전략기획은 환경 변화에 대응하기 위한 사전행동적(proactive)인 변화를 추구한다.

② 전략기획은 성과를 관리하는 데 있어 유용한 수단인 진단, 목표설정, 전략형성의 과정, 운영계획, 자본계획, 예산을 위한 지침을 제공한다.

③ 전략기획은 조직을 미래지향적(future-oriented)으로 전환시켜 준다. 윤성식(2003)은 과거의 전략기획이 조직의 주체가 무엇을 해야 하는가를 기획하는 것이었다면, 현대적 의미에서는 조직의 주체가 어떤 조직이 되어야 하는가에 초점을 맞추는 기획으로서 이해되어야 한다고 주장한다.

④ 전략기획은 고객의 지지 확보와 조직 내부의 커뮤니케이션을 강화한다. 즉, 기본적으로 고객지향적 관리(customer-oriented management)를 지향하기 때문에 기획과정 전반에 걸쳐 고객의 요구와 기대를 반영하려고 노력한다.

(3) 전략기획의 과정

① 환경적 검토로서, 문화적 · 인구통계학적 · 경제적 · 정치적 주요 요인들을 검토하고, 이 요인들이 조직 및 임무와 어떠한 관련성을 가지는지 확인한다.

② 조직의 사명과 목적에 대한 결정으로, 환경적 검토에 기초하여 새로운 접근방법이나 새로운 서비스를 제공하기 위한 기회와 이슈를 확인한다.

③ SWOT분석을 통해 내부 및 외부의 강점, 약점, 기회, 위협, 자원적 한계 등을 분석하고, 이어 사명과 목적의 달성을 위한 구체적인 행동계획을 개발하며, 정책 및 사업의 우선순위를 결정한다. 마지막은 집행전략의 개발 및 집행과정에 대한 모니터링으로, 집행을 위한 실제적인 전략을 개발하고 집행과정을 모니터링하며 평가한다.

(4) 사례 : Arizona주의 전략기획

1) 전략기획 도입과정

Arizona주는 국내외의 경기침체와 재정압박 등에 능동적으로 대응하기 위해 전략기획을 도입하게 되었다. 1987년부터 천연자원, 보건, 교통 분야에 시범적으로 도입하였고, 1991년 경제개발 분야에까지 확대 도입하였다가, 1997년에 Arizona주 예산개혁 입법인 주법 210장(Chapter 210, Laws 1997)을 통해 본격적으로 주정부 전체에 전략기획을 도입하였다(Arizona 주, 1998: 2). Arizona주 전략기획의 가장 큰 특징은 예산개혁의 일환으로 도입하였다는 것이다.

2) 전략기획 추진절차

Arizona주의 전략기획 모형은 다음의 전략기획 과정을 거치도록 권장하고 있다 (Arizona주, 1998: 9-11).

1단계 과정은 조직이 스스로 현재 어디에 있는가를 질문하는 것이다. 이것은 행정기관이 내 · 외부 평가를 통해 자기 조직의 현재상황과 환경여건을 스스로 평가해보고, 조직의 서비스를 직 · 간접적으로 활용하는 고객 및 이해관계자를 공식적으로 확인하는 것이다.

2단계는 조직이 나아가야할 곳은 어디인가를 질문하는 것이다. 이것은 조직이 도달하고자 하는 조직목적에 대한 간결하고 종합적인 진술인 '사명'의 개발, 바람직한 미래상으로서의 '비전' 개발, 조직의 핵심적 가치인 '원칙' 개발, 3년 이상의 기간이 경과한 시점에서의 바람직한 결과로서의 '목표' 개발, 목표의 성취를 위한 구체적이고 측정 가능한 '하위목표' 개발 등을 말한다.

3단계는 조직의 성과를 어떻게 측정할 것인가를 묻는 것이다. 이것은 측정가능성과 책임성은 물론 지속적인 개선가능성을 고려하여 성과측정지표를 개발하는 것이다.

4단계는 조직이 목표를 어떻게 달성할 것인가 하는 것으로, 이것은 전략계획을 구체적으로 집행하기 위한 전략과 수단을 구체화하고 적절하게 자원을 배분하는 행동계획을 개발하는 것이다.

5단계는 조직의 성과관리에 대한 확인으로, 이것은 실제로 성과를 측정하고 관리정보를 수집. 관리하는 성과관리시스템을 개발하는 것이다.

○ Arizona주의 전략기획 추진절차

조직의 현황 분석	• 상황 및 환경 평가 • 고객 및 이해관계자 확인	
조직의 미래위치 결정	• 사명 개발 • 원칙 개발 • 하위목표 개발	• 비전 개발 • 목표 개발
성과측정지표 개발	• 측정가능성, 책임성, 개선가능성 고려	
행동계획 개발	• 전략 및 수단의 구체화 • 자원배분계획 수립	
성과관리시스템 개발	• 성과의 측정 • 관리정보의 수집.관리	

(5) 우리나라의 전략기획

우리나라 공공조직에 전략기획을 도입해야하는 궁극적인 목적은 공공조직 자체의 '기획역량(organizational capability to plan)'을 제고시키는데 있다. 현재 우리나라의 경우에도 어느 정도의 여건분석이나 환경분석에 기초하여 전략계획의 성격을 가진 장기적

계획을 수립하고 있는 것이 사실이다. 우리나라는 계획의 수립만을 중요시할 뿐 조직 자체적인 기획역량 제고에는 무관심한 것이 사실이다.

다음으로, 전략기획의 과정에서 환경분석이나 이해관계자 분석이 충분하게 이루어지지 않을 경우, 미래의 환경변화에 충분히 대처하지 못함은 물론 계획의 방향 자체가 잘못될 수 있다는 점을 지적할 수 있다. 현재 우리나라의 경우 대부분의 중·장기계획이나 비전 수립에 있어 환경분석을 행하고는 있으나 체계적인 환경분석이나 이해관계자 분석에 기초하여 수립하는 수준에 이르지는 못하고 있다.

전략기획의 성공적 추진을 위해서는 리더의 적극적·참여적 리더십은 필수적이고 조직의 커뮤니케이션 활성화가 전략적 기획의 성공에 있어 핵심적인 요인임을 알 수 있다.

거버넌스와 네트워크의 시대에 경찰행정의 성공여부는 지역주민들의 자발적이고 적극적인 참여가 근본적인 바탕이다. 그러므로 경찰이 지역 주민의 기대와 요구에 대응하면서 목표를 달성해 가는가 하는 것이 필요하다. 따라서 전략관리의 핵심인 전략기획은 그 어느 때 보다도 중요한 의미를 갖는다. 경찰청은 전략적 기획관리를 위한 주요 수단으로 각종 위원회, 자문교수단, 성과관리제도, 심사평가제도, 성과주의예산제도, 목표관리제, 행정서비스헌장 등을 조화시켜 적용하는 방안을 모색할 필요가 있다.

읽기자료2 | 인력관리계획

(1) 인력관리계획의 의의

인력관리계획은 조직의 목표 달성에 필요한 인력을 적시에 확보하여 활용하기 위한 중장기 계획으로 현재 보유인력을 분석하고, 향후 필요인력을 예측하여, 그 차이를 해소하기 위하여 중장기적으로 지향하는 목표와 단기적으로 실행할 계획을 주요 내용으로 한다.

공무원임용령(제8조·제34조)과 공무원임용시험령(제3조·제42조)에 의하면 각 부처의 장관은 조직목표의 달성에 필요한 효율적인 인적자원 관리를 위하여 소속공무원의 채용·승진·배치 및 경력개발 등이 포함된 인력관리계획을 수립하여야 한다고 규정되어 있다.

(2) 인력관리계획의 수립과정

　인력관리계획은 5년내의 중장기 계획으로 5년정도의 시계(時界)로 기관의 미션과 주요 사업(추진과제)을 확인하며 "전략적 방향의 설정, 인력분석/전략개발 등, 필요인력 예측, 인력관리계획의 목표 설정" 등은 계획수립 후 그 기간동안 유지하는 것을 전제로 작성하고, "실천계획"은 예측가능성 등을 고려하여 1~2년간의 계획으로 작성한다. 인력관리계획의 수립모델은 대체로 다음과 같은 4단계를 거친다고 볼 수 있다.

1단계
전략적 방향의 설정

• 환경 분석
• 비전/미션, 추진과제
• 주요 기능변화
• 인력관리의 시사점 도출

4단계
모니터링/평가 · 환류

• 중간점검
 － 실천계획의 집행상황을 평가
• 직제개정 등 여건변화 반영
• 실천계획의 조정
• 향후 인력관리계획 반영

360도 순환

2단계
인력 분석/전략 개발

1. 인력수요 예측
  (미래 필요인력 특성)
2. 인력공급 계획
  (현재 인력 특성)
3. Gap 분석
  (수요와 공급간 불일치)
4. Gap 해소를 위한 전략

3단계
인력관리계획의 집행

• 갭 해소를 위한 실천계획
• 충원계획, 교육훈련계획, CDP, 성과관리계획, 인재보유전략 등
 [예시]

○ 인력관리계획의 수립과정

(3) 인력관리계획 평가

인력관리계획의 효과적 수립 및 활용을 위하여 인력관리계획의 적절성에 대해 자체평가를 하며 다음 표와 같은 체크리스트를 활용한다.

○ 인력관리계획 평가관련 체크리스트

평가 영역	평가 내용
개 요	인력관리계획을 인사운영에 반영하고 있는가?
	인력관리계획의 공개 등을 통해 개인의 경력개발 등에 활용하는가?
참 여	계획수립시 기관장, 간부, 직원들이 적극적으로 참여하였는가?
	주요 단계별로 조직내 핵심그룹(간부회의 등)의 토론과정을 거쳤는가?
비전/전략	비전/전략에 따른 인력관리의 시사점을 명확히 제시하고 있는가?
인력분석/ 전략개발	인력분석이 비전/전략과 연계성을 확보하고 있는가?
	• 부처별로 의미있는 인력구조의 분석단위가 도출되었는가?
	• 목적달성에 필요한 조직역량 등 주요 역량이 도출되었는가?
	인력관리(인력구조/규모, 역량수준)의 방향은 도출되었는가?
	인력확보방안의 효과성, 실현가능성이 적절하게 고려되었는가?
실천계획	인력분석(역량진단등) 결과를 실천계획에 반영하였는가?
평가/환류	실천 계획에 따라 집행되고 있는지 점검하고 있는가?
	주요한 여건변화를 인력관리계획에 반영하고 있는가?
	평가결과가 차년도 계획에 적절하게 반영되었는가?

제2절 ✻ 전략적 인생기획

1. 전략적 인생기획

　　새로 대학에 입학하거나 결혼을 하거나 혹은 새해가 되면 누구나 계획을 세운다. 새로운 도전을 위하여 준비를 하고 올해는 더 나은 해를 위하여 쇄신하려고 하는 것이 보통이다. 그런데 많은 사람들은 새로운 계획은 수립하지만 제대로 실천을 하지 못하여 자신에게 실망을 하는 경우가 많이 있다. 경찰기획도 개인의 인생기획과 기본 형태에 있어서는 유사하다. 경찰관 개개인의 인생기획이 모여 경찰조직의 기획으로 승화되는 것이기 때문이다. 여기서는 인생기획에 대한 고민으로부터 시작하여 기획론에 대한 관심을 높여보기로 하자.

　　인생기획을 잘 하려면 첫째, 인생의 비전을 명확히 하라! 비전은 평생을 두고 실천하는 인생의 방향이다. 방향이 잘못되면 엉뚱한 길로 접어들어 고생하거나 낙오될 수 있다. 인생의 비전은 어떤 면에서 사랑하는 애인을 만나기 위하여 만남의 장소를 찾아가는 순간과 같은 것이다. 생각하면 가슴이 두근거리고 남들이 들으면 부럽고 콧노래가 흥얼거릴 정도로 즐거운 마음으로 살아가도록 만들어 주는 활력소가 되는 것이다.

　　두 번째는 지배가치를 명확히 하는 것이다. 지배가치란 목숨을 걸어도 아깝지 않다고 느껴지는 삶의 가치이다. 흔히들 말하는 사명선언이다. 우리 주변에서 사명선언을 하고 열심히 살아가는 사람들이 많이 있다. 자신의 삶의 철학과 가치 그리고 의미가 있다고 생각하는 것을 지배가치라 할 수 있다.

　　세 번째는 분명한 목표를 수립하는 것이다. 건강하고 행복한 삶이 비전이라면 목표는 비전을 달성하기 위한 구체적인 방향이다. 매월 1회 한라산을 올라간다. 또는 지리산을 올라간다는 분명하고 확실한 다시 말하면 손에 잡힐 듯이 분명한 것을 의미 한다.

　　네 번째는 중장기 경력개발계획의 수립이다. 구체적인 목표달성을 위하여 중장기적인 인생의 전략을 수립하는 것이다. 태어나 죽을 때까지의 인생사를 비롯하여 10년 앞, 5년 앞의 나의 모습을 그려보는 것이다.

　　① 10년을 준비하라! 앞으로 10년을 어떻게 살아갈 것인가. 10년을 준비하는 중요한 방법은 10시간의 여행을 가는 준비를 하듯이 하면 된다. 10시간의 여생을 위해서

는 시간대 별로 무엇을 할 것인가를 고민할 것이다.

② 1년을 준비하라! 올 한해 무엇을 할 것인가를 준비하는 것이다. 12개월을 어떻게 할 것인가에 대한 준비이다. 그런데 이것을 지키는 것이 중요하지만 지키지 않고 변경될 수도 있다는 생각을 갖는 것이 중요하다.

③ 한달을 주간별로 준비를 하라! 매주 무엇을 할 것인가를 중요한 사건중심으로 준비하는 것이 바람직하다.

④ 매일 매일 이벤트형 시간을 관리하라! 인간은 누구나 하루 종일 24시간을 열정적으로 살아갈 수 없다. 그래서 매일 한가지이상 이벤트를 창출하자는 것이다. 다시 말하면 최우선 순위의 일 하나만은 해내자는 의미이다.

급속도로 진행되는 양극화에 의해 중산층이 멸종의 위기를 맞고 있다. 지금부터 대비해나가지 않으면 스스로 하류 인생을 살게 될 것이다. 고령화 시대를 살아가야할 대학생들이 체계적인 자산관리를 어떻게 해야 하는지 배워야 한다.

부자는 더 큰 부자가 되고 중산층마저 빈곤층으로 추락하고 있는 양극화 현상이 가속화되고 있다. 이는 세계화로 인해 기업가들이 기업하기 좋은 세계 각국으로 이동하기 때문에 실업률이 높아지고 있기 때문에, 그리고 IT 산업의 여파로 자동화와 기계화가 이루어져 단순 노동력에 대한 수요가 줄어들어 실업률이 높아지고 있기 때문에 발생하는 현상이다.

2020년에는 우리나라 국민의 평균수명이 90세가 된다. 젊은이 네 명이 노인 한 명을 책임져야 하는 노인국가가 된다. 최재천 교수의 당신의 인생을 이모작 하라는 말을 실천해야 할 때이다. (김의경, 2007)

2. 변화하는 인생기획 사례 : 아침형 인간

사이쇼 히로시는 『인생을 두배로 사는 아침형 인간』에서 일찍 일어나 아침 시간을 잘 활용하는 사람이 성공한다고 말한다. 남보다 일찍 일어나 먼저 하루를 시작하는 사람들이 성공하는 이유는 먼저 시작하기 때문이다. 기업 고위임원의 대부분은 아침형 인간들이다. 건강하게 장수하는 사람일수록 기상시간이 빠르다.

저자는 아침 시간을 잘 활용하면 원하는 것을 이룰 수 있으므로 '야행성 생활'에서 벗어나라고 권한다. 야행성 생활을 청산하고 아침을 활용할 것을 권한다. 흐트러진 생체시계를 복원하고 아침형 생활 습관이 자연스럽게 몸에 배기 위해서는 100일 정도가 필요하다고 한다.

(1) 야행성 생활을 극복한다

야행성 생활은 인간의 자연스러운 생체 리듬을 거스른다. 야행성 생활은 사람의 정신과 육체를 황폐화시키고, 아침을 빼앗아갔다. 그래서 건강과 성공을 꿈꾸는 사람에게 야행성 생활의 극복은 필수 과제이다.

아침 시간을 바꾸기 위해서는 먼저 저녁 시간을 바꾸어야 한다. 저자는 늦어도 9시 이전에 귀가해서 늦은 식사를 피하고 가벼운 목욕과 독서를 하며 휴식을 즐기고 적당한 수면을 취하라고 권한다. 그밖에도 야행성 생활 극복을 위한 몇 가지 충고가 있다.

첫째, 비효율적인 저녁 활동을 청산해야 한다. 습관적인 야근과 상습적인 음주는 야행성 생활을 만드는 원흉이다. 지나친 취미생활, 대표적으로 중독성이 강한 게임과 도박 등은 당장 끊어야 한다.

둘째, 야행성 생활이 자신의 건강을 얼마나 황폐화시켰는지 점검하라.

셋째, 잠과 친해져야 한다. 잠을 무조건 줄이고 극복해야 할 것으로 생각하지 말고 자신에게 필요한 수면 시간을 정하고 충분히 자는 것이 좋다.

넷째, 저녁운동도 좋다. 아침에는 가벼운 운동, 저녁에는 땀을 흘리는 유산소 운동이 좋다. 전신의 근육을 사용하는 운동을 택하되 가급적 간단하고 언제 어디서든 할 수 있는 운동이 효과적이다. 주의할 점은 운동은 노동이 아니라는 것이다. 고통스러워 억지로 하게 되는 운동은 피해야 한다.

(2) 아침형 인간이 성공한다 : 아침형 인간으로 변신하라

성공한 사람들의 공통점은 모두 아침에 깨어있다는 것이다. 한사람의 아침을 보면, 그 사람의 미래가 보인다. 아침을 지배하라.

아침과 저녁은 다르다. 아침에 할 일과 저녁에 할 일이 다르다. 아침은 두뇌 회전이 활발하고 집중력이 높은 시간이다. 반면 저녁은 감성적이며, 두뇌와 신체는 긴장에서 벗어나려 한다. 그래서 높은 수준의 사고가 필요한 중요한 의사결정과 토의는 주로 아침

시간에 집중적으로 처리하는 것이 효과적이다.

사람마다 다소 차이가 있긴 하지만 적절한 수면시간은 오후 11시부터 오전 5시까지이다. 체온은 오후 2시경에 최고점에 달하고, 반대로 한밤중인 오전 2~4시 사이에 최저가 된다. 체온이 내려가는 국면(오후 11시~오전 1시)은 깊이 잠이 들 수 있는 조건이 되고 체온이 올라가는 국면(오전 5~6시)에는 잠이 얕아지는 조건이 된다. 따라서 체온이 최저점을 향하는 오후 11시 전후에 잠들어서, 체온이 상승 곡선에 접어든 오전 5시에 일어나는 것이 가장 효율적인 수면시간인 셈이다. 그리고 잠이 깬 5시부터 1시간가량이 지난 오전 6시에서 8시까지는 두뇌가 가장 명석해지는 시간이다. 이 시간 중 1시간만 공부나 업무를 위해 쓴다 해도 이것은 낮의 3시간과 맞먹는다.

최적의 수면시간을 선택하면 8시간 수면을 6시간으로 줄여 2시간을 벌고, 1시간을 투자해서 3시간의 효율을 올림으로써 2시간을 벌게 된다. 따라서 아침 5시에 일어나는 아침형 인간은 남들보다 4시간을 더 많이 사는 사람들이다.

아침형 인간은 일상생활을 통해서도 여러 가지 편리함을 누린다. 러시아워를 피해 여유로운 출근길을 경험하고, 계획적인 하루를 시작할 수 있다. 막 깨어난 자연과 호흡하며, 아침의 상쾌함을 즐길 수 있다.

(3) 어떻게 아침형 인간이 될 것인가? : 100일(14주) 프로젝트

1주. 변화의 기회를 잡아라

야행성 생활의 폐해를 깊이 절감하라. 변화를 다짐하라. 100일 정도를 참고 적응하면 새로운 생활이 자연스럽게 몸에 익는다. '내가 왜 이러지?'하는 순간에 시작하라.

2주. 자기만의 스타일을 파악하라

적극적이고 외향적인 사람은 다른 사람들과의 관계나 약속 등을 통해 스스로를 궁지에 몰아넣고 일찍 일어나야만 하는 상황을 만들어가는 방법이 좋다. 아침 모임을 조직하여 직책을 맡는 것이 그 예가 될 수 있다.

반면 소극적이고 내향적이며 사색적인 사람은 일찍 일어났을 때 벌어질 유쾌한 상황을 이미지화하는 방법이 적합하다. '일찍 일어나면 하루의 업무 처리가 잘 풀릴 것이다' 같은 자기암시도 효과적으로 작용할 수 있다.

3주. 자신을 세뇌시켜라

아침에 일찍 일어나기를 시작한 처음 얼마동안은 획득한 아침 시간을 바로 업무나 공부에 활용하지 말고, 그저 자기 자신을 칭찬해주면서 그 시간을 음미하며 아침의 쾌감을 맛보는 것이 좋다. 작은 성공은 큰 성공을 만든다.

이 시기에는 아침형 인간으로 변신을 다짐하는 자기선언서를 작성해서 가까운 사람들에게 보이면 좋다. 또한 여러 가지 방법으로 변화를 향해 동기를 부여하면서, 의지를 다지는 시간을 많이 가지라.

4주. 저녁 시간부터 바꿔라

아침형 인간이란 단순히 일찍 일어나는 사람만을 의미하지 않는다. 그것은 생활 전반에 걸친 변화를 목표로 하는 것이다. 그러자면 우선 저녁 시간이 달라져야 한다. 저자는 일찍 잠들고 숙면을 취할 수 있는 저녁시간 활용법에 대해 다음과 같이 말하고 있다.

술, 도박, 게임처럼 중독성이 강한 여가활동을 멀리한다. / 특별한 경우를 제외하고는 회사일은 일과시간 내에 끝낸다. / 본격적인 운동은 아침보다 저녁에 한다. / 늦어도 저녁 8~9시까지는 귀가한다. / 밤 9시 이후로는 음식을 먹지 않는다. / 매일 따뜻한 물로 목욕을 한다. / 음악감상, 독서와 같은 감성적 활동에 밤 시간을 활용한다. / 온 가족이 모여 앉는 시간을 짧게라도 반드시 갖는다. / 하루를 정리하는 시간을 갖는다.

5주. 수면시간을 정하라

자신에게 맞는 수면시간을 정하라. 인간의 수면은 약 2시간 간격의 사이클을 갖고 있고, 자는 동안 그것이 몇 차례 반복되기 때문에 수면 시간은 짝수(6시간, 8시간)으로 정하는 것이 좋다. 체온과 생체리듬을 고려해 늦어도 11시 이전에는 잠들고, 5시 이전에 일어나는 것이 효과적이다.

6주. 잠들기부터 시작하라

숙면을 취하기 위한 잠들기 습관을 갖도록 한다. 간단한 스트레칭, 따뜻한 우유나 소량의 술, 책 읽기, 음악, 음향 등 여러 가지를 활용할 수 있다. 베개는 통기성이 좋고 머리를 식혀주는 것으로 선택하는데 곡식 껍질로 속을 채운 베개나 죽제품 베개가 권할 만하다.

7주. 아침 30분의 변화를 시작하라

아침형 인간으로의 변신을 위해 한꺼번에 욕심 내지 말고 먼저 30분만 일찍 일어나는 일부터 시작한다. 그러면 크게 무리하지 않고도 일어날 수 있고, 낮에 졸리는 등의 부작용도 최소화할 수 있다. 눈을 뜨자마자 주저 없이 벌떡 일어나야 한다.

8주. 낮잠과 비타민으로 도움을 받아라

수면시간을 줄이면 낮에 졸리곤 한다. 이때 짧은 낮잠을 통해 뇌의 휴식 효과를 크게 얻을 수 있다. 낮잠은 30분 이내가 효과적이다. 그것도 아예 누워서 자는 것이 아니라, 의자나 벽에 기대어 자는 정도가 좋다. 낮시간의 무기력을 달래기 위해서는 비타민을 충분히 섭취하면 좋다. 이때 합성비타민제는 흡수율이 낮아 효과적이지 못하다. 과일이나 야채를 통해 얻는 천연비타민이 효과적이다. 아침 식사를 곡류보다는 야채와 과일 위주로 준비하여 정해진 시간에 꼭 먹어두어야 한다.

9주. 빛을 활용하라

인간의 신체 구조는 빛에 민감하게 반응하게 되어 있다. 체내 시계라 할 수 있는 시상하부의 시교차상핵은 안구의 바로 뒤쪽에 있기 때문이다. 빛에 의해 잠에서 깨는 것은 매우 효과적인 방법이다. 현대의 생활 리듬이 햇빛에 따라서만 움직일 수 없는 것이긴 하지만, 그래도 해가 뜨는 시간에는 반드시 햇빛을 받으며 자연의 정기를 맞아들여야 한다. 온몸으로 햇빛을 받으며 심호흡을 하는 의식적이 노력이 필요하다.

10주. 산책을 시작하라

자율신경의 활동이 활발해지는 이른 아침의 산책은 최적의 건강법이다. 걷기는 운동부족을 해소하고 뇌세포를 자극해서 뇌의 활동을 활발하게 만든다. 또한 혈액의 순환을 좋게 하여 뇌에 충분한 산소를 공급하기도 한다. 산책 시간은 30분에서 1시간 정도가 적당하다.

11주. 체조와 요가를 병행하라

체조는 산책 직후나 기상 30분 후에 하는 것이 적절하다. 체조 후 곧바로 목욕하면 심장과 근육에 부작용을 줄 수 있으니 피하는 것이 좋다. 부담을 주지 않으면서, 자연스러운 동작으로 된 간단한 체조나 요가 동작을 익혀서 규칙적으로 반복하면 수면과 휴식의 보충 효과를 얻을 수 있다.

12주. 온 가족을 동참시켜라

수면과 기상은 가정에서 일어나는 일이다. 그래서 일찍 자고 일찍 일어나기는 가족 모두가 함께 실천해가는 것이 좋다. 온가족이 아침형이 되는 것이다.

3. 개인기획의 사례

경찰조직의 경찰기획도 개인의 인생기획과 크게 다르지 않다. 다음은 경찰행정학과 졸업생들이 졸업을 준비하며 남은 기간동안 어떻게 생활할 것인지 기획한 사례이다.

1. 문제의 인지

졸업 후 안정된 직장이 필요하다.

2. 목표설정

공무원 시험에 합격하기

3. 상황분석

① **준비상황** : 원서, 문제지 구입
② **학원 수강** : 금전적 문제로 수강이 어렵다. 주위의 학원생들이나 의견의 들어보았을 때 그다지 필요성을 느끼지도 않는다.
③ **금전적 후원** : 집에서의 후원이 어렵고, 다른 곳에서의 후원도 불가능하다.

④ **공부 장소** : 보통 시립도서관을 이용하는데 중·고등학생들로 인해 주말은 좀 시끄러운 면이 있다. 집에서는 공부할 환경이 형성되지 않는다.

⑤ **목표 달성 의지** : 그다지 강하지 못한 편인데 거기다가 금방 잊어버리곤 한다.

4. 기획 전제의 설정

좀 더 효율적이고 계획적인 공부가 필요하고 심리적 부담감이 줄어들어야 하며 목표 달성의지를 북돋워야 한다. 사용할 예산은 1년치 밖에 없다. 1년 안에 끝내야 한다.

5. 대안 탐색

① 학교수업을 나가지 않고 공공도서관에서 공부에만 전념한다.

② 학교수업외의 모든 시간을 고시원을 계약하여 그곳에서 공부에 투자한다.

③ 아르바이트를 그만 두고 학교수업 외의 모든 시간을 공부에 투자한다.

④ 주어진 상황에서 시간이 허락하는 모든 시간에 철저한 계획아래 공부를 한다.

6. 대안 결과 예측

① 1번 대안은 공부에 전념 할 상황은 제공되나 학점이 문제가 되고 빠질 수 없는 수업이 발생할 수 있다. 또한 상황이 따라준다고 해서 모든 시간을 공부에 전념 할 수 있을지가 문제 된다.

② 시간적으로 많은 시간을 공부에 할애하는 것은 아니나 좀더 집중적이고 방해가 없는 공부 시간을 가질 수 있으며 밤 시간대에 집에서 하기 어려운 상황을 극복 가능하다. 그러나 금전적 부담이 늘어난다.

③ 시간적 여유도 좀더 생기고 컨디션의 유지에 좋으나 금전적인 문제가 좀 발생한다.

④ 많은 시간을 공부에 할애하는 것은 아니나 좀더 효과적이고 능률적인 시간 배분

7. 대안비교 · 평가

	금전적 부담	시간적 여유	심리적 부담	현실상황적합성	평 가
①번 대안	적음	많음	보통	△△×△△	60
②번 대안	많음	많음	커짐	××△△×	40
③번 대안	보통	조금 많음	조금 커짐	○○△○△	70
④번 대안	보통	보통	보통	○◎○○◎	60

8. 대안 결정

현실상황에 적합하고 시간적 여유를 늘이기 위해 아르바이트를 그만 두고(③번 대안) 좀더 계획적인 공부를 실시한다(④번 대안).

9. 세부 계획 수립

① 매일 최소 영어 단어 20개와 숙어 20개를 외운다
② 매일 영어 문법과 독해, 토익 등에 최소 한 시간씩 할애 한다.
③ 국어나 국사같은 오랜 시간을 필요로 하는 과목에 최소 매일 한시간씩 할애 한다.
④ 스쿨버스를 타는 시간같은 짜투리 시간을 활용한다.
⑤ 시험합격에 대한 의지를 매일 아침 · 저녁 되새긴다.

10. 집행통제

매일 저녁 10시에 체크한다. 위 상황에 대한 점수표를 만들고 매일 저녁 체크하여 실천하지 못한 부분에 대하여는 다른 시간을 할애해서 채울 수 있도록 한다.

제3절 국가전략기획

1. 국가기획에 관한 논쟁

경찰기획도 국가기획의 일종이라고 할 때 국가기획이 국민 개인의 자유를 침해하고 민주주의를 말살하는 독재의 수단으로 악용될 수 있다는 우려가 기획논쟁의 핵심 주제이다. 아래에서 기획논쟁을 살펴보고 경찰기획의 한계가 분명히 존재한다는 점을 인식할 필요가 있다.

국가기획에 대한 이데올로기 논쟁은 경제기획논쟁이 큰 부분을 차지한다. 국가가 개인의 경제행위에 대해 얼마나 간섭하고 통제할 수 있느냐에 대해 대립되는 논쟁이 있다.[3] 기획과 민주주의가 양립할 수 있다는 입장과 없다는 입장이 있는데, 먼저 보이지 않는 손에 의하여 경제가 움직인다고 보는 우익의 학자는 국가기획에 대해 반대한다. 미제스(R. von Mises)는 자유를 위한 기획(Planning for Freedom)에서 사회주의체제에서 경제적 합리성은 불가능하고 경제적 계산에 한계가 있음을 주장하며 기획이 자원의 합리적 배분을 기약할 수 없다고 했다. 우익의 주장은 시장이 기획보다 효율적인 자원배분을 가능하게 하고 기획은 행정비용의 낭비를 초래한다는 것이다.

반면에 막스(K. Marx)사관을 지니거나 1920년대 말 경제대공황을 목도한 학자들은 국가경제기획을 인정하는 입장이다. 랑게(O. Lange)는 사회주의체제의 계획경제에서 목표에 의한 경제성장률 달성, 완전고용, 임금격차 해소, 독점의 비효율 해소 등의 장점이 있다고 하였다. 프롬(Erich Fromm)과 갤러웨이(George B. Galloway)도 찬성의 입장이다. 케인즈는 자본주의는 불완전고용에 따른 실업문제가 발생하기 때문에 유효수요의 창출이 필요하고 경제계획에 의한 정부의 간섭이 필요하다고 하였다.

2차대전을 고비로 국가기획반대론은 자취를 감추었으나 1944년 자유방임주의적 경제학자인 하이에크(F. A. Hayek)가 노예에의 길(The Royal to Serfdom)을 발간하여 국가기획을 반대하였고 이에 대응하여 파이너(H. Finer)가 반동에의 길(The Road to Reaction)을 발간하였다. 하이에크의 논점은 정부권력은 부패하기 쉽고 개인의 전체생

---

3) 권영찬 이성복, 2002, 기획론, 법문사. 54-69.

활을 지배하는 권력적 속성이 있기 때문에 독재체제를 초래한다는 것이다. 왜냐하면 국가기획은 이상을 강제하고 실천하려고하기 때문에 독재가 필수적이 된다는 것이다. 기획과 민주주의는 충돌되기 때문에 경제적 경쟁을 유지하기 위해 기획은 제한되어야 한다는 것이 그의 결론이다.

루이스(A. Lewis)는 계획의 원리(Principles of Planning)에서 마셜플랜과 같이 후진국에서 경제개발계획이 필요하고 바람직한 방향이라고 주장하였던 것과 같이 혼합경제하에서 기획은 필수적이라고 할 수 있다.

우리가 생각하는 기획찬성의 논리는 공공재와 외부경제의 이론에서 찾을 수 있다.[4] 치안이나 국방행정서비스는 시장기구가 생산하는 것보다 정부가 생산하는 것이 효율적이다. 왜냐하면 무임승차를 방지하여 돈을 낸 사람이나 안 낸 사람이나 똑같이 서비스를 받는 일이 없도록 하기 때문이다. 그러므로 기획을 할 것인지 말 것인지가 아니라 어떻게 그리고 얼마나 많이 기획을 할 것인가를 고민할 필요가 있다.

2. 외국의 국가전략기획

경찰기획은 국가기획의 하위기획이다. 경찰기획의 바탕이 되는 상위기획인 만큼 국가기획에서 국가 전체적인 정세판단과 전략을 어떻게 세우고 있는지 이해할 필요가 있다. 아래 표와 같이 주요 선진국들은 미래를 대비하기 위해 자국의 약점을 보완하기 위한 미래전략을 추진하고 있다.

중국 등 BRICs의 급부상으로 인해 국제 경쟁압력이 가중되는 한편, 대내적으로는 저출산·고령화, 성장잠재력 저하, 양극화 등 시급히 대응하지 않으면 안되는 문제가 산적해 있어, 이에 대처하기 위한 중장기 국가 비전의 필요성이 증대되고 있어 정부는 2006년 8월 「비전2030: 함께가는 희망한국」보고서로 발표한 바 있다.

아시아의 네 마리 용이라는 90년대의 말로부터 브릭스(BRICs: 브라질, 러시아, 인도, 중국)와 친디아(china, india)라는 말이 2000년대는 유행하고 있다. 중국 광동성 하나의 경제규모가 이미 싱가포르를 추월했고 2008년에는 대만을 추월할 것이라고 한다.

---

4) 이병철, 2006, 행정기획의 역사와 이론, 울산대학교 출판부. p.25

- 중국 : 제7기 중국 國情國力(2050년까지의 50년 장기 계획; 3단계 : '15년까지, 30년까지, 50년까지; 서부대개발계획도 50년 장기계획임)
- 싱가포르 : New Challenges, Fresh Goals(2003.2 발표; 15년 시계; MTI 산하 경쟁력 평가위원회)
- 핀란드 : Finland 2015 - Balanced Development(2002년 발표; 15년 시계)
- 호주 : Backing Australia's Ability(2001년, 2004년 2단계로 발표; 2001-2011까지 총 10년의 계획)
- EU : '리스본 전략'(2000년, 범EU 차원, 10년 정도의 전략 목표/계획)
- 일본 : 비전2030(Japan's 21st Century Vision) (총리실 산하 '경제재정정책협의회 [Council for Economic and Fiscal Policy]'의뢰로 민간전문가들이 작성)

○ 주요 국가들의 미래전략

	비전	여건	추진과제
영국	Opportunity for all in a World of Change	• 중급 산업기술인력 부족 • 과학기술의 산업화 미약 • 변화 대응력 취약	• 규제개혁 및 경쟁촉진, 파산관련 규제완화 • IT인력 양성, 직업훈련체제 개편 • 성공적 클러스터 발굴·지원
캐나다	Achieving Excellence	• 낮은 생산성 • 미국과 소득격차 지속 확대 • R&D 투자 감소	• 석박사과정 지원자수 매년 평균 5%씩 증가유도 • 법인세율, 소득세율 지속 인하 • 초고속 인터넷 사용 일반화
네덜란드	Benchmarking The Netherlands	• 주력기업·R&D 이탈 • 중소기업 혁신성 저조 • 근로기피, 근로의욕 저하	• 법인세 인하, 기업지배구조 개선, 창업 절차 개선 • 공공조달시장 및 전문서비스 부문 개방 확대 • 인력개발 투자 확대, 외국인·여성인력 활용제고
싱가포르	Remaking Singapore	• 저성장, 외투기업 이탈 • 구조적 실업 증가 위험 • 산업·인력기반 협소	• FTA 추진, 對중국 경제협력 강화 • 임금동결, 근로자 연금부담률 인하 • 해외고급인력 대거 유치, 인력 재배치 (전직 지원)

3. 한국의 국가전략기획 「비전 2030」

세계적 경제학자 마이클 포터 하버드대 교수는 국가경쟁력의 결정요소를 부존자원, 기업경영환경, 시장크기와 질, 인프라 지원산업 등 4가지를 꼽았다. 부족한 부존자원, 과잉규제와 경쟁부재의 경영여건, 협소한 시장, 미비한 인프라 등 어딜봐도 한국은 경쟁력에 한계를 갖고 있다.

우리나라의 발전모델은 미국 일본식 강대국이 아니다. 한국의 모델은 '강소국'이다. 네덜란드 핀란드 스위스 싱가포르 등이 대표적인 '강소국 클럽 회원국'들이다. 이런 강소국들의 성공배경엔 몇 가지 공통점이 발견된다.

우선 '선택과 집중'이다. 시장과 자원이 협소한 나라에서 전 분야 1등을 하겠다는 발상만큼 무모한 것도 없다. 강소국들은 한결같이 부가가치가 높은 확실한 전략분야와 틈새시장에 역량을 투입했다.

둘째, 최적의 기업환경이다. 세계 500대 기업 가운데 네덜란드는 14개, 스위스 11개, 스웨덴이 7개를 보유할 만큼 강소국들은 기업하기 좋은 환경을 갖고 있다. 강한 기업 없이 강한 국가는 결코 만들어질 수 없다.

정치안정과 사회통합도 필요조건이다. 사용자와 근로자, 대기업과 중소기업간 '윈-윈' 메커니즘이 작동하고, 정치가 경제의 발목을 잡지 않는 곳이 바로 강소국들이다.

우리나라의 경우에도 여러 기관에서 미래전략을 모색하는 보고서를 발간하였다.

○ 우리나라 장기발전전략에 관한 주요 보고서

성 격	주관기관	과제/보고서 명칭
종 합 (국내)	재경부-KDI- 정책기획위	• 역동과 기회의 한국(2004)

	재경부-KDI	• 2011 비전과 과제 : 열린 세상, 유연한 사회(2001)
		• 지식경제발전 종합정책연구(1999)
		• 국민과 함께 내일을 연다 「국민의 정부」경제청사진
		  (DJ-nomics)(1999)
		• 열린 시장경제로 가기 위한 국가과제 : 21세기 새로운 도약
		  을 위한 준비(1997)
		• 한국경제 반세기 : 역사적 평가와 21세기 비전(1995)

	21세기 위원회	• 21세기의 한국 : 2020년을 바라본 장기정책과 전략 (1994)

종 합 (해외기관)	세계은행－OECD	• Korea and Knowledge-based Economy : Making the Transition (2001)
종 합 (국내민간)	매일경제－ 외국컨설팅社	• Monitor 보고서 : Knowledge for Action(1998) • McKinsey 보고서 : Productivity-led Growth(1998) • Booze · Allen · Hamilton 보고서 : Revitalizing the Korean Economy(1997)
	정보통신정책연	• 21세기 한국 메가트렌드(2005)
	삼성경제연구소	• 매력 있는 한국(2005)

선진국 미국 일본은 도망가고 있고 중국은 바짝 추격하며 따라오고 있는 형국에 우리 한국의 국가발전전략은 무엇이어야 하는지 아래에 제시한 사례들과 「비젼 2030」을 읽어보고 기획해보자.

(1) '성장과 복지의 선순환구조', 동반성장 전략

경제의 성숙발전단계에 들어선 현재에는 이러한 경제성장 일변도의 발전전략은 다음의 4가지 이유에서 한계에 봉착

1) 성장률 제고의 현실적인 한계

● 추세적 사건으로서 잠재성장률 자체가 하락하고 있으며, 성장률을 중 · 단기간 내에 끌어 올리는 데는 한계가 있음.

　■ 산업구조 성숙됨 따라 투자기회가 줄어들고 생활수준의 향상으로 출산율 저하 및 고령화, 근로시간의 단축 등 노동공급의 증가도 둔화됨에 따라 요소투입 중심의 성장은 지속되기 어려운 여건

　■ 기술혁신 능력, 제도의 질 등에 의해 결정되는 총요소생산성도 중 · 단기간 내에 획기적으로 끌어올리는 것이 가능하지 않음.

2) 성장 자체의 국민경제적 파급효과 하락

● 무엇보다 경제전반에 대한 성장의 물흐름 효과(Trickle-down effect)가 약화되어, 성장률을 높여 고용불안, 분배악화 및 빈곤문제에 대응하는 데도 한계가 있음.

　■ 이미 지식기반경제로의 급속한 전환에 따른 산업구조 변화 및 경기 변동성 강화

로 인해 성장의 일자리 창출효과는 크게 감소

- 또한 성장의 과실이 경제 선도그룹·계층에 집중되어, 성장률과 상관없이 근로빈곤계층 및 기타 빈곤계층은 상존할 가능성 농후
  - '90년대 중반 이후 GDP는 지속 증가하였지만, 하위 20%의 소득점유율은 오히려 하락(8.5% → 7% 초반)
  - 도시근로자를 볼 때, 90년대 중반 이후 중위 및 고위 소득계층의 근로소득수준은 계속 증가하고 있으나, 저위 소득계층의 절대적인 소득수준이 정체
    ⇨ 기대이상의 고성장을 실현한다 하더라도 근로빈곤계층 및 경제성과에 항상 불만을 갖는 집단이 점차 더 증대할 가능성이 높음.

3) 사회적 문화적 욕구의 증대

- 전반적인 소득수준 상승으로, 경제적 욕구와는 별도로 '삶의 질'에 관련된 다양한 사회적·문화적 욕구가 증대
  - 국민 다수의 소득이 이미 최저생계(minimum subsistence)는 물론 최저문화(minimum cultural life) 수준 이상으로 상승한 단계에서, '자기실현' 및 '사회적 역할'에 대한 욕구 충족이 경제적 욕구 못지않게 삶의 질에 중요
  - 우리의 국가이미지는 경제규모에 비해 매우 낮은 편인데, 낮은 국가이미지 등은 이에 따른 경제적 손실(Korea Discount; 외국인투자 및 고급인력 유치 저해 등)과는 별도로, 국민들의 삶의 질을 직접적으로 저하시키는 요인

4) 한반도 안보 정세의 복잡성 및 불확실성

- 한반도의 안보정세는 국민의 삶의 질은 물론 사회통합 기반에 중대한 영향을 미치는 변수이나, 극히 유동적인 국제정치 역학관계 하에서 우리의 경제력 확충만으로는 해결하기 곤란한 문제
  - 성장촉진 정책과는 별도로 새로운 안보환경에 적합한 국제공조체제를 구축하기 위한 외교·안보·문화 정책이 필수적임.

(2) 「비전 2030」의 5대 전략

「비전 2030」은 복지 분야 뿐 아니라 경제·사회 전 분야를 총 망라한 종합적인 국가
발전전략임

- 비전실현을 위한 5대 핵심전략으로서 사회복지 선진화 외에도 성장동력 확충, 인적
  자원 고도화, 사회적 자본 확충, 능동적 세계화 등을 명시적으로 강조
- 「비전 2030」의 5대 전략은 사회복지 선진화를 포함하여, 모두 성장을 직·간접적
  으로 촉진하기 위한 것임
  - 성장동력 확충은 기술혁신과 창의 진작을 통해 과거 성장전략을 질적으로 개선
  - 인적자본 고도화 및 능동적 세계화는 저출산·고령화에 따른 생산인력 감소, 자
    본축적 둔화를 완화하고 생산성을 제고시키는 미래 성장의 핵심요소
  - 사회적 자본 확충도 사회통합 및 갈등관리기능 강화로 필요한 개혁을 용이하게
    함으로서 성장에 기여
  - 복지투자 또한 사람에 대한 투자이자 미래에 대한 투자로서 성장전략의 일환으
    로 볼 수 있는 측면
  - ※ 사회복지 선진화의 상당부분도 근로의욕 고취 및 노동인구 등 성장을 뒷받침하
    는 정책으로 구성

(3) 「비전 2030」의 주요 지표

비전 2030의 구도와 핵심 실천과제를 표와 그림을 통하여 살펴본다.

○ 우리나라 미래의 단면 : 주요 지표를 중심으로

지표명	'05년	'10년	'20년	'30년	비고[2]('05 기준)	
GDP 규모[1](십억불)	788 (788)	1,122 (1,262)	1,824 (2,567)	2,406 (4,145)	• 미국 12,486 영국 2,201	일본 4,571 이태리 1,766
1인당 GDP[1](천불)	16 (16)	23 (26)	37 (51)	49 (84)	• 노르웨이 64 미국 42	스위스 50 일본 36
국가경쟁력(순위)	29	17	13	8	• 미국 1위 호주 9위	싱가폴 3위 일본 21위
삶의 질(순위)	41	30	20	10	• 호주 1위	스위스 4위

					미국 14위	일본 35위
총인구(십만명)	483	492	500	493		

주 : 1) 2005년 불변가격 기준(기획처·조세연 공동추계),
    2) 자료 : GDP관련(IMF), 국가경쟁력·삶의질(IMD), 총인구(통계청)

비전 2030 체계도

비 전	**함께 가는 희망한국**		
정책 목표	혁신적이고 활력있는 경제	안전하고 기회가 보장되는 사회	안정되고 품격있는 국가
5대 전략	성장동력 확충 / 인적자원 고도화 / 사회복지 선진화 / 사회적 자본 확충 / 능동적 세계화		
실천 전략	제도혁신 ↔ 전략적 재정정책 추진 ↔ 선제적 투자		

○ 비전 2030의 구도

○ 비전 2030의 50대 핵심과제

5대 전략	제도혁신(26개)	선제적 투자(24개)
성장동력 확충 (9개)	① 서비스산업 경쟁력 강화 ② 중소기업 지원체계 정비 ③ 한류 등 문화산업 진흥기반 구축 ④ 행정중심복합도시 및 혁신도시 건설	⑤ 사회서비스 일자리 확대 ⑥ R&D 투자 확대 및 효율성 제고 ⑦ 에너지 확보 및 효율화 대책 시행 ⑧ 차세대 성장동력 사업 투자 확대 ⑨ 부품소재산업 전략적 육성
인적자원 고도화 (9개)	⑩ 대학평가제도 혁신 ⑪ 국립대 통폐합·특수법인화 ⑫ 정년조정 및 임금피크제 확대 ⑬ 학제 개편	⑭ 적극적 고용전략(Jobs strategy) 추진 ⑮ 대학별 특성화 및 산학연 연계 강화 ⑯ 청년인적자원의 효율적 활용 ⑰ 지자체의 교육·복지 투자 확대 ⑱ 해외 고급인적자원의 효율적 활용
사회복지 선진화 (18개)	⑲ 국민·직역연금 개혁 ⑳ 건강보험 개혁 ㉑ 주민생활지원서비스 전달체계 개편 ㉒ 의료급여제도 개편 ㉓ 비정규직 대책 ㉔ 사회보험 적용·징수체계 효율화 ㉕ 기초생활보장제도 급여체계 개선 ㉖ 부동산 가격 안정화 ㉗ 영세자영업자 대책	㉘ 방과후 활동 확대 ㉙ 보육 서비스 확대 ㉚ 식품안전 보장 강화 ㉛ 근로장려세제(EITC) 도입 ㉜ 장애인복지 종합대책 수립·추진 ㉝ 주거복지 확충 ㉞ 노인수발보험제도 도입 ㉟ 쾌적한 생활환경과 환경보건 강화 ㊱ 농어촌 활력증진
사회적 자본 확충 (8개)	㊲ 갈등관리시스템 구축 ㊳ 사법제도 개혁 ㊴ 공공기관 지배구조 개선 ㊵ 지방행정체제 개편 ㊶ 지역공동체 등 자발적 복지체제 구축	㊷ 국방개혁 ㊸ 전자정부 구현 ㊹ 정부인력의 서비스 위주 재배치
능동적 세계화 (6개)	㊺ FTA 체결 확대 ㊻ 경제자유구역 활성화 ㊼ 외국인력정책 마련 ㊽ 동북아 금융·물류허브 구축	㊾ ODA 규모 확대 ㊿ 통일 인프라 구축

○ 비전 2030 주요 투자계획

		현제도 유지	비전 2030
① 사회 복지 선진화	공적연금	• 소득대체율 현행 유지 – 국민연금 60% – 직역연금 70%	• 공적연금 개혁 – 소득대체율 하향 조정 – 보험료율 상향 조정
	건강보험	• 보장성 현행 유지(65%)	• 보장성 확대(85%)
	기초생보	• 통합급여 방식	• 개별급여 방식
	근로장려세제 (EITC)	• 미도입	• 전체 가구의 21.2%까지 단계적 확대
	보 육	• 육아비용 부모부담률 '10년 수 준(42%) 유지	• 육아비용 부모부담률 37%로 축소
	사회서비스	• '10년 수준 유지 (0.02%)	• 장애인 재활서비스 등 사회서비 스 확대
	노인수발 보험	• 미도입	• 노인인구 12.1%까지 적용확대
② 성장 기반 강화	R&D *정부+민간	• 점진적 확대 ('04) GDP대비 2.9 → ('30) 4.0%	• 세계 최고수준의 R&D 기반 확보 ('04) GDP대비 2.9 → ('30) 5.3%
	초·중등 교육	• 취학인구 감소에 따른 투자규모 축소	• 취학인구 감소효과+교육복지· 환경개선 투자 확대('30년 GDP 대비 0.37%)
	고등교육	• '10년 투자수준 유지 ('05) GDP대비 0.4 → ('30) 0.4%	• 대학별 특성화, 산학협력 촉진 등 투자확대 ('05) GDP대비 0.4 → ('30) 1.0%
	평생교육	• '10년 투자수준 유지) ('05) GDP대비 0.04 → ('30) 0.03%	• 평생학습 증진을 위한 인프라 구축 확대 ('05) GDP대비 0.04→ ('30) 0.10%
③ 세계화	외 교	• '05년 수준 유지 ('05) GDP대비 0.15 → ('30) 0.15%	• ODA 대폭 확대 ('05) GDP대비 0.15 → ('30) 0.29%
	통 일	• 소폭 확대 ('05) GDP대비 0.1 → ('30) 0.4%	• 통일 인프라 충실화 ('05) GDP대비 0.1 → ('30) 1.0%

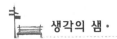

생각의 샘·

✔사례1. 국가전략의 선택 : 시장주의인가 국가주의인가[5]

***시장주의 대신 국가주의 선택을

외환위기 사태 이후 시장주의는 한국 보수주의의 이상이 돼 버렸다. 한국의 경제체제가 글로벌 스탠더드에 못 미쳤기 때문에 외환위기를 맞게 됐다는 대내외의 분석과 비판이 쏟아지면서 한국의 보수는 시장주의로 급선회했다. 국제경쟁력을 갖추기 시작하면서 정부의 간섭에서 벗어나고자 하던 대기업들은 이런 경향을 부채질했다. 또 외환위기 사태를 전후로 분배주의를 주장하는 좌파가 새로운 주류로 떠오르자 이에 대한 대안논리로 한국의 보수는 시장주의를 채택했다.

한국 경제발전 모델은 '자본주의 개발국가(Capitalist Developmental State)'였다. 미국의 자유시장주의, 유럽의 사민주의, 소련의 계획경제에 대한 대안으로 국가가 자본주의 원칙을 채용해 중산층과 시장을 형성시키고 수출을 통해 '국부'를 창출하는 모델이었다. 기업은 국가가 설정한 생산과 수출목표를 달성한다는 전제하에 노동과 외국기업, 외국 자본에서 보호를 받았다. 그러나 동시에 국가는 수많은 규제와 개입을 통해 자유시장경제의 역기능인 부의 편중을 막고자 했다. 절약과 저축을 신성시하는 한편 '외제', 특히 고급산 외제의 소유를 금기시하고 아파트 건설 단가를 제한하는 등 국가의 지원과 보호하에 축적된 부를 과도하게 향유하거나 과시하는 행동을 규제했다. 그 결과 한국경제는 세계 10위권에 진입했다. 순수 자본주의의 효율성이나 사회민주주의의 형평성 수준에는 미치지 못했지만 세계가 놀랄 만한 성공을 거두었다.

한국의 보수가 택해야 할 것은 '자본주의'보다 '개발국가', 다시 말해 국가주의다. 국가주의란 개인의 재산권도, 계급간의 분배정의도 국익 앞에서는 양보해야 한다는 것이다. 따라서 국가주의를 추구하다 보면 계급의 이해나 개인의 이해가 침해당하는 경우가 있다. 민주화는 이런 국가 공권력의 남용을 불가능하게 만드는 절차의 설립을 뜻하지 그렇다고 해서 곧 국가의 약화일 필요는 없다.

---

5) 함재봉, 중앙일보. 2004.8.7.

세계의 자본과 기술·인력이 대거 몰려오는 상황에서 국민의 이익을 대변하고 보호하는 장치는 결코 시장도, 노조도 될 수 없다. 자본과 노동이 충돌할 때 중재 역할을 할 수 있는 것도 국가밖에 없다.

이제는 정부와 노동계·재계의 자발적인 합의만이 개발국가를 지속시킬 수 있다. 시장의 효율성도, 사유재산권의 향유도 국가의 발전과 국부의 축적 없이는 불가능하다.

✔사례2. 향후 세계 전망과 국가비전[6)]

■ 시대 환경의 특징

● 세계화
- 존 나이츠비트 "세계는 국가단위에서 경제영역단위로 재편될 것이다." **경제적 국경 쇠퇴**
- 글로벌화의 진전으로 국가단위의 **정책주권 약화**
- 국가간 및 국가내에서의 **불평등 심화**
- 치열한 경쟁 → 공동체적 가치관 정립 위한 **사회통합 필요성 증대**
- **문화적 다양성의 요구증가**
- 폐쇄적 민족주의 → 보편적 세계주의 필요

● 지식정보화
- **지식우위와 정보우위의 신질서 등장**
  - 지식전문가인 Gold Collar가 새로운 지배 계층화
- 지식과 정보의 소유격차 확대로 **국가간 불평등 심화**
- 인터넷 혁명으로 **투명성, 유연성 및 분권화** 흐름 증대

● 민주화
- 신생국은 민주주의의 정착을 위해 노력
  선진국은 민주주의의 질 제고를 위해 노력

---

6) 1999년, 2006년 정책기획위원회 보고서의 자료중 일부임.

· 시민의 욕구충족을 위한 **재정수요 증대**

▣ 오늘의 한국 : 20세기에 못다한 과제 5가지

● 분단체제의 지속
● **不和**(대결), **不義**(부정부패), **不姙**(비생산성)**의 三不政治**
● 저효율성 경제
● 저신뢰 사회
  · 법치주의의 미확립
  · 예측가능성 미약 → 연줄동원
● 방어적 민족주의 고수
  · 세계화 · 문화대국화에 장애

▣ 한국의 국가비전

5대 비전	관련내용(예시)
다원적 민주주의	· 관용, 화해, 공존의 정치 · 분권민주주의 · 참여민주주의
역동적 시장경제	· 경쟁질서 확립 · 경제민주주의 실현
창조적 지식정보국가	· 인적 자본중심의 지식정보 국가 · 열린 전자 민주주의 실현
협력적 공동체 사회	· 생산적 복지 공동체 · 협력적 노사공동체
아시아 중추국가 (Hub-state in Asia)	· 아시아 민주주의 모범국가 · 아시아 문화공동체의 중심 · 아시아 국제비즈니스의 중심

▣ 국내외 환경의 위협

● 북핵위기
● 중국의 추격
● 저출산 고령화 가속

75

- 생산가능인구 감소, 노인부양 부담, 경제성장 감소
- 양극화
  - 빈곤의 대물림, 사회계층간 갈등 심화, 사회불안, 범죄증가

■ 새로운 국가발전전략 패러다임

국가전략 패러다임	선성장 후복지	⇨	동반 성장
정부역할	성장에 집중	⇨	성장과 복지의 조화
성장전략	불균형 성장, 정부주도의 경제발전, 양적 투입	⇨	혁시주도형, 균형성장, 시장주도의 발전, 질적 발전 도모
복지전략	가족에 의존하는 구호적 복지	⇨	정부의 복지기능 제고, 보편적 서비스

■ 비전 2030 국가전략체계

비 전	함께 가는 희망 한국
목 표	혁신적이고 활력있는 경제 안전하고 기회가 보장되는 사회 안정되고 품격있는 국가
전 략	성장동력 확충, 인적자원 고도화, 능동적 세계화, 사회복지 선진화, 사회자본 확충
수 단	제도혁신 26개과제, 선제적 투자 24개 과제

■ 전략별 비전 실행계획(VAP)

전 략	정책 목표	실천 과제	지 표					근 거
			지표명	'05년도	2010년	2020년	2030년	
사회 복지 선진화	노후 소득 보장	전국민 연금 수급	공적연금 수급률 (%)	16.6	30.4	47.0	85.5	미국 93, 영국 91, 일본 84('03년)

■ **전략별 실천과제(사회복지 선진화 예)**

추진방향	• 사람에 대한 투자확대로 기본생활 보장 및 균등한 기회 제공
정책목표	• 성장촉진형 복지투자 확대 • 저출산 고령화 대응 • 복지제도의 효율성 제고 • 건강 및 안전보장 강화
정책목표별 실천과제	• 육아서비스 및 방과후 활동 확대 • BTC 도입 등
	• 저출산고령사회 대책 수립 및 시행
	• 연금 및 건보 개혁 • 사회보험 징수 통합 • 주민생활지원서비스 전달체계 개편
	• 생애주기별 건강검진 • 식품안전관리체계 일원화 • 재해 재난예방 강화

제4절 경찰기획의 필요성

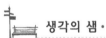 생각의 샘 ·

　　망매해갈(望梅解渴, 바랄망, 매화나무매, 풀해, 목마를갈)이라는 말이 있다. 망매해 갈은 매실을 바라며 갈증을 잊는다는 말이다. 위나라의 조조 군대가 한여름에 행군 을 하다가 모두가 지치고 목말라 했다. 이때 조조는 절묘한 계책을 생각하여, "조금 만 더 가면 매화나무 숲이 있는데, 거기엔 매실이 주렁주렁 달려 있다. 거기 가면 우 리 모두 갈증을 풀 수 있다."고 외쳤다. 병사들은 매실이란 말을 듣자 시디신 매실을 연상하고 모두 입안에 침이 흥건해졌다. 이렇게 기운을 되찾은 병사들은 무더위를 이기고 진군할 수 있었다.

　　기획의 비전이란 마치 매실과 같은 것으로 미래에 달성할 꿈, 낙원, 파라다이스와 같은 것이다. 인간은 꿈이 있을 때 현재의 고통을 이기고 노력을 할 수 있다. 현재의 욕망을 일시적으로 억제시키고 미래의 비전을 달성하기 위해 노력하도록 만드는 것이 기획이다. 더구나 "소용돌이의 場(turbulent field)"으로 표현되는 현대사회에서 기획은 마치 망망대해를 항해하는 배의 '키'나 '등대'와 같은 역할을 하는 것이다.

공자도 기획의 중요성에 대하여 이야기 했다. ≪공자삼계도(孔子三計圖)≫에 이르기를 "일생의 계획은 어릴 때에 있고, 일년의 계획은 봄에 있고, 하루의 계획은 새벽에 있다. 어려서 배우지 않으면 늙어서 아는 것이 없고, 봄에 밭 갈지 않으면 가을에 바랄 것이 없으며, 새벽에 일어나지 않으면 그 날에 하는 일이 없다."7)

논어에서 공자는 말씀하시기를 「맨손으로 범에게 달려들고 황하를 맨발로 건너며 죽어도 뉘우침이 없는 사람과 나는 함께 하지 않을 것이다. 나는 반드시 어려운 일을 당해서 두려워하고 미리 계획해서 성공하기를 좋아하는 사람과 행동을 함께 할 것이다.」라고 하였다. 자로(子路)가 선생께서 삼군(三軍)을 통솔하신다면 누구와 함께 하시겠느냐고 물은 데 대하여 공자가 말씀하신 것이다. 조직의 미래를 걱정하는 기획 인재의 중요성에 대한 언급일 것이다.

또한 먼 앞길에 대하여, 넓고 깊은 헤아림이 없으면 반드시 몸 가까운 일에 근심할 일이 생기는 법이라고 하였다. 공자는 "삼십에 바로 서고〔三十而立〕, 사십에 불혹〔四十而不惑〕하고, 오십에 지천명〔五十而知天命〕하며, 육십에 이순〔六十而耳順〕하고, 칠십에는 마음껏 행하여도 법도에 벗어남이 없다고 한다"하였는데 이것이 바로 인생의 생애 계획에 관하여 참고할 만한 지적인 것이다.

1. 경찰기획의 필요성

경찰기획은 왜 하는가. 경찰기획을 제대로 수행하지 못하면 경찰조직에 어떤 피해를 끼치는가. 경찰기획을 효율적으로 수행하면 어떤 장점이 있는가. 이러한 의문을 갖고 경찰기획의 필요성에 대해 살펴보자.

---

7)「孔子三計圖云　一生之計는　在於幼하고　一年之計는　在於春하고　一日之計는　在於寅이니　幼而不學이면 老無所知요　春若不耕이면　秋無所望이요　寅若不起면　日無所辦이니라」

(1) 환경 변화에 대응

내일을 생각하지 않으면 반드시 근심이 있다는 말처럼 경찰조직은 범죄의 성격 변화 등 주변 환경의 도전에 직면해 있다. 이러한 시대변화와 범죄단체 등 환경의 도전에 대응하여 경찰조직이 적절히 대응하기 위해서는 장기적인 기획을 갖지 않으면 안 된다.

예를 들어 인력기획의 측면에서 보면 사이버 수사요원이나 과학수사요원 등 우수한 인재를 양성하는 데는 10년 이상이 소요된다.

또한 IMF와 같은 경제적인 위기는 경제범죄를 증가시키므로 경제범죄를 중심으로 경찰력을 배치하고 대응할 필요가 있고, 이라크 전쟁과 같은 국제적인 긴장은 외사경찰과 경비경찰의 역할 증대를 필요로 한다.

정리하자면, 경찰은 복잡다단하게 변화하는 정치 경제 상황의 변화를 미리 예측하고 대비하지 않으면 임무를 완수할 수 없다. 특히 가장 장기적인 기획이 요구되는 분야인 경찰인력기획은 매우 중요하다. 인적자원은 급조하기 어렵고 역량을 배양하고 인재를 양성하는데 최소한 몇 년이 걸리기 때문이다.

(2) 효율적인 조직목표달성

공공안전이라는 경찰조직의 목표를 효율적으로 달성하기 위해서는 불확실한 미래를 보다 가시적인 미래로 예측하여 적절한 전략을 개발하고 실행할 필요가 있다. 정확한 미래 예측은 어렵기는 하지만 범죄정보 자료의 수집과 분석을 통하여 치밀한 기획을 하여야 장래에 일어날 피해를 최소화 할 수 있다. 국민의 재산과 생명을 보호한다는 경찰의 목표를 달성하기 위해서는 혹시 있을지 모를 대규모 치안불안요인에 대비하고, 돌발사태나 불측사태의 발생에도 불구하고 인적 피해와 물적 피해를 극소화할 수 있는 전략적 로드맵이 마련되어 있어야 한다.

(3) 합리적인 자원 활용

10조가 넘는 경찰예산과 250개 경찰서에 10만여 명이 넘는 경찰인력 등 경찰조직의 막대한 물적·인적 자원을 낭비하지 않고 가장 합리적으로 활용하려면 기획을 통한 최적의 자원관리가 요구된다.

(4) 지휘 통제 평가의 수단

경찰조직을 지휘 관리하는 고위경찰간부의 입장에서는 경찰기획의 결과물인 각종 경찰조직의 계획서를 바탕으로 경찰행정활동이 잘 수행되도록 지휘하고 통제 평가할 수 있게 된다.

(5) 창의적이고 개혁지향적인 문제해결

경찰조직의 각종 문제들은 창의적인 해결 대안을 요구한다. 그러므로 경찰기획은 독창성과 창조성을 생명으로 하며 전혀 새로운 아이디어와 시스템을 발상 하는 것이 생명이다. 현재에 안주하지 않고 자생적으로 변화와 개혁을 시도하려는 혁신기획이 경찰기획 활동의 모토가 되어야 한다.

(6) 업무추진에 있어 갈등의 방지

경찰업무는 여러 이해관계자가 얽혀 있고 손해 보는 집단과 이익을 보는 집단간에 상호 이해갈등이 대립되어 있는 경우가 많기 때문에 기획단계에서부터 갈등비용을 줄이기 위해 만반의 대비가 있어야 한다.

일반 행정부문의 갈등사례를 들어보면 고속철도 건설과정에서 천성산 구간이 주민들과의 갈등 때문에 8개월 중단되었고, 금정산 구간은 12.5개월, 계룡산 관통도로는 12개월, 사매산 터널은 24개월, 새만금 간척지는 24.5개월 동안 공사가 중단되어 경제적 사회적 갈등비용을 치루어야만 했다. 경찰업무의 수행과정에서도 시민들과 불필요한 갈등으로 비용을 무는 일이 없도록 정책기획단계에서부터 철저한 준비가 요구된다.

종합적으로 살펴보면, 경찰기획은 경찰조직의 내일을 걱정하며 미래를 체계적으로 준비하고 대비하기 위하여, 조직의 자원을 효율적으로 관리하기 위하여, 즉흥적으로 행정활동을 수행하여 낭비를 초래하는 시행착오를 줄이기 위하여, 경찰조직과 경찰정책의 안정성과 일관성을 유지하고, 의도적인 변화와 개혁을 능동적으로 수행할 수 있도록 하기 위하여 필요한 행정활동이다. 우리 경찰은 90년대 말 21세기를 지향하며 5~10년 앞을 내다보는 비전과 종합적 발전계획을 수립한 바가 있다. 이러한 경찰기획은 급변하는 환경의 도전 속에서 경찰조직이 살아남고 효율적으로 조직목표를 달성하고, 경찰업무를 보다 체계적이고 효율적으로 수행하기 위한 지침으로서 필요한 것이다.

2. 경찰기획론 교육의 필요성

경찰기획론의 교육이 왜 필요한가. 경찰기획은 경찰관 누구나 수행하는 공통 업무이고 배우지 않으면 수행하기 어려운 난해성을 특징으로 하고, 업무효율을 좌우하는 중요한 전문기술과목이기 때문이다.

(1) 기획업무의 일상성

기획업무는 곧 경찰행정업무 전체를 지배하고 있다. 경찰관들의 행정업무는 보고서로 시작하여 보고서로 끝나는 경우가 많다. 행정을 담당하는 경찰관들은 매일 계획을 수립하고 간부들의 검토를 거쳐 보고서를 수정하고 결재를 받아 실행하는 업무절차를 반복한다. 일부 기획부서의 경찰관들은 하루 일과를 기획을 하고 보고서를 작성하는 것으로 채울 정도이다. 반드시 경찰기획담당자가 아니더라도 경찰관 대부분은 기획업무를 통해서 일을 수행하므로 기획기법에 익숙해질 필요가 있다.

(2) 기획역량의 중요성

개인에 있어서도 편지 한 장 쓰고 그림 한 장 그리는데 엄청난 우열이 있듯이 경찰서의 업무효율도 각 경찰관의 기획능력에 따라 차이가 난다. 동일한 문제에 직면하더라도 문제를 해결해 나가는 과정에는 천양지차(天壤之差)가 있다. 우수한 기획력을 갖춘 경찰관을 둔 경찰서는 똑같은 업무를 쉽고 빠르고 그리고 부드럽게 수행해 내지만 그렇지 못한 경찰서는 쉬운 업무도 힘들고 어렵게 처리한다. 유능한 기획간부는 경찰조직을 화합시키고 단결시키지만 무능한 기획간부는 경찰조직에 불협화음과 갈등을 야기하고 경찰관들간에 이간질이 횡행하도록 만든다. 그러므로 경찰조직의 업무효율성을 증대시키고 조직역량을 강화하려면 가장 먼저 경찰관들의 기획능력을 향상시켜야 한다.

(3) 기획업무의 전문기술성

경찰기획론은 실무에 공헌하지 못하는 이론중심의 교과목들과 전혀 다른 실무과목이다. 경찰기획론은 교육시간 때우기 식의 단순한 과목이 아니라 실무에 곧 활용하여야 하는 전문기술성을 지닌 실무과목이다. 경찰기획론 과목에 대한 이해 없이 실무에 배치되면 업무처리가 미숙하고 비효율적인 것이 금방 드러나는 이유는 경찰기획 업무가 바로 고도의 전문기술성을 지니고 있기 때문이다. 경찰기획능력은 경찰관들이 지녀야할 핵심 역량을 차지하는 부분이기 때문에 경찰관들에 대한 사전 교육을 통하여 역량 강화를 도모해야할 필요가 있다.

(4) 기획업무의 난해성

기획업무는 경찰기획담당자나 전문가에게도 항상 두렵고 긴장되고 고민되고 스트레스를 주는 난해한 영역이다. 예를 들어 1주일 내내 글자의 크기와 모양에 매달리는 경우도 있고, 제목의 설정과 목차의 구성에만 하루를 보내기도 한다. 계획서의 내용을 구상하고 문구 하나 하나를 만들어 가는 작업에는 더 많은 고민과 정성이 요구된다. 더구나 중요한 계획서의 경우 역사의 증거로 남는 경우가 있기 때문에 문구 하나라도 소홀히 할 수가 없는 것이다. 그러므로 경찰관이라면 누구나 기획의 요령에 대해 기본적인 내용을 숙지할 필요가 있다.

제5절 경찰기획의 역사

1. 기획의 역사

행정에 있어 기획이 발전하게 된 배경에는 여러 가지 요인이 작용하고 있다.

① 고대 로마, 중국·인도 등의 수도에서 도시기획의 형태로 장기적인 계획이 실천되

어 왔었다. 기원전 3000년경 이집트의 피라밋 건설 때 동원된 노동자들을 수용하기 위해 만들어진 집단주거단지나 그리스 집회광장 아고라(agora) 등에서 기획활동이 있었음을 추측할 수 있다. 기원전 2500년에서 1500년경에 축조된 피라미드는 밑변 229미터에 높이 147미터나 되며 2.5톤의 돌덩어리 230만개를 쌓은 것인데 정확하고 조직화된 기획서와 기획가가 없었다면 이룰 수 없는 대업이다. 중국의 만리장성은 높이 9미터 폭 4.5미터에 길이가 2,400킬로미터에 이르는 산맥에 축성되어 있다. 또한 진시황릉은 60여 만평에 달하는 면적에 지하 4층의 거대한 궁전인 바, 기획력이 없이는 불가능했을 업적인 것이다.

② 1917년 공산주의자에 의한 볼셰비키혁명으로 등장한 구소련에서 국가계획위원회(Gosplan)를 설치하여 1926년부터 제1차 5개년 계획을 수립하였다. 이때부터 기획은 사회주의의 전유물로 이해되기도 하였다.

③ 자유방임주의시대에는 "최소의 행정이 최선의 정부(Government is best when governing least)"라는 식으로 정부는 국방, 치안 등 최소한의 국가유지 기능만을 수행하도록 하였다. 그 결과 시장경제는 자원의 낭비 등 여러 부작용에 직면하게 되었고 복지국가로의 열망이 등장하며 기획제도가 도입되었다.

④ 1929년의 증권파동을 전환점으로 미국정부는 자유주의적 방임주의를 포기하고 뉴딜(New Deal)정책에 따라 대대적인 국토개발사업을 전개하였으며, 그 제도적인 장치로서 연방기획기구가 설치되었고, 1933년 국가기획위원회(National Planning Board)가 발족되어 계획수립을 담당하였다.

⑤ 제 1 · 2차 세계대전을 거치면서 각국 정부는 모든 생산자원을 동원하는 계획생산체제를 구축 · 가동하게 되었다. 장기계획의 예로 네덜란드의 20년계획(1950~1970), 구소련의 20년계획(1961~1980), 이탈리아의 바노니(Vanoni)계획(1955~1964) 등이 있다.

⑥ 발전도상국가들은 경제발전을 촉진시킨다는 임무 아래 각종 경제개발계획을 강력히 추진하게 되었다.

⑦ 현대에 들어와서는 경제학과 통계학 등 사회과학의 발전으로 미래예측이 용이해져 민간기업과 정부 관계없이 기획기술이 더욱 발달하게 되었다.

⑧ 민간부문에서의 전략기획은 기업의 목적을 달성하기 위해 조직과 환경을 연계시킬 목적으로 개발되었다. 1920년대 하버드 경영대학원이 하버드정책모형(Harvard

Policy Model)이라는 전략기획방법론을 개발하였다. 이 모형은 기업과 기업환경을 연결하여 기업을 위한 최선의 전략을 개발하려는 것으로서, 내용보다는 과정에 주목하여 올바른 전략적 해결방안을 구하였다(Andrews, 1980). 1950년대 말 이후, 이러한 모형은 조직의 위험요인, 투자행태, 기업의 성장, 시장점유율 등과 같은 것에 관심을 두는 내용적 접근법(content approaches)으로 전환되었으며, 이러한 포트폴리오 모형(portfolio model)식의 전략기획 접근법은 산업경제 모형으로 발전되었고, 이후 성공한 기업의 대부분이 활용하고 있다(Bryson, 1988: 34-37).

⑨ 미국의 경우, 1980년대와 1990년대 초 주(州)정부들이 재정위기를 극복하는 동시에 연방정부의 개혁에 부응하기 위해 제한된 자원으로 기관의 목표를 보다 효과적으로 관리하는 전략기획에 관심을 가지게 되었다. 이에 따라 1980년대 말부터 Oregon과 Texas 등 일부 주정부에서 전략기획이 채택되기 시작하여 1990년대 초반까지 대부분의 주에서 전략기획을 도입하였고, 1993년 '정부성과 및 결과법(GPRA: Government Performance and Results Act)'을 통해 모든 연방기관에 전략기획이 도입되었다.

2. 우리나라 기획의 역사

(1) 경제개발 5개년 계획

우리나라의 국가기획제도는 처음 1948년 7월 국무총리 직속으로 기획처를 설치하여 경제분야 종합계획을 수립하는 업무를 부여하는 데서 비롯되었다.

육군의 기획업무는 1954년에 미육군의 운영계획제도를 반영하여 기본운영계획을 작성하며 시작했다.

한국정부 최초의 경제계획의 시도는 타스카(Tasca)에 의한 3개년종합계획(1954~1956)과 네이산협회에 의한 한국경제재건계획(1954~1957)이다. 1959년 3월 부흥부산하의 부흥위원회가 마련한「경제개발계획」이 있었고, 이승만대통령이 하야하고 2공화국이 성립되면서 부흥위원회는「경제개발 5개년계획」을 작성하였으나 모두 실천되지 못했다. 한국의 정치 경제 및 사회의 획기적인 전환점은 정부가 경제개발 5개년계획을 실천해 옮기기 시작한 1960년대이다.

1962년 1월에 경제기획원이 제1차 경제개발 5개년 계획(1962~1966)을 발표하고 본격적인 실천이 이루어졌다. 1962년부터 이루어진 경제개발 5개년 계획은 우리나라의 경제발전을 견인하는 성과를 거두었고, 5차계획부터는 경제사회발전5개년계획(1982~1986)으로 명칭을 바꾸었고 7차계획(1992~1996)을 끝으로 계획의 역사를 마감했다.

(2) 국토종합 10개년 개발계획

1962년 10월에는 국토건설종합계획의 수립이 거론되다가 1972년부터 1차 국토종합 10개년 개발계획이 수립되어 균형발전과 국토이용의 효율성을 제고하게 되었다. 1991년에는 제3차 국토종합개발계획(1992~2001)이 수립되었다.

(3) 도시계획

1962년 1월 도시계획법이 제정되어 도시기본계획을 수립하게 되었다.

(4) 최근의 정부기획

한국정부의 기획역량은 수준이하로 비판받는 경우가 많았다. 3공화국 이후 경제발전 계획에서는 큰 역량을 보여 주었으나 다른 부문에서는 정밀하게 준비하고 실행하지 못한 측면이 있고 즉흥적인 결정이 빚은 결과로 정부의 기획능력이 의심받게 된 것이다.

가장 대표적인 사례가 90년대 말 국민연금 파동과 의료보험 재정 파탄이다. 국민연금의 경우 신규 가입자 1000만명을 끌어들이기 위해서는 국세청, 행정안전부, 보건복지부 등 국가의 행정기구와 공무원들 그리고 행정자료가 총동원되어도 모자랄 판이었으나 고작 3000여 명에 불과한 연금관리공단 직원들이 도시자영자 1000만 명을 가입시킨다는 계획을 세운 것은 애초에 불가능한 일이었다. 또한 의료보험의 경우 의료계의 파업에 밀려 의료보험 재정에 끼칠 영향도 고려하지 않은 채 무리한 수가인상을 감행함으로써 재정파탄을 야기하였다.

2004년 서울시의 대중교통체계 개편과정도 치밀한 사전 준비 없이 서둘러 추진하여 시민들을 불편하게 만들고 논란을 빚은 사례도 기획관점에서 교훈으로 삼을 바가 있다. 우선 대중교통체계 개편을 하며 일요일에 시작하든지, 방학때 시작하든지 시점을 조심스럽게 해야 했는데 평일날 시행하여 혼란이 컸다. 그리고 사전 준비도 하고 예행연습도 하고, 시험을 거쳐 좀 더 준비를 더하고 해야 하는데 시장의 취임 2주년에 맞춘다고 무리하게 시작한 면이 있다. 만일 보다 철저한 기획적 시각에서 늘 검토하고 재검토하였다면 하는 아쉬움이 따른다.

긍정적인 업적으로 볼 것은 국가전략기획부문에서 1989년 6월 1일 대통령자문 21세기 위원회가 만들어지고 1995년 6월 대통령 소속의 정책자문기구로서 정책기획위원회가 설치되어 한국사회의 미래를 이끌어 나갈 장기적인 국가비전 및 전략을 제시하였다는 것이다.

정부기구중 경제기획을 담당하는 기획예산처는 경제기획원의 후신으로서 대표적인 기획기구라고 할 수 있으며 5년 앞을 내다보는 국가재정운용계획을 매년 수립하고 있다.

참여정부에 들어와서는 부문별 국가전략기획과 종합적인 혁신 로드맵을 제시하여 정교한 개혁의 마스터플랜이 없는 상태에서 개혁정책이 추진되고 있다는 비판을 많이 해소하였으며 2006년에는 정부와 민간 합동으로 「비전 2030」을 내놓았다.

(5) 경찰기획 연구의 역사

경찰청의 장기발전계획으로는 1972년 10월 내무부 치안국에서 발간한 「70년대 한국경찰의 방향」이 있다. 이 기획서에서는 경찰의 어제와 오늘을 점검하고 70년대 사회를 전망한 다음 부문별 계획을 하였다.

최근에는 2001년 6월에 출간된 「21C 한국경찰의 비전」이 있다. 이 책에서는 2010년의 한국경찰상을 세계경찰의 표준이 되며 세계에 수출하는 최고 브랜드로 설정하였고 10년 앞을 내다 본 경찰청 최초의 장기계획이었다.

가장 최근에는 2012년부터 치안정책연구소에서 「치안전망」을 매년 발간하고 있다. 분야별 치안환경을 분석하고 이에 대한 경찰의 대응방안을 제시하고 있다.

이처럼 한국경찰조직에서 장기발전계획을 수립하기는 하였지만 일회성에 그치고 그 결과물이 체계적이고 제도적으로 경찰정책에 반영되지는 못했다. 경찰운영에서 차지하는 기획의 중요성에 비하여 그동안 경찰기획제도의 정립이나 기획기법과 기획이론에 대한 연구는 일천하고 소홀했다. 기획업무를 어떻게 수행해야 할지 마땅한 교과서 한 권

없는 것이 우리의 현실이다. 대기업에서는 기획에 관한 교재도 많고 연구도 상당히 진행되어 사내교육도 활발하지만 경찰조직은 경찰간부를 대상으로 하는 「기획예산」교육과정이 있기는 하지만 기획에 관한 교재나 연구가 미비한 실정이다.

이러한 기획 푸대접의 원인은 기획의 중요성에 인식이 적기 때문이다. 심지어 기획한다는 의미가 권모술수를 꾸민다는 의미로 사용되기도 했다. 지금도 기획이라는 것이 기획부서의 몇몇 경찰관들만 수행하는 행정활동으로 인식하고 있는 것이다. 심지어 혁신기획이라고 하면 혁신기획담당자가 문서로 혁신했다고 보고용 문서를 작성하는 업무 정도로 치부하는 경향이 남아 있다. 보다 거시적으로 기획 푸대접의 원인을 따져보면 경찰조직이 주위 환경변화에 능동적으로 대응할 필요가 그만큼 적었기 때문에 기획교육에 무관심했다고 할 수도 있다.

바람직한 경찰기획체계의 수립을 위해서는 경찰정책의 평가 → 장기발전계획 → 중기발전계획 → 년도별 주요업무계획과 예산 → 기획심사평가 등의 기획과정이 기획관련법령의 근거에 의해 체계적으로 시행되도록 하는 것이다.

또한 기획전문인력 확보를 위해 「21C 한국경찰의 비전」에서의 계획처럼(122쪽) 본청·지방청의 정책·기획능력을 강화하고 업무의 전문성 확보를 위해 본청 인력중 정책수립 등 기획업무를 담당하는 경찰관은 석사급 이상의 연구능력이 있는 인력으로 배치하고 계급도 경위이하 직원은 경감 이상으로, 지방청의 경사이하 직원은 경위 이상으로 교체하여야 할 것이다.

제2장
경찰기획의 발전방안

제1절 * 경찰기획의 한계와 발전방안

1. 경찰기획의 한계

경찰기획활동이 언제나 잘 이루어지는 것은 아니다. 경찰기획이 효율적으로 이루어지지 않는다면 그것은 몇 가지 현실적인 애로와 한계가 있기 때문이다.

기획의 그레샴 법칙이란 '악화(bad money)는 양화를 구축한다'는 그레샴 법칙을 기획에 원용한 말이다. 악화(헌돈)가 양화(새돈)를 대신한다는 그레샴법칙은 한마디로 새로운 쇄신과 개혁이 잘 안 먹힌다는 뜻이다. 기획의 그레샴 법칙은 일상적 업무활동에 몰입하다보니 장기적인 계획이나 쇄신적인 기획활동을 몰아내는 현상을 의미한다. 기획수립자는 비구조적 상황보다는 정형적이고 루틴화된 업무와 활동에 몰두한 나머지 창의력이 요구되는 쇄신적이고 비정형적인 업무인 기획을 등한시하는 경향이 나타나는 것이다.

기획의 그레샴 법칙이 발생하는 원인은 다음과 같다.

① 자료부족이나 분석능력 부족 등으로 인한 예측능력의 한계
② 목표의 무형성으로 무형의 상위목표에 대해 선례답습적 행태가 유발
③ 불확실성 하에서 외부환경을 무시함으로써 정형적 기획에 집중
④ 시간과 자원부족으로 상용화된 기획에 집중
⑤ 관료제 타성에 의한 목표대치의 하나인 과두제 철칙으로 창의적 기획을 기대

하기 곤란

⑥ 지나치게 표준운영절차(SOP)에 의존하는 경향

대표적인 경찰기획한계요인 6가지를 들 수 있다.

(1) 불확실성

어떤 범죄가 어디서 어떤 형태로 발생할는지 미리 파악하기는 거의 불가능하다. 치안 환경에 대한 미래예측능력의 한계성으로 불확실(uncertain)하고 가변적인 미래를 정확히 예측한다는 것은 극히 곤란하다.

(2) 정보부족

과거 사건발생과 경찰의 업무처리에 관한 자료 및 정보의 부족으로 예측이나 결정이 주먹구구식의 판단이나 직관에 의해서 행해지는 경우가 많게 된다.

(3) 인식부족

정치적 인식 및 행정적 지원의 부족으로 기획의 중요성이 소홀히 취급되고, 기획이 형식적으로 이루어지고 있는 경우가 많다.

(4) 능력부족

기획가의 능력부족으로 실현 가능성이 낮은 계획들이 작성되고 있다.

(5) 제도결함

예산 및 관리제도의 비효율성으로 예산지출의 지연 및 과도한 통제, 예산기관과 기획 부서와의 불협화 등으로 기획을 효율적으로 지원하지 못하고 있다. 오히려 예산이 기획의 우위에 서서 계획을 형식화하고 무의미하게 하는 결과를 초래하기도 한다.

(6) 시간적 제약

정밀한 자료 분석과 다양한 대안의 검토를 거쳐 계획이 수립되자면 충분한 시간적 여유와 재정지원이 요구된다. 그러나 단기간에 계획을 작성하여 성과를 내라는 압력과 인적자원의 제약 때문에 부실한 계획이 수립된다.

2. 경찰기획의 제약요인

이와 같이 기획의 한계가 발생하는 이유를 책임 있는 행위주체별로 나누어 정치·행정적인 제약요인, 기획가의 제약요인, 기획구조의 제약요인, 계획수립상의 제약요인, 계획집행상의 제약요인 등으로 보다 상세히 나누어 살펴본다.

(1) 정치·행정적 제약요인

기획을 제약하는 정치·행정적 제약요인은 다음과 같은 것이다.
① 정치권의 불안정은 행정의 불안정을 초래하고 기획의 일관성을 훼손한다.
② 유능한 기획요원을 미리 양성하는데 투자하지 않으려고 한다.
③ 기획과정에 관련된 부처나 기관, 국민의 참여가 아무래도 제한적이다.
④ 의사결정의 지나친 집권화와 복잡한 절차로 인하여 비능률이 야기된다.
⑤ 정치적 영향력이 개입하여 합리적 자원배분이 어렵다.

(2) 기획가의 제약요인

모든 기획가들은 약점을 지니고 있다. 자신만의 가치관과 신념, 선입관과 경험을 갖고 있으며 독선과 편견에 빠지기 쉽고, 기획가 자신의 능력 부족과 지식의 한계 및 시간의 부족, 성취동기의 부족 등으로 인해 기획능력에 격차를 보인다.

기획가 자신의 능력부족과 더불어 조직의 권위주의, 형식주의, 의식주의 등과 같은 병리적 행태가 끼어들면 기획의 합리성을 현저하게 해치게 된다.

(3) 기획구조의 제약요인

경찰조직이 선례를 중시하고 표준운영절차에 지나치게 의존하고 있으면 새로운 기획을 통한 행정의 쇄신 노력과 창의성 발휘를 저해한다.

(4) 계획수립과정상의 제약요인

기획을 수립하는 과정에서 직면하는 제약요인은 다음과 같은 것이다.
① 미래예측능력의 한계로 정확하고 합리적인 기획이 불가능해진다.
② 정보와 자료의 부족과 왜곡으로 합리적 기획이 어렵다.
③ 기획전제설정이 불확실하여 계획의 실효성이 약화된다.
④ 비용과 시간상의 제약이 많다.
⑤ 시민과 이해관계자들의 참여가 제한되어 있다.

(5) 계획집행상의 제약요인

일단 수립된 계획을 집행하는 과정에서 직면하는 제약요인도 있다.
① 계획의 수정이 이해관계자들의 압력으로 어렵다.
② 위와 반대로 이해관계자의 압력 때문에 수시로 계획을 수정하여 합리성이 훼손되는 경우도 있다.

3. 경찰기획의 발전방안

(1) 성공적 경찰기획의 조건

경찰기획이 합리적이고 적실한 것이 되기 위해서는 우선 그것이 그 경찰조직의 규범에 적합하고(규범적 당위성의 확보), 실행에 옮길 수 있어야 하며(실현성의 확보), 마지막으로 능률적이어야 한다(능률성의 확보).

다시 말해서 성공적 경찰기획은 당위성 → 실현성 → 능률성의 방향에 따라 계층적으로 구조화되어야 한다. 즉 경찰기획은 '어디로' → '무엇을' → '어떻게'의 방향으로 검토하여 결함이 보이지 않아야 한다.

1) 당위성의 확보

당위성은 경찰기획이 타당한 기획문제의 정립과 기획목표의 설정, 그리고 합리적인 기획논리를 바탕으로 하여야 한다는 것이다. 한 마디로 경찰기획안이 '어디로(where to)' 향하려는 것인지 명확히 드러나 누구나 동의할 수 있어야 함을 의미한다.

2) 실현성의 확보

실현성은 경찰기획이 바람직한 기획목표를 설정하고, 목표의 실천이 가능하도록 인적 물적 자원을 확보하고 이를 서로 다른 하위 기획목표에 합리적으로 배분하도록 이루어져야 함을 의미 한다. 기획안이 '무엇을(what to)' 달성하고자 하는 것인지 그 내용이 목적과 수단의 연쇄관계로 체계적이고 실현가능해야 한다는 것이다.

3) 능률성의 확보

능률성은 기획대안이 가장 비용 효과적이고 합리적이어야 한다는 의미이다. 경찰기획안이 '어떻게(how to)' 목표를 달성하고자 하는 것인지 가장 절약적인 방법을 선택하여야 함을 의미한다.

지금까지의 검토를 간단히 요약·정리해 보면 다음과 같다.

○ 성공적 경찰기획의 조건

기 준	초 점	성 격	사고형태	접근방법
당위성(should)	기본방향	'어디로'(where to)	판 단	규범적
실현성(can)	자원배분	'무엇을'(what to)	판단과 계 산	종합적
능률성(will)	실천방법	'어떻게'(how to)	계 산	계량적

(2) 일반적 기획원칙의 준수

경찰기획의 한계와 제약요인을 극복하고 성공적인 기획을 하려면 일반적인 기획원칙을 준수하고, 기획가의 기획능력을 제고하며, 기획제도를 개선해 나가야 한다.

경찰기획을 발전시키기 위해서는 예를 들어 다음과 같은 일반적인 기획 원칙을 준수할 필요가 있다.

① 기획의 목적을 구체적으로, 계량적으로 명시하도록 노력한다.

② 누구나 쉽게 이해하고 협조를 할 수 있도록 기획안을 간결하게 작성한다.

③ 기획의 방법과 절차를 표준화하여 기획을 용이하게 하고 장래의 기획에도 이용하도록 한다.

④ 미래의 여러 상황 변화에 대응할 수 있도록 기획에 영향을 주는 요소들을 정확히 예측하도록 한다.

⑤ 기획은 곧 변화임을 인식하고 과거의 관례를 답습하는 업무추진을 탈피하여 새로운 업무영역과 업무내용을 지속적으로 혁신해 나가도록 조장한다.

보다 구체적인 경찰기획의 발전방안을 기획가, 기획제도 등으로 나누어 살펴본다.

(3) 기획가의 능력제고

효율적 기획을 위해서는 사람의 변화가 최우선이다.

① 경찰고위간부들의 의식개혁과 행태변화가 요망된다. 기획의 중요성에 대하여 관심을 갖고 유능한 인재를 기획부서에 배치하도록 해야 한다.

② 기획가들의 기획능력을 향상시키기 위한 기획교육이 지속적으로 진행되어야 한다. 기획기능이 발달한 기업 교육기관에 위탁 연수를 확대하고, 기획연구에도 투자하도록 할 필요가 있다.

(4) 기획제도의 개선

① 경찰기획의 발전을 위해서는 기획구조와 절차의 효율화가 요구된다. 보다 상세하게 기획절차를 법률로 제도화하고 예산제도와 조화를 이룰 수 있도록 한다.

② 기획능력 향상을 위한 기획기구의 위상 확보와 치안정책연구소등 연구기관의 기획

부문 연구 교육의 강화로 기획의 역할을 확대하도록 해야 한다.

③ 지방청과 경찰서 단위의 기획담당부서를 강화하고 기획담당인력을 확충할 필요가
있다. 이를 통하여 혁신분위기의 쇄신, 혁신의 제도화와 예산보다 상위의 위상을
통해 기획의 실효성을 확보할 수 있을 것이다. 아울러 경찰청과그소속기관등직제
에 지방청 단위에도 기획업무의 분장 내역을 명시하도록 한다.

④ 참여기획(參與企劃, participative planning)을 활성화해야 한다. 참여기획이란 주
민참여가 보장된 기획으로 기획과정에서 주민이 참여하여 계획을 결정·집행·평
가하는 것을 말한다.

(5) 기획평가를 통한 개선

경찰기획의 발전을 위해서는 경찰기획시스템을 종합적으로 평가하여 개선해 나가는
노력을 제도화할 필요가 있다. 기존에 기획업무에 대한 종합적인 평가를 실시하여 문제
를 발견하고 보완하는 것이다. 이러한 기획 평가시 착안사항은 다음 표와 같은 것이다.

⭕ 기획 평가시 체크리스트

구 분	평가지표	평가 사항
기획결정	기획의 적합성	① 기획이 환경변화에 대응하여 적시에 제기·수립 되었는가 ② 기획목표가 적절하게 명확히 제시 되었는가 ③ 기획목표와 수단이 합리적으로 연계되어 있는가 ④ 계획수립을 위한 여론수렴, 기획절차는 준수되었는가
	기획 내용의 충실성	① 기획 목표와 내용이 매년 되풀이 되고 있지 않은가 ② 추진계획, 추진일정, 추진수단 등이 합리적인가
기획집행	집행관리의 책임성	① 계획대로 자원이 투입되고 수단이 집행되고 있는가 ② 추진일정을 제대로 준수하고 있는가
	집행상황의 대응성	① 행정환경의 변화에 적절히 대응하고 있는가
	추진과정의 효율성	① 관련부서간 협력이 원활한가 ② 추진과정에서 주민과의 협력관계가 유지되고 있는가 ③ 추진과정에서 이해관계자와의 관계는 원만한가
기획평가	기획목표의 달성도	① 궁극적인 계획목표는 달성되었는가
	효과성	① 국민의 입장에서 기획목표가 실질적으로 달성되었는가
	시정조치의 효율성	① 발견된 미비점을 새로운 기획에 반영해 시정하고 있는가

(6) 종 합

살펴본 바와 같이 경찰기획의 발전은 경찰관들의 전략적이고 기획적인 사고와 행동을 유인하여 궁극적으로 조직의 기획역량을 제고하는 데 있다. 기획의 주체가 변하면, 기획과정에서 환경 및 이해관계자에 대한 분석이 과학적으로 충분히 이루어질 것이다. 그러면 누가 최초의 시동을 걸 것인가. 경찰기획역량 강화의 성공적인 추진을 위해서는 경찰청장의 적극적인 리더쉽이 핵심적인 요인이다.

제2절 경찰기획능력의 발전

1. 경찰기획능력의 구성요소

체계적으로 계획되지 않은 경찰활동이 제대로 이루어질 리가 없다고 할 때에, 경찰업무성과의 향상은 경찰기획으로부터 시작된다고 하겠다. 그리고 경찰기획을 발전시키려면 먼저 경찰관 개개인의 경찰기획능력이 발전해야 한다. 그러면 경찰기획능력이란 무엇이며, 어떻게 발전시켜야 하는가.

경찰기획능력이란 경찰기획담당자들이 경찰기획활동을 수행함에 있어 기획 구상에 있어서는 정보력, 교섭력, 환경분석력, 문제설정력, 문제분석력, 선견력, 창의력 등이 요구되고, 기획서 작성과정에 있어서는 사무관리능력, 프리젠테이션에 있어서는 발표력 등이 요청된다. 이러한 '기획구상능력', '기획서작성능력', '프리젠테이션 능력'이 종합되었을 때 비로소 경찰기획능력은 제대로 발휘된다. 유능한 경찰기획가의 특성은 끊임없는 호기심, 문제에 매달려 집중하는 강한 의지, 현실보다 나은 미래를 지향하는 비전, 매사에 꼼꼼하게 정리하는 치밀함 등이다.

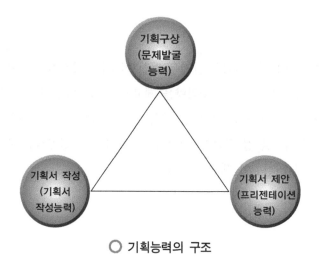

○ 기획능력의 구조

(1) 기획구상능력

기획구상능력은 기획을 위한 정보를 수집하고, 문제를 인지하고 발굴하며 적절한 해결대안을 탐색하고 선택하는 단계에 필요한 제반 능력을 말한다.

1) 정보력

구상력의 기초는 넓고 깊은 정보력이다. 정보력이란 정보수집력과 정보분석력을 말한다.

① 정보수집력이란 기획에 필요한 정보를 빠짐없이 수집, 그 본질을 파악하는 능력으로 사실과 추측을 구분하여 사실 중심으로 정보를 수집하는 사실정보수집능력, 필요한 정보를 수집하는 필요정보수집능력, 정보의 뒷면을 이해하여 깊이 있는 정보를 수집하는 능력, 흩어진 정보를 점에서 선으로, 선에서 면으로 모을 수 있는 수집능력, 정보가 위치한 소재를 파악하는 능력, 광범위한 인맥을 통하여 정보를 신속 정확하게 수집하는 능력 등을 포함한다.

② 정보분석력이란 수집한 정보를 평가하고, 2차 정보로 가공·생산하는 능력을 의미한다. 수집된 정보로부터 의미를 정확하게 해석해 내는 능력이다. 분석력이란 사안에 대해 여러 관점과 여러 사람의 시각으로 요목조목 해석할 수 있는 능력이며 인간과 사회에 대한 깊은 지식이 기반이 되어야 한다.

2) 환경분석능력

환경분석능력이란 경찰조직 내부와 외부의 주변환경의 변화를 객관적으로 파악하는 능력을 말한다.

3) 문제설정능력

문제설정능력이란 문제발견력과 문제분석력, 선견력을 의미한다.
① 문제발견력이란 기획과제를 발견하고 정의하는 능력을 말한다. 경찰조직이 당면한 현실 문제를 발견하기 위해서는 평범한 듯한 현실에 대하여 비판적이고 약간은 부정적인 시각으로 바라보고 개선의 필요성을 찾아내야 한다.
② 문제분석력이란 경찰조직의 사명과 당면목표에 입각하여 문제의 실태와 요소, 원인과 결과를 파악하는 능력이다. 문제분석을 위해서는 경찰행정의 현실을 여러 다양한 시점으로 보는 폭넓은 시야가 요구된다. 경찰조직에 대하여 비판적인 피의자, 야당, 사회단체의 견해도 객관적 시각에서 경청하는 자세가 필요하다. 또한 경찰행정현상을 도해화, 수량화하여 변화의 추이를 살펴보는 과학적 분석능력도 요청된다.
③ 선견력이란 장래를 전망하고 미래의 전개를 예측하는 능력이다.

4) 대안창출능력

대안창출능력이란 창조력, 발상력 등을 말한다.
① 창조력은 새롭고 가치 있는 방법, 수단 등을 만들어 내는 힘을 말한다.
② 발상력은 기획 목적의 달성을 위하여 기존 개념에 사로잡히지 않고, 자기 나름대로 수단과 방법을 발견하는 능력을 말한다.

(2) 기획서 작성능력

기획서 작성능력은 일반적인 사무관리능력을 포함하는 것으로 워드 작성능력, 엑셀과 파워포인트등 사무관리 프로그램 활용능력 등을 기본으로 한다. 이러한 기초 실기능력과 더불어 무엇보다도 중요한 것은 기획안의 개념에 따라 적절하게 용어를 선택하는 개념능력이 중요하다고 하겠다. 표현력과 문장력은 쉽게 얻을 수 있는 능력이 아니다.

(3) 기획서 제안능력

기획서 제안능력은 파워포인트 활용능력을 기초 실무능력으로 하며 어떻게 프리젠테이션을 시작하고 끝맺을 것인지 전반적인 시나리오를 구상하는 능력, 정책결정자를 설득하는 발표능력 등이 포함된다.

2. 기획능력 발전을 위한 사례연구 교육

경찰기획능력 발전을 위해서는 기획능력의 특성상 이론교육과 실무교육이 겸하여져야 한다. 이론과 실무를 겸하여 교육시킬 수 있는 방법중에는 사례연구(CASE STUDY)가 가장 유용하다고 볼 수 있다.

처음 하버드대 법대에서 교육방법으로 사용되던 CASE STUDY는 하버드대 경영대에서 관리자 교육기법으로 애용되고 있는 것이다. CASE STUDY는 학문의 현실적합성을 증진시키고 이론의 실용성을 확보할 수 있는 교육방법으로 알려져 있다.

(1) CASE STUDY의 필요성

경찰기획가는 하나의 CASE에 직면하게 되면 『사실의 확인 → 문제의 발굴 → 원인의 분석 → 대안의 모색 → 대안의 분석평가 → 대안의 비교선택 → 집행기획 → 집행과 통제→결과평가 → 종료 혹은 환류의 결정』 등의 사고를 전개할 수 있어야 하는데 CASE STUDY만큼 이론을 실제에 적용하는 능력을 키워 주는 교육기법이 없다.

CASE STUDY 교육과정을 통해 하나의 CASE를 놓고 다른 이들의 견해를 경청하는 기회를 가짐으로써 폭넓은 사고력과 종합적인 시각을 확보할 수 있다.

더욱 더 불확실해지는 지식정보사회에서 경찰기획가들은 신속한 기획을 강요받게 되고 따라서 CASE STUDY에 의해 『신속한 정보수집 → 신속한 정보분석 → 신속한 정책개발 → 신속한 기획서 작성 → 신속한 프리젠테이션』으로 대응능력을 증진시킬 수 있을 것이다.

특히 사례연구는 정보분석, 문제분석, 비교분석의 3가지 측면에서 효용이 있다.

(2) 정보 분석

기획활동에서 처음 해야 할 일은 정보분석을 통하여 사실을 발견하는 것이다. 무슨 정보이든지 사실인지 아니면 거짓인지 여부부터 확인해야 기획이 비로소 시작될 수 있다.

1) 행위자 분석

정보분석은 먼저 누구와 누구의 문제인지부터 조사한다.『개인대 개인의 문제인지. 개인대 소집단의 문제인지. 개인대 조직의 문제인지. 개인대 사회의 문제인지. 개인대 국가의 문제인지. 소집단대 조직의 문제인지. 조직과 조직의 문제인지. 각각의 행위자들을 연결시켜 본다.』관련 행위자의 분석을 통해서 CASE 의 주체를 분명히 해둔다.

2) 시기 분석

정보분석은 CASE가 정확히 언제 일어났는지 시작과 끝을 분명히 확인하여 지나간 사안보다는 새롭게 등장하여 영향을 미칠 가능성이 있는 사안부터 분석할 필요가 있다.

3) 장소 분석

과연 어디에서 일어난 일인지를 확인한다.

4) 과정 분석

어떤 행위 과정에서 일어난 일인지를 확인한다. 그 과정중에 논리적인 모순점은 없는지 분석한다.

5) 주제 분석

과연 이슈가 무엇인지 분석한다.

8) 종합 분석

위 각각의 사항을 종합적으로 분석하면서 거짓은 없는지, 오해는 없는지, 숨겨진 사실이나 복선은 없는지를 비판적으로 판단한다.

(3) 문제분석

정보분석을 통하여 사실 확인이 끝난 연구문제는 다음 분석 단계인 문제분석으로 넘어간다. 문제분석에서는 문제의 원인을 파악하고 정확하게 문제를 정의하는 과정을 연습하는 것이다.

1) 문제의 진술

문제의 행위자, 시기, 장소, 과정, 주제 등을 정확하게 파악한다.

2) 이해관계자 분석

분석수준이 다른 각각의 행위주체들을 상호관련지어 가며 원인을 분석한다.

3) 없음(不在)의 분석

인력, 예산, 정보, 법률, 정책, 커뮤니케이션, 리더쉽 등등 필요한 요소가 부족하거나 부재함으로써 발생한 문제인지 분석한다.

4) 잘못 있음(存在)의 분석

각종 필요 행정요소, 정책요소가 잘못되어 있는지 고찰한다.

5) 다름(差異)의 분석

각종 행정요소, 정책요소들이 나름대로는 잘 정비되어 있지만 특정 행정문제와는 서로 맞지 않는 상이함에 의해서 생기는 문제인지 연구한다.

(4) 비교분석

정보분석과 문제분석에 의하여 정의된 문제를 해결하기 위하여 대안을 모색하고 비교평가하게 되는데 선택을 위해 비교분석하는 과정을 연습하는 단계이다. 이 과정은 경찰기획과정과 유사한데 각각의 대안마다 지닌 장점과 단점을 평가하고 상호비교하는 것이다.

1) 미실시 대안의 비교 분석

아직 실시하지 않은 모색 단계의 대안은 실현가능성을 중심으로 다음과 같은 방법으로 분석한다.

① 목표 달성가능성   ② 기술적 실현가능성

③ 시간적 실현가능성   ④ 예산적 실현가능성

⑤ 인력적 실현가능성   ⑥ 법률적 실현가능성

⑦ 윤리적 실현가능성   ⑧ 정치적 실현가능성

⑨ 행정적 실현가능성   ⑩ 정책결정자의 의지

⑪ 행정실무자의 의지

2) 기실시 대안의 분석

이미 실시중이거나 집행이 종결된 기획대안의 경우에는 다음의 기준으로 평가한다.

① 효과성(목표 달성가능성)

② 능률성(투입대 산출비)

③ 형평성(사회적 가치의 실현)

④ 반응성(소망의 실현)

3. 기획능력 발전을 위한 경영기법의 활용

경찰기획능력 발전을 위한 기법은 나날이 새롭게 등장하고 있다. 대규모 기업등 조직관리에 활용되어 효과가 증명된 경영기법들을 경찰조직에도 응용하여 적용할 수 있다. 다만, 이들 기법은 정부조직이라는 특성과 경찰활동이라는 상황에 따라 적용효과가 차이가 나므로 각 기법의 정확한 효용에 대한 이해가 필요하다.

(1) CSM(customer satisfaction management)

CSM 이란 고객 중심적 사고를 바탕으로 모든 행정 활동을 전개해 나가자는 것이다. 드럭커가 말했듯이 고객을 위한 가치창조 즉, 고객을 위한 만족을 행정의 궁극적 목표로 삼아야 한다는 것이다. 당장 눈에 보이는 비용 절감에 급급하는 수동적 관리보다 고객 만족을 높여 경찰의 이미지를 고양하기 위한 행정에 우선순위를 두는 능동적 이고 미래 지향적 선택이라고 할 수 있다.

(2) benchmarking

벤치마킹이란 초우량 조직이 되기 위해 최고 수준의 경찰조직과 자기 조직 사이의 차이를 구체화하고 이를 메우는 것을 혁신의 목표로 활용하는 것이다. 대표적인 예로 제록스사가 시장 점유율이 급격히 떨어지자 일본의 canon사를 연구하여 benchmarking 상대로 삼았던 것이다. 나보다 뛰어난 상대에게 적극적으로 배우고 낙오되지 않겠다는 행정관리방식이다.

(3) BPR(Business Process Reengineering)

BPR이란 현재의 업무 수행 방식을 근본적으로 재설계하여 개선 이상의 혁신적 행정 효과를 목표로하는 신조직관리기법이다. BPR은 단순히 100%의 혁신이 아니라, 200~500%의 혁신을 추구한다. BPR의 목적은 불필요한 정보와 비효과적인 업무 과정을 제거하여 업무의 흐름을 단순화 함으로써 행정을 효율화, 경량화 하는 것이다.

(4) 가상기업

가상기업(Virtual Corporation)은 기업간의 전략적 제휴를 통해 조직의 유연성과 경쟁 우위를 확보 하는 것이다. 즉, 강점과 강점을 합쳐 경쟁력을 제고하기 위한 전략이다. 왜냐하면 한 기업이 R&D,생산, 마케팅등 모든 분야에서 독점할 수 없기 때문에, 비슷한 분야에 참여하는 기업끼리 손잡고, 경영하는 것이다. 경찰조직의 경우 일반 행정관리에서는 관리기법이 발달한 기업, 민간경비업체 등과 협력할 수도 있다.

(5) 네트워크 조직

네트워크 조직(Network Organization)은 수평적, 유기체적 조직구조를 구축해 조직의 유연성을 제고하는 것이다. 기존의 hierarchy organization에 대비되는 개념으로, 조직 구성원 개개인의 전문성과 지식에 자율권을 최대한 부여하여 개인능력을 극대화하고, 제반 기능조직간 Communication을 활성화하는 신축적인 조직 운영 방식이다.

(6) 시간기준경쟁

시간기준경쟁(Time-Based Competition)은 의사결정의 신속성, 정책개발 및 대민 서비스 시간의 단축 등 신속성을 바탕으로 타기관보다 경쟁우위를 확보하는 것이다. 1시간 단축을 통해 경쟁우위를 확보할 수 있는 영역은 크게 세 부문으로 나눌 수 있다. 첫째, 행정지원부문 둘째, 방범이나 수사 및 정보등 현장경찰활동부문 셋째, R&D부문이다. 시간 단축에는 IS(Information System)의 효율적 활용이 필수적이다.

(7) 전략적 관리회계

Strategic Managerial Accounting은 실질적인 원가 절감을 위해 사후적인 원가 통제가 아닌 사전적인 원가관리를 활용하는 전략적 원가관리 시스템을 구축 하는 것이다. 행정환경이 변화하면 정부기관의 관리회계 시스템도 변화되어야 한다. SMA구축을 위해서는 원가절감에 기여해야 하는 각 부문의 행정과정에 대한 철저한 분석과 Reengineering이 선행되어야 한다.

(8) 녹색경찰활동

Green Policing은 경찰활동의 제반 부문을 이슈로 대두되고 있는 지구의 환경문제에 대응하도록 하는 환경적응전략이다. 세계적으로 환경문제가 대두됨에 따라, 경찰행정활동도 오염문제를 최소화 해야만 국민에게 기여하는 행정기관으로서 이미지를 유지할 수 있다. Green Policing은 단순히, 차량이나 총기등뿐 아니라, 행정사무관리에도 적용되어야 한다.

(9) 핵심역량

핵심역량(Core Competence)이란 특정조직이 소유하고 있는 우월적 내부 역량으로서 경쟁조직과 차별화 될 뿐 아니라, 성공의 핵심요인으로 작용하는 힘을 말한다. 조직의 규모와 예산이 작더라도 타의 추종을 불허한 핵심역량을 보유한다면, 조직을 성공으로 이끌 수 있다.

(10) 학습조직

학습조직(Learning Organization)은 새로운 지식의 창조, 획득, 전파 등의 활동이 조직전 구성원 스스로에 의해 끊임없이 수행되는 조직이다. 즉 경찰조직의 모든 구성원이 학습을 통해 새로운 시각과 행동의 가능성을 개발하고 실현하며 그로부터 나타난 결과를 토대로 또다시 새로운 시작을 창조하여야 한다는 것이다. 행정환경의 변화, 범죄환경의 변화, 행정관리기술변화에 대해 조직구성원들은 대처할 수 있도록 신속하고 적극적으로 학습해야 하며, Communication channel도 넓게 유지해야 한다.

(11) Investor Relations Activities

Investor Relations Activities는 경찰조직의 재무회계기능과 커뮤니케이션 기능을 결합하여 국민들이 경찰조직의 주인 노릇을 제대로 할 수 있도록 경찰관련 정보를 제공해주는 새로운 재무관리정보 공개활동이다. 이해관계자집단인 국민들과 경찰조직은 매우 밀접한 관계에 있다. 따라서 경찰은 국민들에게 적절히 정보를 제공하며, 안정적 지지기반을 확보해야 한다.

(12) Database Policing

Database Policing이란 범죄 정보, 범죄자 및 범죄조직 정보, 지역사회정보 등 경찰활동에 필요한 각종 1차 데이타를 직접 수집, 분석하고 그것을 기초로 하여 신속하고 정확한 경찰활동을 수행할 수 있도록 경찰정보체계를 전략정보체제화하는 기법을 말한다. 컴퓨터의 발달에 따라 완벽한 경찰DBMS가 구축됨으로써 필요한 경찰정보를 손쉽게 관리 검색하여 지역의 거리와 관계없이 경찰관의 필요와 요구에 신속히 대응할 수 있도록 해야 한다.

⒀ 세계화

글로벌 시대에 경찰의 세계화(Globalization) 전략은 아국의 국가이익 및 시장 확보를 위해 전 세계에서 활동하고 있는 국민들을 위하여 적극적인 경찰보호와 지원활동을 펴는 것이다. 아울러 세계의 경찰정보를 신속하게 수집하고 분석하여 아국의 경찰활동에 활용하며, 특히 증가하고 있는 국제범죄에 대처하고자 하는 것이다. 이러한 지구적 경찰활동을 위하여 필요한 인력자원, 기술, 상대국과의 법적 연대 등 경찰활동기반요소를 지역별로 구축하고 전문화시켜 전략적으로 활용하려는 것이다.

⒁ Super leader

Super leader는 자기 부하에게 vision을 제시하며, 자기 부하를 스스로 판단하고, 행동에 옮기며 그 결과도 책임질 수 있는 Self-leader로 키우는 지도자를 의미한다. 기존의 인간지향적, 생산중심적 리더십보다는 조직구성원에게 vision을 제시하고 설정하도록 해주며, 스스로 리더가 되도록 하는 자율 Leadership이 요구된다. 그리고 구성원에게 권한을 분산하는 Empowerment하는 LEADER를 의미한다. 이제는 경찰조직도 기존의 수직조직에서 flat 조직으로 완화되어야 하며, 모든 일을 'TEAM 단위'로 해결해야 한다. 2000년대의 경찰행정환경과 범죄환경이 어떻게 변화할 지 모른다. 따라서 어떠한 상황이라도 능히 대처할 능력을 갖추도록 조직을 팀화하고 리더쉽을 자율리더쉽화해야 한다.

⒂ 시나리오기법

시나리오기법이란 앞으로 닥칠 환경 변화를 정확히 예측, 시나리오를 작성한 다음 최고 의사결정자에게 상황별 판단의 근거를 제공하는 행정 수단을 말한다. 시나리오기법은 미래의 모든 가능성에 대한 전체적인 윤곽을 그려내는 데 목적이 있다. 따라서 의사결정자에게 결론을 제공하는 게 아니라, 결론을 내리는 데 고려될 만한 모든 가능성과 이에 따른 사태의 전개 방향을 예측해 판단 근거로 제공한다.

시나리오기법은 행정학 교과서에 나오는 「의사결정 나무(Decision Tree)」 기법과는 판이하게 다르다. 전통적인 의사 결정 과정에선 하나의 대안을 놓고 집중적으로 분석한다. 따라서 불확실성에 대한 판단에서 주관과 추측이 개입되기 쉽다. 그러나 시나리오기법을 통한 의사결정에선 관련 분야의 전문가들이 대거 동원되고, 그들의 의견 가운데 소홀한 사항도 빼놓지 않고 분석 작업에 적용되기 때문에 개인의 주관이나 추측이 끼여들 소지가 적다. 시나리오기법은 모든 가능성을 일깨워 주는 데 활용된다. 의사결정자의 사고가 한쪽으로 치우치지 않고 중도를 걷도록 하는 수단이다.

시나리오를 작성하기 위해선 우선 미래에 일어날 수 있는 모든 가능성을 열거해야 한다. 빈틈없는 직무분석, 환경분석, 변수분석이 중요하다. 이를 바탕으로 시나리오는 「비관, 중도, 낙관」 등 세 가지 형태로 전개된다. 예를 들어 환경 요인이 10가지만 되어도 시나리오 곁가지는 10의 3승인 1천 가지로 뻗어나가게 된다. 이 같은 모델링 작업엔 컴퓨터가 동원되지만 상당히 복잡한 작업이다. 최종 시나리오를 작성하는 데는 최소한 1년이 걸린다. 시나리오에는 결론이 없다. 단지 수백 가지 경우의 수에 대한 분석과 전개 방향만이 담겨 있을 뿐이다. 대부분의 의사결정자들은 변화에 대한 과소 예측과 과대 예측이란 오류에 빠질 위험이 큰 것으로 지적된다. 시나리오기법은 이같은 오류로부터 탈출하기 위해 개발됐다.

제3절 경찰기획을 위한 사고능력 계발

동양인과 서양인의 사고방법 차이

서양인은 세상을 직선이라고 생각한다면 동양인은 세상을 원이라 본다.

동양인은 사물들을 전체 맥락 속에서 파악하고자 한다면 서양인은 하나씩 분리하여 분석하고자 한다. 동양인은 how를 서양인은 why를 말한다.

동양인은 넓고 종합적으로 보지만 서양인은 독립적이고 개별적으로 본다.

원인을 설명할 때 동양인은 상황적 요인을, 서양인은 그 사람 개인 특성을 강조한다.

고대 중국은 연산과 대수학이 발달했고 고대 그리스는 기하학이 발달했다.

서양의 어린이들은 명사를 잘 외우고 동양의 어린이들은 동사를 잘 배운다. 서양인들은 사물을 먼저 배우고 동양인들은 관계를 먼저 배운다.

그리스인들이 개인의 자율적 사고를 소중히 했다면 중국인들은 집단을 우선하고 화목한 인간관계를 맺고 순종하는 삶을 살았다. (세상을 통제하려는 서양, 적응하려는 동양)

그리스 철학자들은 직선적(linear) 사고와 이것 아니면 저것(either-or)의 이분법적 사고에 집착했다. 동양의 철학자들은 음(陰)은 양(陽) 때문에 존재하고 양은 음 때문에 존재한다고 생각했고 진리 자체를 추구하는 것보다는 세상살이의 도, 중용(中庸)의 도를 찾고자 했다. 유교는 자신을 위해서가 아니라 가족을 위해서 일해야 한다고 가르쳤다. 한 사람이 과거시험에 합격하면 온 가족이 경제적 혜택을 누렸다.

동양의 유교, 도교, 불교 모두 부분보다는 전체, 조화, 종합주의(holism)를 지향했다. 거미줄처럼 서로 얽혀 있는 복잡한 세상을 개인이 통제할 수 없다고 생각하였다. 그리스인들은 개인을 우선했고, 논쟁을 중시했고, 운명을 통제할 수 있다고 믿었다. 어떤 주장이 다른 주장과 다르다면 둘 중 하나는 반드시 그릇된 것이어야 했다. 비모순의 원리(noncontradiction)는 가장 기본적 사고가 되었다.

서양인은 자신의 행동을 말하고 남의눈에 띄고 싶어하나 동양인은 자신이 속한 집단을 말하고 남들 정도만 되고 싶어한다. 모난 돌이 정 맞는다는 격언처럼 개인의 개성이 억압되어 왔다.

서양인은 자신의 생각을 분명하게 표현하는 말하는 사람의 입장에서 대화에 임하나, 동양인은 듣는 사람의 입장에서 말할 것을 강조한다.

동양인들은 아주 넓은 각도의 렌즈로 세상을 본다. 유럽대륙의 사람들은 동양과 서양의 중간쯤이다. 유럽대륙 철학자들은 거시적인 이론체계를 말하지만 미국인들은 거대이론을 만들지 않는다.

서양인은 논리를 중시하고 동양인은 경험을 중시한다.

이러한 사고구조의 차이는 경제적인 차이, 자연환경의 차이, 사회구조의 차이에서 비롯되었다. (Nisbett, 2003)

1. 경찰기획을 위한 창의적 사고

(1) 의 의

경찰기획에 있어 창의적 사고가 필요한 이유는 기획이 현실에 나타난 문제를 해결하는 사후처방의 수단에 불과한 것이 아니기 때문이다. 이미 불거진 사건의 해결이라면 창의적 사고보다는 합리적 사고만으로 충분할 것이다. 그렇지만 기획의 성격이 그보다는 다가올 미래를 창조해내는 꿈의 실현이거나 문제의 사전예방적 수단이기 때문에 기획에서는 창의적 사고가 핵심요소라고 할 수 있다.

창의시정을 내걸고 있는 오세훈 서울시장을 보더라도 창의사회가 도래했음을 알 수 있다. 일찍이 슘페터는 창조적 파괴를, 미제스는 기업가정신을, 커즈너는 기회에 대한 기민성의 추구를 말하였다. 산업사회에서는 성실함이 커다란 덕목이었으나 지식정보사회에 들어와서는 성실성으로 해야 할 일들을 기계와 로봇이 대신함으로써 인간은 창의적이고 예외적인 일만을 담당하게 되었다. 단 하루라도 창의적이고 쇄신적이며 변화적이지 않으면 도태되는 시대가 지식정보사회인 것이다.

비전 실현의 도구로서 기획을 본다면 창조력 혹은 창의성이야말로 기획의 보루이다. 경찰조직이 안고 있는 문제의 덩어리들을 어떻게 해결해 나갈 수 있는지는 경찰간부들의 창조적 기획력에 달려 있다고 해도 과언이 아니다. 다가올 시대를 미리 앞서 나가 기다리는 차원의 기획은 창의적 사고력에 바탕해야만 가능할 것이다.

또한 문제를 만들어 내는 것과 문제를 풀어나가는 것은 전혀 다른 영역이다. 경찰기획 능력발전을 위해서는 경찰관들에게 문제발굴능력과 창의적 사고력을 증진시킬 필요가 있다. 창의력 없는 경찰은 늘 사건이 터지고 사안이 곪아 터진 이후에 사후약방문식의 대처에 급급하게 되고 결과적으로 낙후된 이미지를 국민에게 심어줄 것이고 존경받지 못할 것이며 권위가 추락되어 업무추진시 국민의 협조를 제대로 받기 힘들게 될 것이다.

창의성을 조장하는 조직풍토는 리더에 달려있다. 창의성을 조장하는 리더는 위험을 감수하고 실험을 권장하며, 덜 개발된 아이디어를 경청하고 수용하여 개선해 나가고자 하며, 신속한 결정, 규칙위반에 대한 관용적 태도, 실수에 대한 격려, 성과에 대한 칭찬을 한다. 경찰조직이 스스로 혁신하는 자전적 혁신능력을 보유하려면 리더가 의도적으로 경찰관들의 창의적인 사고능력을 배양할 필요가 있다.

어느 대학이 졸업생들을 조사한 결과 처음에는 승진이 빠르지만 10년 후에는 뒤쳐지는 그룹이 있음을 파악할 수 있었다. 기회를 찾아가는 능동성과 문제를 만들어가는 능력의 소유자들은 성공의 기회를 잡았지만, 단지 주어진 문제만을 풀어 나가는 식의 우등생이나 벼락치기 공부그룹은 실패하였다. 구조조정의 대상이 된 부류는 창조적으로 사색할 줄 모르고 고차원의 질문을 품을지 모르는 학생들이었다. 이처럼 경찰관들의 창의적 사고력이 필요하다면 창조성 내지 창의성이란 무엇을 의미하는가.

창의력은 지금까지 없었던 것을 만들어 내는 것이 아니라 어제의 유에서 내일의 유를 이끌어 내는 능력이다. 창의력은 현재 가지고 있는 지식과 경험을 바탕으로 전보다 새롭고 유용한 결합을 이루어내는 것이다. 따라서 창의성은 전혀 새로운 것이 아니라 0.1%만 다른 것이면 되는 것이다.

다시 말하면 창조력이란 약간 새로운 무엇인가를 만들어내는 능력이다. 새로운 가치와 아이디어, 새로운 대안과 생각, 새로운 방법과 수단, 새로운 물건과 도구, 새로운 문화와 세계를 제시하는 것이 창의력의 발현이다. 창조력은 고정관념과 습관을 넘어서는 차원이고, 현실을 뛰어넘는 차원이며, 모방을 극복하는 차원이고, 수 많은 요소를 분해하고 재조합하여 신기원을 이루는 차원이다.

창의적 인성은 어떻게 발전하는가. 인간의 창의력을 가능하게 하는 요소는 자유정신이 기본일 될 것이다. 날마다 진보하고 날마다 달라지려는 개척정신이 창의력 발현의 기초가 될 것이다. 새로운 것을 추구하고 탐구하는 정신이 창의를 불러일으킬 것이며 경직성, 타율성, 답습성, 기계성, 획일성 등은 바람직하지 않다.

◯ 창의성의 방해요인과 촉진요인

방해요인	촉진요인
• 관료적 조직구조 및 태도	• 개방적이고 분권화된 조직구조
• 전통과 기존질서의 강요	• 실험정신의 강조
• 업무표준의 강조	• 성공사례의 전파
• 필요자원의 제약	• 챔피언의 역할 강조
• 의사소통의 제약	• 원활한 의사소통
• 실패에 대한 처벌	• 실패에 대한 관용
• 성공에 대한 무 보상	• 성공에 대한 적절한 보상

이장우(1997), 벤처경영, 매일경제신문사. p.159.

창의를 방해하는 인간형을 좀비(Zombie)족으로 창의를 가능하게 하는 인간형을 얼라

이브(Alive)족으로 구분한다(양창삼, 2003: 437). 좀비족은 남미 인디언들이 숭배하는 뱀신으로 사람을 몽용상태로 만들어 마음대로 부려먹는다는 데서 나온 것이다. 좀비는 살아 있지만 죽은 것이나 다름이 없다. 조직에 좀비족이 많으면 창조성이 낮아진다. 이에 비해 얼라이브족은 자기변혁을 꾀하는 창의적 인간형이다.

(2) 창의적 사고와 비창의적 사고

사람들이 창의적 사고를 하지 못하는 이유는 정신적 감옥에 갇혀 있기 때문이다. 유년 시절 이후 학교 교육을 받는 동안 사고가 경직되어 편견의 감옥에 들어가 있는 것이다. 그러한 편견의 예는 다음 표와 같은 비창의적 사고들이다.

이러한 비창의적인 사고에서 벗어나려면 정신적 감옥에서 탈출하려는 시도를 해야 한다. 보다 효과적인 사고를 위해서는 단 하나의 생각을 가지고 있을 때 가장 위험하다는 인식하에 다양한 관점들을 수용하는 자세가 필요하다. 위와 같은 사고로부터 표의 창의적 사고방식으로 생각하는 문화를 변화시켜야 창의적 인간이 될 수 있다.

○ 비창의적 사고와 창의적 사고

비창의적 사고	창의적 사고
① 정확한 답은 하나다.	① 정답은 없다. 다양하게 생각하라.
② 논리적이어야 한다.	② 유연한 비유적 사고를 즐겨라.
③ 규칙을 준수하라.	③ 규칙에 도전하라.
④ 실용적이 되라.	④ 상상하라.
⑤ 놀이는 하찮은 것이다.	⑤ 놀이를 즐겨라.
⑥ 그것은 내 분야가 아니다.	⑥ 다양한 분야에 탐험가가 되라.
⑦ 중의성을 피하라.	⑦ 중의적으로 생각하라.
⑧ 바보 같은 짓은 하지 마라.	⑧ 어릿광대가 되라.
⑨ 실수는 나쁜 것이다.	⑨ 실수는 거름이다.
⑩ 나는 창조적이지 않다.	⑩ 스스로에게 창조의 자유를 주어라.

(3) 고등 사고능력의 유형

창의적 사고를 한다는 것은 고등 사고능력을 확보한다는 의미이다. 고등사고능력은 분석적 사고, 추론적 사고(Inferential Thinking), 종합적 사고(Synthetical Thinking), 대안적 사고, 반성적 사고, 논증적 사고, 확산적 사고, 수렴적 사고 등으로 구분할 수 있다.

① 분석적 사고는 이해력과 분석력을 포괄하는 사고기능이다. 이해력은 의미파악능력, 해석능력, 외삽 내삽능력이며, 분석력은 자료분해, 자료관계의 발견능력이다.

② 추론적 사고 또는 논증적 사고는 연역추론과 귀납추론으로 구성되며 어떤 주장에 대한 정당한 근거를 제시하고 결론을 도출해 낼 줄 아는 능력을 말한다.

③ 종합적 사고는 부분을 전체로서 하나가 되도록 묶는 능력이다.

④ 대안적 사고는 주어진 사태에 대해 발상전환을 하거나 시야의 지평을 확대하여 나은 대안을 창조해 내는 능력을 말한다.

⑤ 반성적 사고란 주어진 규칙이나 틀에 따라 기계적으로 진행하는 사고가 아니라 스스로 무슨 사고가 진행되는지를 능동적으로 의식하는 사고이다. 사고의 목적이 무엇인지, 중심개념이 무엇인지, 맥락이 무엇인지, 관점이 무엇인지 등을 능동적으로 반추하며 자각적으로 사고하는 것이다. 반성적 사고는 목적, 맥락, 관점의 고려하에 숨은 전제를 찾아내어 정당성을 따지는 사고법이다.

⑥ 논증적 사고(argument)란 서로 간에 일정한 관계에 놓여있는 일련의 명제들의 묶음들을 전제와 근거, 결론으로 구성하여 모순이 없도록 하는 사고방법이다.

⑦ 확산적 사고(divergent thinking)란 무엇인가를 생각해내는 사고로 상상력과 연상력을 발휘하여 무에서 유를 창조해내는 사고능력을 말한다. 확산적 사고를 위해서는 좋고 나쁨을 판단하지 않은 상태에서 자유롭게 사고를 전개하고 가능하면 많은 아이디어를 생산하는 것이 필요하다.

⑧ 수렴적 사고(convergent thinking)란 주제와 연결짓는 사고 혹은 주제를 평가하는 사고로서 논리적이고 분석적인 방법으로 최선의 문제 해결책을 찾아내는 사고방법이다.

○ 확산적 사고와 수렴적 사고의 도구

사고방법	세분류	사고도구
확산적 사고	자유연상법	브레인 스토밍 / 카드 BS법 / 카드 BW법
	강제연상법	체크리스트법 / 입출법 / 매트릭스법
	비유법	시네틱스 / 고든법 / NM법
수렴적 사고	공간형	연역법 - 도서분류법
		귀납법 - KJ법 / 크로스법
	계열형	인과법 - 인과분석법 / 특성요인도법
		시계열법 - 퍼트법 / 카드 퍼트법 / 스토리법

자료 : 다카하시 겐코저, 홍영의 역(2002). 기획대사전. 가림출판사. p.94.

2. 경찰기획을 위한 논리적 사고

(1) 논리적 사고의 의의

1) 논리적 사고와 비논리적 사고

비논리적인 사람들은 다른 사람으로 하여금 "그래서, 요점이 뭔데?", "무슨 말을 하고 싶은 거야?" 하는 식의 의문을 갖게 만들고, 이해하기 어려운 말만 늘어놓는다.

논리적인 사람과 비논리적인 사람의 사고 마인드와 행동 스킬은 다음과 같은 점에서 차이가 난다.

○ 논리적 인간과 비논리적 인간

	논리적인 인간	비논리적인 인간
사고 마인드	방침이 명확하다	방침이 명확하지 않다
	생각하는 사람	고민하는 사람
	긍정적	부정적
행동 스킬	목소리가 크다	목소리가 작다
	명확하게 말한다	말끝을 흐린다
	정보에 강하다	정보에 약하다
	정리 지향적이다	감정 지향적이다
	하나의 이야기를 단적으로 설명한다	하나의 이야기를 길게 늘여서 설명한다
	결론부터 말한다	감정부터 내세운다

자료 : 노구치 요시아키편, 이정환 역(2002). 파워 로지컬 싱킹. 국일증권경제연구소. p.31

논리적 사고는 발생하고 있는 현상을 객관적으로 기술하고, 문제가 무엇인지, 해결 방향은 무엇이고 결론은 무엇인지에 대해 모순되지 않고 간략하게 정리하는 사고이다. 만일 다음과 같은 특징을 보인다면 비논리적 사고를 하고 있는 것이다.

▶ 상대방이 가질 만한 의문점을 모르고 있다.

▶ 무슨 일이든 자신의 생각을 세 가지 이내로 정리하여 명확하게 전달할 수 없다.

▶ 단적으로 정리하려는 습관이 몸에 배어 있지 않다.

▶ 결론부터 말하지 못하고 중언부언 하게 된다.

2) 비논리적인 사고와 진술의 사례

비논리적인 사고의 예를 들면, 『원칙은 A 이지만 상황에 따라서는 B로 한다.』거나 『범죄발생 추세를 보면서 조직개편을 판단하겠다.』와 같은 언급이다. 비논리적인 사고는 멋대로 해석할 가능성을 주고, 일이 잘못되었을 경우 변명의 여지를 준다. 그러나 논리적인 사고와 진술은 누구에게나 명확한 기준을 제시하고 예외 없이 적용할 수 있도록 한다. 예를 들면 다음과 같은 경우이다.

"원칙은 A 이지만 상황에 따라서는 B로 한다." 이는 정확하지 못한 사고방법이다. 이것은 다음과 같이 명쾌하게 바꾸어져야 한다.

⇨ "A를 추진한다. 다만, 예산이 100만원 추가될 경우 B로 할 것이다."

② "범죄발생 추세를 보면서 조직개편을 판단하겠다." 역시 다음과 같이 수정해야 한다.

⇨ "범죄발생율이 전년 대비 10% 증가한다면 생활안전과 인력을 20% 증가시키겠다."

비논리적인 사고로 오류를 발생시키는 사례를 들면 다음과 같은 것이다.

- **애매어의 오류**

  두 가지 이상의 의미를 갖는 단어를 혼동하여 사용함으로써 빚게 되는 오류.

    모든 ①죄인은 감옥에 가두어야 한다.
    모든 인간은 ②죄인이다.
    따라서 모든 인간은 감옥에 가두어야 한다.

  ①은 실정법에서의 죄(crime)의 의미를 지니고 있으며, ②는 종교 및 도덕의 측면에서의 죄(sin)를 의미한다.

- **분해의 오류**

  전체에 대해서 참인 것을 부분에 대해서도 참이라고 주장할 때 생기는 오류.

    한국인은 우수한 민족이다.
    철이는 한국인이다.
    따라서 영철이는 우수한 아이이다.

- **성급한 일반화**

  몇 개의 우연적 사례를 근거로 이를 조급하게 일반화시켰을 때 생기는 오류.

몇 사람의 알콜 중독자를 보고 금주법을 제정해야 한다고 주장한다든지, 몇 사람의 미인이 요절한 사례를 들어 미인박명(美人薄命)이라 하는 것 등의 오류이다.

• **대중에의 호소**

어떤 주장에 대한 타당한 이유를 제시하지 않고 많은 사람들이 그 주장을 받아들인다는 이유로 그 주장의 정당성을 옹호하는 오류.

'미인대회는 필요하다. 왜냐하면 많은 남성들이 그것을 원하니까.'

'이 상품은 좋은 것이다 서울 사람 대부분이 이 상품을 사용하고 있으니까.'

대중의 기호나 판단은 개인의 주관적 성향이거나 무지에서 비롯될 수도 있어 객관적 진실과는 다를 수도 있다.

• **권위에의 호소**

권위나 존경의 감정에 호소함으로써 자기의 주장이나 추론에 정당성을 부여할 때 생기는 오류.

'성경에 그렇게 쓰여 있다'든지 공자 말씀이라 하여 상대방이 그의 주장을 받아들이도록 종용하는 것이 그 예이다. 어떠한 권위자와 전문가도 적어도 쟁점에 관련하여서는 하나의 입장을 지닌 주관적 존재일 뿐 그 입장이 절대적으로 옳을 수는 없는 것이다.

• **무지에의 호소**

어떤 주장이 참(또는 거짓)임이 증명되지 않는다든지, 또는 상대방이 무지하거나 지식이 부족하여 그것을 반증할 수 없는 상황을 이용하여 상대의 주장이 거짓임을 추론하거나 자신의 주장이 참임을 추론하는 오류. 이런 오류는 참이나 거짓에 대한 명백한 증거가 없는 일들, 이를테면 심령현상 같은 문제에서 범하기 쉽다. '귀신이 없다는 것을 증명한 사람이 없으니 귀신이 있다.' '에이즈(AIDS)가 침을 통해 전염된다는 보고는 아직 없다. 따라서 키스를 통해서는 전염되지 않는다.'

3) 비논리적인 사고의 원인

비논리적인 사고로 빠지게 되는 원인은 몇 가지로 요약할 수 있다.

① 「A가 필요하다. 왜냐하면 A가 없기 때문이다.」라는 식의 논법이다.

② 객관적인 사실로서의 근거와 자기 자신의 주관적인 판단 혹은 가설로서의 근거를 혼동하는 논법이다.

③ 당연하다고 스스로 생각하는 전제조건이나 판단기준이 다른 사람이 보았을 때에는 모순에 가득 찬 경우가 많다.

④ 구체적이지 못한 경우이다. 무엇을 추진한다고 하지만 어떻게 할 것인지 제시하지 않거나, 무엇을 달성한다고 하지만 어느 정도를 달성하겠다는 목표 수치가 불명확하거나, 무엇을 강화하겠다고 하는데 언제 시작하여 언제 달성할 것인지 제시하지 않거나, 무엇을 하겠다는데 누가 할 것인지 불명확한 경우 등이다.

⑤ 중복되고 누락되고 착오가 있거나 비약하는 경우이다. 이해하기 어려운 말이나 글의 공통된 결함이 이러한 것들이다. 이런 중복 누락 착오 비약이 발생하는 이유는 뚜렷한 목표의식이 없이, 질문이 없이 답을 찾아 나서기 때문이다. 이를 방지하기 위한 기법이 MECE법과 So What? Why So? 사고법이다. 중복과 누락 없이 정보를 분석하려면 다양한 기준별로 분류하여 정리하는 습관을 들이고 특정문제를 다룸에 있어 "무엇을 하자는 것인가? 근거는 무엇인가?" 등에 대해 검토할 필요가 있다.

4) 논리적 조직과 비논리적 조직

논리적 인간으로 구성된 논리적 조직은 다음과 같이 구체적인 전략과 계획하에 역동적으로 업무수행을 하고 있다. 반면에 비논리적 구성원으로 조직된 조직은 분위기가 어둡고 전략이 추상적이어서 이해하기 힘들고 조직의 사명을 인식하지 못하고 있다.

○ 논리적 조직과 비논리적 조직

	논리적인 조직	비논리적인 조직
미션과 비전	차별적인 미션 & 비전	어디에서나 흔히 볼 수 있는 미션& 비전
	경영자의 사고방식이 주입	경영자의 지식이 주입
	사원들이 동조한다	사원들이 무시하고 있다
전략과 계획	포커스 & 디프	무엇이든지
	보다 구체적이다	보다 추상적이다
	전략→계획으로 이어진다	전략과 계획이 분리되어 있다
관리와 업무	규칙이 적고 명확하다	규칙이 많고 번잡하다
	밝은 직장	어두운 직장
	IT는 도구, 수단	IT는 자산

자료 : 노구치 요시아키편, 이정환 역(2002). 파워 로지컬 싱킹. 국일증권경제연구소. p.31

(2) 논리적인 사고의 방법

1) 논리적 사고의 형태

논리적인 사고는 먼저 결론을 이야기하고 ⇒ 근거를 제시하고 ⇒ 방법을 제시하는 형태를 갖게 된다. 다음과 같이 결론에는 핵심요지로 상대방이 기대하는 과제의 답을 제시하고, 곧 결론을 설명해주는 근거를 제시하며, 마지막으로 구체적인 실천방법을 제시하는 것이 논리적 사고이다.

○ 논리적인 사고와 대화방법

	사고방법	대화방법
결 론	• 핵심 요지를 전달한다. • 내가 상대방에게 답변해야 하는 과제가 무엇인가 자문자답한다. • 상대방이 기대하는 것을 제시한다. • 과제를 확인하고 반응을 보인다. • 평가와 판단이거나 지시 두 가지이다.	...제가 말씀드리고자 하는 것은, ...제가 답변 드리고자 하는 것은, ...나는 이렇게 생각한다. ...나는 당신이 이렇게 해주었으면 한다. ...내가 당신에게 원하는 것은, ...한 마디로 말씀드리자면
근 거	• 어떻게 그러한 결론에 이르게 되었는가에 대하여 상대를 납득시키는 사실과 판단과정을 제시한다.	...왜냐하면 ...그 이유는
방 법	• 구체적인 방법을 제시한다.	...이렇게 해주었으면 좋겠다.

2) 논리적 사고의 방법

비논리적인 사고로부터 탈피하여 논리적인 사고를 하려면 다음과 같은 사고방법이 요구된다.

(가) MECE의 활용

중복이나 누락, 착오를 방지하고 논리적 사고를 위해서는 MECE[8])법을 활용한 사고를 하는 것이 바람직하다.

① **전체 정보를 확인한다.**

② **분류할 기준을 여러 가지 선정한다. 시간별, 장소별, 사람별, 목적별 등등 다양하다.**

---

8) Mutually Exclusive and Collectively Exhaustive.

③ 대분류한 것을 다시 세분류한다.

(나) So What? Why So? 사고법

비약을 방지하는 사고방법은 결론-근거 식의 사고방법이 유용하다.

① **결론을 말한다.**

예를 들어「무엇을 말하고자 하는지」,「그래서 어쨌다는 것이냐?」는 식의 자문자
답을 습관화 하도록 한다.

② **근거를 제시한다.**

예를 들어「그러므로, 이와 같이, 따라서」등과 같이 왜 그렇게 말할 수 있는지 근
거를 제시하도록 한다.

(다) 사실 – 결론 – 근거의 사고법

논리적인 사고와 진술은 다음과 같이 "사실 – 결론 – 근거"의 순서를 거치는 것이다.

① 사실을 말한다. 올바른 사실을 확인하여 제시하여 누가 보더라도 사실은 명확하다
고 동의할 수 있도록 해야 한다.

② 결론을 제시한다. 내가 생각하는 판단과 선택의 귀결점을 제시한다.

③ 근거를 제시한다. 근거가 되는 판단기준과 판단내용을 제시한다. 판단기준이란 다
양한 관점 중에서 자신이 선택한 관점을 의미한다.

(라) 질문 – 결론 – 근거의 사고법

논리적인 사고와 진술은 다음의 순서를 거치는 것이다.

① 질문을 확인한다. 질문은 보통 목적의 의미를 갖는다.

② 결론을 제시한다.

③ 근거를 제시한다. 근거가 되는 판단기준과 판단내용을 제시한다.

(마) 이슈 트리(Issue Trees)

다음 그림과 같이 이슈의 전체를 포괄적으로 설명해 줄 수 있는 질문에서 시작하여,
좀 더 구체화된 질문을 던지는 과정을 거침으로 하여 관련 이슈의 근본적 원인과 하위의
원인을 구분할 수 있다.

○ 이슈트리의 구조

(바) 가설트리(Hypothesis Tree)

가설트리는 진술에서 시작 되며 거시적인 가설에 대해 "왜" 또는 "어떻게"라는 질문을 계속 이어가는 것이다.

(3) 경찰기획을 위한 로지컬 싱킹

1) 로지컬 싱킹의 의의

논리적 사고방법을 지칭하는 로지컬 싱킹은 맥킨지사에서 직원들의 논리력을 교육시키는 방법의 하나로 너무나 유명하여 고유명사화한 것이다. 논리적 사고법이란 어떻게 생각하는가 하는 방법이나 전략에 있어 논리적이라는 의미이다. 예를 들어 "당신이 담당하고 있는 업무의 문제점이 무엇인지 빠짐없이 열거해 보십시오."라고 한다면 이럴 경우 사고법을 갖추지 못한 사람은 머릿속에 떠오르는 대로 문제를 중구난방(衆口難防)식으로 나열해 간다. "…이 나쁘다, …가 애매모호하다, …가 불투명하다"는 식이다. 그러나 사고력을 갖춘 사람은 다음과 같이 조리있게 정리하여 말한다. "내가 담당하고 있는 부서의 문제는 크게 나누어 정량적(定量的)인 문제와 정성적(定性的)인 문제가 있다. 정량적인 문제는 매출이 늘지 않는다는 거야. 이익률도 떨어지고 있어. 정성적인 문제는 업무가 인간적인 부분에 치우쳐서 지식 축적이 이루어지지 않고 있다는 거야. 커뮤니케이션은……"

2) 로지컬 싱킹의 세 가지 요소

흔히 머리가 좋은 사람 혹은 유능한 사람으로 일컬어지는 사람들이 효율적으로 일을 처리할 수 있는 이유는 효율적이고 논리적 사고법을 갖추고 있기 때문이다. 유능한 사람이라고 불리는 직원에게는 공통되는 특징이 있다.

▶ 복잡한 문제를 간단하게 정리한다.

▶ 발상이 풍부하고 새로운 아이디어를 창출해 낸다.

▶ 일을 막힘없이 처리한다.

▶ 결단이 빠르고 자기가 모르는 분야에 대해서도 해답을 이끌어낸다.

이러한 로지컬 싱킹은 다음과 같이 세 가지 사고방법과 기반스킬, 그리고 툴로 구성되어 있다. 사고방법을 활용하는 기술이 기반스킬이고, 사고를 돕는 도구가 툴이다.

○ 로지컬 싱킹의 구성체계

세 가지 사고법	• 제로베이스 사고 • 프레임 워크 사고 옵션 사고	목적을 확인하고 목적을 달성하기 위하여 과제를 해결하고 전략을 책정하며 계획을 작성하는 사고방법
세 가지 기반스킬	• 커밋먼트 • 스트럭처 • 컨셉	목적 달성을 향하여 보다 구체적으로, 보다 전문적으로, 보다 경험적으로 사고하는 사고 기술
세 가지 툴	• 로직 트리 • 매트릭스 • 프로세서	정보 자료를 잘 정리하여 보기 쉽게 만드는 사고 도구

자료 : 노구치 요시아키편, 이정환 역(2002). 파워 로지컬 싱킹. 국일증권경제연구소. p.37

3) 세 가지 사고방법

로지컬 싱킹의 사고방법은 제로베이스 사고, 프레임 워크 사고, 옵션 사고 세 가지이다. 먼저, 제로베이스사고는 고정관념을 부정하고 가능성과 창조성을 고양시키려는 사고이다.

둘째, 프레임 워크 사고는 누락이나 중복이 없도록 해주는 관점에서의 프레임이다.

셋째, 옵션 사고는 3~5가지의 옵션을 제시하고 그 중 선택하지 않은 안건은 모두 버리는 것이다. 한 마디로 버릴 것은 미련 없이 버리는 사고법이 옵션 사고다.

○ 세 가지 사고법의 의미

	의미(목적)	특 징
제로베이스 사고	• 고정관념의 부정 • 폭넓은 시야를 가지고 객관화 • 가능성의 확대 • 창조성의 고양	• 고정관념을 버리고 관점을 바꾸어 생각한다. • 다른 각도에서 문제를 생각한다.
프레임 워크 사고	• 생각의 도구화 • 카테고리화 • 범위의 한정	• 무엇을 검토해야 의사결정을 할 수 있으며, 어떤 정보를 수집해야 할지를 생각한다. • 정보를 어떤 틀로 정리하고 분석해야 할 것인지 생각한다.
옵션 사고	• 생각할 때, 결정해야 할 때의 프로세스에 선택의 여지(옵션)를 설정할 것	• 보다 객관적인 의사결정을 위해 선택의 여지를 생각한다. • 포기할 것은 포기하고 행동과 연결되는 의사결정을 실시한다.

자료 : 노구치 요시아키편, 이정환 역(2002). 파워 로지컬 싱킹. 국일증권경제연구소. p.41

제로베이스 사고는 지금까지의 연장선상에서 대답해서는 안 되는 경우에 사용된다. 새로운 비즈니스 아이디어, 새로운 비즈니스 시스템, 새로운 시장, 새로운 상품, 새로운 판매방식, 새로운 매출목표, 새로운 효율화, 새로운 능력 향상 등 낡은 머리로는 해결책을 찾을 수 없는 문제에 직면했을 때 제로베이스 사고를 활용해야 한다. 따라서 딜리트 (제거) 사고, 전환 사고, 창조적 파괴 사고=변혁 사고라고 말할 수 있다.

프레임 워크 사고는 빈틈없이 생각해야 하는 경우에 사용한다. 업무상의 문제를 파악해야 할 때, 전략을 책정해야 할 때, 기획을 입안해야 할 때, 보고서를 작성해야 할 때, 새로운 사업의 가능성을 조사해야 할 때, 계획서를 만들어야 할 때, 결과를 평가해야 할 때, 경쟁상대와의 분석을 해야 할 때, 고객 분석을 해야 할 때 등 검토 사항을 빠짐없이 분석해야 하는 경우에는 프레임 워크 사고를 활용한다.

옵션 사고는 객관적인 결론을 이끌어내야 하는 경우에 사용하는 사고법으로 전략 방법을 결정해야 할 때, 목표를 결정해야 할 때, 개발 방향성을 결정해야 할 때, 제안의 방향성을 결정해야 할 때, 파트너를 결정해야 할 때 등 의사결정이 요구될 때에 활용된다. 선택의 여지를 준비하여 세밀하게 검토하고 결정하는 사고법이다.

쉽게 표현하면, "막다른 상황에 몰리면 제로베이스 사고, 혼란스런 상황일 때는 프레임 워크 사고, 의사결정을 해야 할 때는 옵션 사고"라고 할 수 있다.

4) 기반스킬

커밋먼트(헌신적 몰입)는 상대의 시선에 맞추어 상대가 요구하는 것이 무엇인지 간파하여 대응하는 것이다. 코칭, 카운슬링은 모두 커밋먼트에서 시작된다.

스트럭처(구조)는 구조화인데 사람들이 알기 쉽게 정리하여 제시하는 것이다. 예를 들어 매슬로우의 욕구 5단계설이나 계단식, 피라미드식으로 정리된 이론은 스트럭처 기술을 잘 활용함으로써 이해를 쉽게 해준다.

스트럭처 이상으로 어려운 것이 컨셉(개념 파악)이다. 컨셉은 본질적 특징과 차별적 우위성을 간파하는 것이다.

○ 세 가지 기반스킬

	의미(목적)	유의해야 할 점
커밋먼트	• 당사자 의식, 당사자 능력 • 상대방의 입장에 선다 • 같은 관점, 같은 시선 • 반드시 목표를 달성하겠다는 마음, 책임의식 ~ 컨설팅 마인드 ~ 코칭 마인드 ~ 카운슬링 마인드	• 상대방을 이해하고 자신을 이해한다는 구도를 항상 의식할 것 • 약속한 것은 반드시 지킨다는 의식을 가지고 그런 의식을 상대방에게 전달할 것
스트럭처	• 구조화, 계층화, 상관(相關)화, 위치화, 체계화 ~ 체계화 ~ 위치화 ~ 피라미드화	• 축을 설정하고 정리, 체계화할 것 • 축을 설정하는 것이 중요
컨 셉	• 특징 부여, 차별적 우위성, 포커스 & 디프, 심볼화, 판권화 ~ 비전능력 ~ 전략성 ~ 행동능력	• 개념이 아니라는 점을 확실하게 인식할 것 • 짧고 단적으로 정리하는 트레이닝을 쌓을 것

5) 사고의 툴

사고를 도와주는 유용한 도구인 툴중 가장 유명한 것이 로직 트리이다.

로직 트리에는 원인을 추구하는 WHY 트리가 있고 방법론을 보다 체계화시키는 HOW 트리가 있으며 내용을 보다 구체화시키는 WHAT 트리도 있다. 로직 트리는 보다 일차원적인 표현으로 축은 하나라는 의미다.

이차원적인 것(축이 두 개인 것)이 매트릭스인데 매트릭스는 세로축과 가로축의 기축을 두고 전략·자원·정보·환경 등의 요소를 줄거리로 만들어 정리하고 체계화시키는 것이다. SWOT(Strength : 장점, Weadness : 단점, Opportunity : 기회, Threat : 위협) 분석, PPM(Products·Portfolio·Management) 분석, 옵션 매트릭스, 코어 컴피턴스 분석 등은 매트릭스의 전형적인 예다.

프로세스는 공정·과정·시계열을 의미하며 상품의 흐름, 자금의 흐름, 가치의 흐름, 업무의 흐름, 시간의 흐름 등을 표현·정리·분석하는 것이다.

○ 세 가지 툴의 의미

	의미(목적)	유의해야 할 점
로직 트리	• 수목도(樹木圖), 브레이크다운, 연역적 발상, 부분화·세분화 • ~ WHY 트리 • ~ HOW 트리 • ~ WHAT 트리 • ~ 전략 트리 • ~ 액션 트리	• 누락 없이, 중복 없이! • 차원을 계층마다 맞추어 볼 것 • 세 가지씩 분류하는 것이 최고의 방법(두 가지, 네 가지보다 세 가지가 최고!)
매트릭스	• 상관도(相關圖), 상대와 나의 비교, 위치화, 2축 구성, 세그멘트(segment)화, 클러스터화 • ~ 타킷 세그멘테이션 • ~ PPM 분석 • ~ SWOT 분석 • ~ 코어 컴피턴스 분석	• 축을 설정하는 것이 중요 • 축에 적용할 안건을 추출하여 조합, 가장 적합한 것으로 결정 • 매트릭스의 축을 만들어 그 내용을 조합하여 미리 축을 결정해야 할 필요도 있다.
프로세스	• 시계열(時系列), 플로우, 스테이지업, 페이즈(phase)업, 가치연쇄 • ~ 비즈니스 프로세스 • ~ 비즈니스 시스템 • ~ 밸류 체인(가치 연쇄) • ~ 로드맵(road map)	• 전체적인 플레임(플로우)을 크게 구분해 가야 한다. • 처음부터 세분화하지 말 것 • 대분류 → 중분류 → 소분류 식으로 진행한다.

자료 : 노구치 요시아키편, 이정환 역(2002). 파워 로지컬 싱킹. 국일증권경제연구소. pp.137~139.

먼저 로직트리의 유형과 내용에 대해 간략히 표로 살펴본다.

○ 로직트리의 종류

주요 방식	내 용
WHY 트리	• 문제점의 원인을 정리하고 분석한다.
HOW 트리	• 과제를 해결하기 위한 방책을 정리하여 우선순위를 매긴다.
WHAT 트리	• 어떤 내용으로 구성되어 있는지 명확히 한다.
전략 트리	• 기본 전략을 개별 전략, 시책까지 세분화 시킨다.
컨셉 트리	• 주요 컨셉을 더욱 보완하는(브레이크다운 시킨) 보조 컨셉으로 분해한다.
베네피트(benefit) & 솔루션 트리	• 기본 욕구를 보완하여 요구를 밝힌 다음에 그것을 해결할 수 있는 해결책을 이끌어낸다.
액션 트리	• 가장 중요한 과제를 해결하기 위한 구체적인 시책을 밝혀낸다.
과제 트리 (솔루션 트리)	• 가장 중요한 과제를 중요한 과제, 작은 과제로 분류하여 해결책을 솔루션 단계까지 세분화시키는 것이다.
테크놀로지 트리	• 기존의 기술 수준이나 그 안에서의 중심 기술은 무엇인가를 탐색하기 위한 분석 방법
과제(task) 트리	• 기본 전략을 실현하기 위해 무엇을 해야 할 것인지 그 과제를 구체적으로 표현한 것

매트릭스의 경우 우리가 잘 알고 있는 SWOT 분석이나 포트 폴리오 분석이 해당된다. 이 외에도 다음 표와 같이 다양한 분석기법이 있다.

○ 매트릭스의 종류

주요 방식	내 용
포지셔닝 맵 분석	• 시장에서의 자사 상품(서비스)과 타사 상품(서비스)을 두 개의 축으로 정리, 업계 내에서의 자사의 위치를 명확히 한다.
고객 포트폴리오 분석	• 세로축에 구매도, 가로축에 고객점유율을 적용하여 자사 상품의 현실적 위치를 부여, 장래에 어떤 방향으로 진행될 것인지 제시한다.
PPM 분석(프로덕트 · 포트폴리오 · 매니지먼트)	• 자사의 사업이나 상품을 '시장의 성장'과 '자사의 시장점유율'을 축으로 정리한다.
코어 컴피턴스 분석	• 자사와 타사의 능력을 비교하는 것으로 자사의 어느 부분에 차별적 우위성을 갖춘 장점이 있는지 알 수 있다.

비즈니스 요소 매트릭스	• 경영 자원 요소를 조사하는 기업 진단에서 그 체크리스트가 되는 것, 기업의 체력, 체질을 체크하여 기업 과제를 명확히 할 수 있다.
사업 로드맵	• 세로축과 가로축이 각각 자사의 비즈니스 카테고리를 시계열적으로 표현, 각 사업이 장래에 어떤 식으로 전개될 것인지 제시한 것
기존·신규 사업(상품) 분석	• 세로축에 시장, 가로축에 사업(상품)을 적용하고 나아가 두 축을 기존 시장·신규 시장, 기존 사업·신규 사업으로 분할하여 네 가지 형상 안에 각각 현재의 사업을 접목, 그 방향성을 정리한다.
SWOT 분석	• 자사의 장점(S), 단점(W), 기회(O), 위협(T)을 명확히 한 다음에 각각 교차한다.
전략 옵션 매트릭스	• 기본 전략을 이끌어내기 위한 옵션을 일람표로 만든 것 • 각 옵션마다 전략 요소를 기재하고 그것을 토대로 토론을 벌인다.
상품 매트릭스	• 각 상품의 특징을 알 수 있도록 상품 요소를 세로축에 적용하여 내용을 기재한다.
가설 매트릭스	• 가설을 이끌어내기 위해 몇 가지의 가설 요소를 찾아내서 정리한다. • 세로축에는 가설 요소의 항목을 적용시킨다.

프로세스에 기반하는 툴에는 우리가 잘 알고 있는 로드 맵이 있다.

○ 프로세스의 종류

주요 방식	내 용
비즈니스 시스템	• 자사의 상품이나 서비스가 시장에 선보일 때까지의 흐름 속에서 자사와 경합하는 회사의 장점과 단점을 정리하여 자사의 특징과 과제에 대하여 생각한다.
밸류 체인 (M·E·포터)	• 기업의 상품이나 서비스가 시장에 선보일 때까지의 흐름 속에서 고객이 얻을 수 있는 가치라는 관점에서 볼 때 타사와의 차별성이 어디에 있는지 생각한다.
로드 맵	• 자사 및 경합 회사 상품의 현실적인 상황 및 앞으로의 전개를 정리하여 시장의 전체적인 모습을 파악하고 착수해야 할 과제의 우선 순위를 파악한다.
AIDMA	• 소비자가 구입할 때까지의 심리적 프로세스를 명확히 하여 그 포인트로 어떻게 접근할 것인지, 행동 방법을 생각하는 토대가 되는 것

5) 적용 사례

세 가지 사고법, 세 가지 기반스킬을 활용한 사례를 제시하면 다음과 같다.

○ 세 가지 사고법의 예시

	세 가지 사고법이 활용되지 않은 회의	세 가지 사고법을 활용한 회의	회의에서의 체크 포인트
제로베이스사고	• 고정관념이 많고 현실적인 상황을 분석한 내용이 충분하지 않다	• 다양한 주제로 경향을 분석 • '정말로 현장에서 실현할 수 있는 방법은 무엇인가?'	• 현실을 간파한다. • 현장을 조사한다. • 현실적인 대상물을 파악한다. • 현장에 나가본다. • 고객의 생생한 목소리를 듣는다.
프레임워크사고	• 단편적이고 안일한 틀을 설정하여 실태(상대의 입장)를 파악하지 못하고 있다!	• 고객의 관점, 현실적인 상황을 간파한 프레임 워크로 실태(상대의 입장)에 접근하고 있다!	• 전체적인 모습을 생각한다. • 범위가 확대되는 현상을 억제한다. • 정리할 내용을 생각한다. • 가장 적절한 내용으로 방법을 체계화한다.
옵션사고	• 우선, 설문조사가 필요하다! • 포상금? 보합제도를 도입하자! • 채택해야 할 선택의 여지에 옵션이 결여되어 있다!	• 고객이 승차하기 시작할 때부터 실시하자! • 몇 가지의 방법 중에서 가장 합리적이고 객관적인 방법을 선택하고 있다!	• 360도의 관점으로 생각한다. • 채택할 수 있는 방법을 모두 제시한다. • 가장 적절한 방법을 한 가지 선택한다.

자료 : 노구치 요시아키편, 이정환 역(2002). 파워 로지컬 싱킹. 국일증권경제연구소. p.218

○ 세 가지 기반스킬의 사례

세 가지 기반스킬	코멘트	회의를 지도하는 주안점
커밋먼트	• 당사자 의식 • 책임 의식 • 상대방의 입장에 서서 생각 한다.	• 현장의 직원과 고객의 목소리를 들어보고 대책을 생각해 보게. • 원인을 규명해서 상대방을 도와주도록 하게.	• 발언을 그대로 받아들이지 않는다. • 상대방의 참뜻을 파악한다. • 실행할 수 있는 방법을 모두 실행해 본다는 자세 • 마지막에는 자신이 책임을 지겠다는 각오
스트럭처	• 구조화 • 위치화 • 체계화	• 성과가 좋은 직원은 어떤 방식으로 근무하는지 조사해 보게. • 성과가 떨어지는 직원은 어떤 부분이 어떻게 다른지 자세히 조사하도록 해.	• '어째서?'를 세 번 반복한다. • '어디와 어디가 어떻게?'라는 식의 요인 분석 • '다른 것(장소)과 비교하면 어떤가?'라는 벤치마크 분석

| 컨셉 | • 특징부여
• 차별적 우위성
• 포커스&디프 | • 가장 적합한 조직을 구축해야 할 필요가 있어.
• 각 지역에 가장 적합한 업무수행 방식을 재고해야 할 필요가 있어.
• 여러 가지 선택의 여지를 염두에 두고 가장 적합한 방법을 채택하도록 하게. | • 과제를 뒤집어 생각해서 해결책을 찾아야 한다.
• 과제의 본질을 간파해야 한다.
• 날카로운 간파 능력을 보여주어야 한다.
• 뜻을 명확하게 해야 한다! |

자료 : 노구치 요시아키편, 이정환 역(2002). 파워 로지컬 싱킹. 국일증권경제연구소. p.226

세 가지 기반스킬의 커밋먼트는 상대의 입장에 서는 것이 기본이다. 스트럭처는 현상을 구조화하는 것이며, 컨셉은 특징을 이끌어내는 것이다.

3. 경찰기획을 위한 논증 능력[9]

(1) 논증(argument)의 의의

① 논증은 전제가 되는 하나 이상의 명제들(propositions)로부터 하나의 결론을 추론하는 논리적(reasoning) 과정을 의미한다. 논증이 성립되기 위해서는 주장되는 전제가 있고, 주장으로서의 결론이 있어야 한다. 논증은 어떤 주장을 뒷받침하기 위한 판단의 근거(논리성에 기초를 둔 것이든 아니면 윤리적·감정적인 요소이든지)를 제시하는 언명(言明, statement)으로 구성되어 있다.

② 논증은 증명적 논증과 비증명적 논증으로 나눈다. 증명적 논증(demonstrative argument)은 전제들을 참인 것으로 받아들이면 결론도 참인 논증이다. 반면에 비증명적 논증(non-demonstrative argument)은 전제를 설명하는 가설을 결론으로 추리해 내는 논증형식이다. 증명적 논증은 보통 연역논증이라고 부르고, 비증명적 논증은 보통 귀납논증이라고 부른다.

③ 논증은 논리에 입각한 호소인데 비하여, 설득은 윤리적이고 감정적인 요소를 끌어들인 호소라는 데에 차이가 있다.

④ 논증은 어떤 주장이 추론되는 과정을 의미하고, 논쟁(argumentation)은 어떤 주장과 이에 대한 반대주장의 논증을 상호 교환하는 토론과정을 의미한다.

---

9) 강근복의 정책분석론(2000: 252-270)을 주로 참조하였음.

(2) 논증의 구성 요소

논증은 주장, 정보, 주장논거, 보충이유, 반론, 그리고 한정어 등으로 구성되어 있다.

1) 주 장

주장은 우리가 입증하고자 하는 것으로 논증의 결론을 말한다. 주장은 크게 사실, 가치, 기획문제 및 기획대안 등에 대한 주장으로 나누어 볼 수 있다.

① 사실에 대한 주장

사실에 대한 주장은 어떤 것이 참이거나 거짓일 것이라는 주장을 말한다(예를 들면, 지금 구미시의 범죄율은 다른 대도시와 비교하여 매우 심각한 수준에 있다). 사실에 대한 주장을 뒷받침하기 위해서는 신뢰할 수 있는 사례, 통계, 기관의 보고서 등을 충분히 활용하여야 한다.

② 가치에 대한 주장

가치에 대한 주장은 어떤 행위나 신념, 조건(상황)에 대해서 옳다거나 그르다, 좋다거나 나쁘다, 또는 가치가 있다거나 바람직하지 못하다는 어떤 판단을 내리는 것이다.

③ 기획문제에 대한 주장

기획대안에 대한 주장은 '문제가 무엇이다'라는 문제의 존재 여부와 문제의 정의에 대한 주장이다.

④ 기획대안에 대한 주장

용어를 명확히 정의하지 않으면 동일한 주장도 받아들이는 사람마다 주장하는 바를 달리 해석할 우려가 있으므로 주장을 할 때에는 주장 속에 포함되어 있는 용어를 명확히 정의하는 것이 필요하다.

기획대안에 대한 주장은 어떤 문제를 해결하기 위하여 특정한 행동경로를 채택할 것을 주장하는 것이다. 이러한 주장에는 '언제나 ~해야 한다. ~하는 것이 바람직하다'는 등의 용어가 포함되어 있다. 기획대안에 대한 주장은 '옳다'거나 '그르다'고 판단하는 것이 아니라 '마음에 든다(선호한다)'거나 '마음에 들지 않는다(선호하지 않는다)'로 판단한다. 토론과정에서 토론자들에게는 '옳은' 대안 또는 '그른' 대안이 있는 것이 아니라 '마음에 드는 대안' 또는 '마음에 들지 않는 대안'이 있을 뿐이다.

2) 정보

정보는 주장을 뒷받침하는 증거(evidence)와 욕구, 가치에 대한 호소(appeals to needs and values)이다.

① 증 거

증거에는 사례와 통계 등의 사실적 증거와 사실에 대한 해석인 의견이 있다. 사실적 증거는 최신성(the most recent evidence), 주장관련성(relevance of evidence), 충분성(sufficient evidence), 인용 사례의 대표성, 상대방 경험과의 일치성 및 이미 알려진 다른 증거들과의 일관성, 입증가능성, 자료원의 신뢰성, 용어의 명확성, 중요 정보 포함성 등의 요소를 충족하여야 한다.

② 가치에의 호소

이는 자신이 원하는 욕구를 말하는 경우를 말한다.

3) 주장논거

주장논거(warrant)는 주장을 받아들이도록 하는 정당한 이유를 말한다. 몇 가지 대표적인 주장논거를 검토한다.

① 권 위

전문가로 널리 알려진 대학교수의 의견을 주장논거로 사용하는 것처럼 어떤 진술을 권위있는 사람의 자격, 신뢰성에 근거하여 주장하는 것이다.

② 직 관

'그럴 것 같다'는 논증자의 직관, 통찰력 등도 주장논거로 사용될 수 있다.

③ 일반화와 분류

여러 개의 사례를 통하여 일반화된 원칙을 제시하거나 분류화된 사람이나 사건, 사물 등으로 주장논거를 삼을 수 있다.

④ 신호, 징표

적절성과 충분성이 확보된 신호(sign), 징표(syndrom)를 주장논거로 사용할 수 있다.

⑤ 원인과 결과

원인을 알면 결과를 추론해 낼 수 있고 결과로부터 원인을 추론해 낼 수 있다는 전제 하에서 이를 주장논거로 하여 논증을 전개할 수 있다.

⑥ 비 교

비교는 어떤 한 사례에서 참인 것은 다른 사례의 경우에도 참이라는 것을 입증하는 것이다.

⑦ 유 추

유추에 의한 논증은 어떤 특성이 본질적으로 유사하다는 것을 주장논거로 사용하는 것이다.

⑧ 방 법

잘 알려진 법칙과 기법을 적용한 결과를 논거로 사용한다.

⑨ 가 치

도덕적 원칙이나 윤리적 기준을 근거로 가치를 주장 근거로 삼을 수 있다.

4) 보충이유와 반론

보충이유는 주장논거에 대한 기초적 지지물(underlying support)을 의미하는데 주장논거를 뒷받침하기 위해서 항상 '대기상태'에 있는 논거이다.

한편 반론(rebuttal, refutation)은 상대방이 제시하는 것과 다른 정책관련 정보, 주장근거, 또는 주장을 전개함으로써 상대방이 제시하거나 주장하는 것에 대항하는 것을 말한다.

5) 확률을 나타내는 한정어(qualifier)

하나의 주장은 단지 '확률적으로'만 참일 뿐이므로 주장에 대한 확신의 정도를 나타내는 것이 한정어이다.

(3) 논증의 구조

1) 주장의 제기

논증이 이루어지는 첫 번째 단계는 수집된 정보를 토대로 주장을 펴는 것이다.

2) 주장의 근거 제시

논증의 두 번째 단계는 정보를 기초로 주장을 펴는 근거를 제시하는 것이다.

3) 보충논거 제시

논증의 세 번째 단계는 논거에 대한 보충논거를 제시하는 것이다.

4) 반론(다른 주장)의 제기

논증의 단계에서는 주장에 대한 반론, 즉 다른 주장이 제기된다.
① 정보에 대한 반론
② 주장에 대한 반론
③ 주장논거 및 보충논거에 대한 반론 등이 있다.

5) 반론에 대한 재반론

논증에서 정보, 정책주장, 주장논거, 보충논거 등에 대한 반론은 그것으로 그치는 것이 아니다. 반론에 대한 재반론, 또 재반론에 대한 반론 등이 연쇄적으로 전개되어 논증은 복잡한 연쇄과정이 된다.

(4) 논증 사례

1) 논증의 유형

갈등하고 반목하는 이해관계자의 참여를 기본으로 하는 민주행정과정에서 상대방의 주장을 반박하고 자기 주장을 받아들이도록 설득시키기 위해, 정당한 이유를 제시하는 논증능력이 요구되는데 Toulmin의 논증의 기본요소를 중심으로 사례를 들어 보겠다 (Toulmin, 1958).

○ Stephen Toulmin의 논증모형

Data or Information 정보	주장을 뒷받침하는 증거와 욕구, 가치에 대한 호소
Claim 주장	입증하고자 하는 논증의 결론
Warrant 근거	주장을 받아들이도록 하는 정당한 이유
Qualifier 유의수준, 확신정도	주장에 대한 확신의 정도
Rebuttal 반론	주장에 대한 다른 주장
Backing 보강 근거	주장논거에 대한 기초적 지지물

① **소크라테스**

소크라테스는 사람이라는 정보자료(Data)

그는 죽는다는 주장(Claim)

그 이유는… 모든 사람은 반드시 죽기 때문이라는 근거(warrant)*

아마도… 등 …% 정도… 어느 정도 확실한가를 명시하는 한정어(Qualifier)

도전하는, 반대되는 의견을 반증, 반박(Rebuttal)

왜냐하면… 근거의 신빙성을 보완하는 지지, 보강(Backing for warrant)

이 논증의 근거에는 주로 전문가의 권위, 통계자료, 유사성, 상이성, 통찰력, 윤리적 판단 등이 있다.

② **이병헌**

이병헌은 서울에서 태어났다.(D) - 그러므로 아마(Q) - 그는 한국인일 것이다. (C)

이유는 서울에서 태어난 사람은 한국인이 되기 때문이다.(W)

왜냐하면 민법에 그렇게 나와 있기 때문이다.(B)

그의 양친이 모두 외국인이고, 그가 미국으로 귀화한 것이라면 아니다.(R)

③ **쿠바 미사일**

소련이 쿠바에 미사일을 배치하고 있다. D or I

그러므로 아마 Q

미국은 쿠바를 봉쇄해야만 한다. C

이유는 미국이 군사력을 사용할 것임을 소련인에게 보여주어야 미사일을 철수할 것이기 때문이다. W 왜냐하면 어떤 대안의 비용이 증가하면 그 대안은 포기될 가능성이 높기 때문이다. B

아니다, 그렇지 않을 것이다. 소련은 변화하지 않을 것이다. R 왜냐하면 국가정책은 쉽게 변하지 않기 때문이다. B

④ **연방기관 수**

1865년부터 1973년까지 연방기관의 수는 50개에서 350개로 증가했다. I

그러므로 2000년에는 연방기관은 600개 이상이 될 것이다. C

그 이유는 1865~1973년 동안과 1974~2000년 동안의 증가율이 같을 것이다. W

왜냐하면 과거는 미래에도 그대로 반복되기 때문이다. B

⑤ **교통사고**

1955년의 차량속도단속 이후 교통사고 사망자수가 12% 감소했다. I

그러므로 명백하게 Q

차량속도 단속을 해야 한다. W

이유는 속도제한법의 엄격한 집행이 교통사고 사망자수의 감소를 가져왔다. B

아니다. 교통안전교육이 사망자수 감소를 가져온 것이다./우연한 변동이다./속도위

반자들이 다른 주로 이사갔기 때문이다.

⑥ **단열주택**

단열주택은 에너지를 절약할 수 있다. I

그러므로 반드시 Q

정부는 단열주택을 건설해야 한다. W

그 이유는 전체사회의 복지를 증가시킬 것이다. B

왜냐하면 어떤 사람의 복지나 편익수준도 악화시키지 않고 다른 사람의 편익을 증

가시키는 사회상태를 가져온다. (Pareto 기준/파레토최적은 그 상태.) 또한 이익을 얻

은 집단이 손해를 본 집단에게 보상할 수 있거나, 손실자에게 충분히 보상할 수 있

는 이득을 가져온다(Kaldor-Hicks 기준).

2) 주장의 유형

정보에 대한 주장은 크게 3가지 사실적 주장, 평가적 주장, 창조적 주장의 형태이다.
동일한 정보도 상이한 해석을 할 수 있는데 그 이유는 자신이 가진 준거틀, 배경지식,
이해관계, 이데올로기, 세계관이 개입하기 때문이다.

① **사실적 주장**

I 흑인학생들이 많은 학교는 백인학생들이 많은 학교에 비해 학업성취도가 낮다는
콜맨보고서가 있다.

C 도시지역의 흑인학생들은 교육성과를 높이기 힘들다.

W 이유는 흑인들은 도시지역에 밀집하여 거주하기 때문이다.

② 평가적 주장

  C 이 보고서는 백인우월주의에 입각한 인종차별주의의 소산이다.

  W 이유는 편견을 가진 백인들의 기준에 의해 학업성취도가 조사되었기 때문이다.

③ 창조적 주장

  C 정부는 통학버스 합승정책을 시행해야 한다.

  W 이유는 혼승버스 정책은 흑인과 백인학생들의 비율을 개선해줄 것이다.

3) 이론지도의 4 유형(theory mapping)

대부분의 이론들은 네 가지 유형을 지니고 있다.

① **수렴(Convergent)**

  공무원파업의 증가 ⇨ 관리의 중앙집권화경향… 등은 결국 조직의 생산성을 감소시킴.

② **발산(Divergent)**

  중앙집권화 경향은 ⇨ 공무원의 소외감을 증가시키고 ⇨ 조직의 생산성을 감소시키고…

③ **연속(Serial)**

  중앙집권화 경향은 ⇨ 조직의 생산성을 감소시키고 ⇨ 공공서비스 비용을 증가시킨다.

④ **순환(Cyclic)**

  중앙집권화경향은 ⇨ 공무원의 소외감을 증가시키고 ⇨ 조직의 생산성을 감소시키고 ⇨ 중앙집권화를 강화시키고 ⇨

4. 경찰기획을 위한 토론 능력

(1) 의 의

경찰기획은 경찰정책결정에 직접 또는 간접으로 관여하는 다양한 이해관계자들의 다양한 주장을 수렴하는 과정이라고도 말할 수 있다. 민주사회에서는 많은 경찰정책이 상이한 가치관과 동기 및 이해관계를 지닌 여러 이해관계집단간의 공청회와 토론과정을 거쳐서 형성되므로 경찰기획을 담당하는 경찰관은 토론 능력도 요구된다.

토론(Debate)이란, 어떤 문제에 대해 찬성과 반대로 나뉘어 자기쪽 입장을 주장하고, 상대방 또는 제3자가 자기 쪽 주장을 받아들이도록 설득하는 경쟁적인 의사결정과정이다. 토의(Discussion)는 어떤 문제에 대해 충분히 이해하거나 명확화하기 위한 목적으로 둘 이상의 사람들이 모여 생각과 아이디어 등을 언어로 교환하는 협동적 의사소통 또는 의사결정과정이다. 엄밀히 말하면 토론과 토의는 차이점이 있으나, 토론 역시 어떤 문제에 대해 서로 논의하는 집단토의방법이라는 점에서 토의법의 일종이라 할 수 있다.

토론이란 상반되고 대립된 주장의 비교이며 동시에 합의도출을 위한 이해의 과정이므로 토론은 자신의 주장과 다른 사람의 주장에 대한 반박이 이성과 증거에 입각한 논리의 전개를 통해 이루어져야 한다. 바람직한 기획서 작성을 위해서는 합리적 토론이 이루어져야 한다.

(2) 합리적 토론의 방해요인

합리적인 토론을 훼손시키는 요인들로 다음과 같은 것들을 들 수 있다.

① **체면과 위신, 예의를 중시하는 풍토**

체면과 위신, 예의를 중시하는 풍토는 합리적인 토론을 저해한다. 그 이유는 체면 등이 작용하여 자신의 오류를 솔직히 인정하여 상대방의 의견을 수용하거나 상대방의 판단과 논리상의 오류를 철저히 추궁하지 못하게 만들기 때문이다.

② **흑백논리**

흑백논리는 타협과 협상을 방해한다. 타협적 주장은 회색적이고 '사꾸라식 주장'이

라고 매도되므로 흑백논리가 지배적인 분위기에서는 합리적 토론의 여지가 적어지
게 된다.

③ **표현능력 부족과 진지한 청취태도의 결여**

표현능력이 부족하고 남의 이야기를 귀담아 듣는 태도가 결여되어 있을 때 합리적
토론이 어려워진다.

④ **승패의식**

토론에서의 승패의식이 합리적 정책토론을 어렵게 한다.

⑤ **정보의 부족**

토론주제에 대한 정보의 부족이 합리적 정책토론을 어렵게 한다.

⑥ **일방적 여론의 형성**

사회여론이 어느 한쪽 방향으로 일방적으로 기울어져 있을 경우에도 합리적 토론
이 어렵다.

⑦ **조급한 결론주의**

조급하게 결론을 기대하거나 급박하게 어떤 결론을 얻어야 할 필요가 있을 경우에
는 합리적 토론이 어렵다.

(3) 토론의 성공을 위한 조건

합리적 토론이 전개되기 위해서는 적어도 다음과 같은 전제요건이 충족되어야 한다.

① **서로 다른 입장의 인정**

토론 참여자들은 서로 입장과 의견이 다를 수 있다는 사실을 인정하는 것이 필요
하다.

② **토론주제와 토론자의 분리**

토론주제에 주의를 집중하지 않고 토론에 참가한 사람의 특성(연령이나 지위, 성향
등)이나 태도(표현방식, 언어사용 등)를 감정적으로 비난하는 일이 없어야 한다.

③ 토론주제에 대한 충분한 지식과 정보

토론에 참여하는 사람들은 토론주제에 대해 충분한 지식과 정보를 가진 자들이어야 한다.

④ 토론참여자간의 상호 협조의식

토론참여자들은 서로를 경쟁자 또는 적으로 생각하기보다는 함께 문제를 풀어가는 협조자로 인식해야 한다.

⑤ 상대방의 존중과 바른 경청 태도

토론자들은 서로 상대방을 존중하여 예의를 지키고 상대방의 견해를 경청하는 자세를 갖추는 것이 필요하다.

⑥ 이성과 증거에 입각한 논리전개

주장과 반박은 이성과 증거에 입각한 논리의 전개를 통해 제기되어야 한다.

(4) 토론의 주요 요소

바람직한 토론의 주요 골격을 구조, 내용, 기술, 효과로 나누어 살펴보면 다음과 같다.

○ 토론의 주요 요소의 사례

1단계	요약/정리/확인	잘하셨습니다. / 맞습니다./이런 내용이지요.
2단계	비판 혹은 동의	…라는 점에 대해 제생각도 그렇습니다. / 제 생각은 다릅니다.
3단계	근거	왜냐하면요 / 그건 왜 그러하냐면 /
4단계	나의 주장	그렇기 때문에 제 생각에는 … 습니다.
5단계	나의 근거	왜냐하면요 /
6단계	재강조	제 말이 맞지요 / 제 의견에 대해 어떻게 생각하세요/

토론의 방법이나 내용의 질을 평가하는 기준을 제시하면 다음과 같다.

○ 토론의 체크 포인트

항 목	주요요소
구 조	요약 → 비판동의 → 근거 → 나의주장 → 근거 → 재강조 요소가 포함 되었는가
내 용	논리적이고 타당한가 새로운 지식을 첨가하였는가
기 술	토론기술이 적절한가 모욕을 주지는 않았는가
효 과	좋은 기획서를 만드는데 도움을 주었는가

(5) 토론의 기술

토론에 능숙하려면 다음과 같은 기법에 숙달될 필요가 있다.

① 잘 들어야 한다. 좋은 토론가는 자기가 말할 내용보다 상대방이 말하는 내용에 더 주의를 기울인다. 상대 주장의 핵심을 빨리 간파하면 논리의 허점도 쉽게 찾아낼 수 있다.

② 자료와 예시를 충분히 준비한다. 자료를 충분히 가지고 이슈를 장악해야 한다. 예시를 많이 준비하는 것이 좋다. 특히 선진국의 사례나, 우리나라와 비슷한 환경에 처한 국가의 사례는 잘 연구할 필요가 있다.

③ 상대의 반박 논리를 예측한다. 전략적 토론은 마치 장기 게임과 같다. 토론의 달인은 세 수, 네 수 앞을 내다본다. 상대가 어떤 주장을 펴고 어떤 근거를 들 것인지를 미리 짐작한다.

④ 명확히 정의된 단어를 사용한다. 자신이 사용하는 단어를 명료하게 정의해 놓고 논리를 전개한다. 역으로 상대의 모호한 용어 사용을 공격한다.

⑤ 감정을 통제해야 한다. 격앙된 분위기에서도 감정을 통제하고 차분히 이야기해야 한다.

⑥ 상대편 처지가 되어본다. 역지사지. 상대의 처지가 되어 토론하는 연습을 자주 할 것. 실제 토론 대회에서는 찬성 반대 입장을 추첨을 통해 지정하는 경우가 많다.

⑦ 목소리를 연출한다. 말에 높낮이가 있어야 집중하기 쉽다. 적당한 제스처를 취하고 스피드와 톤을 조절한다.

제3장

경찰기획의 과정

1. 일반적 기획과정

이하에서는 기획과정의 일반론과 기본요소, 그리고 공무원 기획교재의 기획입안모형과 전략기획과정모형, 그리고 정책품질관리매뉴얼의 정책기획과정을 살펴보고, 본서의 경찰기획모형을 설명하고자 한다.

(1) 일반론

기획이 이루어지는 기획과정에 대해서는 학자들 사이에 다양한 견해가 제시되고 있다.

① Galloway

추구해야 할 목표의 결정(determination of objectives) → 문제를 이해하기 위한 자료수집(fact gathering) → 대안의 연구(setting forth alternative solutions) → 대안중에서의 정책결정 또는 선택(policy making or choosing among alternatives) → 선택된 대안에 대한 세부적 집행.

② Koontz와 O'Donnell

목표의 설정 → 기획전제의 설정 → 대안적 행동노선의 모색과 시험 → 대안적 행동노선의 평가 → 행동노선의 선택 → 필요한 파생계획의 수립.

③ Newman

문제의 진단 → 대안의 모색 → 대안의 비교 → 대안의 평가 및 선택.

④ 이처럼 기획과정은 학자들의 관심분야에 따라 달리 표현되지만 대동소이한 것은 현황, 문제점, 대안의 구성요소를 포함하는 것이라고 할 수 있다. 일반적으로 기획과정은 다음 그림과 같이 현황 ⇨ 문제점 ⇨ 해결방안의 골격을 기본으로 하고 있다.

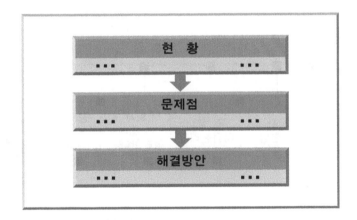

(2) 기획과정의 주요 요소

모든 기획과정은 다를 수 있지만 다음과 같은 기본 요소는 빠트리지 않도록 유념해야 한다.

① Why : 왜, 기획을 입안하는가?(기획의 배경, 이유, 의의 등)

기획의 목표는 무엇인가?, 의뢰자는 무엇을 요구하는가?

이를 통해 어떤 효과를 기대하는가?(기획의 목표)

② What : 무엇을 기획하는가?(기획의 내용)

③ How : 어떻게 진행, 수행하는가?(방법)

④ Who : 누가 행하는가?(주체, 관계자)

⑤ When : 기획은 언제 시행되는가?(시기, 기간)

⑥ Where : 어디에서 시행되는가?(장소)

⑦ How Much : 어느 정도의 돈이 드는가?(예산)

(3) 기획입안과정

정부의 지방공무원 교육교재에는 기획과정을 기획입안과정이라는 명칭으로 다음과 같은 순서로 나타내고 있다(지방공무원교육원, 2003).

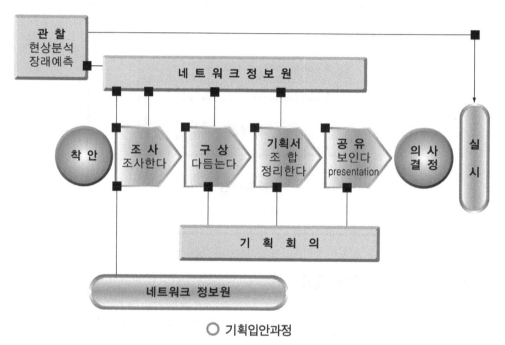

○ 기획입안과정

지방공무원교육원. 2003. 기획실무. p.23

이와 같이 기획입안구조모형에서는 기획과정을 관찰로부터 시작하여 아이디어를 창출해내는 착안, 조사, 구상, 기획서, 공유, 의사결정, 실시의 단계로 설정하고 있다.

(3) 전략기획과정모형

일반 경영학이나 군사학에서 많이 사용하는 전략기획모형에서는 기획과정을 문제의 인지 ⇨ 목표설정으로부터 ⇨ 상황분석 ⇨ 기획전제의 설정 ⇨ 대안탐색 ⇨ 비교에 의한 선택 ⇨ 세부계획 ⇨ 실시의 과정으로 이해하고 있다.

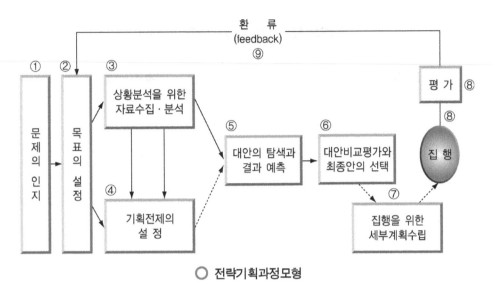

○ 전략기획과정모형

지방공무원교육원. (2004). 기획실무. p.26.

그러나 정부기관 대부분의 기획과정은 임무 ⇨ 비전 ⇨ 목표 ⇨ 전략(목표) ⇨ 과제(성과목표) ⇨ 사업의 연쇄체계를 갖추고 있다.

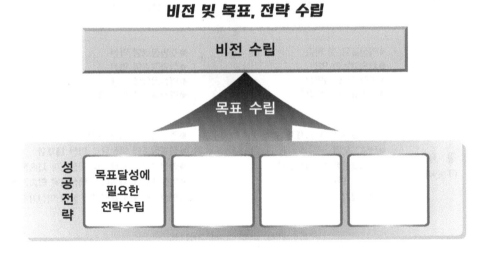

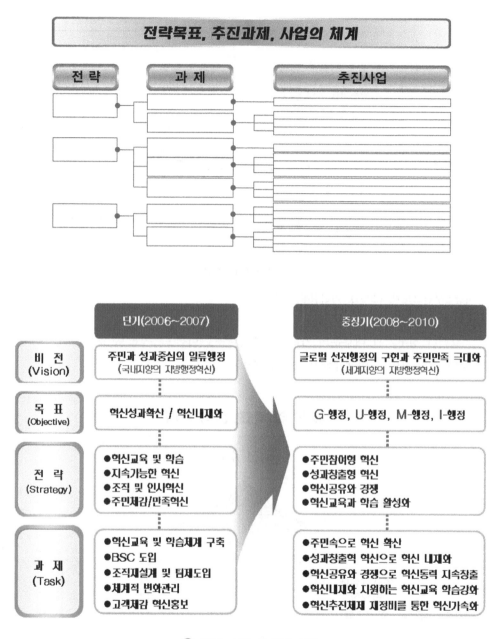

전략목표, 추진과제, 사업의 체계

전 략	과 제	추진사업

	단기(2006~2007)	중장기(2008~2010)
비 전 (Vision)	주민과 성과중심의 일류행정 (국내지향의 지방행정혁신)	글로벌 선진행정의 구현과 주민만족 극대화 (세계지향의 지방행정혁신)
목 표 (Objective)	혁신성과확신 / 혁신내재화	G-행정, U-행정, M-행정, I-행정
전 략 (Strategy)	●혁신교육 및 학습 ●지속가능한 혁신 ●조직 및 인사혁신 ●주민체감/만족혁신	●주민참여형 혁신 ●성과창출형 혁신 ●혁신공유와 경쟁 ●혁신교육과 학습 활성화
과 제 (Task)	●혁신교육 및 학습체계 구축 ●BSC 도입 ●조직재설계 및 팀제도입 ●체계적 변화관리 ●고객체감 혁신홍보	●주민속으로 혁신 확산 ●성과창출력 혁신으로 혁신 내재화 ●혁신공유와 경쟁으로 혁신동력 지속창출 ●혁신내재화 지원하는 혁신교육 학습강화 ●혁신추진체제 재정비를 통한 혁신가속화

○ 비전 수립 사례(구미시)

　일반적으로 조직임무(Mission)에서 출발하여 전략목표(실·국단위의 상위목표)와 성과목표(과단위의 하위목표)가 설정된다. 여기서 전략목표(Strategic Goal)란 부처내 주요 재정사업이 있는 실·국의 중점 정책방향을 나타내는 목표로서, 해당부처의 기관임무 수행

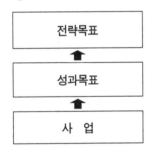

을 위해 추진하는 중장기 정책 방향을 의미한다. 성과목표(Performance Goal)란 주요 재정사업(또는 사업群)을 통해 달성하려는 구체적인 세부목표로서 전략목표의 하위목표이다.

목표체계가 설정되면 목표달성 여부를 객관적으로 측정할 수 있는 성과지표 (Performance Indicator)를 설정하게 된다. 성과지표란 목표달성 여부를 판단하는 수치이다. 올바른 지표 설정은 성과관리의 핵심요소이다.

성과목표의 달성여부를 판별하기 위한 척도인 성과지표는 투입(Input), 과정(Activity/ Process), 산출(Output), 결과지표(Outcome) 네 가지 유형이 있다. 이중에서 성과지표는 원칙적으로 결과지표이어야 한다. 투입지표로는 사업성과 판단이 곤란하기 때문에 투입지표의 사용은 지양해야 되고 다년도의 계속 사업에 대해서는 과정지표를 통해 증감점검을 하는 것이 바람직하다.

○ 성과목표 체계

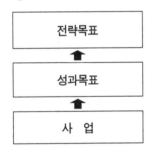

전략목표	■ 각 실·국별 핵심 임무와 중점 정책방향
성과목표	■ 과 수준의 전략목표 달성을 위해 추진하는 주요 재정사업(군)의 공통된 목표
사 업	■ 계 혹은 담당 수준의 사업

○ 평가지표의 유형별 내용

유 형	내 용
투입지표	• 예산·인력 등 투입물의 양을 나타내는 지표 • 예산집행과 사업 진행과정상의 문제점을 발견하는 데에 도움 　예 예산집행율, 세미나·연구모임 개최실적 등
과정지표 (Activity /Process)	• 사업 진행과정에서 나타나는 산출물의 양을 나타내는 지표 • 사업 진도 등 사업추진 정도를 중간점검 하는데 도움 　예 건설공정율(%), 계획대비 집행실적(%) 등
산출지표	• 사업완료 후 나타나는 1차적 결과 또는 산출물 • 투입에 비례하여 목표한 산출을 달성하였는가 　예 논문게재건수, 상수도보급율, 장애인고용율 등
결과지표	• 사업완료 후 궁극적인 사업의 효과를 나타내는 지표 • 사업이 의도한 최종결과의 달성정도를 측정하는데 도움 　예 민원인 만족도 증가율, 대기오염도, 수질오염도 등

정부에서는 2005년부터 직무성과계약제를 운용하고 있으며 이는 기획과정을 지배하는 주요관리기법이 되고 있다. 직무성과계약제란 기관의 책임자와 실·국장, 과장 간에 공식적인 성과계약(Performance Agreement)을 체결하여 성과목표 및 지표 등에 관하여 합의하고, 당해연도의 "직무성과계약"에 의해 개인의 성과를 평가하고, 평가결과를 성과급, 승진 등에 반영하는 성과평가 시스템이다.

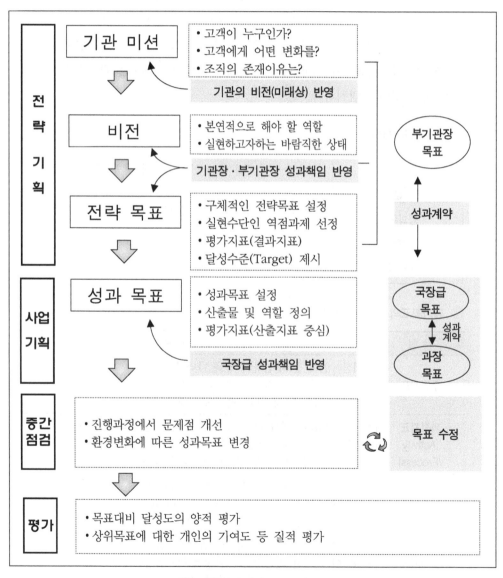

○ 직무성과계약의 프로세스

이러한 전략기획모형에 근거하여 실제 기획문제를 해결해 나가는 과정을 예시로 들면 다음과 같다(지방공무원교육원, 2004).

전략기획모형의 사례(공중화장실 개선방안)[10]

I. 문제의 인지

● 한국방문의 해와 월드컵 대회를 앞두고 수 십만 명의 외국인이 한국을 방문
● 그러나 공중화장실이 턱없이 부족하고, 기존 시설조차도 부실할 뿐만 아니라 관리소홀로 외국인에게 한국의 저급한 화장실 수준을 보여줄 우려
● 또한 국민의 생활수준과 문화수준 향상으로 편리하고 청결한 화장실에 대한 관심 증대
※ 이러한 문제에 대해 언론과 시민단체를 중심으로 지속적·집중적으로 제기되면서 사회적 이슈화됨에 따라 관련기관에서 공식적인 기획의제로 채택

II. 상황분석 → 목표의 설정

■ 현황 파악

● 공중화장실 수 및 수준 파악
  – 통계, 현지확인(시설수준, 관리상태, 현지인 인터뷰 등), 설문조사(상인, 일반인, 외국인), 국내외 사례, 기존 연구결과 수집, 보도 등

● 법령 분석
  – 오수분뇨및축산폐수의처리에관한법률, 공중위생관리법, 식품위생법시행규칙, 여객자동차터미널구조및설비기준에관한규칙, 도시철도건설규칙 등

---

10) 본 사례는 기획과정을 살펴보기 위해, 중앙공무원교육원 신임관리자 과정의 정책기획연습의 일환으로 교육생들이 제출한 자료를 참조하여 재구성한 것임.

● 이해관계자 파악

  - 부처(행자부, 문화관광부, 환경부 등), 자치단체, 지방의회 의원, 시민단체,
    언론, 건물주, 화장실 관리자, 인근주민 등

■ 문제점 도출 및 목표설정

① 공중화장실 관련법규의 혼재로 소관부서가 불명확하여 체계적인 유지 관
   리 곤란

   → 어디에서 공중화장실 업무를 맡을 것인가(담당부서 명확화)

② 공중화장실 수 부족

   → 어떻게 보급·확대할 것인가(보급·확대)

③ 공중화장실 시설 및 의식수준 저급

   → 어떻게 개선해 나갈 것인가(시설 및 의식수준 개선)

III. 대안의 탐색

■ 목표의 제시

   공중화장실의 보급·확대방안에 대한 대안을 탐색하기 위해 상황분석 자
   료와 브레인스토밍을 거쳐 다음과 같은 3가지 대안 도출

■ 대안의 제시

   - 대안 1 : 공중화장실의 신축 확대
   - 대안 2 : 기존 공중화장실 개방 촉진
   - 대안 3 : 이동화장실 설치 확대

■ 대안의 분석

● 대안 1) 공중화장실 신축 확대

   - 이용자 편익이 가장 직접적으로 증대되나, 부지확보 등 신축비용이 막
     대하여 예산확보에 어려움 예상
   - 관련기관에서는 이 사업을 추진하기 위해 기구의 확대개편이 가능

- 일반국민의 입장에서 이용자 편익증진과 문화수준 향상이 기대되나, 예산으로 추진되는 사업이므로 세부담 증가 우려
- 정화조업체 및 화장실 관련산업의 활성화 예상으로 업계는 적극 찬성

● 대안 2) 기존 공중화장실 개방 촉진
- 건물주들이 사설 화장실을 개방함으로써 국가전체적으로 비용 대폭 절감
- 사후관리 문제와 불결함에 대한 우려 때문에 건물주들의 개방 기피 가능성
- 화장실 관리비용상승에 따라 일정부분 정부보조 필요
- 관련부처에서는 화장실의 질 확보를 위한 행정지도 필요성 제기

● 대안 3) 이동화장실 설치 확대
- 신규화장실 설치와 같이 상당한 예산이 수반
- 이동화장실은 철저한 사후관리가 요망되므로 사후관리비용 증대
- 인사동과 같은 문화의 중심거리와 조화되게 설치하는 방안 필요
- 이동 화장실 제작 업체 활성화 기대

IV. 대안의 평가 및 결과분석

■ 평가절차
- 1단계 : 평가기준 결정 및 나열
  자치단체의 예산절감 등 7개의 평가기준 선정, 평가표에 나열
- 2단계 : 평가기준들의 중요도에 따른 가중치 부여
  기준별 가중치를 중요도에 따라 최소치 2, 최대치 5로 부여
- 3단계 : 대안들의 평가기준 만족도에 따른 점수 부여
  기준별 10점을 3가지 대안에 배분
- 4단계 : 대안들에 부여된 점수에 가중치를 곱하여 가중화된 점수 산출
- 5단계 : 결과의 분석 및 최적대안 선택

■ 평가결과

평가기준	가중되지 않은 점수			가중치	가중된 점수		
	대안1	대안2	대안3		대안1	대안2	대안3
자치단체의 예산절감	0	7	3	5	0	30	15
서비스질 확보정도	5	3	2	3	15	9	6
사후관리문제	3	5	2	2	6	10	4
수혜자들의 수용가능성	3	5	2	4	12	20	8
로비집단의 수용가능성	2	3	5	4	8	12	20
성공가능성	3	5	2	4	12	20	8
기본목적과부합	3	5	2	5	15	25	10
총 점 수	19	33	18	-	68	126	71

■ 채 택

- 가중치화 및 순위화 분석기법을 이용하여 분석한 결과 '대안 2 : 개방 화장실의 증대'가 채택

V. 기존 공중화장실 개방 촉진 방안

● 공중화장실 개방 촉진을 위한 구체적인 대안을 찾기 위해 앞에서와 같은 기획과정(대안 창출, 평가, 채택)을 전개
● 대 안
  ① 법적 의무화
  ② 보조금 지급 또는 세제혜택 부여
  ③ 유료 화장실로 변경
  ④ 비금전적 유인책
● 각 대안의 장·단점 분석
● 가중치 부여 및 순위화 기법에 따라 최적대안 도출 및 채택
  ⇨ 대안2) "보조금 지급 또는 세제혜택 부여" 채택

VI. 최적대안의 구체적 시행방안

■ 법적인 측면

- 보조금 관련 규정을 법률에 명시
- 조례를 통한 구체적 규정

■ 행정적인 측면

- 정책결정자의 의지
- 전담인력의 배치
- 관련예산의 우선적 배정
- 적정보조금 수준 책정을 위한 조사 · 연구
- 운영위원회의 구성
- 화장실문화 개선을 위한 활동

(4) 정책기획과정모형

정책실패를 예방하고 정책품질을 제고하기 위하여 정부에서는 정책품질관리매뉴얼을 만들어 운용하고 있다. 정책품질관리매뉴얼에서는 정책기획과정을 크게 4단계로 나누고, 총 19개의 점검사항을 제시하고 있다.

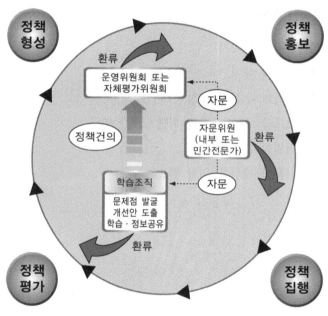

○ 정책품질관리 추진체계 개념도

정책구상		정책홍보	정책집행	정책평가 및 환류
〈정책수립의 필요성〉 ❖ 현황·실태 ❖ 문제점 ❖ 추진경위 ❖ 유사사례 및 참고자료	〈정책의 수립〉 ❖ 정책목표 설정 ❖ 계획 수립 ❖ 사전 타당성 ❖ 관계기관 협의 ❖ 갈등관리, 영향평가	❖ 홍보주체 대상 ❖ 홍보내용 ❖ 홍보방법 ❖ 비판논리 대응 ❖ 여론에 따른 대응	❖ 모니터링 ❖ 문제발생시 대응	❖ 평가계획 ❖ 평가결과 ❖ 평가결과 활용

○ 점검사항 총괄표

정책단계		점 검 사 항 (19)

I. 정책형성	1. 정책 수립의 필요성	• 문제의 현황 및 실태는 어떠한가? • 문제의 원인은 무엇이며, 어느 정도로 시급한가? • 지금까지 정부는 어떻게 대응해 왔는가? • 국내·외 유사사례 및 참고자료에는 무엇이 있는가?
	2. 정책의 수립	• 정책목표는 무엇인가? • 계획추진을 위한 세부 내용 및 필요 자원은 무엇인가? • 계획의 사전 타당성을 어떻게 확보할 것인가? • 협의가 필요한 관계부처(기관)는 어디이며, 어떤 절차를 거쳐야 하는가? • 갈등관리 방안 및 정책영향평가 등의 결과에 따른 대응책은 무엇인가?
II. 정책홍보		• 홍보주체 및 대상은 누구인가? • 홍보하고자 하는 핵심메시지는 무엇인가? • 어떤 언론매체를 통해 언제부터 어떻게 홍보할 것인가? • 예상되는 비판논리 및 이에 대한 대응논리는 무엇인가? • 여론의 반응에 따른 대응방안은 무엇인가?
III. 정책집행		• 정책이 계획대로 집행되고 있는지 점검(모니터링)하고 있는가? • 집행과정에 제기된 문제점 및 대응방안은 무엇인가?
IV. 정책평가 및 환류		• 누가, 무엇을, 언제, 어떻게 평가할 것인가? • 평가결과 및 평가결과의 시사점은 무엇인가? • 평가결과를 어떻게 활용할 것인가?

○ 정책단계별 점검사항

I. 정책형성

점검사항	추진내용
1. 정책수립의 필요성 **1.1 현황** 　1.1.1 정책현안의 현황과 실태는? **1.2 문제점** 　1.2.1 무엇이 문제인가? 　1.2.2 문제의 원인은? 　1.2.3 외부로 부터의 요구는? 　　　　(누가, 무엇을, 왜, 어떻게 해 달라는 것인가?) 　1.2.4 언제 조치해야 하는가?(시급성) 　　　※ 정부가 반드시 해결해야 할 문제인지 점검 **1.3 추진경위** 　1.3.1 지금까지는(과거에는) 어떻게 했나? 1.4 국내·외 유사사례 및 참고자료 　1.4.1 국내·외 유사사례는 있는가? 　1.4.2 관련 통계 및 자료분석은? 1.5 이 문제를 어떻게 하자는 것인가? **2. 정책의 수립** **2.1 정책목표의 설정** 　2.1.1 도달하고자 하는 궁극적 목적은? 　2.1.2 이루고자 하는 목표는? • 단기 목표는? • 중장기 목표는? **2.2 계획 수립** 　〈추진 내용〉 　2.2.1 추진주체(보조·협조주체 포함)는 누구이고, 역 　　　　할은 무엇인가? 　2.2.2 추진하려는 내용과 대상은? 　2.2.3 추진방법과 기간은? 　〈필요한 자원〉 　2.2.4 소요인력은 몇 명이며 동원방법은? 　2.2.5 소요예산은 얼마이며 조달방법은? 　2.2.6 기타자원은 무엇이 필요하며 확보방안은? **2.3 계획의 사전타당성 검토** 　2.3.1 예상되는 성과와 비용은?	

점검사항	추진내용

– 가능하고 필요한 경우 계량적 B/C분석 등 실시
  2.3.2 사회적 형평성이나 국민적 지지도는?
  2.3.3 예상되는 부작용이나 충돌하는 국가적·사회적
      이익은?
– 이를 극복하는 방법은?
– 부작용이나 이익 충돌에도 불구하고 추진하는 것이 타
  당한가? 그 이유는?
  2.3.4 다른 대안은 충분히 검토하였는가?
– 검토하였다면 그 대안의 내용은 무엇이며, 채택하지 않
  은 이유는?
 	
2.4 관계부처·기관 협의 및 이견조정
  2.4.1 협의대상 부처 및 기관은?
– 관련부처, 당, 지자체, 시민단체, 전문가 등
  2.4.2 협의절차 및 이견조정은?
– 규제, 환경, 교통, 성별, 균형발전, 부패 등 법규상 필
  요한 절차
  2.4.3 협의과정에서 문제가 제기될 가능성이 있는 사
      항이나 요구사항은 무엇이며, 그 근거 논리는?
  2.4.4 문제가 제기되는 사항들은 어떻게 해결할 것이
      며, 언제까지 가능한가?
  2.4.5 적극적으로 도와줄 기관은 어디이며 지원확보
      방안은?
 	
2.5 갈등관리 및 정책영향평가
  2.5.1 찬성하는 사람들과 집단은 누구이며, 찬성하는
      이유는?
  2.5.2 반대하는 사람들과 집단은 누구이며, 이들이 반
      대하는 이유는 무엇이며, 요구사항은?
– 이들의 저항은 어느 정도로 심각하며 극복할 방안은?
  2.5.3 도움을 받을 만한 자원은 무엇이 있으며 동원할
      방안은?
  2.5.4 특별한 갈등관리 프로세스를 작용할 필요는 없
      는가?
  2.5.5 정부, 국가의 다른 목표, 권장사항(장애인 고용, 이
      공계 우대, 지역균형발전)은 충분히 반영하였는가?
– 이들 권장사항의 행정절차는 언제까지 어떻게 이행가능
  한가?
  2.5.6 정책의 집행(환경, 교통, 규제 등)으로 국민에게
      미치는 영향평가 및 대책은?	

II. 정책홍보 단계

점검사항	추진내용
3.1 여론수렴 　3.1.1 대상별 여론 파악은? － 일반국민, 이해관계자, 시민단체, 언론 등 　3.1.2 사전홍보 방안은? **3.2 홍보계획 수립 · 시행** 　3.2.1 홍보목표 · 전략은? 　3.2.2 홍보메시지는? 　3.2.3 예상쟁점 및 대응논리는? 　3.2.4 단계별 홍보 방안은? 　3.2.5 대상별 홍보방안은? 　3.2.6 홍보매체(브리핑/간담회/신문/방송/인터넷 　　　　/PCRM 등)는? 　3.2.7 예산조달 방안은? 　3.2.8 홍보효과 및 영향력 측정은? **3.3 정책발표 적절성** 　3.3.1 정책발표 사전협의는? 　3.3.2 정책발표 주체 · 형식 · 시기는? **3.4 여론 점검 및 대응방안** 　3.4.1 언론 보도상황은? 　3.4.2 일반국민, 정책고객의 여론은? 　3.4.3 대책(홍보전략 수정/오보대응/건전비판 수용 등)은?	

III. 정책집행 단계 / IV. 정책평가 및 환류 단계

점검사항	추진내용
4.1 추진상황 점검(모니터링) 　4.1.1 계획(일정) 대로 추진되고 있나? 　4.1.2 자원의 확보 · 투입상황은? 　4.1.3 관계부처 · 기관과의 협조 상황은? **4.2 문제발생시 대응방안** 　4.2.1 애로 및 장애요인과 극복대책은? 　4.2.2 중대한 여건변화와 정책의 수정 · 변경의 필요성 　　　　은? 　4.2.3 의도하지 않은 효과 및 역효과에 대한 대책은? 　4.2.4 수정 · 변경된 정책의 홍보방안은?	

점검사항	추진내용

5.1 평가실시계획
5.1.1 평가의 주체는?(내/외부)
5.1.2 평가 시기는?
5.1.3 무엇을 평가할 것인가?(중점 고려사항)
5.1.4 어떻게 평가할 것인가?
  - 성과지표
  - 결과/과정평가, 정량/정성평가
  - 전문가, 여론 등	

5.2 평가결과 5.2.1 정책성과 달성도는? 5.2.2 잘된 점과 미진한 점은? 5.2.3 평가결과 시사점은?	
5.3 평가결과의 활용 5.3.1 미진한 점의 보완 대책은? 5.3.2 잘된 점의 계승·발전 방안은? 5.3.3 성과관리(인사·보수·예산 등)와의 연계는? 5.3.4 지식관리 활용방안은? 5.3.5 정책성과 홍보방안은?	

(5) 본서의 경찰기획과정모형

위에서 본 바와 같이 대부분의 기획과정이 대동소이하다. 경찰기획서의 기본 골격은 [현황-문제점-발전방안]이 되겠으며 부록격으로 실천계획의 성격으로 [세부계획-심사평가계획]이 있다. 이러한 거시적 입장에서, 여러 학자들의 견해를 종합하여 경찰기획과정모형을 제시한다면 다음과 같다.

1) 기획정보관리

평소 경찰기획에 필요한 각종 정보를 체계적으로 수집 관리한다. 경찰기획에서는 범죄의 존재여부 확인이 가장 중요하므로 범죄정보관리가 기획의 포인트가 된다. 정보의 내용에는 범죄정보가 주가 될 것이며 경찰청의 인적자원, 물적자원에 관한 정보, 외국경찰에 관한 정보 등이 포함된다. 정보관리의 과정에는 기획정보소요의 제기, 정보의 수집, 수집된 정보의 분석, 정보의 관리 등의 세부단계가 있다.

2) 기획환경분석

두 번째로 경찰기획업무의 수행과 관련된 환경변수를 세밀히 분석한다. 기획환경분석 단계에서는 수집된 기획정보를 바탕으로 경찰조직 내부와 외부의 환경변수를 세밀히 분석한다. 과거-현재-미래를 통시적으로 살펴보는 역사적 분석과 현재분석, 미래예측분석 등이 활용된다. 그중 대부분 SWOT 분석이 대표적으로 적용된다. 그 기본양식을 보면 다음과 같은 것이다.

○ SWOT 분석

	긍정요인	부정요인
내부환경분석(조직 인사등)	강점요인(Strength)들	약점요인(Weakness)들
외부환경분석(정치 경제등)	기회요인(Opportunity)들	위험요인(Threat)들

3) 기획문제설정

경찰조직 내에 존재하고 있는 중요한 문제를 발견하여 명확한 언어로 정의한다. 기획문제의 설정단계에서는 경찰조직내에 존재하고 있는 문제중에 기획문제로 설정해야할 중대 문제를 제안하고 확정하는 단계로 [문제의 발굴 ⇨ 문제의 인지 ⇨ 문제의 분석 ⇨ 문제의 정의단계]가 있다.

① 기획문제의 발굴이란 적극적으로 문제가 될만한 상황을 발견하는 것을 말한다.

② 기획문제의 인지란 기획문제의 원인, 결과 그리고 이들 간의 인과관계를 밝혀내어 해결이 필요한 문제인지를 판단하는 것이다. 기획문제란 바람직한 상황과 현재 상황이 차이로서 곤란한 상황을 의미한다.

③ 기획문제분석단계에서는 문제의 내용, 문제의 원인, 문제의 결과 등을 분석한다. 우리가 잘 알고 있듯이 중요한 것은 문제 그 자체가 아니라 문제를 얼마나 빠른 시간에 정확하게 파악하고 인식하느냐이다. 문제가 아닌 것을 문제로 알고 잘못된 처방을 하는 경우도 있고, 문제를 제대로 인식하는 능력이 부족하여 문제가 위기로 곪아터진 후에야 발견하게 되고 문제를 해결하기가 아주 어려워지는 경우가 많다. 그러므로 기획문제의 파악을 위해서는 문제의 구성요소를 파악하고, 문제의 심각성(피해자의 수와 범위, 강도)을 파악하며, 문제의 원인과 결과를 분석하고, 문제가 야기시킨 결과까지 예측해야 한다. 이를 통해서 궁극적으로 기획문제의 구성요소,

원인, 결과 등의 내용을 정의하여 무엇이 문제인가를 명확히 정리해야 한다.

④ 기획문제의 정의단계는 문제의 소재, 문제의 원인, 문제의 주체 등을 정의내리는 것이다. 문제를 어떻게 정의하느냐는 대단히 중요하다. 기획문제를 어떻게 정의하느냐에 따라 생각할 수 있는 해결대안이 제한되기 때문이다. 그러므로 올바른 기획문제의 정의를 위해서는 날카로운 비판정신으로 일어날 수 있는 문제를 미리 파악하는 선견력이 요구된다. 또한 경찰조직내의 상사나 동료, 부하, 다른 집단, 언론이나 사회단체등 사회의 비판과 문제제기에 대해 종합적인 시각으로 수용하는 감수성이 필요하다.

○ SWOT 분석에 의한 기획과제 설정

	기회요인 O	위협요인 T
강점요인 S	SO 전략과제(공격적 과제) 내부강점을 외부기회에 접목하여 활용하는 과제 도출	ST 전략과제(타협적 과제) 내부강점으로 외부위협을 극복하는 과제 도출
약점요인 W	WO 전략과제(타협적 과제) 외부기회를 활용하여 내부약점을 극복하는 전략과제 도출	WT 전략과제(방어적 과제) 내부약점과 외부위협을 동시에 극복하는 위기극복전략과제 도출

예를 들어 보자. 통계청의 '99년 인구동태'에 따르면 가임여성 1인당 출산아수(출산율)는 1.42명으로 미국(2.06), 캐나다(1.66), 프랑스(1.75) 보다 낮으며 산아정책을 쓰기 시작했던 1960년의 6명과 비교하면 상당한 변화다. 이러한 추세라면 2015년부터 인구가 줄어들 것으로 통계청은 보고 있다. 이러한 출산율 감소 현상을 놓고 문제라고 보는 시각과 문제는 아니라는 시각이 있다. 출산율 감소가 기획문제인가의 여부는 출산율 감소가 어떤 병폐와 문제를 발생시킬 것인가를 판단해봄으로써 파악할 수 있다. 출산율 감소 현상의 원인은 결혼연령이 늦춰지고 자녀를 낳지 않거나 아예 독신으로 살겠다는 젊은 이들이 늘어나고 있기 때문이다. 외국의 경우 자녀 출산을 원하지 않는 맞벌이 신세대부부인 '싱커스'(THINKERS)족, 즉 결혼 후 '맞벌이'(Two Healthy Incomes)를 하면서 '아이 없이'(No Kids), '조기정년퇴직'(Early Retirement)을 하여 노후생활을 즐기는 신계층이 늘어나고 있다. 반면 한국에서는 싱커스족에 의한 출산율 감소도 있겠지만 그보다는 맞벌이 부부가 늘어나면서 부족한 탁아시설과 고액의 양육비 등 남자들과의 경쟁에서 살아남기 어려운 직장 현실이 여성들의 출산 기피현상을 가속화시키고 있다. 경찰청에서도

여경의 복지증진차원에서 대책이 필요하다. 또한 출산율 감소의 결과를 예측해 보면 장기적으로 의경 부족 현상으로 이어진다. 따라서 경찰인력기획에 있어서도 대비가 필요함을 알 수 있다.

4) 기획대안의 탐색

경찰조직의 문제해결에 필요한 대안을 모색하는 과정이다. 여기서 대안탐색이라는 것은 과제해결을 위한 전략기획 내지 정책기획의 의미가 있다.

① 대안모색을 위해서는 먼저 목표를 체계적으로 설정한다. 기획목표설정단계에서는 기획문제를 해결하는데 요구되는, 기획을 통해서 달성해야 할 사명, 비전, 모토, 목적, 목표, 핵심과제 등을 체계적으로 설정한다. 기획목표란 기획을 통하여 달성하고자 하는 미래의 바람직한 상태로서, 문제가 해결된 상태이거나 아니면 미연에 문제를 예방한 상태를 말한다.

목표는 일종의 잣대이다. 목표는 대안을 선정하는 기준, 집행의 지침, 평가의 기준으로 사용하게 되므로 목표들 상호간에 모순이나 괴리가 있어서는 안 되며 목표들 사이에 내적 일관성이 유지되어야 한다. 그리고 구체적이고 현실적이어서 인적ㆍ물적 자원 등 제약조건에 비추어 실현 가능한 것이어야 한다.

기획목표가 바람직하게 설정되었는지에 관한 소망성(desirability) 평가기준으로는 두 가지를 들 수가 있다. 달성가치가 있는 여러 목표들 중에서 가장 바람직한 것을 채택했는지를 나타내는 목표의 적합성(appropriateness)과 기획목표의 달성수준이 적정한지의 여부를 나타내는 목표의 적절성(adequacy) 기준이다.

② 목표달성을 위하여 필요한 기획전제와 기획기준을 설정한다. 이를 바탕으로 기획대안을 탐색한다. 기획기준의 설정은 상황정의에 근거하여 기획의 기준이 되는 기본적인 전제(planning premises)를 설정하는 단계이다. 인구성장과 같은 통제 가능한 변수에 대한 기획전제와 범죄단체의 움직임등 통제 불가능한 변수에 대한 기획전제가 있다. 여기의 전제란 「－라는 가정하에」라는 의미가 있으며 전망치, 예측치로 보면 되겠다.

③ 기획대안의 탐색단계에서는 기획목표달성을 위하여 필요한 모든 대안을 모색하는 것이다. 기획대안(alternative)이란 기획문제를 해결하고, 기획목표를 달성하는 계획된 행동경로를 의미한다. 그리고 기획대안의 탐색이란 기획목표달성을 위해 필

요한 일련의 수단을 망라적으로 추출하고 조합하는 작업이다. 대안의 탐색은 기획 전제를 기준으로 전략과 사업계획 등을 마련한다.

최고의 기획대안을 채택하기 위해서는 가능한 많은 대안들을 광범하게 탐색해 내고 개발해야 하지만 실제로 기획참여자의 능력부족과 이해관계의 충돌 등으로 인하여 고려되는 대안은 소수에 불과하다.

기획담당자가 참고할 수 있는 기획대안의 원천에는 과거의 기획안이나 정책, 다른 국가 경찰의 정책, 학술논문집, 집단토의(brainstorming), 정책델파이(policy delphi) 등이다. 집단토의는 즉흥적이고 자유분방하게, 비상식적인 의견까지, 무제한의 아이디어를 짜내기 위해 비판을 하지 않고 기획대안의 리스트를 작성하는 기법이고, 정책델파이는 전문가들간의 대립되는 의견을 표출시켜 합리적인 아이디어를 도출하는 기법이지만 비용과 시간이 소모되는 것이 단점이기 때문에 기획담당자가 손쉽게 활용하기에는 한계가 있다.

기획대안을 탐색해내는 작업은 넓고 깊은 지식을 요구하므로 가능하면 경찰기획조직을 열린 시스템화 함으로써 다양한 경찰조직구성원의 의견은 물론 일반 국민의 고견을 수렴하도록 해야 한다.

예를 들어 공창(公娼)제 논란의 경우를 살펴보자. 2000년 미아리 텍사스촌에서 '매매춘과의 전쟁'을 벌여 주목 받았던 김강자(전 종암경찰서장)씨는 정부가 매매춘을 관리하여 노예 윤락으로 전락한 윤락녀들의 인권을 보호하는 대안을 주장한다. 이에 대해 비판론자들은 현재 국내 매매춘은 윤락가뿐만 아니라 단란주점 티켓다방 룸살롱 등 비윤락가 지역에서 더 성행하고 있는데 단지 윤락가만 공창화 한다고 해서 해결될 문제가 아니라고 반박한다. 강지원(전 청소년보호위원회위원장)씨도 "불법인 사창(私娼)이 실제로 사법 단속에서 제외된 공인 매춘의 상태에 와 있는데 무슨 실익이 있다고 '윤락을 합법화한 나라'라는 인식을 주면서까지 공창제를 하느냐"고 반문하며 "성매매방지법 같은 엄한 법을 만들어 매춘 중개업자들의 처벌을 강화하는 방향으로 가야할 것"이라고 주장한다. 매춘업주들의 금품 갈취나 폭행 같은 인권 유린 형태를 사라지게 하려면 지금같이 성(性) 산업을 통해 치부하는 매매춘 연관 사업자들을 보다 강력하게 처벌해야 한다는 것이다. 또 다른 대안으로는 윤락 종사자들에대한 재활 교육과 사회복지 시스템을 강화해야 한다는 것이다. 왜냐하면 여성은 물론이고 최근 급증하는 남성 윤락의 가장 큰 원인은 경제적인 문제이기 때문이다.

이처럼 기획대안의 탐색과 개발과정에서 요구되는 것은 인간이 생각해낼 수 있는 다양한 의견을 최대한 추출해 낼 수 있어야 한다는 것이며 그래야만이 경찰기획담당자는 그 대안들 중에서 가장 우수한 대안을 채택할 수 있게 된다.

5) 기획대안의 비교선택

대안의 비교선택단계에서는 대안들의 결과를 예측하고, 각 대안이 갖는 장단점 및 문제점들을 분석하고, 비교·검토하여 최선의 대안을 선택하는 것이다. 대안들의 장단점 및 문제점들을 분석하고, 이들을 비교·검토한다. 기획대안의 비교평가를 위해서는 ① 기획대안 평가기준의 설정단계와 ② 기획대안의 결과예측, ③ 기획대안의 비교평가, ④ 최적안 선택의 과정을 거친다.

이 가운데 ② 기획대안의 결과예측이란 기획대안이 집행되었을 경우에 나타날 결과들을 미리 예상해 보는 것이다. 예측한 내용이 예측 대상의 미래상태를 얼마나 올바르게 판단해 주고 있느냐가 기획의 질을 좌우한다. 그만큼 예측이란 것이 매우 중요하고도 어려운 작업이다. 기상예보관은 최소한 지금 밖에 비가 오는지, 눈이 오는지 알고 있지만 경제학자는 현재의 경제상태가 어떤지조차 정확히 알지 못한다고 하여 더 비난의 대상이 되고 있다. 실제로 IMF 환란(患亂) 직후인 1998년 대부분 민·관 연구기관들은 소폭이나마 플러스 경제성장률을 기록할 것으로 예상했지만 실제 성장률은 큰 폭의 마이너스로 돌아섰다. 1999년의 경우 연구기관들은 일제히 마이너스 성장률을 예측했지만 실제 성장률은 정반대로 두 자리 수에 육박했다.

기획대안의 결과를 예측하는 방법에는 분석적 방법과 비분석적 방법이 있는데, 비분석적 방법에는 외국 정책결과의 참조, 과거의 정책결과를 바탕으로 하는 추세 연장, 주관과 직관에 의한 방법 등이 있고, 분석적 방법에는 현실을 단순화시킨 모형에 의한 예측, 정책실험에 의한 예측, 시계열 분석, 투입-산출분석 등의 양적 기법(회귀분석, 경로분석, 각종 통계분석)들이 있다.

③ 기획대안들에 대한 미래의 결과예측이 끝나면 각각의 대안들을 비교 평가하여 어떤 대안이 가장 바람직한 것인지 우선순위를 정하여야 한다. 이때 대안의 비교평가기준으로는 소망성과 실현가능성을 들 수 있다.

소망성이란 기획대안이 얼마나 바람직스러운 것인가 하는 것으로 효과성, 능률성, 형평성이 포함된다. 효과성(effectiveness)이란 대안이 결과할 목표달성의 정도를 의미하며 비용을 고려하지 못하는 단점이 있다. 능률성(efficiency)이란 비용과 산출의 비율로서 대안의 효과와 비용을 동시에 고려하지만 형평성은 측정할 수 없다. 능률성을 나타내는 이론적 기준에는 두 가지가 있다. 파레토(Pareto)최적은 사회자원의 최적배분이 이루어진 상태를 의미하며, 칼도-힉스(Kaldor-Hicks)기준은 어떤 새로운 대안의 사회 전체적 결과가 손실보다 이득이 더 많으면 바람직한 것으로 보는 기준이다. 형평성(equity)이란 공평성, 평등성 또는 정의 등과 같은 뜻으로서 '동일한 경우는 동일하게(수평적 형평성), 다른 경우는 다르게 취급한다(수직적 형평성)'는 의미이다.

기획대안의 실현가능성은 그 대안이 충실히 집행될 가능성이 있는가를 의미하며, 일종의 제약조건이다. 그 종류에는 기술적 실현가능성, 자원의 충분성 여부를 나타내는 재정적 실현가능성, 사회의 경제적 능력면에서 대안이 실현가능한지에 관한 경제적 실현가능성, 조직과 인력에 관한 행정적 실현가능성, 법률적 실현가능성, 윤리적 실현가능성, 정치세력의 지원을 받을 수 있는가에 관한 정치적 실현가능성 등이 있다.

④ 실무기획담당자들에 의한 기획대안의 선택에서는 분석·비교·검토된 여러 대안 중에서 가장 바람직한 대안, 즉 최선의 방안을 선택·결정하는 것이다. 기획대안의 선택은 분석적·계량적 측면뿐만 아니라 정성적·철학적 측면도 고려해야 한다. 일단 비교·평가된 대안중에서 가장 우수한 것을 선택하는 것이 순서이겠지만 최종적으로 대안을 선택하기 전에 기획대안의 궁극적인 목적을 철학적으로 재점검하는 자세가 요구된다. 어느 대안이든 완벽할 수는 없으며, 대안들간의 차이는 미미한 것일 수도 있다. 보다 중요한 것은 기획결정자가 자신이 선택한 대안을 용기 있게 실천할 자신과 각오가 있는가의 여부이다. 양적·산술적 계산결과뿐만 아니라 정치적 타협가능성과 판단도 중요한 고려요인이다.

6) 기획서의 작성

기획서 작성단계는 내부 실무적으로 결정된 기획대안을 정책결정권자에게 제공하기 위하여 작성하는 것이다. 즉, 경찰청장 등 경찰기관의 장이나 대통령 등 외부 관계자에게 제공하기 위하여 문서화하는 과정이다.

7) 기획 프리젠테이션과 최종결정권자의 결심

기획서 프리젠테이션은 완성된 기획서를 최고위 기관장이나 외부 관계자에게 설득력 있게 전달하기 위하여 준비하고 설명하는 과정이다.

프리젠테이션 후에는 경찰청장이나 대통령에 의한 기획안의 결정과 지침의 시달이 있다.

8) 세부시행계획 수립 및 시행

최고결정권자에 의하여 선택된 대안을 중심으로 효과적인 집행을 위한 세부계획을 수립한다. 전면적인 실시 이전에 시험적으로 계획의 일부에 대해 부분적으로 적용해 봄으로써 실제 효과와 문제점을 파악하고 최종적인 시행계획을 수립하여 집행한다.

세부시행계획의 수립단계는 최고위 기관장인 경찰청장이나 경찰서장에 의하여 결정된 기획안을 구체적으로 집행하기 위하여 세부계획을 수립하는 과정이다. 결정된 대안을 가장 효과적으로 집행하는데 필요한 인적 물적 자원을 배분하는 것을 비롯하여 시간적인 계획 등 부수적인 세부계획을 수립하는 것이다.

기획대안을 집행하기 위한 세부계획 수립시 고려해야할 것은 합법화와 자원배분이다. 합법화 과정이란 선택된 기획대안에 대하여 정당성을 부여하기 위한 정치적 과정이다. 국민 대다수의 지지가 없이는 기획대안의 집행이 성공할 수 없기 때문에 합법화 과정은 점점 중요해지고 있다. 합법화의 방법에는 기획대안의 성격에 따라 국민투표, 홍보를 통한 여론형성, 청문회, 국회의원들의 표결과 입법 활동 등이 있다.

또한 기획대안이 집행 가능한 대안이 되기 위해서는 인적·물적 자원을 충분히 확보할 수 있도록 관련 기관과의 협력이 요구된다.

시험적 시행단계에서는 기획대안의 전면적인 실시 이전에 시험적으로 계획의 일부에 대해 부분적으로 적용해 봄으로써 실제 효과와 문제점을 파악하고 부족한 기획안을 보완한다.

9) 평가와 시정

기획안이 제대로 집행되고 있는 지 집행상황을 점검하고 시정조치를 한다. 기획안이 진행되거나 또는 집행이 완료되면 심사분석 등에 의하여 계획을 평가하며, 평가결과는 환류로 이어진다. 집행중 평가는 기획안이 제대로 집행되고 있는 지 확인 점검하고 미비한 점이 있으면 시정 조치하는 단계이다. 집행후 평가와 시정단계에서는 기획대안의 집행이 완료되면 심사분석 등에 의하여 대안을 평가하며, 평가결과는 시정조치로 이어짐과 아울러 새로운 기획대안의 수립과정으로 환류한다.

평가는 크게 조직을 단위로 하는 조직평가, 개인을 대상으로 하는 개인평가로 구분된다. 개인평가는 발휘된 능력을 평가하는 업적평가와 태도평가, 잠재적으로 보유한 능력을 평가하는 역량평가로 구분한다. 보통 업적평가를 60%, 역량평가와 태도평가를 각각 20%로 한다.

10) 종 합

이러한 기획과정은 항상 순서대로 이루어지는 것은 아니며, 기획안의 성격에 따라 몇 단계의 과정이 생략될 수도 있다. 자료분석과정에서 목표가 수정되거나, 집행과정에서 당초 채택된 최선안이 수정되는 등 불연속적 또는 가역적인 기획과정으로 나타나기도 한다.

○ 경찰기획의 9단계 모형

기획과정	세부기획과정	기획서양식	기획역량	기획수준	기획기구
정보관리	• 정보소요제기 • 정보수집 • 정보분석 • 정보관리	현황	정보능력	정책기획	국수준
환경분석	• 환경분석		환경분석능력		
문제설정	• 문제발굴 • 문제인지 • 문제분석 • 문제정의	문제점	문제분석능력		
대안창출	• 목표설정 • 기획전제설정 • 대안모색	개선방안	목표설정능력	전략기획	과수준
			대안탐색능력		
비교선택	• 평가기준설정 • 결과예측 • 비교평가 • 대안결정		대안분석능력		
			대안선택능력		
기획서작성	• 기획서작성		기획서작성능력	사업기획 운영기획	계수준
기획서 프리젠테이션	• 기획서 프리젠테이션 • 최적대안결심		기획서 프리젠테이션능력		

시행계획	• 시행계획 • 시험시행	세부시행계획	운영기획작성능력	
평가시정	• 집행중평가 • 집행후평가 • 시정조치		기획평가능력	

1. 경찰기획과정 참여자의 의의

(1) 유 형

경찰기획과정의 참여자에는 공식적 참여자와 비공식적 참여자가 있다. 합법적 권한을 가진 공식적 참여자로는 경찰청장과 경찰청 실무관계자, 행정안전부장관, 의회 의원과 보좌관, 대통령과 대통령 비서실, 국무총리, 기획예산처등 관련 행정기관, 사법부 등이 있으며, 비공식적 참여자로는 정당, 이익집단, 비영리단체, 언론기관, 전문가 그룹, 일반 국민 등이 있다.

- 의회 : 국민의 선거에 의하여 뽑혀진 대표자들의 모임
- 대통령과 대통령비서실 : 국민이 선출한 행정수반과 그를 보좌하는 막료들
- 행정기관 : 신분보장을 받는 행정관료들과 행정수반에 의하여 임명된 장·차관으로 구성된 행정 각 부처
- 사법부 : 신분보장을 받는 법관들에 의하여 구성된 사법기관
- 정 당 : 정권획득을 목적으로 결성되어 정책과정에 참여하는 정치집단
- 이익집단 : 공통의 이익 추구를 위하여 결성된 집단
- 비영리단체 : 중립적 입장에서 사회 현상에 대하여 비판하는 사회운동집단
- 언론기관 : 국민과 정책참여자들 간에 의사전달과 여론형성을 주도하는 기관

- 전문가 그룹 : 기획안을 분석·평가하여 기획대안을 제시하는 교수등 지식인들
- 일반국민 : 개인으로서나 조직화되지 않은 대중으로 참여

(2) 참여정도에 의한 분류

경찰기획과정에 관여하는 기획참여자는 참여방식과 참여정도 등에 따라 동조집단, 관심집단, 관심대중, 일반대중으로 나눌 수 있다.

동조집단(identification group)이란 이해관계가 유사하거나 주장을 함께하는 집단을 말한다.

관심집단(attention group)이란 특정한 쟁점에 대하여 관심을 함께하고 있는 집단을 말한다.

관심대중(attentive public)이란 앞의 두 집단과는 달리, 일반적인 교양과 사회문제에 대한 관심을 가진 여론주도계층을 포괄적으로 지칭한다.

일반대중(general public)이란 어떤 쟁점에 대하여 잘 알지도 못하고, 발언도 하지 않으며, 관심이 없는 일반 시민을 말한다.

(3) 참여방식에 의한 분류

경찰기획에 참여하는 방식에 따른 분류로는 제1차적 참여자와 제2차적 참여자로 구분하는 것이다. 제1차적 참여자는 기획과정에 공식적인 권한과 책임을 가지고 직접 참여하는 공식적 참여자나, 직접적인 이해관계를 갖고 참여하는 비공식적 참여자이다. 또 제2차적 참여자는 기획과정에 간접적으로 참여하는 공식적 참여자나, 이해관계가 그렇게 강하지 않은 비공식적 참여자이다.

(4) 철의 삼각이론

이들 기획과정의 참여자와 관련하여서는 철의 삼각이론(3두마차이론, 하위정부이론)이 있다. 기획과정에서 이해관계가 있는 이익집단이 중심이 되고 의회의 다선의원들과 경찰청의 고위간부 등 3자가 연합하여 실질적으로 경찰기획과정을 지배하고 있다는 것이다. 현대 민주국가에서는 어디까지나 민주주의의 원리에 따라 기획과정이 민주적으로 운영

되어야 바람직하다. 만일 소수 지배 엘리트의 의사를 중심으로 기획이 이루어진다면 국민의 의사를 무시한 것이므로 정당성을 잃게 될 것이다. 그러므로 모든 기획과정에는 여러 다양한 기획참여자가 활발하게 자기주장을 펼치고 이익을 추구할 수 있도록 자유로운 기획참여가 가능하도록 보장되어야 한다.

2. 의회와 사법부의 기획과정상의 역할

국민의 대표자들의 모임인 의회는 행정기관을 견제하고 국민의 의견을 반영하는 민주주의의 핵심기관이다. 우리나라 의회는 특정 치안문제에 대하여 비판하고 주문하는 과정을 통하여 기획의제설정 등에서 상당한 영향력을 행사하고 있으며, 기획결정단계에서는 행정부의 전문성에 밀려 영향력이 미약하지만 기획안의 집행 및 평가단계에서는 예산심의·정책평가·국정조사의 방법을 통해서 많은 영향력을 행사하고 있다.

사법부는 판결을 통해서 경찰청의 기획과정에 영향을 미친다. 경찰청은 사법부의 판례를 검토하여 새로운 기획안을 만들기도 한다. 사법부는 국회가 제정한 법률 또는 행정부의 결정·명령이 헌법에 어긋나는가의 여부를 판결하는 소위 위헌법률심사권을 지니고 영향을 미치고 있다.

3. 경찰청의 기획과정상의 역할

경찰청은 경찰기획과정 전반에 걸쳐서 커다란 영향력을 행사하고 있다. 이러한 영향력의 근간은 경찰관의 전문성에 기초한 것이기도 하며 이는 현대사회가 고도의 지식사회, 전문기술사회로 변모한 때문이다. Kingdon(1984)은 정책의제를 정부의제(Government Agenda)와 결정의제(Decision Agenda)로 구분하였는데 정부의제란 대통령과 국회의원 등으로부터 주목을 받고 있는 문제이며, 결정의제란 정부의제 중에서 정책결정의 대상으로 부상한 문제를 말한다. 그의 연구에 의하면 정부의제는 대통령과 의회가 막강한 영향력을 행사하고, 반면에 결정의제에서는 행정관료들이 더 큰 영향력을 행사한다고 하는데 그 원인은 관료의 전문지식 때문이다.

기획의제설정과정에서 경찰청의 관료들은 비공식적으로 강력한 영향력을 행사하고 있다고 보아야 하며, 기획결정과정에서도 전문성을 통해 상당한 영향력을 행사한다. 기획집행과정에서도 행정조직의 고유권한에 의거하여 주도적 영향력을 행사한다.

4. 대통령의 기획과정상의 역할

대통령은 기획의제설정에서부터 기획종결에 이르기까지 전과정에 걸쳐 강력한 영향력을 행사한다.

5. 정당의 기획과정상의 역할

정권획득을 목적으로 결성된 정당은 국민을 대신하여 국민의 문제와 이익을 경찰청에 제기하고 해결을 요구하는 기획의제설정기능을 수행한다. 기획결정과정에서도 경찰청에 압력을 가하여 역할을 수행한다. 기획집행 및 평가과정에서는 여당은 당정협의과정을 통하여, 야당은 정책에 대한 비판을 통하여 영향을 미친다.

6. 이익집단의 기획과정상의 역할

이익집단은 자기 집단의 이익을 주장하기 위해 모인 집단으로서 기획의제설정과정에서 이익표명, 대중의 지지 동원, 대안의 제시 등으로 영향력을 행사하고 있다. 기획결정과정에서는 기획문제와 관련된 지식과 자료를 제공하여 개입한다. 기획집행과정에서는 순응 혹은 불응을 통해서, 기획평가과정에서는 자신들에게 유리한 여론을 환기시키는 방법으로 개입한다.

이익집단의 영향력을 좌우하는 요인으로는 자금을 동원하는 능력인 경제력이 얼마나 큰가, 사회적인 명성이 있는가, 기획결정자와 얼마나 가까운가, 집단의 규모가 얼마나 큰가, 집단의 응집력은 어떠한가 등을 들 수가 있다. 그러므로 의사나 약사, 교사, 변호사 등은 유력한 이익집단이라고 할 수 있다.

이들 거대 이익집단의 역할에 대해서는 찬·반론이 대립하고 있다. 찬성론자들은 (Bently, Truman) 잠재집단이론과 중복회원현상을 주장한다. 평상시에는 침묵하고 있다가 자신들의 이익이 침해당할 위협을 느낄 때에 바로 집단화할 수 있는 잠재집단 (potential group)이 존재하기 때문에 기획결정자들은 소수의 특수이익에 편파적으로 유리한 정책을 결정하지 않는다는 것이 잠재집단이론이다.

그리고 국민들은 여러 집단에 동시에 소속되어 있는 경우가 대부분이기 때문에 한 집단의 이익을 위해 다른 집단의 이익을 손상시키는 정책을 쉽사리 결정하지 못한다는 것이 중복회원현상론이다.

이와 달리 이익집단의 역할에 대한 반대론은 힘이 강한 소수의 이익집단이 자신들의 특수이익을 추구하는 경향이 많다고 비판한다.

경찰청은 이익집단에 대해서 합리적인 것과 비합리적 것을 구분하여 합리적인 부분에 대해서는 퇴로를 열어주어야 하며 비합리적이며 개혁정책을 정면으로 거스르는 요구는 공익 차원에서 단호히 대처해야 한다. 만일 경찰청이 힘 있는 이익집단의 눈치 보기에 급급하게 되면 국민 전체가 큰 피해를 보기 마련이다. 다른 부처의 사례이지만 김대중 정부하의 의보통합과 의약분업정책의 집행 과정에서 일부 집단이 공개적으로 저항하자 너무 양보함으로써 국민이 피해를 본 측면이 있다.

7. 기획공동체의 역할

교수나 연구원, 기자나 시민사회단체 구성원 등 경찰분야의 전문가들을 총칭하는 기획공동체(planning community)는 기획과정에서 소중한 지식과 자료를 제공하고 뛰어난 대안 제시와 대안의 비교·평가를 통해서 영향력을 행사하고 있다.

8. 시민단체의 기획과정상의 역할

이익집단과 달리 시민단체는 사회전체 또는 다수 시민의 이익을 목적으로 활동한다. 시민단체들은 이익집단의 특수이익을 견제하고 시민 대다수의 이익을 보호하는 역할을 하기 때문에 대기업이나 권력집단의 행동을 감시하고 비판하는 과정을 통해 일반시민들로부터 신뢰를 얻고 있다. 시민단체의 전문성과 신뢰성 때문에 경찰기획과정에서도 몇몇 시민단체들의 의견은 영향을 미치고 있다.

9. 언론기관의 기획과정상의 역할

국민들과 기획참여자들 간에 의사전달을 돕는 기능을 수행하는 언론기관은 여론형성 과정에서 결정적 역할을 한다. 바쁜 일상에서 다른 문제에 무관심한 국민들과 반대로 정보의 홍수 속에서 시달리는 기획결정자들은 언론기관의 보도에 주목하게 된다. 요즈음에 들어서는 경찰기획담당자들이 보다 적극적으로 언론을 활용하여 자신들의 기획안을 홍보하는 경향도 있다.

제3절 경찰기획의 결정모형

경찰기획활동은 끊임없는 「기안－수정－결정－시행」의 연속과정이다. 최고위 경찰간부의 결재가 나는 즉시 그 기획안은 경찰청의 정책으로 확정되어 바로 집행된다. 이러한 경찰기획(안)의 결정과정에 관한 이론모형은 정책결정모형과 유사하다. 바람직한 기획결정모형은 기획안의 성격에 따라 달라진다고 하겠다.

경찰기획의 결정모형은 관리적 측면을 강조하는 산출지향적인 규범적·이상적 모형(합리 모형 이하)과 권력정치적 측면을 강조하는 과정지향적인 현실적·실증적 모형(엘리트 모형 이하)으로 크게 나누어 볼 수 있다. 전자는 바람직성과 합리성 등이 기획안 결정의 기준이 되고, 후자는 기획결정과정에의 참여자를 초점으로 보는 경향이 있다.

(1) 합리모형(Rational Model)

합리모형은 기획(안)결정자가 고도의 이성과 합리성에 의거하여 결정한다고 가정하는 것이다. 기획결정자는 합리적 경제인이므로 관리과학과 경찰기획에서 사용하는 기법들을 이용하여 과학적으로 모든 대안을 분석함으로써 최적대안(고도의 경제적 합리성을 갖춘 대안)을 선택할 수 있는 능력이 있다고 본다.

그러나 인간은 인지능력의 한계가 있고, 시간과 정보의 제약이 있는 것이 현실이라서 합리모형이 적용되는 기획결정은 그리 많다고 할 수 없다.

(2) 만족모형(Satisfying Model)

만족모형은 Simon과 March(1958: 139-141)가 주장한 것으로 합리모형의 한계를 극복하기 위해 제시하였다. 합리모형과 달리 인간은 절대적·완전한 합리성을 추구하는 경제인이 아니며, 제한된 합리성(bounded rationality)만을 추구하는 행정인이다. 기획결정자들은 어떤 결정을 하는 경우 반드시 최적대안을 추구하기보다는 현실적으로 수용할 만한 만족대안을 선택하는데 그친다는 것이다.

만족모형은 보수적 차원의 기획결정성향을 설명하고 있다고 하겠으며 개혁지향적인 정부의 기획결정모형은 될 수 없다.

(3) 점증모형(Incremental Model)

점증모형은 Lindblom(1980)과 Wildavsky(1964)가 주장한 것으로 다원적 사회에서의 실제 결정은 현존정책보다 약간 향상된 수준의 대안을 채택하는데 그친다는 것이다. 기획결정자는 한정된 수의 대안만을 제한적으로 검토하고 있으며, 이상적이고 쇄신적인 결정보다는 대립되는 이해관계를 적절하게 조정하고 타협하는 정치적 합리성(political rationality)을 추구한다는 것이다. 점증모형은 개혁적인 사회목표를 추구하기보다는 현존하는 사회의 결함을 조금씩 개선해 나가는 점진적·개량주의적 가치관을 배경으로 하고 있으며, 결정과정을 무계획적 과정(muddling through)으로 간주한다.

점증모형은 보수주의적 성격으로 안정된 조직에서 적용이 가능한 것이며, 변화와 개혁을 추진하는 조직에서는 적합하지 않다.

(4) 혼합모형(Mixed-scanning Model)

혼합모형(混合走査模型, 混合探査模型)은 Etzioni(1967: 385-392)에 의해 제시된 것으로 합리모형의 이상주의와 점증주의의 보수성을 탈피하여 양자를 혼합·절충한 모형이다.

그는 합리모형은 통제지향적인 전체주의 사회에 적합한 결정모형이고, 점증모형은 다원적인 민주주의 사회에 적합한 결정모형이라고 한다. 나아가 기획의 기본방향을 설정하는 근본적인 결정에는 합리모형을 적용하고, 세부적이고 현실적인 결정에는 점증모형을 적용해야 한다고 주장한다.

(5) 최적모형(Optimal Model)

최적모형은 Dror(1971: 250-259)가 제시한 것으로 경제적 합리성과 더불어 결정자의 주관·직관·판단력, 창의력과 같은 초합리적 요인을 중시해야 한다는 것이다. 선례가 없는 비정형적 기획결정에 있어서는 경제적 합리성 이외에 정치적 합리성 등 초합리성을 고려해야 한다.

그러나 최적모형은 초합리성의 본질이 무엇이고, 최적의 기준이 무엇인지 불분명하다는 비판을 받고 있다.

(6) 엘리트모형(Elite Model)

엘리트모형은 기획결정이 최고위경찰간부의 가치관과 이해관계에 따라 좌우된다고 보는 이론이다.

(7) 집단모형(Group Model)

집단모형은 기획결정이 집단간의 상호작용 내지 균형관계에 의해 이루어지며, 이들 집단들간의 투쟁·경쟁·상호작용에 의해 기획안이 확정되는 것으로 본다. 따라서 기획안은 영향력이 강한 집단이 요구하는 방향으로 움직이게 되어 영향력이 약한 집단은 소외되는 경향이 있다.

(8) 체제모형(Systems Model)

체제모형은 Easton(1965: 80-145)이 주장한 것으로 기획결정기구를 하나의 체제로 보고, 기획서를 체제의 산물로 인식하는 이론이다. 체제모형은 환경으로부터의 요구와 지지(input), 기획결정체제(conversion process), 산출물로서의 기획서(output), 사회적 환경(environment), 기획결정의 결과가 요구나 지지로 투입되어 가는 환류(feedback) 등을 기획결정과정으로 보고 있다. 특히 기획결정체제내의 기획결정자, 기획결정체제의 분위기, 기획결정체제의 구조 등이 기획서의 내용에 미치는 영향에 주목한다.

⑼ 쓰레기통모형(Garbage Can Model)

쓰레기통 모형은 Cohen, March, Olsen(1972: 1-25) 등에 의해 주장되었으며, 조직화된 혼란상태(organized anarchies)에서 조직이 어떠한 결정형태를 나타내는가에 관한 이론이다. 이들에 의하면 실제의 기획결정은 일정한 규칙에 따라 이루어지기보다는 쓰레기통 속처럼 뒤죽박죽 혼란한 상태에서 진행된다고 한다. 예를 들어 기획결정자들은 어떤 선택이 바람직한가에 관한 합의도 없이 문제성 있는 선호(選好, problematic preference)를 갖고 있으며, 어떤 목표를 달성하기 위해 어떤 수단을 선택해야 하는지를 잘 모르는 불명확한 기술(unclear technology), 그리고 기획결정에 참여하는 것도 불규칙적이어서 일시적 참여자(part-time participants)가 많다고 한다.

기획결정방식도 쓰레기가 우연히 한 쓰레기통 속에 모여지듯이 문제의 흐름, 해결책의 흐름, 선택기회의 흐름, 참여자의 흐름 등이 우연히 한곳에서 모여질 때 비로소 결정이 이루어진다. 또한 관련된 문제의 주장자들이 자신들의 주장을 되풀이하다가 진이 다 빠진 상태에서 의사결정을 하는 진빼기 결정(choice by flight)이나 다른 문제들이 제기되기 전에 재빨리 의사결정을 해버리는 날치기 통과(choice of oversight)가 행해진다.

그러나 쓰레기통 모형은 상하관계가 분명하지 않은 혼란스러운 조직에서 나타날뿐 모든 조직에서 나타나는 현상은 아니기 때문에 경찰조직에 적용하기에는 어려움이 있다.

⑽ 공공선택모형(Public Choice Model)

공공선택모형은 Ostrom(1971: 193-212)에 의해 주장된 것으로 정치경제학적 관점에서 공공재와 공공서비스의 공급과 관련된 결정방식에 관심을 갖는다. 이 모형은 분석단위로서 전통적인 합리적 인간 혹은 경제적 인간이 아니라 이기적(self-interested) 인간을 가정한다.

⑾ 엘리슨모형(Allison Model)

엘리슨(Allison, 1971)은 1960년대 케네디 대통령 시절에 쿠바가 소련의 미사일 기지를 자국내에 건설하려고 하였을 때 미국 정부가 취한 해상봉쇄조치라는 외교정책결정과정, 일명 '쿠바 미사일 사건'과 관련된 미국 정부의 기획결정과정을 분석하고 3가지 모형을 제시했다.

Model I(합리적 행위자 모형:Rational Actor Model)은 결정주체가 완벽한 합리성에 근거하여 결정을 내린다고 본다. Model II(조직운영절차 모형: Organizational Process Model)는 조직내부에서 형성된 운영절차에 근거하여 문제해결방법을 모색하고 기획안을 결정하는 측면이 강조된다. Model III(관료정치모형: Bureaucratic Politics Model)는 기획서는 기획결정참여자들의 갈등과 이를 해결하기 위한 타협 및 흥정의 산물이라고 본다.

전략계획은 다양한 방식으로 수립되는데 대개는 다음과 같은 기본적 단계를 밟는다.

① 대내의 상황분석

② 조직이 당면한 중대현안의 진단 또는 파악

③ 조직의 근본적 사명 정의

④ 조직의 기본적 목표 구체화

⑤ 비젼 즉 성공가능성 타진

⑥ 비젼과 목표를 실현시키는 전략개발

⑦ 전략수행 일정표 개발

⑧ 결과측정 및 평가

Different strategic planning processes have different wrinkles, but most involve a number of basic steps:

① analysis of the situation, both internal and external;

② diagnosis, or identification of the key issues facing the organization;

③ definition of the organization's fundamental mission;

④ articulation of the organization's basic goals;

⑤ creation of a vision: what success looks like;

⑥ development of a strategy to realize the vision and goals;

⑦ development of a timetable for that strategy;

⑧ measurement and evaluation of results.

어떠한 기획체계도 4가지 기본적 의문을 던져야 한다.

1. 우리는 어디로 가고 있는가? 사명

2. 우리는 거기에 어떻게 도달할 수 있는가? 전략

3. 우리의 활동 청사진은 무엇인가? 예산

4. 우리가 궤도위에 있는지를 어떻게 아는가? 통제

Any planning system must address four fundamental questions:
1. Where are we going? mission
2. How do we get there? strategies
3. What is our blueprint? budgets
4. How do we know if we are on track? control

8단계 기획과정

1. 기획의 시작과 기획과정에 대한 합의

2. 조직규정의 명확한 파악

3. 조직의 사명과 가치의 명확한 파악

4. 외부환경의 평가

5. 내부환경의 평가

6. 조직이 당면한 전략적 의제의 발견

7. 의제를 다룰 전략형성

8. 미래를 향한 효과적인 조직비전의 확립

An Eight-Step Planning Process
1. Initiating and Agreeing on a Strategic Planning Process
2. Identifying organizational mandates.
3. Clarifying organizational mission and values.
4. Assessing the external environment: opportunities and threats
5. Assessing the internal environment: strengths and weaknesses.
6. Identifying the strategic issues facing an organization.
7. Formulating strategies to manage the issues.
8. Establishing an effective organizational vision for the future.

1. 기획의 시작과 기획과정에 대한 합의

기획을 시작하는 주도자들의 첫 작업은 누가 중요한 의사결정자인가를 정확히 파악하는 것이며, 다음으로 어느 사람, 집단, 부서 혹은 조직이 전략기획에 관여해야 하는가를 파악하는 것이다.

1단계에서는 다음의 사항들에 대한 합의가 이루어져야 한다. 기획의 목적, 과정의 단계들, 최종보고서의 형식과 시기, 기획의 전체과정을 감독할 위원회의 역할 기능 그리고 구성원, 기획팀의 역할 기능 그리고 구성원, 기획에 필요한 자원.

1. Initiating and Agreeing on a Strategic Planning Process

One of the initiators' first tasks is to identify exactly who the key decision makers are. The next task is to identify which persons, groups, units, or organizations should be involved in the effort.

The initial agreement will be negotiated with at least some of these decision makers, groups, units, organization. The agreement itself should cover the purpose of the effort; preferred steps in the process; the form and timing of reports; the role, functions, and membership of any group or committee empowered to oversee the effort; the role, functions, and membership of the planning team; and commitments of necessary resources to proceed with the effort.

2. 조직규정의 명확한 파악

어느 조직이나 그들이 수행해야만 하는 공식적 혹은 비공식적 임무를 가지고 있다. 그러나 놀랍게도 그들이 해야될 일과 하지말아야 될 일을 확실히 구분하고 있는 조직은 그렇게 많지가 않다. 조직구성원 대부분이 조직의 공식적 임무를 규정하고 있는 관련 법규나 정관을 전혀 읽지 않는다.

2. Identifying organizational mandates.

The formal and informal mandates placed on the organization are "the musts" it confronts. Actually, it is surprising how few organizations know precisely what they are mandated to do and not do. Typically, few members of any organization, for example, have ever read the relevant legislation, ordinances, charters, articles, and contracts that outline the organization's formal mandates.

3. 조직의 사명과 가치의 명확한 파악

조직의 사명은 조직규정과 함께 그 조직이 존재해야할 사회적 정당성 즉 조직의 존재이유를 제공해 준다. 조직은 목적을 위한 수단으로 생각되어야 하며 그 자체가 목적이 될 수 없다. 조직의 사명에 대한 합의 없이는 어떠한 조직도 훌륭한 성과를 거둘 수가 없다. 조직의 사명을 명확히 밝히는 작업은 조직의 존재를 정당화시키는 효과가 있을 뿐 아니라 조직내의 불필요한 갈등을 제거하고 조직의 생산성을 높이는 효과도 가져온다.

조직의 사명을 명확히 하기 전에 조직은 이해관계자분석을 먼저 하여야 한다. 이해관계자란 조직의 방향, 자원 혹은 산출물에 대해 간섭하고 권리를 주장할 수 있거나 조직의 산출물에 의해 영향을 받는 사람, 집단 또는 조직을 말한다.

공공조직이나 비영리조직의 성공은 중요 이해관계자들을 어떻게 만족시키느냐에 달려 있기 때문에 이해관계자들의 관심에 항상 주의를 기울여야 한다.

완전한 이해관계자분석을 위하여 전략기획팀은 다음의 사항들을 분명히 파악해야 한다. 조직의 이해관계자들, 조직에서의 혹은 조직의 산출물에 있어서의 이해관계, 그들이 조직의 성과를 판단하는 기준들, 그러한 기준들에 비추어 조직이 얼마나 잘 운영되고 있는가, 이해관계자가 조직에 어떻게 영향을 미치는가. 이해관계자분석을 통해 조직이 다른 사명을 가져야 하는 것은 아닌지 그리고 다른 이해관계자들에 대해 다른 전략을 가져야 하는 것은 아닌지를 알 수 있다.

이해관계자분석이 끝난 후에 전략기획팀은 다음의 여섯가지 질문에 답하면서 조직의 사명을 작성할 수 있다.

① 하나의 조직으로서 우리는 누구인가?

② 우리조직이 채워주어야 할 근본적인 사회적, 정치적 필요나 강조해야할 근본적인 사회적, 정치적 문제는 무엇인가?

③ 이러한 필요와 문제를 인지하거 예상하고 또 대응해 나가기 위하여 우리는 무엇을 해야하는가?

④ 중요한 이해관계자들에게 어떻게 대응해야 할 것인가?

⑤ 우리조직의 철학과 핵심적 가치는 무엇인가?

⑥ 무엇이 우리 조직을 독특하고 유일한 존재로 만드는가? 만약 어떤 조직이 다른 조직에 비해 독특하고 유일한 점을 가지고 있지 못하다면 그 조직은 존재해서는 안된다.

3. Clarifying organizational mission and values.

An organization's mission, in tandem with its mandates, provide its raison d'etre, the social justification for its existence. Organizations must always be considered a means to an end, not an end in and of themselves. It is doubtful that any organization ever achieved greatness or excellence without a basic consensus among its key stakeholders on an inspiring mission. Identifying the mission does more than merely justify the organization's existence. Clarifying purpose can eliminate a great deal of unnecessary conflict in an organization and can help channel discussion and activity productively.

Before developing a mission statement, an organization should complete a stakeholder analysis. A stakeholder is defined as any person, group, or organization that can place a claim on an organization's attention, resources, or output, or is affected by that output.

Attention to stakeholder concerns is crucial because the key to success in public and nonprofit organizations is the satisfaction of key stakeholders.

A complete stakeholder analysis will require the strategic planning team to identify the organization's stakeholders, their stake in the organization or its output, their criteria for judging the performance of the organization, how well the organization performs against those criteria, how the stakeholders influence the organization. A stakeholder analysis will help clarify whether the organization should have different missions and perhaps different strategies for different stakeholders.

After completing the stakeholder analysis, a strategic planning team can proceed to development of a mission statement by responding to six questions.

① Who are we as an organization?

② What are the basic social or political needs we exist to fill, or the basic social or political problems we exist to address?

③ What do we do to recognize or anticipate and respond to these needs or problems?

④ How should we respond to our key stakeholders?

⑤ What is our philosophy and what are our core values?

⑥ What makes us distinctive or unique? If there is nothing unique or distinctive about the organization, perhaps it should not exist.

사명의 제시

사명의 제시는 조직목표의 선언이다. 그것들은 일반적으로 짧고, 단지 한 페이지, 혹은 종종 고작 힘찬 표어이다. 그것들은 또한 감격스러운 것이어야 한다.

1. 우리는 누구인가?

2. 일반적으로 우리가 반드시 수행해야 하는 기본적인 사회적, 정치적 요구는 무엇이며, 우리가 다루어야 할 그러한 문제들은 무엇인가?

3. 일반적으로 우리가 이러한 요구와 문제들을 인지하거나 예상하고 응답하고자 하는 것은 무엇인가?

4. 우리는 어떻게 우리의 중요한 이해관계자들에게 응답할 수 있겠는가?

5. 무엇이 우리의 철학이며 우리들의 중요한 가치들인가?

6. 무엇이 우리를 독특하거나 유일한 대상으로 만드는가?

The Mission Statement.

A mission statement is a declaration of organizational purpose. They are usually short, no more than a page, and often not more than a punchy slogan. They also should be inspiring.

1. Who are we?
2. In general, what are the basic social and political needs we exist to fill or the social and political problems we exist to address?
3. In general, what do we want to do to recognize or anticipate and respond to these needs or problems?
4. How should we respond to our key stakeholders?
5. What is our philosophy and what are our core values?
6. What makes us distinctive or unique?

전략기획과정의 4단계와 5단계의 목적은 어떤 조직이 맞서고 있는 외부의 기회, 위협과 관련한 조직 내부의 강점, 약점에 대한 여러 가지 정보를 제공하는데 있다. 모든 효과적 전략은 조직의 약점과 위협을 최소화 또는 극복함과 동시에 강점과 기회를 이용하는 것일 것이다.

모든 전략기획연습의 중요 목적은 조직으로 하여금 어떤 대응이 필요할지 모르는 근미래의 다양한 외부위협과 기회에 주의 깊게 주시하게 하는데 있다. 다른 말로하면 전략계획의 중요 목적은 위기가 나타나기 전에 외부세계에 효과적으로 대응하도록 대비하게 하는데 있다.

그러나 외부위협과 기회에 대한 모든 효과적 대응은 반드시 조직내부의 강점과 약점에 대한 정확한 인식을 기초로 하여야 한다. 효과적 대응은 조직내의 강점을 기초로 하여 조직내의 약점을 최소화 또는 극복하고 외부의 위협들을 마찬가지로 최소화 또는 극복한다.

전략계획은 조직의 강 약점에 대한 정확한 이해를 기초로 한 조직과 환경사이의 가장 최선의 또는 가장 유리한 적합한 것을 발견하는 것과 관련이 있다.

The purpose of Step 4 and 5 in the strategic planning process, therefore, is to provide information on the internal strengths and weaknesses of the organization in relation to the external opportunities and threats it faces. Every effective strategy will take advantage of strengths and opportunities at the same time it minimizes or overcomes weaknesses and threats.

A major purpose of any strategic planning exercise therefore is to alert an organization to the various external threats and opportunities that may need a response in the foreseeable future. In other words, a major purpose of strategic planning is to prepare an organization to respond effectively to the outside world before a crisis emerges.

But any effective response to external threats and opportunities must be based on an intimate knowledge of the organization's internal strength and weaknesses. Effective responses build on internal strengths and minimize or overcome internal weaknesses to take advantage of external opportunities and minimize or overcome external threats.

Strategic planning, in other words, is concerned with finding the best or most advantageous fit between an organization and its environment based on an intimate understanding of both.

평가과정

SWOT 분석은 두 개의 기본적인 규모 즉, 좋은 것(강점과 약점)과 나쁜 것(약점과 위협), 현재(강점과 약점)과 미래(기회와 위협)을 나열함으로써 이들 긴장의 특성을 명확히 해준다.

SWOT 분석기술은 다음의 질문들에 초점을 맞추어 4회 사용된다.

1. 우리가 가지고 있는 어떤 중요한 외부의 기회들은 무엇인가
2. 우리가 직면한 중요한 외부의 위협들은 무엇인가
3. 우리의 중요한 내적 강점들은 무엇인가
4. 우리의 중요한 내적 약점들은 무엇인가

The assessment process.

A SWOT analysis clarifies the nature of these tensions by juxtaposing two fundamental dimensions: good(strengths and opportunities) and bad(weaknesses and threats), present(strengths and weaknesses) and future(opportunities and threats).

1. What major external opportunities do we have?
2. What major external threats do we face?
3. What are our major internal strengths?
4. What are our major internal weaknesses?

4. 외부환경의 평가

기획팀은 조직이 당면하고 있는 기회들과 위협들을 파악하기 위하여 조직외부의 환경을 살펴보아야 한다. 기본적으로 내부적인 요인들은 조직에 의해 통제가 되지만 외부적인 요인들은 조직이 통제하지 못한다. 기회들과 위기들은 다양한 정치적, 경제적, 사회적, 기술적 세력이나 추세를 살펴봄으로써 파악할 수 있다. 조직은 이러한 세력이나 추세에 따라 변하여야 하며 그 변화는 아주 고통스러울 수 있다. 불행하게도 조직은 이러한 변화들의 부정적이고 위협적인 측면들에만 초점을 맞추고 이용할 수 있는 기회들에는 초점을 맞추지 않는다. 기획팀은 이러한 세력이나 추세 외에도 고객, 납세자, 경쟁자, 협조자 등을 포함한 다양한 이해관계자 집단들을 파악해야 한다.

제약과 일반경향은 보통 4개 범주로 나뉘어진다. 정치적, 경제적, 사회적, 그리고 기술적인 것들−가끔 PESTs 로 불려진다.

4. Assessing the external environment: opportunities and threats

The planning team should explore the environment outside the organization to identify the opportunities and threats the organization faces. Basically, inside factors are those controlled by the organization and outside factors are those the organization does not control. Opportunities and threats can be discovered by monitoring a variety of political, economic, social, and technological forces and trends. PESTs is an appropriate acronym ofr these forces and trends, because organizations typically must change in response to them and the change can be quite painful. Unfortunately, organizations all too often focus only on the negative or threatening aspects of these changes, and not on the opportunities they present. Besides monitoring PESTs, the strategic planning team also should monitor various stakeholder groups, including clients, customers, payers, competitors, or collaborators.

Forces and trends usually are broken down into four categories: political, economic, social, and technological- sometimes designated PESTs.

5. 내부환경의 평가

내부환경의 강점 및 약점을 발견하기 위하여 조직은 자원, 현재의 전략 및 성과를 파악하고 평가해야 한다.

5. Assessing the internal environment: strengths and weaknesses.

To identify internal strengths and weaknesses, the organization might monitor resources, present strategy, and performance.

6. 조직이 당면한 전략적 의제의 발견

전략적 기획은 조직과 환경 모두에 가장 적합한 전략을 개발하고 성취하는데 초점을 맞추고 있다. 규정과 외부환경에 대한 관심은 외부로부터 안으로 들어오는 기획으로 볼 수 있으며, 사명과 가치 그리고 내부환경에 대한 관심은 내부로부터 밖으로 나가는 기획으로 볼 수 있다. 전략적 의제에 잘 대응하지 못하는 조직은 외부의 위험으로부터 또는 상실한 기회로 인하여 바람직하지 못한 결과를 감수해야 한다.

전략적 의제는 한 종류의 혹은 여러 종류의 갈등을 내포하고 있다. 즉 갈등의 내용에는 목적, 수단, 철학, 장소, 시기, 그리고 의제가 해결되는 방법에 따라 이익을 보거나 손해를 보는 집단들이 포함된다.

전략적 의제를 제시할 때 다음의 세가지 요소를 포함해야 한다. 첫째, 조직이 어떤 행동을 취할 수 있는 질문의 형식이어야 한다. 조직이 아무 조치도 취할 수 없다면 그것은 의제가 아니다. 둘째, 의제를 근본적인 정책적 질문으로 만드는 요인들이 나열되어야 한다. 모든 효과적인 전략은 조직의 강점을 바탕으로 하고 기회를 최대한 이용하여야 하며 반면에 약점이나 위협을 최소화하거나 극복해야 한다. 셋째, 기획팀은 그 의제가 다루어지지 않을 경우의 결과들을 명확히 해야 한다.

6. Identifying the strategic issues facing an organization.

Strategic planning focuses on achievement of the best fit between an organization and its environment. Attention to mandates and the external environment, therefore, can be thought of as planning from the outside in. Attention to mission and values and the internal environment can be considered planning from the inside out. An organization that does not respond to a strategic issue can expect undesirable results from a threat, a missed opportunity, or both.

Strategic issues involve conflicts of one sort or another. The conflicts may involve ends(what); means(how); philosophy(why); location(where); timing(when); and the groups that might be advantaged or disadvantaged by different ways of resolving the issue(who).

A statement of a strategic issue should contain three elements. First, the issue should be described succinctly, preferably in a single paragraph. The issue itself should be framed as a question that the organization can do something about. If the organization cannot do anything about it, it is not an issue- at least for the organization. Second, the factors that make the issue a fundamental policy question should be listed. Every effective strategy will build on strengths and take advantage of opportunities while it minimizes or overcomes weaknesses and threats. Finally, the planning team should define the consequences of failure to address the issue.

7. 의제를 다룰 전략형성

전략형성과정은 다섯 부분으로 나뉘어 진다. 전략개발은 전략적 의제를 해결하기 위한 실제적인 대안들, 꿈, 비전들을 발견하는 것으로 시작한다. 둘째, 기획팀은 그러한 대안들, 꿈, 비전들의 성취에 장애가 되는 것들을 열거하여야 한다. 셋째, 실행시의 장애물과 함께 대안들, 꿈, 비전들이 열거되면, 기획팀은 장애물을 극복하면서 대안들, 꿈, 비전들을 성취하기 위한 주요 제안들을 개발한다. 넷째, 주요 제안들이 제출된 후에는 그 제안들을 집행하는데 향후 2-3년이 소요되는 조처들이 파악되어야 한다. 마지막으로, 그 조처들을 수행하기위하여 향후 6개월 내지 일년동안의 상세한 활동계획이 반드시 세워져야 한다.

효과적인 전략은 다음의 몇가지 기본요건들을 만족시켜야 한다.

전략은 기술적으로 가능해야 하며, 정치적으로 이해관련자들에게 받아들여질 수 있어야 하며, 조직의 철학과 핵심가치와 조화를 이루어야 하며, 윤리적, 도덕적, 법적이어야 한다. 또한 전략은 제기되는 전략적 의제를 다루는 것이어야 한다.

7. Formulating strategies to manage the issues.

I have a five-part strategy development process. Strategy development begins with identification of practical alternatives, and dreams or visions for resolving the strategic issues. Next, the planning team should enumerate the barriers to achieving those alternatives, dreams, or visions, and not focus directly on their achievement. Once alternatives, dreams, and visions, along with barriers to their realization, are listed, the team develops major proposals for achieving the alternatives, dreams, or visions either directly or indirectly, through overcoming the barriers.

Actions needed over the next two to three years to implement the major proposals must be identified. And finally, a detailed work program for the next six to twelve months must be spelled out to implement the actions.

An effective strategy must meet several criteria. It must be technically workable, politically acceptable to key stakeholders, and must accord with the organization's philosophy and core values. It should be ethical, moral, and legal. It must also deal with the strategic issue it was supposed to address.

8. 미래를 향한 효과적인 조직비전의 확립

전략기획의 마지막 단계로서 조직이 그들의 전략을 성공적으로 수행하고 잠재력을 최대한 발휘하게 됨에 따라 조직이 가지게 될 모습을 그려보아야 한다. 그러한 조직의 모습에는 조직의 사명, 기본전략들, 성과측정기준, 몇몇 중요한 의사결정법칙들, 모든 조직원들에게 요구되어지는 윤리적 기준들 등이 포함되어야 한다.

그러한 비전에 동의하고 알고 있는 조직원들은 관리자들의 직접적인 통제가 없이도 그들에게 기대되어지는 것이 무엇인지를 알게 된다. 그 결과 조직구성원들은 조직의 목적을 달성하는데 그들의 정열을 쏟게 되며 직접적인 감독의 필요도 줄게 된다.

8. Establishing an effective organizational vision for the future.

In the final step in the process, the organization develops a description of what it should look like as it successfully implements its strategies and achieves its full potential. This description is the organization's vision of success. Typically included in such descriptions are the organization's mission, its basic strategies, its performance criteria, some important decision rules, and the ethical standards expected of all employees.

Members are free to act on their own initiative on the organization's behalf to an extent not otherwise possible. The result should be a mobilization and direction of members' energy toward pursuit of the organization's purposes, and a reduced need for direct supervision.

경찰영어연습자료 2

전략기획의 14단계[11]

Strategic Planning - Fourteen steps in strategic planning presented by Dr. Wil Carlson, Dept. of Horticulture, Michigan State University

1. 가장 중요한 목적을 세워라.
2. 회사를 위한 당신의 vision을 써라.

---

11) http://www.kyungsung.ac.kr/~cschung/class021.html(정충식 교수의 2002년 홈페이지 참조)

3. 회사의 신념을 확인하라. 윤리, 동등한 대우, 공정 등등이 포함될 수 있다.

4. 회사의 정책을 확인하라.

5. 조직의 구조를 확인하라. 왕 → 신하 혹은 왕 → 대신 → 신하

6. 회사의 강점을 분석하라.(SWOT analysis)

7. 회사의 약점을 분석하라.(SWOT analysis)

8. 기회를 분석하라.(SWOT analysis)

9. 위협을 분석하라.(SWOT analysis)

10. 경쟁요인을 분석하라.

11. 환경요인을 분석하라.

12. 회사의 목적을 약술하라.

13. 목적을 성취하기 위한 장단기 실행계획을 도출하라.

14. 비용과 이익을 분석하라.

　　　– 목표를 달성했는가?

　　　– 얼마를 얻었으며 잃었는가?

[회사가치의 변화]

1. 예산을 생각하고(재정기획)

2. 미래를 예상하고(예측기획)

3. 전략적으로 생각하라 – 나의 밖에서 보라(외부지향적 기획)

4. 미래를 창출하라(전략적 기획)

1. Describe your primary aim or focus.
2. Write your vision or mission for the company.
3. Identify the beliefs of the company.
   – These may include ethics, equal treatment, honesty, etc.
4. Identify company policies
   – "Don't sell more than 50% to a single company"
   – "Keep a diverse customer base."
5. Identify the organizational structure.
   – King → Subjects
   – King → Asst. King → Subjects
6. Identify company strengths.(SWOT analysis)
7. Identify company weaknesses.(SWOT analysis)

8. Identify opportunities.(SWOT analysis)
9. Identify threats.(SWOT analysis)
10. Analyze the competition.
11. Conduct an environmental analysis.
12. Outline company objectives.
13. Develop an action plan to implement your objectives.
    - How do you achieve your goals on a monthly then weekly then daily basis?
14. Conduct a cost/benefit analysis.
    - Did you achieve goals?
    - How much was gained or lost?

[Changes in Company's values]
1. Meet the budget.(financial planning)
2. Predict the future.(forecast planning)
3. Think strategically – look externally.(external oriented planning)
4. Create the future.(strategic planning)

제4장

경찰기획 정보관리기법

경찰기획을 위한 정보관리기법을 소개하기 위하여, 먼저 일반적 정보관리의 개념을 살펴보고, 경찰기획을 위한 정보관리기법이 무엇인지 고찰한다. 아울러 최근 중요시되고 있는 지식관리기법, 기업정보조직, 국가정보조직에 대하여 논의한다.

제1절 정보와 정보경찰

1. 정보의 의의

(1) 정보의 중요성

국가안보기구 뿐만 아니라 경찰조직에 있어서도 정보는 인체의 피와 같이 중요하다. 경찰조직에 있어 범죄정보는 경찰정책의 판단과 결정의 기초를 이룬다.

그러므로 바른 판단과 결정을 위해서는 신뢰성 있는 충분한 정보의 확보가 필요조건이다. 그러므로 양질의 경찰기획을 위해서는 경찰기획 관련정보의 체계적인 수집과 관리, 활용에 관심을 두게 된다. 미국 정보기관의 대실패로 비판받는 사례가 일본의 진주만 공격을 미리 알지 못했다는 것과 9.11 뉴욕테러를 사전에 경고하지 못했다는 것이다. 미국은 두 사건을 겪으면서 국가정보기관을 쇄신한바 있다. 마찬가지로 질 높은 경찰기획을 위해서는 경찰기획을 위한 경찰정보관리체제의 혁신이 요구된다. 경찰기획의 품질은 충분성, 신뢰성, 적절성 등이 확보된 정보의 질에 좌우되기 때문이다.

(2) 경찰기획정보

1) 경찰기획정보의 개념

정보가 무엇이냐에 대하여 1955년 미국의 정보활동을 조사한 후버조사단은 "정보는 일정한 행위를 시작하기에 앞서 알아야할 모든 예비적사항을 취급함을 말한다."고 포괄적으로 규정하였다(정순태, 1971: 19). 행정정보체계론에서는 정보에 대해 "특정의 시기에 특정한 상황에서 특정인에게 유용한 메세지 또는 일정한 목적을 위해 의도적으로 정리해 놓은 자료의 집합"(안문석, 1989:179) 혹은, "전에 몰랐던 사실을 알려줌으로써 우리들에게 어떠한 상황의 파악과 이에 대한 적절한 행동을 마련하는데 도움을 줄 수 있는 모든 메세지"를 정보라고 말한다(방석현, 1990:2).

경찰기획정보는 경찰기획과정에 필요한 정보로서, 기획환경에 관한 정보, 기획문제와 정책수단에 대한 정보, 기획대상 집단을 비롯한 국민의 의견과 반응에 대한 정보, 기획안의 집행실태에 대한 정보, 그리고 기획의 결과물인 정책이 가져온 효과에 관한 정보 등을 말한다.

2) 경찰정보의 특징

정보는 무형성, 공간초월성, 비이전성, 누적효과성 등과 같은 특성을 갖고 있다(방석현, 1989:109-110; 정홍익, 1987:119; 서남원, 1985:120-121, 127-128).

① 정보자체는 물리적인 형태를 지니지 않고 다만 표현된 내용으로서 존재한다(무형성).
② 정보는 물질과 달리 동시에 여러 곳에 존재할 수 있다(공간초월성, 동시 다른 공간 존재성).
③ 정보는 타인에게 양도하더라도 자신에게 계속 남아있다(비이전성).
④ 여러 가지 정보가 많이 수집되어 축적될수록 정보의 효용가치가 증대한다(누적효과성).
⑤ 정보의 유용성은 시간이 지남에 따라 감소된다(정보의 시간제약적 유용성).
⑥ 물질과 달리 정보는 아무리 사용해도 없어지지 않는다(비고갈성).

3) 바람직한 경찰기획정보의 조건

정보의 존립 목적은 정책기획과정에 있어 사전지식을 정책기획가에게 제공하는데 있다. 바람직한 정보는 경찰기획과정에 활용될 수 있도록 조건을 갖추는 것이다. 경찰기획을 도와주는 정보의 조건에는 필요한 시기에 정보를 제공해주는 적시성(適時性)의 확보, 정확한 정보를 제공해주는 신뢰성의 확보, 새로운 지식을 제공해주는 최신성, 보다 넓은 시각의 정보를 제공해주는 포괄성, 정보수집비용의 적정성 등이 있다.

4) 온-나라 시스템(On-nara BPS)과 경찰기획정보

2007년부터 도입된 통합업무관리시스템 '온-나라 시스템(On-nara BPS)'은 중앙부처 공무원 개개인 업무부터 국가 전략까지 업무관리, 기록관리, 지식관리, 예산시스템 등을 한꺼번에 묶어 중복업무를 없애고 있다. 평가, 기록, 지식관리, 지시사항 이행 등 개별적으로 관리되던 정부업무가 '온-나라 시스템'으로 통합되었다.

공무원의 업무는 계획부터 집행, 종료까지 목적에 맞춰 추진되고, 이력은 사료로 남는다. 하루 일을 마치고 그날의 업무성과를 기록하면 이는 자동적으로 관제관리 카드에 쌓여 성과분석과 평가에 활용된다. 그러므로 업무진행과정에서 생산된 기록은 초안부터 수정본까지 자연스럽게 기록으로 남아 집행과정에서 누가 영향력을 행사했는지, 누가 어느 부분을 수정했는지 알 수 있다. 온-나라 시스템에 저장된 업무활동은 하나도 빠짐없이 기록관리시스템으로 넘어가 '사료'로 보존된다.

2. 정보경찰

1) 정보경찰의 업무

정보경찰의 임무는 견문수집과 그 지도 및 관리, 각종 보고서의 작성, 집회·시위등 집단사태의 관리에 관한 지도 및 조정, 신원조사 및 기록관리 등을 들 수 있다. 견문(見聞)이란 경찰관이 공사(公私) 생활을 통하여 보고 들은 국내외의 정치·경제·사회·문화·군사·외교·과학 등 제 분야에 관한 각종 보고자료를 말하는 데, 정보경찰은 이러한 견문과 관련하여 경찰관의 견문수집의 방향을 지도하고 수집된 견문을 평가·관리할 임무를 지고 있다.

경찰의 견문수집업무에 대한 내부시행세칙으로는 견문수집및처리규칙, 경찰감찰 첩보처리규칙, 수사첩보수집및처리규칙 등을 들 수 있다. 그런데 정보경찰의 견문수집의 대상에는 국내외 정치·경제·사회의 모든 분야를 포괄한다. 구체적으로 국가안전을 위태롭게 하는 요소, 사회불안요소, 노사분규의 원인 및 노사협조의 저해요인, 시중에 유포되는 유언비어, 정부주요시책의 시행과정상 문제점 또는 제언, 국민의 결속을 저해하는 요소, 경제침체의 원인과 활성화를 위한 시책, 시민생활과 사회공공질서를 해치는 요소, 관내 주민의 고충사항, 국내외 불순분자나 불순자금의 침투동향, 국가정책 발표시 각계반응 및 정책제언, 각종 법령이나 제도개선이 요구되는 사항, 기타 국가기관 및 자치단체에서 시책에 반영할 사항 등이다.

이러한 정보경찰업무의 포괄성 때문에 현재 정보경찰관은 관할 지역의 수요에 따라 다양하게 운영되고 있다. 즉 집회·시위 등 집단사태가 빈발하는 지역을 관할하는 정보경찰은 주로 집회·시위 상항보고에 집중하며, 정책보고나 여론·반응·제언 보고는 소홀할 수밖에 없다. 반대로 본청이나 집회시위가 거의 없는 지역의 경우에는 1일1건의 정보보고를 원칙으로 하되 상황의 변화에 따라 24시간 근무체제를 가동해야하는 경우가 많다. 문제는 정보경찰의 업무에 대한 통계가 없다는 점이다. 첩보접수 건수는 있지만, 일상 정보경찰에 대한 업무들이 통계에서 산입되지 않고 있어, 조직의 개선을 위한 분석에 한계로 작용하고 있다.

2) 정보경찰의 문제

한국 정보경찰의 문제는 다음과 같이 지적되고 있다(송병호, 2011).

첫째, 외근정보관에 대한 평가제도가 미흡하며 정보경찰 인사운영규칙과 연계가 부족하다고 한다. 외근정보관이 정보경찰의 63%를 차지하는데, 이들의 활동에 대한 체계적인 평가기준이 미흡하며 인사운영과도 연계되지 않아 정보경찰의 역량 강화에도 영향을 미친다는 것이다

둘째, 정보환경의 변화로 집회시위 등 상황관리에 애로점이 많다고 한다. 인터넷과 휴대폰의 일상화로 집회시위가 예측하기 힘든 방향으로 전개되고 있고, 사회전반의 권리의식 향상으로 집회시위가 증가하지만 관련 국민들의 도로무단 점거 등 불법에 대한 인식은 여전히 미약하다. 뿐만 아니라 조직 내부적으로 상황보고 누락에 따른 책임회피를 위해 면피성 상황속보가 남발되고 있고, 집회시위 현장에서 채증요원과 정보요원에 대한

신변위협 및 마찰이 빈번한 현실이다.

셋째, 정책정보나 범죄정보의 중요성에 대한 내부공감대가 부족하다. 올바른 정책시행 및 깨끗한 공직사회 풍토 분위기 조성을 위해 정책정보 및 범죄정보 발굴이 불가피 함에도 이러한 업무는 전담요원만의 업무라는 인식으로 적극성을 보이지 않는다.

넷째, 정보경찰활동에 대한 법적 근거가 미흡하여 사찰의혹 등 부작용이 상존하고 있다. 인권시민단체를 중심으로 경찰관직무집행법은 경찰의 직무를 규정한 조항에 불과하고 그 활동을 위해서는 별도의 수권조항이 필요하다는 주장이 계속되고 있다. 또한 일부 정보관의 매끄럽지 못한 업무처리로 사찰의혹 등 불필요한 논란도 계속되고 있다.

마지막으로 불법폭력시위를 억제하기 위한 제도개선에는 공감대가 형성되어 있지만 채증활동을 위한 전용차량이 전무하고, 채증활동비 관련 예산도 부족하며, 채증요원에 대한 신변보호 방안도 미흡한 실정이다.

3. 정보관리역량

인터넷을 비롯하여 홍수현상을 이루며 쏟아지는 정보들 중에서 특정정보를 필요로 하는 경찰조직에 적시에, 적량을, 적절한 형태로 그리고 경제적이고 효과적으로 전달하려면 경찰정보관리에 있어 특별한 노력이 요청된다. 경찰의 정보관리역량을 제고하기 위한 기본관점을 제시하면 다음과 같다.

① 정보기획력을 길러야 한다. 정보기획력이란 '내가 필요한 정보란 무엇인가'를 결정하는 것이다. 정보관리에서 가장 중요한 것은 내가 필요한 정보는 어떤 것인가? 어느 범위까지 입수할 것인가? 수집의 우선순위는 어떻게 정할 것인가? 등에 대한 답변을 찾아내는 것이다.

② 정보수집력을 길러야 한다. 정보를 입수하는 방법은 크게 나누어 볼 때 공개출처와 비공개출처의 두 가지가 있다. 또한 인간관계에 기초한 '발'에 의한 방법과 '손'에 의한 방법이 있다. 발에 의한 방법은 정보수집자 자신이 발로 뛰어다니면서 직접 입수하는 '인간정보'를 의미하고, 손에 의한 방법은 데이터베이스나 정보통신서비스를 검색해 보면서 자신의 필요한 정보를 찾아 쓰는 것을 의미한다. 경찰기획가들은 평소 자신이 필요로하는 정보를 수집하고 있어야 한다.

③ 정보분석평가능력을 길러야 한다. 정보분석이란 입수한 정보를 기획의 활용목적에 맞게 가공하여 그만큼 정보의 가치를 높이는 것이다. 이는 정보와 기획이 만나도록 하는 작업으로 고도의 종합적 능력이며 업무에 정통하도록 교육훈련이 제공되어야 한다.

④ 정보의 보관 및 축적능력을 길러야 한다. 입수한 정보를 특정 기준에 맞춰 일정한 형식으로 축적해 놓으면 쉽게 찾을 수 있어 활용도를 높일 수 있다. 이는 지식관리시스템 구축으로 가능하다.

제2절 ∗ 경찰지식관리

1. 지식사회의 도래

(1) 지식사회의 개념

산업사회를 지나 '지식사회'가 도래하였다. 피터 드러커는 지식사회로의 변화를 예견하고 다음과 같은 언급을 하였다. ① 지식은 중심적 자본, 중심적 비용, 경제의 결정적 자원이다. ② 지식의 생산은 이미 생산, 경쟁력, 경제적 달성에 있어 관건이 되었다. 그것은 경제적 가능성이나 경제력의 기초이고, 수단이다. ③ 인간이 무엇인가를 이루고자 정보를 적용한 경우에만 정보는 지식이 된다. 다니엘 벨은 최초로 지식사회의 등장을 알린 학자로서 지식이나 정보는 새로운 유형의 자원이며 본질적으로 모든 사람이 이용할 수 있는 것이라고 하였다.

지식사회는 정보나 지식이 중요한 자원으로서 큰 역할을 담당하는 사회이다. 단순히 정보만의 차원이 아니라 이러한 지식사회의 결정적 자원인 지식에 대하여 주목할 필요가 있다. 농업사회에서는 토지자원(유기물 · 무기물)에 도구(농기구)를 사용하면서, 에너지(사람, 동물)를 매개로 전환하여 유기물 · 물건을 산출했다. 그리고 공업화사회에서는 에너지자원(석유, 천연자원)에 기계를 사용하면서, 정보(금융, 시장)를 매개로 전환하여 물건 · 정보를 산출했다. 지식사회에서는 정보자원에 전자기술을 사용하면서, 지식(소프트웨어나 지식 베이스)을 매개로 전환하여 서비스나 지식을 산출한다.

(2) 지식관리의 대두

지식사회의 자원인 지식을 어떻게 관리하느냐가 경쟁력의 핵심이 되어 수 많은 관리 기법이 등장하였다.

1) 리엔지니어링

미국 기업은 일본 기업의 린 프로덕션 시스템(lean production system)과 카이젠(개선의 일본 발음)을 철저히 연구하여 새로운 지식관리방법을 이론화한 것이 리엔지니어링이다. 1990년에 MIT의 교수 출신인 마이클 해머가 발표하여 화제가 된 논문 '리엔지니어링(혹은 BPR : Business Process Reengineering)'이 그것이다.

리엔지니어링은 비즈니스를 '프로세스'로 파악하고, 기본에서부터 고객중심으로 다시 사고함으로써 프로세스를 근본적으로 재구축하여 업무성과의 '기준'을 근본적으로 개선하고자 하는 방법이다. 그 기준은 다름 아닌 비용, 가격, 품질·서비스, 스피드 등이다. 리엔지니어링의 컨셉을 보면 정보와 지식을 어떻게 효과적으로 활용할 것인가가 초점이 되고 있다. 정보와 지식은 경쟁에서 필수적인 요소가 되었다.

2) 학습조직

학습조직(learning organization)은 지식시대에는 조직 내 개개인만이 아니라 집단(팀)에 의한 지식 학습이 중시되고, 지식이 조직 내, 또는 조직 간에 공유됨으로써, 이것이 조직의 성과(performance)를 높이는데 직결된다는 것이다.

3) 지식창조이론

지식창조 이론(노나카, 1990; Nonaka & Takeuchi, 1995)은 조직에 소속된 개개인이 가진 지식이 조직의 케이퍼빌리티로 축적되어 이를 토대로 지식의 변환(창조)이 일어난다는 생각이다. 이 이론에서 지(知)는 언어화·형태화하기 곤란한 주관적인 '암묵지(暗黙知)'와 언어 또는 문서형태로 된 객관적인 '형식지(形式知)' 양자의 상호작용으로 창조된다고 간주한다.

4) 지식관리시스템 [KMS]

지식관리시스템(Knowledge Management System)은 조직 내 지식자원의 가치를 극대화하기 위하여 통합적인 지식관리를 지원하는 시스템이다. 지식관리는 조직구성원 개개인의 지식이나 know-how를 체계적으로 발굴, 조직내 보편적인 지식으로 공유, 조직전체의 문제 해결능력을 비약적으로 향상시키는 관리방식이다. 즉, 지식의 발전, 수집, 창출, 유지, 전파, 활용 등 지식과 관련된 제반활동을 체계적으로 관리하는 과정을 말한다.

어떤 지식을 보유한 개인이 직장을 옮길 경우에도 문제없이 업무를 이어나갈 수 있도록 조직의 지식공유, 지식 평가/보상 체계 등 인프라를 구축 하고 있다. 지식관리에는 전자문서관리시스템(EDMS), 인트라넷, 데이터베이스관리시스템(DBMS), 검색엔진, 개인정보관리 등이 종합 솔루션으로 설계되어 있다.

2. 지식관리기법

(1) 지식변환 프로세스

1) 개 념

지식관리의 기본 토대가 되는 지식변환(knowledge conversion)과정은 조직에서 지식을 획득·공유·표현·결합·전달하는 창조 프로세스의 메커니즘이다.
지식 간의 변환에는 4가지 기본적인 지식변환 유형이 있다.

① 암묵지에서 암묵지로 → 사회화(신체로 지를 얻는다)
② 암묵지에서 형식지로 → 외부화(생각이나 노하우를 말이나 형태로 표현한다)
③ 형식지에서 형식지로 → 종합화(말이나 형태를 조합한다)
④ 형식지에서 암묵지로 → 내면화(말이나 형태를 체득한다)

이러한 과정이 순차적으로 한 번만 일어나지는 않는다. 개인의 지식창조에서 시작해서 집단, 조직의 차원으로 나선형으로 회전하면서 공유되고 발전해 나가는 창조 프로세스로 파악할 수 있다.

2) 암묵지에서 암묵지를 얻는다 → 사회화(社會化 : socialization)

최초의 유형은 특정 개인 혹은 집단이 경험을 공유함으로써 지식을 전수하고 창조하는 과정이다. 이 암묵지에서 암묵지로 변환하는 과정을 '사회화'라고 부른다. 경찰조직에서 신참을 고참 경찰관이 교육하는 형식이 이에 속한다. 고참 경찰관의 노하우를 보고 흉내내는 가운데 저절로 터득하는 일, 부서의 분위기나 구성원의 의식을 파악하고 OJT를 하는 일 등이다.

이 단계에서는 언어에 의존하지 않고 체험, 관찰, 모방 등의 신체적이고 감각적인 경험을 통하여 지식이 공유되고 변환된다. 여기서는 맨투맨 혹은 집단의 공유체험이 큰 역할을 담당한다. 행동을 함께 공유함으로써 신체적인 감각을 총동원하여 말로 표현할 수 없는 지(知)를 공유하는 것이다. 이노베이션의 원천은 여기에 있다.

다만 지극히 중요하지만 조직내부에서 공유할 때 시간이 걸리는 프로세스이고 동시에 개인의 공간으로 한정된다. 그러므로 이러한 시공간(時空間)의 제약을 뛰어넘는 것이 과제이다.

3) 암묵지에서 형식지를 얻는다 → 외부화(外部化 : externalization)

암묵지를 형식지로 변환하는 과정을 '외부화'라 부른다. 개인이나 집단의 암묵지가 공유되거나 통합되어 그 위에 새로운 지가 만들어지는 프로세스이다. 제품개발 과정의 컨셉 창출, 최고경영자의 생각을 언어화하는 일, 숙련 노하우의 언어화, 고객의 암묵적인 니즈를 표출하고 현재화(顯在化)시키는 일 등이다. 여기서는 언어나 시각적 메시지 등 조직에서 공유와 전달이 용이한 형식지가 창조된다. 경찰조직에서는 동일한 경찰서비스를 제공하기 위해서도 방대한 암묵지를 뽑아내 매뉴얼로 만드는 것이 필요하다.

4) 형식지에서 형식지를 얻는다 → 종합화(綜合化 : combination)

개인이나 집단이 각각의 형식지를 조합시켜 새로운 지를 창조하는 프로세스이다. 이를테면 언어, 문서, 사양서, 설계도, 데이터베이스 또는 전자메일, 컴퓨터 등의 매개를 이용한 분류·가공·조합·편집에 의한 지식의 창조이다. 이것을 '종합화'라 부른다. 여기에는 전략·컨셉의 구체화 등의 작업, 부문 간 조정으로 경영수치를 만들고, 제품 사양서를 작성하는 업무가 포함된다.

5) 형식지에서 암묵지를 얻는다 → 내면화(內面化 : internalization)

형식지를 암묵지로 변환시키는 과정은 '내면화'라 표현할 수 있다. 새로운 제품사양이나 문서가 조직 내에서 공유되는 과정을 통해 암묵지가 확산된다. 이는 노하우, 매뉴얼 등을 롤 플레잉(혹은 시뮬레이션)에 의해서 개개인의 내부에 체험적으로 이해시키는 일 등을 포함한다.

(2) 지식창조의 방법론

지식은 '사회화, 외부화, 연합화, 내면화'라는 4가지 유형에 의해 전달, 창조된다. 경찰 혁신을 예로 들면, ① 팀이 충분한 지식을 획득·공유하고, ② 그것을 비전이나 목표에 맞추어 언어나 형태로 표출시켜, ③ 구체적인 혁신과제로 체계화하고, ④ 컨셉이나 전략의 형태로 조직 전체에 이해시키는 것인데, 이들 프로세스 전체가 유기적으로 순환할 때 프로세스는 창조적이라 할 수 있다. 지식의 사회화, 외부화, 연합화, 내면화의 4가지 지식변환 유형은 항상 조직 내부에서 역동적으로 움직이지 않으면 안 된다.

(3) 지식조직의 구축

지식의 창조 및 변환을 활성화하는 조직을 디자인하고 업무시스템 구축을 도모할 필요가 있다. 하이퍼텍스트형 조직은 입체적인 3차원 구조로 표현할 수 있다. 3차원이란 지(知)의 창조·활용·축적의 3가지 층이다. 이들은 각각 프로젝트 팀 층, 비즈니스 시스템 층, 지식의 축적장인 지식기반 층으로 나타낼 수 있다.

① **프로젝트 팀 층(지식창조)**

이 조직층에서는 늘 여러 개의 프로젝트 팀을 꾸린다. 연구개발, 신제품·서비스의 개발, 전략입안, 컨셉이나 원형(prototype)의 창조, 새로운 업무 디자인 등 창조적인 '기업진화(企業進化)'형 활동을 이끌어가는 비계층형(非階層型) 조직층이다.

② **비즈니스 시스템 층(지식활용)**

프로젝트 팀 층의 성과를 도입하는데 유연성을 높이고, 또한 그 성과를 현실화하는 데도 신속하게 대처할 수 있도록 계층 수를 줄이는 등의 간소화가 필요하다. 프로젝트 팀 층에 임시적으로 권한을 위양하는 등의 일체화된 시스템이 요구된다.

③ **지식기반 층(지식축적)**

프로젝트 팀 층과 비즈니스 시스템 층을 연결하고 그들의 원활한 활동을 촉구하는
것. 이것이 지를 축적·개발하는 조직층인 지식기반 층의 일이다. 예를 들면 연구
소의 일부 기능, 정보센터, 경우에 따라서는 정보시스템 부문 등이 여기에 해당한다.

○ 지식조직의 유형

프로젝트 팀 층	정보·지식의 획득, 공유, 형태화(形態化) → 지식변환 차원
비즈니스 시스템 층	전달·공유·형식화(形式化) → 제품 차원
지식기반 층	축적·검색 → 조직자원 차원

제3절 경찰정보관리

1. 경찰정보의 개념

(1) 경찰정보의 구성요소

경찰정보는 정책기획의 기초요소이며 모든 경찰정책결정의 재료가 된다. 올바른 기획
을 위해서는 경찰정보가 충분히 확보되어야 한다. 한국 경찰의 정보활동의 법적근거는
경찰법 3조의 치안정보수집 규정과 경찰관직무집행법 2조의 치안정보의 수집 작성 및
배포 규정이다.

경찰정보는 문자, 데이터, 첩보, 정보(지식)의 피라미드 구조로 되어 있다(이하 허경미,
1998 참조). 모든 자료가 첩보가 되는 것은 아니며 모든 첩보가 경찰정보가 되는 것도 아
니며 단계마다 차감된다.

1) 문자(기호)

문자란 "글자(가, 나, 다, 라, A, B, C 등), 숫자(1, 2, 3, 45, 789 등) 또는 특수부호(%,
&, * 등)"를 의미한다.

2) 자료(Data)

자료란 "특정한 목적에 의해 평가되어 있지 않은 단순한 여러 사실이나 기호"를 말한다. 정보와 자료의 구분은 사용자의 목적과 용도가 반영되었는가 하는 상대적 차이에 불과하다. 어떤 정보는 특정부서에는 유용하고 다른 부서에는 전혀 무가치할 수도 있다.

1차 자료는 조사자가 조사 목적을 달성하기 위하여 직접 작성하는 자료를 말하고, 2차 자료는 다른 사람이 수집한 데이터를 말한다.

3) 첩보(Information)

첩보는 목적과 의도를 가지고 수집한 자료로서 아직 분석되거나 정제되기 이전의 상태에 있는 것이다. 첩보를 「생정보」라고 부르는 것은 아직 분석되거나 가공되지 않은 상태를 강조하는 것이다. 근거가 희박한 풍문, 소문, 루머도 첩보의 일종이라고 할 수 있다.

첩보는 정태적 첩보, 동태적 첩보, 기술첩보로 나눈다(문정인, 2002: 25-26). 정태적(static) 첩보란 거의 변화가 없는 수집대상으로 특정국가의 지리와 제도, 문화 등이다. 동태적(dynamic) 첩보는 심층적인 의도와 동기, 계획 등을 말한다. 즉 겉으로 나타난 행위의 의도와 계획에 관한 내용이다. 기술(technical) 첩보는 범죄와 경찰활동에 사용되는 무기와 장비에 관련된 첩보이다.

수사첩보라 함은 수사와 관련된 각종 보고자료로서 범죄첩보와 정책첩보를 말한다.

범죄첩보라 함은 대상자, 혐의 내용, 증거자료 등이 특정된 내사 단서 자료와 범죄 관련 동향을 말하며, 전자를 범죄내사첩보, 후자를 범죄동향첩보라고 한다.

기획첩보라 함은 범죄첩보 중 일정기간 집중적으로 수집이 필요한 내사 단서 자료 및 동향을 말한다.

정책첩보라 함은 수사제도 및 형사정책 개선, 범죄예방 및 검거대책에 관한 자료를 말한다.

범죄첩보분석시스템(Criminal Intelligence Analysis System)이라 함은 수사첩보의 작성, 수집, 평가, 배당 등 전 과정을 전산화한 시스템으로서 경찰청 과학수사센터에서 구축, 운영중인 것을 말한다.

4) 경찰정보(Police Intelligence)

정보란 분석되고 여과된 체계화된 지식으로 알려져 있다. 경찰정보란 "경찰업무와 관련하여 특정한 상황에서 가치가 평가되고 체계화된 지식"이다.

(2) 경찰정보의 유형

Sherman Kent는 정보를 현시점에서 활용가능한 현용(現用)정보(current reportorial form of intelligence), 과거의 사례를 총괄하여 서술적으로 망라형 정보를 제공하는 기본 정보(basic descriptive form of intelligence), 미래에 대한 예측과 판단을 하는 판단형 정보(speculative evaluative form)으로 나눈다. 혹은 기본정보, 현용정보, 경보정보, 예측정보로 구분하기도 한다(문정인, 2002: 28).

또한 기능적으로 구분하여 정치정보, 군사정보, 경제정보, 과학기술정보, 사이버정보, 환경정보, 문화정보, 사회정보, 교육정보, 방첩정보 등으로 구분한다(문정인, 2002: 31). 정보의 수집방식을 기준으로는 인간정보(HUMINT), 기술정보(TECHINT), 공개정보(OSINT)로 구분한다.

경찰정보는 기관별 정보소요에 따라 정책정보, 행정정보, 경비정보, 외사정보, 보안정보, 교통정보, 범죄정보, 생활안전정보 등으로 구분할 수 있다.

(3) 수사첩보활동규칙

경찰에서는 수사첩보활동규칙을 운영하고 있다. 이 규칙은 형사정책 수립 및 범죄 수사의 자료가 되는 수사첩보를 적극 수집 처리하여 수사경찰의 발전과 수사 활동의 효율적인 수행을 도모함을 목적으로 한다. 구체적으로 범죄첩보분석시스템(CIAS)을 통해 첩보 처리 업무를 범죄첩보분석시스템으로 일원화하고, 체계적인 첩보관리 및 효율적인 평가를 위해 첩보를 유형별·죄종별로 분류·평가하는 등 수사첩보의 수집역량과 처리 절차의 투명성을 강화하고자 규정한 것이다.

이 규칙에 의하면 경찰공무원은 「견문 수집 및 처리 규칙」에서 정한 기준건수를 수집·보고하되, 수사·형사 외근요원(경찰청 수사국장의 업무지휘를 받고 있는 경찰관서의 수사부서 근무자)은 4건의 수사첩보를 수집·보고하고, 수사내근·지구대·파출소·분소 직원은 1건 이상의 수사첩보를 수집·보고하도록 규정하고 있다.

① 범죄첩보의 성적 평가를 위한 1건당 배점은 다음과 같다.

[1] 특보 : 10점

　가. 전국단위 기획수사에 활용될 수 있는 첩보

　나. 2개 이상의 지방청과 연관된 중요 사건 첩보 등 경찰청에서 처리해야 할
　　　첩보

[2] 중보 : 5점

　2개 이상 경찰서와 연관된 중요 사건 첩보 등 지방청 단위에서 처리해야 할 첩보

[3] 통보 : 2점

　경찰서 단위에서 내사할 가치가 있는 첩보

[4] 기록 : 1점

　내사할 정도는 아니나 추후 활용할 가치가 있는 첩보

[5] 참 고

　단순히 수사업무에 참고가 될 뿐 사용가치가 적은 첩보

② 정책첩보의 성적 평가를 위한 1건당 배점은 다음 각 호와 같다.

　[1] 특보 : 10점

　　전국적으로 활용ㆍ시행할 가치가 있는 첩보

　[2] 중보 : 5점

　　지방청 단위에서 활용ㆍ시행할 가치가 있는 첩보

　[3] 통보 : 2점

　　경찰서 단위에서 활용ㆍ시행할 가치가 있는 첩보

　[4] 기록 : 1점

　　추후 활용ㆍ시행할 가치가 있는 첩보

　[5] 참 고

　　단순히 수사업무에 참고가 될 뿐, 활용ㆍ시행할 가치가 적은 첩보

2. 경찰정보의 과정

(1) 경찰정보의 순환과정

정보주기는 정보소요제기 → 정보생산 → 정보배포, 혹은 정보요구 → 정보수집 → 정보분석 → 정보배포의 과정을 거친다.

경찰정보의 순환(Cycle 또는 Feed-back)과정은 요구, 수집, 분석, 배포과정으로 구분할 수 있다.

(2) 첩보의 요구

1) 개 념

첩보의 요구는 언제 어떠한 정보를 필요로 할 것인가를 파악하여 필요한 첩보를 입수하는 단계이다. 정보의 수요는 종적으로 대통령 및 경찰청장이 요구하는 것과 횡적인 관련기관에서 요구하는 수요, 그리고 정보생산자 자체의 판단에서 오는 수요 등 3가지가 있다.

첩보요구는 첫째, 필요 정보의 결정. 둘째, 우선 순위 결정. 셋째, 정보 수집 할당. 넷째, 수집기관에 첩보수집 지시. 다섯째, 수집기관의 활동 감독. 등의 단계를 거친다.

2) 첩보요구의 소순환과정(이병곤, 61-62)

① 기본요소의 결정

첩보의 요구내용을 한정하고 기본요소를 결정한다.

② 수집계획서의 작성

③ 명령 및 하달

④ 수집활동에 대한 사후검토와 조정 · 감독

수집지시 된 내용 중에서 필요 없는 내용이나 또는 첨가해서 보완하여야 할 요구사항은 없는지를 검토하고 새로운 요구사항을 발견하였을 때에는 보충 요소를 결정하고 계획서를 작성 하달하는 등 지속적인 감독 및 조정이 요구된다.

3) 정보의 요구방법(이병곤, 63-66)

정보생산에 있어서 요구방법은 EEI, SRI, PNIO, OIR 등으로 구분한다.

① **국가정보목표 우선순위(PNIO)**

PNIO(Priority of National Intelligence Objective)는 "국가안전보장이나 정책에 관련되는 국가정보목표의 우선순위"이며 모든 정보기관이 이에 준하여 활동에 임한다. 이는 고정된 것이 아니라 연도별로 재조정된다. 이는 정보기관의 업적을 평가하는 심사분석의 기준역할을 한다.

② **첩보기본요소(EEI)**

첩보의 기본요소(EEI : Essential Element of Information)는 부문별 정보기관들이 정보수집의 우선순위를 정하는 기준이다.

③ **특별첩보요구(SRI)**

SRI(Special Requirement for Information)란 "특정 지역의 특별한 돌발사항에 대한 단기적 해결을 위하여 필요한 범위 내에서 임시적이고 단편적인 첩보를 요구하는 것"을 말한다.

④ **기타 정보요구(OIR : Other Intelligence Requirement)**

OIR로 책정되는 정보는 PNIO에 우선하여 작성되는 정보목표를 말한다.

(3) 첩보의 수집(이병곤, 70-72)

1) 개 념

첩보의 수집이란 "요구하는 첩보를 확보하여 정보작성기관에 전달하는 과정"을 말한다. 수집단계에서 문제되는 것으로는 출처의 개척과 요구첩보를 입수, 획득하는 기술, 입수첩보의 전달방법 등이다.

2) 수집계획 작성

첩보의 수집계획은 어떠한 규정된 양식으로 작성되지 않는다. 수집계획에는 요구첩보 획득에 사용할 기관, 방법, 첩보의 보고시간과 방법, 수집활동의 진행상황과 성과 등을 포함 한다.

3) 첩보의 출처 결정

첩보의 출처란 첩보가 얻어지는 존재원천(연원)을 말하며, 이에는 기관, 인, 사물, 사건 혹은 공개출처와 비공개출처, 근본적 출처와 부차적 출처, 정기출처와 우연출처 등이 있다.

(4) 정보의 생산

1) 개 념

정보의 생산이란 첩보를 정보로 산출하는 단계이다. 정보의 생산과정에서 첩보의 분석관은 고도의 전문적인 지식과 경험, 그리고 명석한 사고와 추리, 판단력을 지녀야 한다.

2) 첩보의 선택 및 분류

첩보의 선택이란 우선 수집된 첩보 중에서 불필요한 첩보를 골라내고 긴급성, 유용성, 신뢰성, 적합성 등을 기준으로 필요한 것을 걸러내는 단계이다.

3) 첩보의 정리

첩보의 정리 보관에는 「수직식 편철시스템(Vertical filing System)」이라는 것이 사용된다.

4) 첩보의 평가

첩보의 평가란 첩보의 출처 및 내용에 관하여 그 신뢰성과 사실성 즉 타당성을 판정하는 생산과정이다.

수집기관에서 특정한 목적에 의하여 수집하고 보고하는 첩보를 평가하는 경우에는 해당 첩보의 적절성, 첩보를 제공한 출처 및 기관에 대한 신뢰성, 그리고 내용에 대한 가망성(Probability)이 검토되어야 한다.

아무리 신뢰성 있는 출처에서 정확한 첩보가 입수되었더라도 시기적으로 늦었거나 직접 관련되지 않는 내용 또는 이미 타 출처에 의해 명백히 알려진 사항을 취급하였을 때에는 무가치하다. 첩보의 적절성과 자료를 제공한 출처 또는 기관에 대한 신뢰성(Reliability)을 검토하여야 한다.

첩보항목에 대한 가망성(Probability)은 내용에 대한 견실성, 그의 상세성, 일반적인 지식과 경험에 비추어 본 타당성 그리고 동일하거나 연관되는 타 첩보와의 일치성을 검토하여 판정한다.

출처의 신뢰성과 첩보의 가망성에 대한 등급을 표시하기 위하여 출처의 신뢰성의 정도를 "A, B, C... F"로 표시하고, 가망성에 대한 평가를 "1, 2, 3... 6"까지의 수자로 표시한다.

5) 첩보분석(Analysis)

첩보 수집자가 수집한 생정보(Raw Intelligence)는 즉시 사용할 수 없는 상태이며 첩보분석을 통하여 활용할 수 있도록 만들어야 한다.

첩보분석작업은 정독단계 → 대조단계 → 분류단계로 나눌 수 있다.

첩보는 분석을 거쳐 해석을 하고 결론을 도출한다. 첩보의 해석이란 생정보에 대하여 의미를 부여하는 과정이다. 결론이란 도출된 정보를 말하는데 결론은 간단명료해야 하며 실제의 증거를 가지고 증명이 가능해야 한다. 주관적 판단이나 추측에 의존해서는 안 되며 객관성에 유의해야 한다.

6) 정보보고서 작성

정보 보고서를 작성할 때는 다음의 여러 원칙이 준수되어야 한다.

① 필요성 – 사용자가 필요로 하는 내용이어야 한다.

② 완전성 – 일정한 형식을 갖춰 빠짐이 없이 작성한다.

③ 정확성 – 내용이 사실과 착오 없이 작성되어야 한다.

④ 간결성 – 수식어나 미사여구를 지양하고 내용을 요약하여 간결하게 작성한다.

⑤ 적시성 – 보고는 너무 느리거나 빠른 경우 효과를 떨어뜨린다.

⑥ 경제성 – 시간과 비용, 그리고 노력을 최대한 절감할 수 있도록 하여야 한다.

정보보고서의 일반적인 형태는 다음과 같다.

○ 정보보고서의 양식

서두(The Preliminaries)	• 제목(Title) • 요약(Summary) • 서문(Preface) • 목차(Table of Contents) • 표목차(List of Table) • 도표목차(List of Illustrations)	
본문(The Text)	• 서론(Introduction) • 본론(Main Body) • 결론(Conclusion)	• 현황 • 문제점 • 개선방안
부록 (Appendix)		

(5) 정보의 배포

1) 개 념

정보의 배포란 정보를 필요로 하는 개인이나 기관에게 정보를 제공하는 과정이다.

2) 배포의 원칙

① 적시성 – 생산된 정보가 적시에 배포될 수 있도록 정보소요시기를 파악한다.

② 적당성 – 정보는 필요로 하는 사람이나 기관에게 적당한 양만큼만 전달한다.

③ 보안성 – 판단이 누설됨으로써 초래할 수 있는 문제들을 사전에 방지한다.

④ 계속성 – 관련된 주제에 대하여 조직적이고 계속적으로 공급한다.

3) 배포의 관리

배포관리는 정보생산자가 직접하기보다 배포전담기관을 운용하여 독립된 조직에서 하는 것이 보안유지나 효율면에서 장점이 있다.

3. 경찰정보의 공개

(1) 경찰정보의 공개에 관한 법률

행정절차법과 정보공개법은 국민의 알 권리 보장 차원에서 누구든지 공공기관에 정보공개청구권을 통하여 확보된 공개정보로써 행정권에 의한 직·간접적 권익 침해에 대한 방어자료로 활용하도록 하는 것을 보장함으로써 행정쟁송 이전 단계에서의 무기대등의 원칙을 담보하기 위한 하나의 입법적 장치이다(신봉기, 2007).

공공기관의정보공개에관한법률[일부개정 2005.12.29]에 의하면 이 법은 공공기관이 보유·관리하는 정보에 대한 국민의 공개청구 및 공공기관의 공개의무에 관하여 필요한 사항을 정함으로써 국민의 알권리를 보장하고 국정에 대한 국민의 참여와 국정운영의 투명성을 확보함을 목적으로 한다. 이 법 6조에 의하면 공공기관은 정보의 공개를 청구하는 국민의 권리가 존중될 수 있도록 이 법을 운영하고 소관 관련법령을 정비하여야 하고, 공공기관은 정보의 적절한 보존과 신속한 검색이 이루어지도록 정보관리체계를 정비하고, 정보공개업무를 주관하는 부서 및 담당하는 인력을 적정하게 두어야 하며, 정보통신망을 활용한 정보공개시스템 등을 구축하도록 노력하여야 한다.

이 법 7조에는 정보 공개의 구체적 범위, 공개의 주기·시기 및 방법 등을 미리 정하여 공표하고, 이에 따라 정기적으로 공개하여야 한다. 다만, 제9조제1항 각호의 1에 해당하는 정보는 그러하지 아니하다.

1. 국민생활에 매우 큰 영향을 미치는 정책에 관한 정보
2. 국가의 시책으로 시행하는 공사(공사) 등 대규모의 예산이 투입되는 사업에 관한 정보
3. 예산집행의 내용과 사업평가 결과 등 행정감시를 위하여 필요한 정보
4. 그 밖에 공공기관의 장이 정하는 정보

또 이 법 9조에 의하면,

2. 국가안전보장·국방·통일·외교관계 등에 관한 사항으로서 공개될 경우 국가의 중대한 이익을 현저히 해할 우려가 있다고 인정되는 정보
3. 공개될 경우 국민의 생명·신체 및 재산의 보호에 현저한 지장을 초래할 우려가 있다고 인정되는 정보

4. 진행중인 재판에 관련된 정보와 범죄의 예방, 수사, 공소의 제기 및 유지, 형의 집행, 교정, 보안처분에 관한 사항으로서 공개될 경우 그 직무수행을 현저히 곤란하게 하거나 형사피고인의 공정한 재판을 받을 권리를 침해한다고 인정할 만한 상당한 이유가 있는 정보

6. 당해 정보에 포함되어 있는 이름·주민등록번호 등 개인에 관한 사항으로서 공개될 경우 개인의 사생활의 비밀 또는 자유를 침해할 우려가 있다고 인정되는 정보. 다만, 다음에 열거한 개인에 관한 정보는 제외한다.

    가. 법령이 정하는 바에 따라 열람할 수 있는 정보

    나. 공공기관이 공표를 목적으로 작성하거나 취득한 정보로서 개인의 사생활의 비밀과 자유를 부당하게 침해하지 않는 정보

    다. 공공기관이 작성하거나 취득한 정보로서 공개하는 것이 공익 또는 개인의 권리구제를 위하여 필요하다고 인정되는 정보

    라. 직무를 수행한 공무원의 성명·직위

    마. 공개하는 것이 공익을 위하여 필요한 경우로써 법령에 의하여 국가 또는 지방자치단체가 업무의 일부를 위탁 또는 위촉한 개인의 성명·직업

7. 법인·단체 또는 개인(이하 "법인등"이라 한다)의 경영·영업상 비밀에 관한 사항으로서 공개될 경우 법인등의 정당한 이익을 현저히 해할 우려가 있다고 인정되는 정보. 다만, 다음에 열거한 정보를 제외한다.

    가. 사업활동에 의하여 발생하는 위해로부터 사람의 생명·신체 또는 건강을 보호하기 위하여 공개할 필요가 있는 정보

    나. 위법·부당한 사업활동으로부터 국민의 재산 또는 생활을 보호하기 위하여 공개할 필요가 있는 정보

8. 공개될 경우 부동산 투기·매점매석 등으로 특정인에게 이익 또는 불이익을 줄 우려가 있다고 인정되는 정보

그러나 현 정보공개법상의 비공개사유가 지나치게 포괄적이고 기관별로 정보공개 판단기준을 구체화하는 근거가 없어 각 기관이 정보공개의 범위를 자의적으로 해석하거나 축소하는 사례가 발생하고 있다. 현행 정보공개법은 적용범위 규정의 구체화, 정보공개조례 제정 범위의 불명확성, 비공개대상 정보 범위 관련 세부기준 수립·공개 규정의 보완 필요성, 정보공개심의회 설치 범위의 확대 필요성, 불복구

제절차제도의 개선 필요성 등이 요구되고 있다.

판례를 보면, 장씨는 2005년 9월 서울중앙지검에 자신이 제기한 고소 건이 증거불충분으로 무혐의 불기소처분을 받자 해당사건의 기록목록 공개 혹은 사본 교부를 검찰에 요구했으나 거부당했다. 이에 장씨는 지난해 10월 검찰에 28개의 수사기록을 공개할 것을 재차 청구했지만 본인 진술이 기재된 서류를 제외하고 정보공개를 거부당해 소송을 제기했다.

이에 대해 서울행정법원 행정5부는 2008년 5월 30일 검찰은 수사에 방해가 되지 않고 개인 권리구제를 위해 필요한 관련 정보를 공개해야 한다고 판결하였다. 즉, 검찰청법에서 수사에 지장을 주는 정보에 대해 검찰이 공개하지 않게 되어 있지만 장씨가 공개 요구한 정보는 수사진행을 곤란하게 한다고 볼 수 없다. 개인식별정보는 비공개정보에 해당되지만 개인의 권리구제의 필요성에 따라 개별적으로 판단해야 한다며 불기소사건 기록표지, 피의자신문조서 등은 개인의 권리구제를 위해 공개할 필요성이 있다고 지적했다. 그러나 재판부는 "범죄경력자료조회, 수사경력자료조회 등은 개인권리 구제에 도움이 되지 않기 때문에 공개대상이 아니다"라고 밝혔다. '검찰청법 제9조 제1항 제4호'는 수사 방법 및 절차가 공개되는 것을 막기 위해 수사 관련 의견서, 보고문서, 메모, 법률 검토, 내사자료 등의 공개를 금지하고 있으며 동법 제6호는 개인 권리구제를 위한 것이 아니라면 개인식별정보를 공개하지 않도록 명시하고 있다.

국제크리스천연합(JMS) 정명석 총재 측에 JMS 피해자 모임 회원들의 출입국 내역을 건네 준 사실이 드러나 직무 규정 위반으로 면직됐던 검사가 면직취소 소송을 냈지만 패소했다. 서울행정법원 행정5부는 검사직위를 이용해 JMS 관련 수사기록을 정 총재 측에 넘겨 검찰의 명예를 실추시킨 이유로 면직된 이모 검사가 법무부장관을 상대로 제기한 면직처분취소 소송에서 원고 패소 판결했다. 법무부 징계위원회에 따르면 이 검사는 1999년 JMS 피해자 모임 대표 A씨에게 전화를 걸어 명예훼손으로 처벌 받을 수 있다는 취지의 협박성 발언을 했다. 또 2002년 1월 JMS 여신도 B씨가 정 총재를 준강제추행으로 고소한 사건이 대전지검에 있는 것을 알고 업무와 무관하게 사건기록을 대출 열람했으며 A씨의 1999년 이후 출입국 내역을 조회했다. 법무부는 형사사법정보를 사적으로 이용하고 범인을 도피시킨 혐의 등으로 이 검사를 면직 처분했으며 이 검사는 이에 불복해 소송을 제기했다. 이 검사는 JMS 관련 수사 담당이 아닌데도 관련 수사기록을 조회하고 이 자료를 통해 JMS 사건에 대한 분석, 대책을 강구했고, 이 검사의 행위는 JMS측에 정보를 제공할 목적에서 이루어졌다고 볼 수 있으며 검사 신분으로 피의자를 비호하는 등의 행위를 함으로써 직무상 의무를 위반했다는 취지의 사실이 언론에 보도돼 검사로서의 체면이나 위신이 손상됐다고 덧붙였다.

(2) 정보공개의 방향

경찰정보의 적극 공개는 시민의 알권리를 보장하고 시민참여를 촉진함으로써 경찰부패를 방지하고 민원의 효율적 처리를 가능하게 함으로써 궁극적으로 시민을 위한 국민의 경찰조직이 되도록 하는데 기여한다. 그러나 민원인들 입장에서는 경찰의 행정처리과정이 복잡하고 까다롭다고 인식하고 있다. 업무 수행과정에서 투명하고 공정한 의사결정과 집행이 이루어질 수 있도록 행정업무 처리과정의 공개를 확대해야 할 것이다. 이때인허가 등 민원관계 처리과정을 온라인 상으로 알 수 있는 온라인공개시스템(OPEN)의도입을 확대할 필요가 있다. 또한 행정정보 공개의 범위도 지속적으로 확대할 필요가 있다.

4. 미국경찰의 경찰정보 활용 사례

(1) 뉴욕경찰의 범죄전략

뉴욕시는 범죄도시라는 오명이 있었으나 1995년 들어 살인사건이 648건이 발생하여94년 312건에 비하여 31%가 줄어들었다. 강도사건은 21.9%, 주택침입절도는 18.1%,자동차 절도사건은 25.2%가 줄었다. 계속해서 범죄발생률이 감소해 범죄학자들이나 다른 지역 법집행기관들의 비상한 관심을 모았고 그 비결을 연구하기 시작했다. 관심의 초점은 과연 경찰력으로 범죄를 예방할 수 있는 것인가이다.

당시 재닛 리노 법무장관은 법무부 조사팀에 뉴욕시에서의 범죄감소현상을 연구할 것을 지시하였고, 컬럼비아대학의 범죄예방센터 소장인 제프리 페이건 교수는 기적이 일어나고 있는 것만은 사실인데 왜 이런 현상이 일어나게 됐는지 설명할 수 없다고 했다.

뉴욕시는 줄리아니 시장 취임이래 범죄추방을 최고목표로 내걸고 경찰력강화, 윌리엄브래튼 경찰국장의 공격적인 대범죄전략이 뉴욕시의 범죄 감소의 가장 큰 원동력인 것으로 보인다. 브래튼 국장은 미국의 경찰행정이 모기를 쫓는데 힘을 빼왔지만 이제 우리는 뉴욕에서 어떻게 시궁창에 괸 물을 빼내고 청소해야 하는지 좀 더 근본적인 것을 배우게 됐다고 했다.

뉴욕경찰은 골목골목마다 범죄행위의 흐름을 추적할 수 있는 컴퓨터지도를 고안하였다. 범죄자들이 다음에는 어느 장소에서 어떤 범죄를 저지를 것이라는 예측을 가능케 하였다.

또 인권논쟁을 무시하고 잡상인이나 경범죄자들에 대한 꾸준한 감시와 불심검문으로 범죄예방효과를 거두었다. 즉 우범자들에게 총기소유는 위험하다는 인식을 심어주었으며 낙서행위로 연행한 피의자로부터 마약이나 총기거래에 관한 정보를 끌어내는 등의 성과를 거두기도 했다. 이와 함께 부패에 연루될까봐 마약단속을 회피했던 분위기를 바꿔 경찰관들에게 적극적으로 마약소탕에 나서게 해 검거율을 25% 이상 높였다.

(2) 뉴욕시경의 '컴스태트'

뉴욕을 미국에서 가장 안전한 도시의 하나로 탈바꿈 시킨 뉴욕시경이 그 비결중의 하나로 내거는 「컴스태트(Compstat)」는 컴퓨터와 통계의 합성어이다. 이는 범죄분석예측 시스템이라고 할 수 있다.

① 관리주체 – 「컴스태트」는 시경 운영총감실에서 관리한다.

② 관리방법 – 매주말 뉴욕시의 76개 일선경찰서에서 발생한 살인 강도 강간등 7개 주요 강력범죄를 취합하여, 유형별 시기별 지역별 범죄 발생추세를 비교 분석하여 보고서를 만든다. 보고서는 매주 월요일 시경지휘부와 각 경찰서 간부, 형사국 소속 부서책임자 등이 참석하는 「컴스태트 범죄대책 연석회의」에 제출된다. 매주 범죄지도를 작성하여 지역별로 범죄현황과 추세를 파악한다.

③ 범죄대응전략의 효과- 통계학을 동원한 과학적인 정보를 바탕으로 경찰은 각 지역의 범죄특성에 맞는 인력배치와 공조체제를 결정한다. 뉴욕시경이 「컴스태트」를 도입한 이후 3년간 뉴욕의 주요범죄는 40%나 감소했으며 특히 살인사건은 49%나 감소했다.

읽기자료 한국의 정보조직

경찰기획을 위하여 정보를 수집하고 수집된 정보를 활용하는 것은 경찰만의 일은 아니다. 경찰조직 이외에도 국가정보원등 국가정보조직이 있고, 기업도 정보조직을 운영하며 경영정책결정과 경영기획에 참고하고 있다. 경찰기획을 위해서는 관련 정보기관들과 협조관계를 유지할 경우가 많다. 이들에 관하여 언론에 보도된 내용을 중심으로 살펴본다. 최근의 자료는 인터넷 검색을 통하여 학습하기 바란다.

1. 기업의 정보조직[12]

(1) 동향정보지

1) 내 용

여의도 증권가와 정치권은 '찌라시'(광고지를 뜻하는 일본말)로 불리는 '동향정보지'가 하루에도 수십 건이 난무한다. 보통 이러한 찌라시에는 청와대를 비롯한 정치권 및 관계, 재계, 언론계 등에서 벌어진 비공개 사건들이 담겨 있다.

2) 동향정보지의 수요처

찌라시의 주요 수요처는 증권가, 정계, 그리고 재계 등인데 재계의 수요처는 대부분 30대 그룹이다. 회장 비서실이나 기획실, 홍보실 등에서 자신들의 회사나 총수와 관련된 내용을 사전에 확인하고 차단하기 위한 목적으로 수집한다. 청와대, 정치인과 정당, 정부기관, 언론사 등도 수요처로 알려져 있다.

(2) 사설 정보업체

1) 구 성

지하 정보시장의 정보를 분석가공해 회원제로 판매하는 사설 정보업체가 늘어나고 있

---

12) [Economy21 168회] 참조.

다. 유료 정보업체는 대부분 국정원 출신과 검찰, 경찰청 등의 정보맨들로 구성된 업체다. 최고급정보가 거래되는 '구전 정보'는 국회의원 보좌관, 국정원과 대검, 경찰청 등의 정보기관, 대기업 정보맨과 증권거래소 및 증권사 정보맨, 정당 출입기자, 정치권 인사 등의 입을 통해 맨투맨 형태로 이뤄지고 있다.

2) 주요 업체

사설 정보업체중 전직 기자들이 만든 한국경제리서치 www.researchpool.com 가 가장 유명하다. 'CEO경영정보'라는 정보서비스는 연간 100만원의 비싼 이용료를 내는 시스템인데도 연간 회원이 2만명이 넘는다. 실제로 회원들도 80% 이상이 최고경영자와 재무담당 및 기술담당 임원이다. 찌라시와 시중자금 동향 및 자본유치 동향 등의 정보를 가공한 고급 정보를 '맞춤 보고서' 형식으로 매주 토요일 e메일로 제공한다.

비밀정보은행으로 불리는 CIB커뮤니케이션 www.cibdaily.co.kr 은 제한된 회원에게만 정보를 제공한다. 회원수도 500명으로 제한한다. 게다가 제공하는 정보도 루머와 사실을 명확히 구분한다. 유료 회원들은 하루에 최소 30여건의 고급 정보를 e메일로 받아보게 된다. 월간 이용료는 50만원 수준이다.

해외정보를 취급하는 업체로 서울 충정로에 있는 와이즈인포넷 www.wiseinfonet.com 이 선두업체로 꼽힌다. 이 업체는 주로 대기업 회장에게 '해외정보서비스'를 제공한다. 정보는 외국 정부기관과 국제기구, 해외신문과 통신, 전문잡지, 외국연구소 등에서 나오는 루머와 보고서를 분석하고 가공해서 수집한다. 일간, 주간, 특별 보고서를 제공하며 연간 회비는 많게는 2천만원까지 받는다.

최근에는 일간지 '내일신문'과 통신사 '머니투데이' 등의 언론사도 발빠르게 정보시장에 뛰어들었다. 〈내일신문〉은 신문의 월등한 취재력을 동원해 'CEO리포트'라는 이름으로 기존 찌라시보다는 훨씬 구체적인 '팩트' 중심의 차별화된 정보를 제공한다. 〈머니투데이〉는 증권가 루머만 수집해 유료로 정보를 제공하고 있다.

(3) 대그룹 정보팀

1) 기원과 조직

국내 기업정보팀의 모체는 80년대 중반 삼성물산과 대우종합상사가 각각 만든 팀이다. 정보시장에서는 이 두 기업에서 활동했던 정보맨들을 '정보 1세대'라고 부른다. 요즘엔 회장 직속의 별도조직으로 순수정보팀을 운영하는 기업이 많다. 주로 삼성과 LG, SK, 현대차, 코오롱 등 재벌그룹들이다. 이외에 몇몇 기업들도 정보활동을 하고 있지만, 주로 홍보팀에서 그 업무를 담당하고 있다.

정보보고의 방식도 예전과는 많이 달라졌다. 단순히 수첩에 메모한 내용을 부서장에게 전달하던 것이 예전의 방식이라면 지금은 '일일보고', '주간보고', '월간보고' 등으로 세분화되고 문서화되어 있다.

일단 정보맨의 주요 업무는 업계의 동향 파악에 맞춰져 있다. 경쟁사의 동향이나 업계 임원들의 움직임 하나 하나가 정보의 핵심이다. 지난해는 재계 몇몇 총수들이 사법당국의 서슬 퍼런 칼날을 맞아야 했던 만큼 정부 유관기관과 사법기관의 움직임에도 안테나를 쫑긋 세우고 있다. 정치권은 물론 시민단체의 동향에도 관심을 두고 있다.

2) 정보전 사례

대기업 정보팀간에 최대의 정보전을 펼친 기간은 1993년에서 94년까지이다. 당시 삼성의 자동차사업 진출을 놓고 대기업 정보팀간에 사활을 건 싸움이 벌어졌다. 상대방의 동향을 파악해 대응책을 마련하는 것은 물론이고 역정보를 흘리기도 했다. 삼성은 대학 교수들을 동원해 자동차사업 진출이 타당하다는 논리전을 펼쳤고, 현대와 대우, 기아는 한 편이 돼 삼성의 반대편에 서 있었다.

3) 삼성그룹의 정보조직

삼성은 1년에 한 번씩 과장급 이상 간부들을 상대로 인맥 조사를 한다. 정치인과 공무원, 법조인, 언론인 등 친분이 있는 사람을 모두 써내도록 하여 가장 효과적이고 강력한 정보 라인을 구축하려는 의도다.

정보시장에서는 삼성이 청와대보다도 김일성 주석 사망 등을 먼저 포착할 만큼 막강한 네크워크를 구축한 것으로 알려져 있다. 이처럼 삼성이 가동하는 정보망이 타의 추종을 불허한다. 삼성에 다니는 모든 임직원은 사실상 삼성의 정보맨이라고 해도 과언이 아니다. 삼성의 임직원이라면 정보를 사내 전산망에 올린다. 이들 정보는 각 계열사 홍보팀에서 수집·분석해서 새롭게 가공한다.

삼성 정보조직은 그룹 구조조정본부의 기획홍보팀 내에 있다. 이 팀내에서 순수 정보를 전담하는 부서인 전략지원그룹이 바로 삼성그룹 정보수집의 핵심조직이다. 그룹 책임자는 국정원 출신 전무이고, 차장급 이상 10여명의 베테랑들이 포진해 있다. 팀원들은 정보기관원 출신도 있지만 대부분은 인맥이 두터운 공채 출신의 순수 삼성맨이다. 전략지원그룹은 정계 및 관계, 재계는 물론이고 국정원, 검찰, 경찰, 군, 학계, 언론 등 사회 전 분야에 걸쳐서 광범위하게 정보를 수집하고 있다. 최근에는 급변하는 경영환경에 대응하기 위해 시민단체와 인터넷 언론 등에도 관심을 기울이는 것으로 알려져 있다.

그러나 삼성의 정보력은 기획홍보팀과는 별도로 구조조정본부장 밑에 구성된 대외협력단에서 나온다. 대외협력단은 삼성이 자동차사업에 진출할 때 만들었던 조직이다. 전무가 단장으로 있는 대외협력단은 정·관계 인맥이 두터운 200~300명의 계열사 임원으로 구성된 비상설기구다. 각 임원들 아래 차장급 직원 1~2명이 실무를 담당하며 뒤를 받치고 있다. 대외협력단은 한달에 한 번씩 정기적으로 정보회의를 열어 수집된 정보를 구조본에 보고한다.

4) LG의 정보조직

LG는 정도경영추진본부 소속의 LG경영개발원 안에 경영정보팀을 운영하고 있다. 전 공정거래위원회 정책국장출신인 부사장이 팀장이며 과장급 이상 10여명의 핵심인력이 정보수집 활동을 펼치고 있다. LG의 경영정보팀은 경영자문이라는 전제하에 정계 및 관계, 재계, 증권 등의 동향 정보에 초점을 맞춰 활동한다. LG는 특히 대선과 총선, 국정감사 전망 등 정치정보에 노력을 기울이고 있다.

LG는 구조조정본부를 해체하고 정도경영추진본부로 개편하면서 국정원 간부 출신인 김동식 상무를 영입해 정보수집에 한층 더 심혈을 기울이고 있다. 김 상무를 영입한 것은 IMT-2000 사업과 관련해 정보팀의 모든 역량을 동원, 사업자 선정에 주력했으나 사업자에서 탈락한 데 따른 충격 때문인 것으로 파악되고 있다. 김 상무는 그룹내 정보맨을 상대로 정보수집 활동 및 방법 등에 대해 체계적인 교육을 담당하게 하고 있다.

5) SK의 정보조직

SK 그룹은 삼성이나 LG에 비해 정보력이 떨어지는 것으로 평가받는다. 실제 그룹에는 별도의 정보팀이 없으며, SK텔레콤을 중심으로 정보팀이 활동하고 있다. SK텔레콤은 올해초 조직개편을 통해 대외업무를 담당하던 CR(Corporate Relations) 부문을 사장 직속 CRC(Corporate Relations Center)로 승격시키고 정통부 공보관 출신 서영길 부사장을 영입했다. 이 CRC 내의 CR전략실에서 정보업무를 담당하고 있다. CR전략실내 CR전략팀의 과장급 이상 정보맨 10여명이 정보를 수집한다.

SK 텔레콤은 최근에는 최재원 부사장이 총괄하는 CC(Corporate Center)에 기존 정보팀과 별도로 경영전략실 밑에 전략분석팀을 새롭게 가동시키고 있는 것으로 밝혀졌다. 이 팀에서는 재계 및 경제계 정보수집에서 정·관계로까지 정보수집 활동영역을 확대하고 있다. 나아가 정보수집 활동 차원과 별도로 그룹의 민원해결 창구로 주요 언론에 대한 정보를 수집하고 관리하는 데도 힘쓰고 있는 것으로 알려지고 있다. SK그룹이 정보력 강화에 나서고 있음을 보여주는 대목이다. 특히 최태원 회장 구속 이후 정보팀의 위상은 더욱 높아지고 있다는 후문이다.

6) 현대자동차의 정보조직

현대자동차그룹은 최근 들어 눈에 띄게 정보수집 활동을 강화하고 있어서 경쟁사들의 관심이 집중되고 있다. 현대차는 기획총괄본부 내에 전략기획실을 운영하고 있다.

현대차는 사업 특성상 산자부를 비롯한 정부기관에 대한 업무를 담당하는 대외협력팀의 정보력이 강하는다는 것이 특징이다. 그러나 최근에 신설된 마케팅총괄본부를 주목해야 한다는 것이 정보맨들의 중론이다. 마케팅총괄본부의 마케팅전략팀에서 5~6명 정도의 인원으로 새로운 정보조직을 운용하고 있는 것으로 밝혀졌다. 이 정보조직에서는 비공식적으로 정의선 부사장에게까지 보고서를 올리고 있는 것으로 전해진다.

7) 정보활동방법

각 기업의 정보맨들은 학연과 지연을 총동원해 출입처 실력자들에게 접근한다. 핵심 인사에게 접근하기 위해서는 수단방법을 가리지 않는다. 기업은 정보맨에게 절대 권한을 주고 활동비를 전폭적으로 지급하는 등 지원을 아끼지 않는다. 한 정보맨은 "흔히 정보맨 한 사람이 쓰는 활동비는 한달에 최대 2천만원에 이르기도 한다"며 거의 무한대로 봐도 좋다고 귀띔했다.

다양한 조직과 방법으로 모은 정보는 그 기업이 기업활동을 하는 데 주요한 정책결정의 자료로 활용된다. 이 정보가 기업의 미래를 좌지우지한다고 해도 과언이 아니다.

그러나 각 기업에서는 정보조직의 실체를 대외비에 붙이고 있다. 기업의 이미지가 나

빠질 수 있고, 정보맨들의 대외활동에도 제약이 따를 것을 우려하기 때문이다. 실명이 확인된 정보맨들에게 이 확인 전화를 했을 때 이구동성으로 "자신은 모르는 일"이라고 잡아뗀 것도 이런 이유다.

2. 한국의 국가정보조직[13]

한국의 근대적 정보기관의 시초는 1902년 고종이 만든 제국익문사이다. 익문사 수장인 독리 아래 현재의 국정원 차장급에 해당하는 3명의 사무, 사기, 사신 등을 두고 61명의 정보원이 있었다. 한일 합방 이후는 단재의 의열단, 임시정부, 백범의 한인애국단, 광복군 등이 정보기관과 같은 역할을 해왔다. 근대적 정보기관으로서는 육군본부 정보국이 최초이며 이승만 대통령 시기에는 육군 특무부대가 국내 보안을 담당했다(문정인, 2002: 573).

(1) 국가정보조직의 특이성

국가정보원의 신입 직원들은 1999년 1월21일 개정된 국가정보원 직원법(법률 제5682호)에 따라 원장 앞에서 규정된 선서를 해야 한다.

"본인은 국가안전보장 업무를 수행하는 공무원으로서 투철한 애국심과 사명감을 발휘하여 국가에 봉사할 것을 맹서(盟誓)하고, 법령 및 직무상의 명령을 준수·복종하며, 창의와 성실로써 맡은 바 책무를 다할 것을 엄숙히 선서합니다."

국가안전기획부가 국가정보원으로 다시 태어난 뒤에 생긴 변화한 풍속도 중 하나다. 그 전신인 중앙정보부 시절에는 신입 직원을 어두운 암실에 집어넣고 선서를 하게 했다. 안에 있을 때는 물론 퇴직한 뒤에도 지득(知得)한 기밀을 절대 외부에 누설하지 않겠다는 보안서약 의식이었다.

국가정보원 직원들은 입사와 동시에 사표를 내고 업무를 시작한다는 점이다. 역설적이지만 이 사표를 근거로 국정원은 직원에게 '사고'가 생기면 언제든지 "우리 직원이 아니다"라고 '도마뱀 꼬리 자르기'를 할 수 있다. 국내외에서 비합법적 정보수집 활동을 하다 발각되거나, 또는 북한에 잠입해 특수공작 활동을 하다가 체포되는 '사고'가 흔치는

---

13) 김 당 동아일보 기자의 기사와 논저를 편집.

않지만 특수활동을 하는 이들에게 언제든지 일어날 수 있는 일이기 때문이다.

그래서 이들은 하나 같이 익명(匿名)으로 존재한다. 수천 명의 직원 중 정무직인 원장과 1·2·3차장 그리고 기조실장을 제외하고는 유일하게 공보관만이 신원(身元)을 공개할 수 있는 특수 집단이다. 심지어 죽어서도 이들의 신원은 비공개이고 더러는 신원(伸冤)하지 못한 억울한 죽음으로 남기도 한다. 그래서 정부 부처 중 유일하게 청사 내에 보훈탑이 있어 순직자 42명의 위패가 모셔져 있다. 그 중에는 러시아 블라디보스토크에서 피살당한 최덕근 영사처럼 일반에 알려진 경우도 있지만 대부분 어떤 임무를 수행하다 죽었는지 베일에 싸여 있다.

역대 정보 기관장들은 내부 인사보다는 대통령이나 당시 권력 실세들과 가까운 외부 인으로 채워져 왔다. 역대 28명 중 19명이 군 출신이다. 박정희 전 대통령은 쿠데타에 성공한 직후인 1961년 5월 국가재건최고회의 직속으로 중앙정보부를 창설한 뒤 김종필 전 총리를 부장으로 임명했다. 이후 1979년 10월 박 전 대통령이 숨지기 전까지 임명된 9명의 중정부장 중 8명이 군 출신이었고, 1973년 제7대 신직수 부장만 검찰 출신이었다.

직접 10대 부장을 지낸 전두환 전 대통령은 1981년 국가안전기획부로 이름을 바꾼 뒤 역시 유학성, 장세동, 안무혁 등 12·12 쿠데타 핵심세력을 차례로 수장으로 앉혔다. 그러나 아시안 게임과 올림픽 유치 등으로 해외 정보가 긴요했던 1982년에는 외무장관 출신인 노신영 부장을 임명하기도 했다. 노태우 전 대통령은 박세직, 서동권 부장 등 군 과 검찰 출신 인사를 번갈아 임명했다.

김영삼 전 대통령은 1993년 문민정부를 출범시킨 뒤 안기부의 부정적 이미지를 없애고, 과도한 정치 개입을 막겠다는 명분을 내걸고 학계 출신인 김덕 부장을 파격적으로 임명했다. 그러나 집권 중반기에 들어서자 군 출신인 권영해 부장을 기용했다.

국민의 정부가 출범한 뒤 김대중 전 대통령은 국정원에 국내 정보보다는 해외 정보에 치중할 것을 주문했고, 명칭도 국가정보원으로 바꿨다. 그가 임명한 이종찬 천용택 임동원 신건 등 네 명의 원장은 각각 정치인, 군, 관료, 검찰 출신으로 출신은 달랐지만 공통적으로 DJ의 햇볕정책을 적극 수행했다.

참여정부 들어서는 초대 원장에 변호사 출신인 고영구 원장과 검찰 출신의 김승규 원장, 국정원 출신의 김만복 원장 등이 맡아왔다.

(2) 1960년대의 정보기관

1961년 중앙정보부가 생긴 것은 한국의 국가정보기관 역사에서 크게 두 가지 의의를 갖는다. 첫번째 의의는 중앙정보부의 출범으로 전략적 차원의 국가정보기관이 처음 생겼다는 점이다. 45년 8월 광복 후 중앙정보부가 창설될 때까지 군과 경찰을 중심으로 운영되어 온 정보기관은 전술적 또는 부문 정보기관의 수준을 벗어나지 못했다. 그에 비해 명칭에서부터 권한에 이르기까지 미 중앙정보국(CIA)을 모델로 한 중앙정보부(KCIA)는 명실상부한 국가정보기관의 형태를 띠었다.

또 다른 의의는 해외정보 수집 기능을 갖춘 중앙정보부의 출범으로 비로소 해외정보에 대해 체계적으로 접근할 수 있게 되었다는 점이다.

하드웨어(조직)는 미국식이었지만 그것을 운용하는 소프트웨어(인력)는 일제시대 때 군과 경찰에서 경험을 전수받은 군과 경찰의 그것, 즉 일본식이었다. 정보에 대한 일본식 이해는 조작과 공작이었다. 즉 현대적 의미의 CA(Covert Action)였다.

(3) 1980년대의 정보기관

1980년대로 들어서면서 정치체제의 변환과 함께 명칭도 국가안전기획부로 바뀌면서 중앙정보부는 중대한 변환을 맞이한다. 그러나 국가안보와 정권안보를 동일시하는 정보기관의 전통은 크게 달라지지 않았다.

1980년대 안기부 운영방식의 가장 두드러진 특징은 이른바 '관계기관대책회의'를 들 수 있다. 이는 정보기관인 안기부가 법적인 근거는 없지만 실질적으로 정치현실을 강제하는 통치기구로서의 역할을 맡은 것을 의미한다. 1987년 1월 박종철씨 고문치사 사건으로 드러난 것처럼, 안기부는 80년대 정치 안정에 영향을 주는 중대사건이 생길 때마다 수시로 관계기관대책회의를 열어 대책을 마련하는 등 정국 운용을 주도했다. 이는 전통적 의미의 정보수집 및 분석기능을 뛰어넘어 정보수집으로 정책을 결정하고 정책 집행결과를 점검 조율하는 기능까지 장악한 것을 의미했다. 즉 정보수집, 기획대안 모색, 집행, 모니터, 피드백(feed-back)에 이르는 모든 과정에 안기부가 개입한 것이다.

그러나 제3공화국과 유신정권 그리고 제5공화국의 나쁜 이미지로 법 위에 군림하는 기관, 정보를 자의적으로 운용하고 국가 안보가 아닌 정권 안보를 위해 봉사하는 기관이라는 인상이 국민에게 각인되었다. 그 유산은 지금까지도 정보기관 본연의 역할을 수행하는 데 큰 장애로 작용하고 있다. 또한 정책입안과 조정기능까지 담당하여 정보수집능력 배양에 소홀하게 되었다.

(4) 문민정부와 정보기관

이른바 '문민정부'라는 김영삼 정부가 들어서면서도 안기부는 큰 변화를 겪었다. 그것은 일단 안기부에 대한 통제 형식을 띠었다. 김영삼 정부는 94년 1월 국가안전기획부법을 개정해 국가보안법 제 7·10조(찬양-고무·불고지) 수사권 및 보안감사권을 폐지하고, 방첩·대테러·국제범죄조직 업무를 추가해 94년 2월 국제범죄신고상담소를 개소했다. 또 94년 6월에는 국회 상임위로 정보위원회가 설치되어 사상 처음으로 국회에 의한 정보기관의 통제가 시도되었다. 내부적으로는 관계기관대책회의가 사라져 정보수집과 정책수립 기능이 분리되었다. 안기부는 중앙정보부 창설 이래 서울 남산과 이문동 청사에서 근무해 온 '두 지붕 한가족' 시대를 끝내고 95년 9월 내곡동 통합 신청사로 이전했다.

그러나 96년 12월 야당과 재야의 반대를 무릅쓰고 안기부법을 재개정해 국보법 제 7·10조 수사권을 원상 회복시켰다. 또 각종 정치개입 사례와 예산 횡령(여당 선거자금 불법 전용) 사건, 그리고 북풍공작 사건에서 알 수 있듯이, 국회 정보위의 통제를 받는 문민정부하에서도 안기부는 과거의 틀에서 벗어나지 못한 채 오히려 더 교묘한 방법으로 정치에 개입하고 정보기관의 예산을 여당 선거자금으로 빼돌리는 등 구태를 답습했다.

(5) 국민의 정부와 정보기관

98년 2월25일 김대중 정부 출범과 함께 3월5일 제22대 국가안전기획부장으로 취임한 이종찬은 '작지만 강력한 정보기관'을 표방하며 명칭을 국가안전기획부에서 국가정보원(National Intelligence Service, NIS)으로, 중앙정보부 시절부터 써온 '음지에서 일하고 양지를 지향한다'는 부훈(部訓)을 '정보는 국력이다'라는 원훈(院訓)으로 바꾸고, 총원의 11.1%를 줄이는 등 조직과 기능을 대폭 개편했다. 국정원은 이종찬 초대 원장에 이어 천용택·임동원·신건 4명의 원장을 맞이했다.

(6) 참여정부의 정보기관

'수지 김 살해 사건' 수사가 한창이던 2001년 말, 검찰이 국정원 대공수사국장을 지낸 인물을 구속했다. 2000년 경찰이 수지 김 사건이 조작된 사실을 알고 수사에 들어가자, 경찰에 기록 이첩과 수사 중단을 요구해 경찰 수사를 막았다는 것이 검찰이 밝힌 구속 사유였다. 당시 김 전 국장이 경찰의 수사 중단을 요구하면서 내세운 이유는 "대공관련으로 수사 중인 사건"이라는 것이었다. 김대중 정부 들어 '환골탈태'했다고 선언한 국정원이 대공수사권을 남용해 경찰 수사에 개입했던 셈이다. 1987년 발생한 '수지 김 사건' 자체도 윤태식씨가 아내인 수지 김을 살해한 사건을 당시 안기부가 '여간첩 납치미수 사건'으로 왜곡한 것이었다. 사건이 조작되고, 10여년 이상 은폐되고, 진실 발굴을 마지막까지 막았던 무기가 모두 국정원의 '대공수사권'이었다.14)

수지김 사건뿐 아니라 70년대부터 90년대까지 벌어졌던 대형 공안사건의 뒤에는 언제나 대공수사국이 있었다. 의문사진상규명위원회의 조사자료를 보면, 이들 사건 중 상당수는 사건조작과 인권침해 의혹이 있다. 지난 73년 당시 중앙정보부에서 조사를 받던 도중 숨진 최종길 서울대 법대 교수가 대표적인 피해자다. 74년국가 전복 혐의로 8명이 사형된 인혁당 재건위 사건도 유신반대 운동에 당황한 중정이 고문을 통해 조작한 것으로 드러났다. 92년 14대 대선 직전 터져나온 남한조선노동당 사건은 물론, 2000년 민혁당 사건 수사에서도 고문 논란이 일었다.

국정원법 제3조에는 '형법 중 내란의 죄, 외환의 죄, 군형법중 반란의 죄, 암호부정사용죄, 군사기밀보호법에 규정된 죄, 국가보안법에 규정된 죄에 대한 수사'(1항 3호)에 대해서는 국정원이 수사권을 행사할 수 있도록 하고 있다. 시민단체들은 바로 이 규정이 문제라고 보고 있다. 인권보장을 위해 투명하게 행사해야 할 수사권을 구성원이나 조직, 활동 내용 등 모든 것이 비밀인 정보기관이 행사한다는 것 자체가 원천적으로 불법 시비를 불러일으킬 수밖에 없다는 것이다.

더 큰 문제는 현행법에서는 국정원의 수사권 남용을 규제할 마땅한 장치가 없다는 데 있다. 93년 안기부법 개정을 통해 범죄수사에서 적법절차 준수를 의무화하고, 이를 어기면 직권 남용죄로 처벌받도록 하는 규정이 새로 만들어졌지만, 국정원 직원 가운데 수사 과정의 적법절차 위반으로 처벌받은 사람은 아직 한 명도 없다. 불법 체포와 구금, 변호

---

14) 한겨레신문. 2003.4.19.

인 접견 거부 등 불법 시비가 계속될 때마다, 국정원 쪽은 해당 직원이 누구인지 알 수 없다고 밝혔다. 국정원은 "김대중 정부 이후에는 인권침해가 공식 확인된 사례가 없고, 효율성 측면에서 볼 때 수사권 폐지보다는 검찰과 법원에 의한 통제를 강화하는 것이 바람직하다"는 점을 강조하고 있다.

국가정보원은 해외경제와 과학기술 및 사이버 테러정보 수집·분석 기능을 강화해 전문 정보기관으로 거듭나기 위한 종합 혁신방안을 마련하여 추진하고 있다. 국정원 산업기밀보호센터는 첨단기술의 해외 불법유출로 인한 국부 손실을 차단하기 위해 2003년 10월 설립되어 그간 산업스파이건 총 83건을 적발했고 이를 통해 사전예방한 피해예상액만 91조8천억원에 달한다.[15] 국정원은 센터 설립후 산업스파이 색출 활동과 더불어 사전 예방활동을 펼치고 있다. 예방활동으로는 기업체 및 연구소의 요청에 따른 대민 서비스 차원에서의 산업보안 교육 및 컨설팅, 기업과 연구소의 자율 보안관리 정착 지원 등이 있다. 기술유출에 취약한 중소기업을 대상으로 중소기업청, 중소기업진흥공단과 함께 '산업보안 워크숍'과 '산업보안 설명회'도 실시한다. 민·관간 원활한 정보교류와 협력을 통한 기술유출 공동 대응 시스템 구축을 위해 '산업보안협의회'도 운영 중이다. 정부는 2006년 9월 '산업기술의 유출방지 및 보호에 관한 법(산업기술유출방지법)'을 제정하였다.

노 대통령은 "정·경·언 유착과 도청 문제 중 도청 문제가 훨씬 더 중요하고 본질적이라고 본다"고 말했다. 그는 "도청은 심각한 인권 침해이고 국가권력에 의해 가해지는 범죄행위이기 때문에 더욱 심각하다"며 "정경유착보다 가볍지 않다"고 강조했다. "중앙정보부 시절부터 벌어졌던 국가 정보조직의 불법 행위에 대해 누구도 구조적으로 파헤친 적이 없다"고 말했다.[16]

2007년1월 국가정보원은 통상과 과학·기술 등 국가이익 관련 개념을 비밀 범주로 확대하고 이를 누설하는 행위를 강력히 처벌하는 내용을 골자로 하는 '비밀의 관리 및 보호에 관한 법률' 제정안을 마련했다. 제정안은 국가안보와 관련한 비밀의 범위를 통상·과학·기술 등 국가이익과 관련된 개념까지 대폭 확대, 비밀누설 행위에 대한 강력한 처벌조항을 담고 있다. 또 비밀의 개념을 '누설되는 경우 국가의 안전보장 및 통상·과학·기술 등 국가이익에 명백한 위해를 초래할 우려가 있는 사실이나 물건, 지식'으로 규정, 비밀의 범위를 종전의 국가안보 중심에서 크게 확대했다.

---

15) 경향신문, 2006.12.15.
16) 한국일보, 2005.8.9.

국가정보원은 2007년 12월 대통령 선거에서 정치적 중립을 지키기 위한 태스크포스(TF)를 구성함으로써 탈정치, 탈권력화, 나아가 정치적 중립을 제도화하는 노력을 보여주고 있다.

3. 외국 정보조직의 동향

(1) 영미의 정보조직

미국 의회는 2001년 9·11 테러를 충분히 막을 수 있었으나 정보기관의 종합 대처 소홀로 막지 못했다는 내용을 담은 진상조사 보고서를 발표했다.[17] 조사를 맡았던 상·하원 합동 정보위원회는 중앙정보국(CIA), 연방수사국(FBI), 국가안보국(NSA) 등 주요 정보기관이 정보를 입수하고도 적절히 대처하지 못해 테러 차단에 실패했다고 비판했다. 9·11테러 진상조사 보고서에 의하면 알 카에다가 미국 본토에 대한 공격을 계획하고 있다는 징후가 충분했으며, 정보기관들이 이 계획을 수포로 돌릴 기회가 여러 번 있었다고 한다. 보고서에 따르면, NSA는 테러 당시 항공기를 납치했던 범인 2명이 중동의 알 카에다 조직과 연관돼 있었다는 정보를 지난 99년 초에 입수했으나 다른 정보기관에 이를 통보하지 않았다. 이는 미국이 입수한 첫 9·11테러 관련 정보였으나 참사가 발생하고 의회가 조사를 착수한 2002년 초기까지 중요정보로 인식되지 못했다.

2000년초 CIA 역시 알 카에다와 이들 여객기 납치범의 연계망을 독자적으로 감지했지만 테러위험인물 리스트에 이들을 등재시키지 않아 미국 입국을 막지 못했다. 그 결과 FBI도 알 카에다 활동 범위를 효과적으로 감지하지 못하고 정보 수집에도 실패했다고 보고서는 지적했다. 보고서는 FBI와 CIA 등이 많은 단편적인 정보를 가지고도 테러를 막지 못한 것은 이들 정보기관의 조직간 공조체계 결함, 종합분석능력 결여를 여실히 드러내는 것이라고 비난했다.

영국 '버틀러 위원회'도 영국 정보기관을 비판하는 내용의 최종 보고서를 발표했다. 버틀러 위원회는 이라크 침공을 정당화하는 명분으로 활용됐던 이라크 대량살상무기(WMD)에 관한 정보는 매우 치명적 결함이 있는 것으로 결론지었다. 보고서는 이라크

---

17) 서울신문. 2003.7.26.

정보 오류는 특정 개인의 잘못이 아니라 정보수집·분석과정의 총체적 문제이고 영국 정부가 고의적으로 WMD 정보를 왜곡했거나 과장된 정보가 이용되도록 방치했다는 증거를 찾을 수 없었다고 했다. 버틀러 보고서는 앞으로는 정보를 수집·분석하는 사람들과 정부 정책을 옹호하는 사람들 간에 선을 명확히 그어 정치적 의도가 정보수집·분석과정에 개입하지 못하도록 해야 한다고 강조했다.

2001년 9·11 테러 이후 입지가 크게 위축된 미국 중앙정보국(CIA)이 세계 최강의 정보기관으로 다시 서기 위해 특단 대책을 내놓았다.[18] CIA는 9·11 테러에 대한 잘못된 예측과 이라크 대량살상무기(WMD) 관련 허위보고 등으로 오명을 뒤집어쓰고 권위와 명예가 크게 실추됐다. 특히 2005년 초 조지 W 부시 대통령이 CIA를 비롯한 국내 정보기관들을 총괄하는 국가정보국을 신설한 뒤 최고 정보기관 자리를 내주고 말았다. 마이클 헤이든 CIA국장의 새 계획은 조직 유연화를 위한 부서 간 장벽 허물기를 최우선 과제로 삼고, 정보 수집요원과 분석요원 간 긴밀한 업무 협조를 위해 웹 사용을 강화하고 있다. 또 국무부와 국방부가 관리하고 있는 보안 네트워크에 정보 데이터와 보고서를 전달하기로 했으며, 그간 소홀히 해 온 신문기사 등 공개 자료도 정보 수집 대상에 포함했다. 특히 연공서열을 중시하는 관행에서 탈피해 능력 위주의 승진 및 임금 정책을 펴기로 했다. 9·11 테러 이후 줄였던 해외 파견 요원도 대폭 늘리기로 했다. 헤이든 국장은 CIA 내에 민간정보기관과 군사정보기관 간 마찰을 해결할 점검반을 만드는가 하면, 학계·재계·정부 지도자들로 구성된 '외부자문위원회'도 처음으로 조직했다.

그러나 세계 정보기관의 대명사인 미국 중앙정보국(CIA)을 민영화해야 한다는 주장도 나오고 있다.[19] 미 국방부 관료 출신인 마이클 루빈 미국기업연구소(AEI) 상임연구원이 과감한 개혁안을 제시했다. 그는 루빈 연구원은 "CIA 보고서의 엉터리 수준은 공공연한 비밀"이라며 "행정부에 배포된 보고서를 보면 신문 기사보다 분석적인 내용이 담긴 경우가 거의 없다. '보안 엄수주의'에 따라 이런 창피한 수준이 노출되지 않을 뿐이다"라고 질타했다.

CIA를 비롯한 미국 정보기관의 '정보 실패'는 어제오늘의 얘기가 아니다. 옛 소련의 갑작스러운 붕괴와 9·11 테러를 전혀 예측하지 못했으며 이라크의 대량살상무기(WMD) 보유를 과장했다는 비판에 여전히 시달리고 있다. 이로 인해 16개 정보기관을 총괄감독하는 국가정보국장(DNI) 직을 신설하는 등 과감한 수술이 단행됐고 최근엔 정보기관 간

---

18) 세계일보. 2007.1.18.
19) 동아일보. 2007.2.1.

의 정보공유와 전문인력 확충 작업이 계속되고 있다. 그러나 루빈 연구원은 그것만으로는 부족하다며 더 근본적인 개혁이 필요하다고 역설했다. 그는 CIA가 △현장 경험이 없는 책상물림 전문가를 주로 채용하고 △업무 세분화로 인해 스스로 칸막이에 막혀 있으며 △고의적으로 정보를 외부에 유출하는 정치화 경향까지 보인다고 비판했다. 따라서 근본적 해법은 CIA 내 정보분석팀을 축소하고 민간 싱크탱크나 대학의 전문가들에게 데이터 분석을 맡겨 경쟁체제를 구축하는 것이라고 루빈 연구원은 주장했다.

(2) 일본의 정보조직

일본은 현재 경찰청과 공안조사청, 내각정보조사실에서 정보를 수집해오고 있다. 일본이 국제테러와 북한의 위협 등에 대비한다는 명분으로 미국식 정보기관과 군사조직을 모방하고 있다.[20] 일본 정부는 현재의 내각 정보조사실을 총리실 직할 정보기관으로 확대, 개편하는 작업을 검토 중이다. 새 정보기관은 미 중앙정보국(CIA)이나 이스라엘의 모사드를 모델로 삼고 있다. 구체적으로는 현행 150명 규모인 내각 정보조사실을 1,000명 규모로 확대, 출범시킬 방침이다. 또 법무성 관할의 공안조사청 등으로부터 전문 인력을 지원받을 예정이다. 새 조직은 국제테러와 북한의 공작활동 등을 미연에 저지하기 위해 정보를 수집하고 분석하는 역할을 맡는다. 일본 정부는 동시에 국가정보의 보호강화를 위한 수단으로 외국기관 등에 국가 방위기밀을 누설할 경우 엄벌에 처하는 스파이방지법의 제정도 검토하고 있다.

(3) 러시아의 정보조직

러시아 정보조직의 영향력은 구소련에서와 마찬가지로 막강하다. 러시아의 정·관계 요직 5명 중 4명은 옛 소련 정보기관인 국가보안위원회(KGB)나 그 후신인 연방보안국(FSB) 출신이다.[21] 러시아 과학아카데미 산하 엘리트연구소 소속 올가 크리시타노프스카야는 최근 발표한 연구보고서에서 고위 공무원, 국회의원, 지방 지사, 국영기업 임원 등의 80%가 KGB 등 정보기관 출신이라고 밝혔다. 대표적 인물로는 세르게이 이바노프 국방장관, 이고리 세친 대통령부 부장관, 빅토르 이바노프 대통령 보좌관, 니콜라이 파트

---

20) 경향신문. 2004.3.30.
21) 한국경제신문. 2007.1.24.

루셰프 FSB 국장 등이 꼽힌다.

소련 붕괴 15년 후 러시아는 변했다. 과거보다 부자가 되고 민주적이고 개방적이 됐다. 그러나 옛 공포가 돌아오고 있다. 인권운동가 루드밀라 알렉세예바는 "더 이상 식료품 부족과 상점 앞 긴 줄은 없지만 오늘의 러시아는 여전히 인권과 자유가 부족한 곳"으로 변했다고 말한다.

영국으로 망명한 러시아 스파이가 방사능 물질에 중독돼 살해되기도 했다. 리트비넨코는 2000년 런던으로 이주한 뒤 1999년 발생해 300명 이상이 사망한 2건의 모스크바 아파트 폭파 사건이 체첸 반군 공격 구실을 만들기 위해 푸틴 대통령이 지시한 것이었다고 폭로하는 책을 냈다. 살해되기 전에는 체첸 관련 탐사 보도로 정부를 비판하다 청부 살해된 여기자 안나 폴리트코프스카야 사건을 조사해왔다. 따라서 푸틴에게는 리트비넨코 제거가 절실했을 것이란 추론이 가능하다.[22]

나아가 '루스키 라즈드벳치키(러시아 스파이들)'가 돌아온다. 옛 소련의 국가보안위원회(KGB)가 세계를 무대로 서방 첩보기관들과 치열한 첩보전을 펼치던 냉전 시대가 되돌아온 것 같다는 평가도 나온다.[23]

캐나다 법원은 4일 정교하게 위조된 출생증명서를 이용해 캐나다 여권을 취득한 러시아 간첩 용의자에게 강제추방 명령을 내렸다. 그는 러시아 해외정보국(SVR) 요원인 것으로 알려졌다. 아예 캐나다인으로 신분을 세탁해 활동할 계획이었다.

지난해에도 러시아군 정보총국(GRU) 요원이 독일인으로 위장해 독일 군에 입대하려다 적발된 사건이 있었다. 러시아 첩보기관은 이처럼 세계 각국에 '고정 간첩'을 침투시키려는 시도를 계속하고 있다.

국익에 방해가 되거나 크렘린에 대항하는 국내외 인사들을 암살하려는 의혹도 끊임없이 나온다. 동원되는 방법도 상상을 초월한다. 알렉산드르 리트비넨코 씨 살해에 방사능 물질까지 동원됐지만 2004년 9월 빅토르 유셴코 우크라이나 대통령 암살 시도 때는 독극물인 다이옥신이 쓰였다. 독살은 러시아 첩보기관이 예전부터 애용해 온 방법. '체첸의 체 게바라'로 불리던 체첸 반군 지휘관 에미르 하타프는 2002년 독이 묻은 편지를 읽다 죽었다. 크렘린의 미움을 산 안나 폴릿콥스카야 기자도 여행 중 항공기 내 음료수를 먹고 독살될 뻔했다. 폴릿콥스카야 기자는 결국 10월 총격을 받아 사망했다.

---

22) 경향신문. 2006.12.20.
23) 동아일보. 2006.12.6.

암살 시도는 국내외를 가리지 않는다. 2004년 카타르 수도 도하에서 젤림한 얀다르비예프 전 체첸 대통령이 차에 몰래 설치해 둔 폭탄이 터져 사망했다. 카타르 당국은 SVR 요원 2명을 범인으로 체포했으나 러시아 정부의 압력에 따라 이들을 러시아로 돌려보냈다.

제5장
경찰기획 환경분석기법

1. 경찰기획과 과학적 분석기법

경찰기획에 있어 환경분석은 외부환경과 내부환경을 분석하여 기회요인과 위협요인을 발견하고 해결해야할 과제와 숙제들을 도출해내는 과정이다.

○ 기획과정별 과학적 분석기법

기획단계	분석기법
환경분석	이해관계자분석, PECST기법, 시계열분석, 시장조사법, Focus Groups, Delphi 기법, 미래예측기법, 인과분석모형(causal analysis model), 시계열분석(time series analysis), 회귀분석(regression analysis), 정성적 기법(qualitative technique)
문제설정	벤치마킹
대안탐색	브레인스토밍(Brainstorming)
대안비교	비용편익분석기법
시행계획수립	• 대기이론(queuing theory) • 선형계획법(linear programming) • 동적 계획법(dynamic programming) • PERT(Program Evaluation and Review Technique)

---

24) 중앙공무원교육원. 2001. 「정책기획연습」을 주로 참조.

환경분석을 위해서는 각 단계마다 다양한 분석 및 예측기법들을 활용하여야 한다. 특히, 통계학, 경제학, 경영학 등에서 개발된 기법들이 기획과정에서도 공통적으로 이용된다.

2. 경찰기획 환경분석기법의 유형

경찰기획에 필요한 정보가 수집되면 이를 활용한 환경분석이 필요하다. 분석방법에는 크게 주관적 방법과 객관적 방법, 연장적 방법과 인과적 방법, 선형적 방법과 분류적 방법이 있다.

(1) 결과 예측기법

미래는 미래에 일어날 가능성이 있는 잠재적 미래(potential futures), 특별한 일이 없다면 현재의 상태가 그대로 연장되어 일어나리라고 믿어지는 개연적 미래(plausible futures), 미래에 일어나야 한다고 바라는 규범적 미래(normative futures) 등이 있다.

결과를 예측하는 방법에는 통상 ① 추세연장적 예측 ② 이론적 예측 ③ 판단적 예측 등이 사용된다.

1) 추세연장적 예측

추세연장(extrapolation)이란 과거로부터 현재에 이르기까지의 자료를 토대로 미래를 예측하는 것이다. 예를 들면, 과거부터 현재까지 5년간 노인인구가 5%였다면, 앞으로 5년간 5%로 추정하는 방식이다.

2) 이론적 예측

이 방법은 독립변수(원인)와 종속변수(결과)의 관계를 모형화한 인과(因果)모형을 동원하여 현재의 상태(독립변수)를 근거로 미래의 상태(종속변수)를 예견하는 것으로, 통상『회귀분석』(Regression analysis)이 활용된다.

3) 판단적 예측(델파이기법)

판단적 예측기법은 판단자의 창조력과 통찰력, 직관 등 주관적 요소에 근거하여 미래를 예측하는 것으로서 예를 들면, 농정시책결과 농어민 소득변화를 예측하는 경우 관련 전문가들이 모여 토론(델파이)을 거쳐 추정하는 방식이다. 여기에는 『델파이기법』, 『정책델파이』, 『교차영향분석』, 『실현가능성 평가』 등이 있다.

(2) 환경조사(Environmental Research) 기법

1) 개 관

환경조사기법은 경찰행정과 관련된 주요 환경변수들의 동향을 분석하는데 사용하는 기법으로, 외부환경과 내부환경으로 나누어 조사하여 어떤 변화가 있는 지를 파악하는데 활용한다.

환경조사는 외부환경에 대해서만 실시하는 것이 아니라 내부환경에 대해서도 실시한다. 경찰조직의 다양한 구성원들간에 서로 상이한 견해를 수렴하고 구성원들 개개인의 업무능력과 근무환경에 대한 실태파악도 필요하다. 그 방법에는 설문조사나 실태조사 등이 있다.

경찰행정수요의 변화를 추적하여 수요가 증가하는 부문과 감소하는 부문이 있으면 이에 대응하여 경찰력의 배치에 활용할 수가 있다. 국민의 경찰조직에 대한 인식조사나 만족도조사가 매우 유용할 수가 있다.

2) 외부 환경 분석

외부적 환경 분석이란 간단히 말하면 아래의 질문에 답하는 것이라고 할 수 있다.

▷ 세계가(환경이) 어떻게 변화할 것인가?
▷ 이것이 우리에게 어떤 의미를 갖는가?
▷ 특히, 우리가 나아가고자 하는 목표가 주어질 경우, 이 변화들은 우리에게 유리하게 작용할 것인가, 아니면 불리하게 작용할 것인가?

환경분석에는 아래와 같은 기획 기법들이 사용된다.
① PECST

② 예측 모형(시계열 모형과 계량 경제 모형)

③ 시장 조사(Marketing Research)

④ 행정서비스 품질 검증 고객 집단(Focus groups)

⑤ 전문가 의견 수렴(Delphi)

⑥ 시나리오(Scenarios)

3) 내부 환경 분석

"우리가 궁극적으로 도달하려고 하는 목적지, 또는 이상향에 이르고자 애쓰고 있는 상황일 때, 우리 자신들에게 내재해 있는 것들(우리의 사상이나 생각이든 아니면 물적 자원이든)중에서 우리에게 도움을 줄 수 있는 것들은 무엇이며, 우리의 작업에 지장을 줄 것은 무엇들일까?" 이 질문에 답하기 위한 작업과정이 내부적 분석(Internal Analysis)이다. 내부적 기법들은 모두가 기본적으로 다음 사항들에 초점을 맞추게 될 것이다.

▶ 조직이 마땅히 해야할 일을 하고 있는가?

▶ 조직이 그 일을 제대로 잘 하고 있는가?

만일, 앞 두 가지 사항에 대한 답이 "그렇지 않다"라면, "조직 내부에서 조직의 발목을 잡고 있는 것은 무엇인가?" 라는 질문에 대한 해답을 찾아야 할 것이다.

여기에는 아래에 열거하는 몇 가지 분석 기법들이 해답을 줄 수 있다.

▶ 벤치마킹(Benchmarking)

▶ 포트폴리오 매트릭스(Portfolio Matrix)

▶ 생애 주기(Product Life Cycle)

▶ 가치사슬 분석(Value Chain Analysis)

▶ 7-S 틀(7-S Framework)

제2절 * 이해관계자 분석

1. 개 념

(1) 중요성

이해관계자 분석은 효과적인 기획에 가장 중요한 전제이다. 기획전문가들은 조직이 전략적 기획을 하고자 할 때 단지 한 가지만 할 시간적인 여유가 있다면 그것은 이해관계자 분석을 하도록 권장한다.

조직이 누가 그들 조직의 이해관계자인지를 알지 못하고 어떤 기준이 조직을 판단하기 위하여 사용하는지 모르고, 이러한 기준에 따라서 조직을 어떻게 운영할지를 모른다면 조직은 그들의 이해관계자를 만족시키기 위하여 무엇을 해야 할 것인지를 알 수가 없게 된다.

(2) 이해 관계자의 의의

이해관계자란 조직의 전략적 계획이나 기획과정에 의하여 영향을 받게 되거나 관심을 가질 가능성이 있는 개인, 집단 및 조직을 의미한다. 이해 관계자란, 옳건 그르건, 자신들이 어떤 조직의 미래에 이해관계를 가지고 있다고 믿는 사람 또는 조직을 망라해서 의미하는 것이며, 단순히 기획 담당자들이 그 사람들은 마땅히 거기에 이해관계가 있을 것이라고 생각하는 그 사람이나 조직들을 의미하는 것이 아니다. 즉, 이해 관계자 분석 접근 방법은, 경찰 조직의 미래에 영향을 미치고 싶어 하고 또 그럴 능력이 있는 개인이나, 공식적. 비공식적 집단, 혹은 제도(Institution) 등 모두를 이해 관계자로 취급하여야 함을 의미하는 것이다.

(3) 이해관계자의 종류

이해관계자는 네 가지 유형으로 나눌 수 있다.

① 자원을 통제하는 이해관계자
② 정치적 영향력을 가진 이해집단
③ 서비스의 생산에 개입하는 이해관계자
④ 경찰업무환경에 영향을 가지는 이해관계자

1) 자원을 통제하는 이해관계자

경찰조직이 사용할 수 있는 자원(Resources)을 직접적으로 통제할 수 있는 힘을 가지고 있는 이해관계자가 있다. 이것은 통상 계층제적 질서 관계에서 나오는 지시(Directions)를 발할 수 있는 공식적인 힘과 관련이 있다. 즉, 대통령으로부터 행정안전부 장관, 그리고 기획예산처와 같은 관련 기관이 있다.

2) 정치적 영향력을 가진 집단

정치적 영향력은 기본적으로 위의 직접적인 힘을 가지고 있는 사람들에게 영향을 미칠 수 있는 능력에서 비롯되는, 자원을 간접적으로 통제하는 힘을 지니고 있음을 의미한다. 이러한 힘을 지닌 집단은 국회의원이나 시민단체, 조직화된 일반시민을 들 수 있다.

3) 생산에 개입하는 이해관계자

이는 경찰활동을 통제하는 힘을 가진 집단이다. 경찰이 행정 서비스를 생산하기 위해서는 의존할 수밖에 없는 힘을 가지고 있는 집단이다.

4) 환경에 영향을 가지는 이해관계자

환경에 영향을 가지는 이해관계자는 직접적인 규제와 일반적인 법령 등을 통해서건, 조직이 그 속에서 움직이고 있는 환경을 통제하는 힘을 가지고 있다.

2. 이해관계자 분석 절차

(1) 이해관계자 분석 절차의 개관

이해 관계자 분석의 기본 단계는 아주 간단하다.

- **1단계** : 이해 관계자들을 나열한다.
- **2단계** : 이해 관계자들이 우리 조직에 미치는 영향력 요소들(Strengths)을 평가한다.
- **3단계** : 가장 중요한 이해관계자를 선택한다.
- **4단계** : 이해 관계자가 우리가 하고 있는 일 또는 성과(Performance)를 판단하기 위하여 사용하는 기준(Criteria)을 알아내어 기록한다. 이때 이해 관계자들이 현재 사용하고 있는 기준뿐만 아니라 미래에 사용할 것으로 예상되는 기준들까지 기록하는 것이 좋다.
- **5단계** : 4단계에서 찾아낸 기준들과 대비시켜서 현재 우리 조직이 하고 있는 일이나 성과를 평가한다.
- **6단계** : 그 평가 결과들을 기록한다.

이를 상세히 살펴보면 다음과 같다.

(2) 1단계

이해 관계자 분석은 단기계획이나 중기 계획이라 할 수 있는 사업계획보다는 장기 계획이라 할 수 있는 전략적 기획과 더 관계가 깊다. 그러므로 이해관계자 분석은 몇 년에 한 번씩 실시하면 될 것이다.

(3) 2단계 및 3단계

이해 관계자들 중에서 누가 우리 경찰 조직에 가장 영향을 미치는 지 판단할 필요가 있다. 이해관계자들이 우리 조직에 미치는 영향력 요소들(Strengths)은 무엇인지 정리하여야 한다.

(4) 4단계 및 5단계

이해 관계자들은 우리 경찰 조직에게서 무엇을 기대하는가? 이해관계자들이 경찰조직이 수행하는 일 또는 성과를 판단할 때 어떤 기준들을 사용하는가? 확인한다. 이해 관계자들이 우리가 하는 일이나 성과를 판단하기 위해 사용하는 기준들이 무엇인지, 그리고 이해 관계자들이 우리가 하는 일이나 성과를 바라보는 시각이 어떠한지, 우리가 알아내어 기록하고자 한다면, 그들에게 그것들을 물어 볼 필요가 있다.

(5) 6단계

이해관계자 분석결과를 일정한 기록양식에 기록한다. 이 양식은 현재 우리 조직이 하고 있는 일 또는 성과를, 이해 관계자들이 미래에 사용할 듯한 평가 기준들과 대비한 것까지 기록하는 것이다. 현재의 성과는 사실적이고, 보다 객관적이라는 장점을 갖고 있다.

그러나 만일 우리가 현재 구사하고 있는 정책이나 전략들을 앞으로도 계속 고수해 나간다면, 우리가 하는 일이나 성과가 장래에는 어떻게 평가될 것인지 물어 볼 가치가 충분히 있다고 하겠다.

○ 이해관계자 분석 결과 기록표

이해관계자의 명칭			○○○○		
현재의 중요성	미래의 중요성	성과를 판단하기 위해 현재 사용하고 있는 기준들	우리의 현재 성과	성과를 판단하기 위해 미래에 사용될 기준들	우리의 현재 성과

※ 중요성 기재
1. 극히 중요
2. 중 요
3. 어느 정도 중요
4. 중요하지 않음

※ 현재의 성과 기재
VG : 매우 좋음   P : 빈 약
G : 좋 음   DK : 모 름
OK : 만 족
VP : 매우 빈약

제3절 ※ PECST 분석

1. PECST 분석의 개념

PECST는 정치적(Political), 경제적(Economic), 문화적(Cultural), 사회적(Social), 기술적(Technological)인 5가지 구성요소들이 경찰업무에 영향을 줄 것인지 숙고해 보는 것이다.

PECST는, 내가 해야 할 일들을 조목조목 목록으로 만들어 보는 정도의, 어떤 면에서 보면 단순한 기획 기법들 중의 하나라 할 수 있다.

2. 기본적 분석 절차

(1) 기본적 접근방법

PECST 분석의 기본적 접근방법은,

① 5가지 구성요소들 각각을 차례대로 꺼내어
② 조직에 영향을 줄 수 있을 것으로 보이는 흐름이나 경향들을 확인하고
③ 그것들 중에서 어떤 흐름이나 경향들이 가장 강력한 영향을 줄 것인지 탐색하며,
④ 우리가 현재의 전략을 그대로 계속 고수해 갈 경우, 그 흐름이나 경향들이 우리 조직에 어떤 모습으로 영향을 미치게 될 것인지를 숙고해 보는 것이다.

(2) 분석 참여자들

PECST 분석에 참여하는 그룹은 다양하고 폭넓게 구성하는 것이 바람직하다. 이럴 경우 내부집단이나 간부그룹의 좁은 시야나 편견을 극복할 수 있다.

하위직 직원 집단을 참여시키는 것은 경찰 행정 서비스 수혜자들과의 다양한 접촉으로부터 나오는 다양한 시각이 있을 수 있기 때문에 긍정적이다. 일반직원들은 보다 폭넓은 정치적, 경제적, 사회. 문화적, 기술적 경향들이 내포하고 있을 수도 있는 의미들을,

이해관계에 얽매이지 않은 보다 초연한 견지에서 기획담당자에게 경고해 줄 수 있다.

(3) 관련기법

PECST 분석에 관하여 알아두어야 할 마지막 요점은, 이 분석 기법이 아래에 열거하는 기법들과 결합하여 쓰일 경우 더욱 효과적이다.

① 델파이 기법은 앞을 전망해 보고자 하는 PECST 분석에서 아주 유용하다.

② 상품 테스트 소비자 집단(Focus Group)을 활용할 경우, 넓은 영역에 걸쳐서 많이 알고 있는 사람들을 그 분석에 참여시킬 수가 있으므로 아주 유용하다.

③ 시계열분석 기법(Time series), 계량적 기법 등을 활용하면 PECST 분석 작업의 밑받침을 더욱 튼튼하게 해 줄 것이다.

제4절 공공서비스 품질 검증 고객 집단(Focus Groups)

1. 개 념

기획담당 경찰관들은 미래에 대한 계획을 세울 때, 외부 환경을 고려할 필요가 있다. 어떤 견해든 간에 시도되는 외부환경 분석은 광범한 분야에서 가능한 많은 자료를 확보해야 한다. Focus Groups은 조사 대상이 되는 사람들, 의견들, 전문가들의 범위를 확대함으로써 폭 넓음(Breadth)의 확보에 기여한다.

아래에서 Focus Groups의 적정한 인적 구성을 간단히 살펴보고 그 집단들을 효과적으로 이용하는 몇 가지 원리들을 본다.

2. Focus Groups의 효과적인 인적 구성

Focus라는 단어는 단어 자체가 그 구성원들이 어떤 공통적인 이해나 관심사를 가지고 있어야 함을 암시해 준다. 이 관심사 또는 이해(Interests)는, - 특정한 전문가적 지식, - 정한 공통 경험, - 특정한 주제에 있어서의 공통적인 이해, 관심사, - 조직 내에서의 공통적인 이해, 관심사 등으로 나누어 볼 수 있다.

(1) 특수한 전문가적 지식을 가진 집단

이 집단의 한 예로 대학교수들을 들 수 있다. 또 각 부처에서 활용하고 있는 정책자문위원회의 각 분과위원회 위원들을 들 수도 있다.

(2) 공통적인 경험을 가진 사람들

예를 들면, 특정한 유형의 범죄피해를 당한 피해자들이 모인 단체의 구성원, 경찰청과 관련된 압력단체 등을 들 수 있을 것이다.

(3) 특정한 주제에 있어서의 공통적 이해 · 관심사

공익단체의 대표자들, 혹은 어린이 보호를 위해 헌신하고 있는 자원봉사 조직을 위해 일하고 있는 사람들을 좋은 예로 들 수 있을 것이다.

(4) 조직 내에서의 공통적인 이해 관심사

여기에 해당되는 Focus Group은 여경모임, 동아리 모임 등을 들 수 있다.

3. Focus Group의 효과적인 활용

여러 전문가들을 효율적으로 활용하려면 토론과정을 효율적으로 관리할 수 있어야 한다. 세세한 의사일정과 빡빡한 토론 관리를 하려면 토론 주최자가 선택한 주제에 대해 유용한 정보를 확보하고 짧은 시간에 토론을 밀도 있게 관리해야 한다. 어떤 집단의 모임이든지 독특한 개성을 가진 사람들이 그 토론을 지배하게 되는 위험이 있는데 이를 적절히 통제해야 한다.

Focus Group은 기획과정에서 어떤 범위 내의 전문성 있는 관심사를 다루어야 할 때는 언제든지 사용할 수 있다. 또한 시나리오를 개발할 때, 7-S 틀의 논의 시, 생애 주기 혹은 포트폴리오 분석을 설계할 때, 가치 사슬을 구축할 때, SWOT분석을 하고자 할 때 등이다.

시나리오 분석법

1. 의 의

시나리오는 음악의 악보나 영화의 대본, 각본에 해당하는 것이다. 시나리오를 사용하는 것은 불확실한 환경 속에서 기획을 해야 하는 문제와 관련되어 왔다. 시나리오 분석이란 "상상할 수 있는 여러 개의 전략들을 나열하고 각 전략들의 성공 가능성을 미리 분석하고 판단하는 예측방법"을 뜻한다. 미래에 관하여 생각해 볼 때, 많은 다양한 불확실성의 원천들이 있게 된다. 그러나 이 불확실성의 원천들은 서로 독립되어 있는 것이 아니라 다른 요소에 영향을 미치게 될 것이다. 그러므로 시나리오를 구축할 때 내부적 일관성(Internal Consistency)을 유지해야 한다.

시나리오 분석이 필요한 이유는 여러 전략과 기획들은 그것들의 한계점을 내포하고 있기 때문에 또한 환경은 변화하기 때문에 이들 변화요소를 추정하여 미래를 예측함으로써 가장 좋은 대안을 선택할 수 있기 때문이다.

시나리오 분석의 장점은 스토리 형식으로 쉽게 다양한 미래의 모습을 구상해 볼 수 있고, 분석적이고 통찰력 있게 각 전략대안의 장단점을 파악할 수 있다는 것이다.

시나리오 분석의 방법은 단순한 예측이 아니라 다양한 변화요인들을 검토하여 다양한 미래의 모습을 묘사하는 것으로 [의사결정대안 설정-동인탐색 및 분석-확실성 축 결정-시나리오 작성-전략적 합의단계]를 거친다. 시나리오 분석은 1인, 혹은 소수의 전문가그룹을 동원하는 방법, 설문지, 워크숍을 통해 이루어진다.

2. 시나리오의 활용

시나리오는 경찰기획과정에서 2가지 방법으로 사용될 수 있다.

① 외부 환경이 변화할 가지 수를 예측하고, 그 결과 우리의 조직이 직면하게 될 문제 또는 이슈(Issues)들이 무엇인지 살펴본다.

② 여러 선택 가능한 대안들을 평가해 보기 위한 도구로서 사용될 수 있다. 조직이 미래에 처할 수 있는 상황을 다양하게 예측한 다음, 여러 대안들을 평가한다.

○ 동인탐색 및 분석

영향력 높음-불확실성 낮음	영향력 높음-불확실성 높음
영향력 낮음-불확실성 낮음	영향력 낮음-불확실성 높음

○ 전략적 함의 도출

시나리오	전략적 함의
A	
B	
C	
D	

3. 시나리오 구축의 몇 가지 원칙

시나리오를 만드는 것은 구성원들 간에 공감대를 구축하기 위해 노력하는 것일 수도 있다. 시나리오를 만들어 본다는 것은 미래의 모습을 다양하게 그려보는 것이다. 시나리오를 만들 때는 특정 변수들을 중심으로 몇 개의 핵심 주제 영역을 선정하는 것이다. 만일 이 주제 영역들이 서로 관계없이 독립적 성격이라면 아주 여러 개의 시나리오가 만들어 질 수 있다. 실제로 만일 각각의 주제 영역이 2가지의 가능성들을 갖는다면(즉 하나는 높은 것, 하나는 낮은 것), 16개의 조합이 생기게 된다($2\times2\times2\times2$).

가장 적절한 시나리오의 수는 4개가 적당하다. 3개의 시나리오가 있으면 좋은 것, 나쁜 것, 그리고 그 중간이라고 평가하게 되어 중간에 치우치는 문제가 있다.

제6절 벤치마킹(Benchmarking)

1. 개 념

현재 경찰조직은 여타 경찰조직이나 외국의 경찰조직과 비교하여 좋은 상태에 있는지 안 좋은 상태에 있는지 그저 그런 상태에 있는지 아니면 최고의 상태에 있는지 어떻게 알 수 있는가? BPB(Best Practice Benchmarking)가 바로 이러한 질문의 해답을 제공하는 기법이다.

벤치마킹은 나 또는 우리 조직의 행위(하는 일)나 성과를 다른 조직의 행위나 성과와 비교하기 위한 체계적인 노력이라고 할 수 있다. 나 또는 우리가 어디서, 어떤 지점에서 우리의 행위나 성과를 개선할 수 있으며, 또 개선해야 하는지를 명확히 하기 위하여, 최상의 행위나 성과를 지닌 조직과 비교하는데 특히 중점을 둔다.

2. 벤치마킹의 유형

벤치마킹의 유형들은 다음 그림과 같이 두 가지 차원 선상에서 생각해 볼 수 있다. 수평축(X축)은 우리의 벤치마킹 상대방이 누가 되어야 하느냐에 관계되어 있고, 수직축(Y축)은 비교, 평가되어야 하는 대상물, 즉 행위나 성과의 측면과 관계되어 있다.

(1) 내부적 벤치마킹

내부적 벤치마킹(Internal Benchmarking)은 똑같은 유형의 행위나 일들이 서로 다른 여러 사람들에 의하여 행해지고 있다면, 집단 또는 개인들의 행위나 일, 성과를 서로 비교해 보는 것이다.

(2) 경쟁자들과의 벤치마킹

경쟁자들과의 벤치마킹(Competitors Benchmarking)은, 경찰청별, 부서별로 동일한 기준을 놓고 어떤 조직이 경쟁적 우위를 갖는가를 파악하는 것이다.

(3) 기능적 벤치마킹(Functional Benchmarking)

경찰과 다른 행정영역에 종사하는 조직들과의 벤치마킹은 통상 특별히 중요하게 취급할 만한 사항이 없다. 그러나 어떤 조직이 자신과는 아주 판이한 사업에 종사하는 사람이나 조직들의 행위나 일과 동질적인 것들을 행하는 경우도 많다. 쉬운 예들을 들어보면, 직원들에게 급료를 주는 것, 직원들에게 기숙사를 제공하는 것, 건물 청소하기, 구내식당 운영, 통근 차량 서비스, 인사관리 기능 등이다.

(4) 비슷한 사람이나 조직과의 벤치마킹(Parallel Benchmarking)

비슷한 사람이나 조직과의 벤치마킹은 기능적 벤치마킹보다 정확성 측면은 좀 떨어지는 경향이 있다. 여기서 비슷한 조직(Parallel Organization)이란, 우리의 조직과는 얼마간 공통적인 특성을 갖는 조직을 말하며 경찰조직에서는 경호업체나 군조직 특히 헌병조직을 말한다.

3. 벤치마킹의 기획분야에의 적용

벤치마킹은 업무수행방식으로부터 조직구조, 조직문화 등 모든 분야를 비교대상으로 한다.

벤치마킹은 새로운 계획을 세울 때마다 일회용으로 적용되는 기법이 아니다. 그 장점을 극대화하려면 계속적인 학습과정이며 혁신과정이어야 할 필요가 있다. 벤치마킹을 착수하는 단계는 논자에 따라서 여러 형식으로 나타낼 수도 있겠지만 다음과 같은 질문으로부터 시작하는 것이 효용성을 얻을 수 있다.

① 무엇을 벤치마킹 하려 하고 있는가?

② 누구를 상대로 벤치마킹 하려 하고 있는가?

③ 정보를 어떤 방법으로 얻을 것인가?

④ 그 정보를 어떻게 분석할 것인가?

⑤ 그 정보를 어떻게 활용할 것인가?

4. 경찰청의 벤치마킹 계획

경찰청이 마련한 벤치마킹 계획을 사례로 살펴보면 다음과 같다.

▓ 효율적 조직혁신을 위한 벤치마킹 계획 ▓

조직내 기능·관서간 및 사회 각 분야의 혁신 리더그룹에 대한 벤치마킹을 통해
조직혁신을 효율적으로 추진코자 함

◼ 方 針
- 관서간 우수 혁신사례 공유시스템 구축
- 일선에 대한 수시 모니터를 통한 추진실태 여론수렴
- 관서간 벤치마킹 실적 평가에 적극 반영

▣ **推進計劃**

● 사이버 경찰청에 정보 공유시스템 구축

- 혁신코너에 「혁신 우수사례 공유방」개설, 관서간 벤치마킹 활성화

- 전문경찰관 동호회방 「Best Pol」 활성화로 전문지식 공유

- 기획계에서 추진중인 「Pol Dic」과 연계, 경찰정보 공유

● 혁신 우수부처 및 기업상대 지속적 벤치마킹

- 혁신 우수부처 선정, 담당자 수시 접촉 정보공유 및 벤치마킹

▲ 문화관광부 등 혁신우수 13개 부처에 대한 담당자 Pool 구축 완료
(2월중 오프라인 접촉 추진중)

- 일반기업중 조직혁신 선도기업 선정, 지속적인 벤치마킹

▲ 1차로 「삼성SDS」, 「유한킴벌리」를 직접 방문 예정(2월중)

● 경영인·컨설턴트·학자 등 「혁신전문가 Pool」구축

- 혁신마인드 벤치마킹을 위해 유명인사 등 섭외, 인력풀 구축

▲ 2월중 전문가 인력 20명 Pool 구축예정

- 필요시 직원들에 대한 특강 강사로 활용

▣ **推進對策**

● 혁신우수부처 및 기업 등과 정례적인 접촉을 통해 정부혁신 추진관련 정보공유 및 우수사례 벤치마킹

● 2월중 혁신선도 10대기업 선정 「조직 혁신자료 수집」, 「기업견학」, 「경영자 특강」 등 추진

● 전문경찰관, 수사·형사, 지구대 직원 강연 등에 전문가 인력풀 최대한 활용

1. 개 념

McKinsey라는 사람이 만든 7-S틀은 일종의 체크리스트이다. 7-S의 바탕에 깔려있는 기본적인 생각은, 어떤 전략을 성공적으로 시행하고자 할 경우에 아래 그림에서 보는 바와 같이 7가지 요소들이 조화를 이루어야 된다는 것이다. 맥킨지 컨설팅의 7S 모델은 관리와 전략에 도움을 준다.

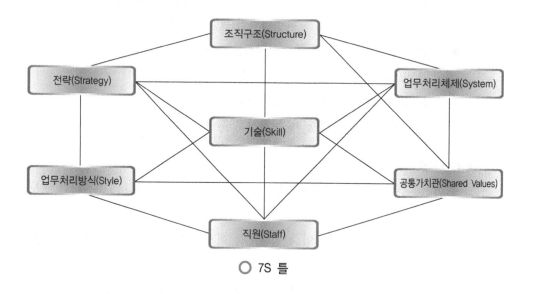

○ 7S 틀

이 틀은 조직이 해결해야 하는 문제와 취약점들을 찾아내기 위하여 조직의 현 상황을 진단하는데 사용될 수도 있다.

2. 7가지 S의 의미

(1) 의 미

각각의 S는 다른 S들과 독립적으로 검토, 판단될 수도 있다.

(2) 기술(Skills)

기술(Skills)은 그림에서 보는 바와 같이 이 틀의 중심에 위치해 있다. 즉 조직은, 직원이라는 개개의 구성원에 의한 것이든 조직 전체의 차원에서든, 전문성과 경험을 갖고 있는 것이다.

(3) 구조(Structure)

구조는 처음에 조직 도표를 통해 알 수 있다. 조직구조는 계급과 권력을 반영한다. 조직구조는 조직내 권력관계를 결정한다. 결정권한과 책임범위를 규정한다. 조직구조는 전략의 실현을 지원할 수도 있고 방해할 수도 있다. 조직부서들은 어떻게 서로 조화를 이루고 있는가? 협업은 어떻게 이루어지도록 하고 있는가? 의사결정과 의사소통 통로는 잘 흐르는가? 등의 질문이 필요하다.

⑷ 업무처리 체제(Systems)

조직의 업무처리 과정이 어떻게 조직화되는지, 업무가 어떻게 흘러가는지 하는 부분이다. 즉 그 조직에 어떤 문의나 주문을 하면, 맨 처음 누가 그것을 접수하는지, 그것이 누구에게 이첩되고 어떻게 처리되는지, 그 과정에서 인적, 물적 자원이 필요할 경우 어떤 방식으로 그것들이 동원되는지, 비용과 수입은 어떻게 계산되는지 하는 부분을 분석한다. 조직의 업무 매뉴얼을 보면 시스템이 드러난다.

(5) 공유가치(Shared Values)

내부 구성원들에 의해 조직의 성격이나 조직문화가 어떻게 받아들여지고 있는지를 분석한다. 구성원들의 가치관과 기대가 조직의 성패를 좌우한다. 구성원들이 무엇을 어떻게 생각하고 있는지, 바라보는 시각에 따라 조직은 굴러가게 되어 있는 것이다.

(6) 인력(Staff)

조직 구성원의 교육경력, 능력, 경력 등 인구 통계학적 측면을 분석한다. 미래에 필요한 인재는 미리 채용하여 교육하고 양성해 놓아야 한다.

(7) 조직 관리 층의 행태(Style)

경찰간부들의 리더십 스타일을 분석한다. 이는 조직문화라고 할 수 있다. 서로를 어떻게 대하고 갈등은 어떤 방식으로 해결하는가? 하는 것이다.

(8) 전략(Strategy)

조직이 어떤 방향으로 나아가는지 방향을 분석한다.

3. 7-S 틀의 활용과 경찰기획분야에의 적용

(1) 현재 조직이 처해 있는 상황을 분석, 진단하는 경우

7-S의 각 요소들에 대응한 상황의 분석, 그 다음으로 7-S 요소들 사이에 서로 모순되거나 조화되지 않는 것들(일관성, 통합성이 인정되지 않는 것들)을 찾아낸다.

(2) 새로운 사업 시행과정에서의 평가 도구(Appraisal Tool)로 활용

7-S 틀은, 조직이 새로운 전략이나 새로운 사업을 진척시키고 있을 때, 평가 도구로 활용될 수도 있다.

(3) 조직화, 구조화된 토론을 위한 활용

7-S 틀은 체크리스트이며, 토론이나 토의를 짜임새 있게 해준다.

제8절 * SWOT 분석

1. 개 념

SWOT 분석은 어떤 전략이나 대안, 사업 등이 있을 때 이를 그것의 외부적 환경, 내부적 환경 등에 비추어 보아 강점, 취약점, 기회, 위협 요소들이 무엇인지 빠뜨리지 않고 전부 찾아내려는 기법이다.

- S : Strengths(강점)
- W : Weakness(취약점)
- O : Opportunities(기회)
- T : Threats(위협)

강점(Strengths)과 약점(Weakness)은 조직의 내부를 분석한 것이고, 기회(Opportunities)와 위협(Threats)은 외부 환경에서의 어떤 경향이나 흐름을 분석한 것이다.

2. SWOT 분석의 주요 원리

(1) 이 분석 작업에 누가 관여해야 하는가?

이 분석 작업을 일부 기획자들만 참여하게 되면 좁은 시야로 문제가 발생한다. 일선에서 괴리돼 있는 관리자들은 현재 당장 문제가 되고 있는 현안 문제를 제대로 인식하지 못하고 있기 때문이다. 또한 경찰간부들은 이미 시행되고 있는 전략들을 정당화하기 위한 자기도 느끼지 모를 정도의 암묵적인 소망을 갖고 있기 때문이다.

그래서 이 SWOT 분석은 "서비스 검증을 위한 고객 집단(Focus Group)"이라는 개념과 결합(연결)하여 운영해야 한다. "SWOT" 분석은 이 고객집단을 끌어 들여 고객집단, 기획담당자, 경찰간부 등이 3단계로 실시해야 한다.

(2) SWOT 구분상의 유의점

보통 강점(Strengths)과 취약점(Weaknesses)은 내부적인 것으로 의미 부여되고, 기회(Opportunities)와 위협(Threats)은 외부적인 것으로 의미 부여된다. 또, 취약점(Weaknesses)과 위협(Threats)을 구별하는 것도 어렵다. 그럼에도 SWOT라는 4개의 카테고리를 설정한 목적은 여러 가지 생각이나 아이디어들을 빠뜨리지 않고 전부 주의해서 보기 위함이다. 무엇인가 찾아내 지고, 또 기록되기만 한다면, 강점에 적히든 기회에 적히든 중요한 것이 아니다.

(3) SWOT 운용기술

SWOT 분석은 기본적으로 "브레인스토밍"으로 진행하는 것이 좋다. 먼저 가능한 한 많은 아이디어들을 짜내는 것이 필요하다. 아이디어들이 많이 나오면 무질서하게 나와 있는 그것들을 몇 개의 큰 범주로 묶는다. 아이디어가 많이 나오면 나올수록 기획과정이 진행되는 동안 두고두고 도움이 된다.

(4) SWOT 분석의 기본 양식

SWOT 분석 양식

외부분석 / 내부분석		강점	약점
	내부분석	▶ ▶ ▶	▶ ▶ ▶
기회	▶ ▶ ▶	**S-O전략** ▶ ▶ ▶	**W-O전략** ▶ ▶ ▶
위험	▶ ▶ ▶	**S-T전략** ▶ ▶ ▶	**W-T전략** ▶ ▶ ▶

Gap 분석

1. 개 념

　갭분석(gap analysis)은 기대와 요구 사이의 차이, 목표와 성과와의 차이를 분석하는 방법으로 성과개선을 위한 전략기획에 유용한 분석방법이다. 바람직한 프로세스나 모범적인 비교대상의 프로세스를 선정하고 비교하여 그 차이를 분석하고 문제점을 찾아서 대책을 수립하는 방법이다. 비교분석시 도출된 차이점을 통해서 낭비 요인을 제거하거나 새로운 대안을 수립하고 의사 결정을 한다.

　원래 경제학에서 사용되던 케인스 학파의 소득결정·저축·투자이론을 기초로 하고, 완전고용의 수준을 하나의 기준으로 하여 인플레이션과 디플레이션을 구별하는 분석방법이다.

2. 분석방법

　비교대상을 '목표-성과'로 할 수 있고, '현지주민-리더봉사단'으로 할 수eh 있다. 비교분석을 통해 도출된 차이점을 제거하기 위하여 새로운 전략안을 수립하는데 활용하도록 한다.

○ 경찰관의 Gap 분석

목표	성과	차이(시사점)
안전감		
효율성		
신뢰도		

○ 마을주민의 Gap 분석

목표	성과	차이(시사점)
안전감		

효율성		
신뢰도		

○ 전문가의 Gap 분석

목표	성과	차이(시사점)
안전감		
효율성		
신뢰도		

○ Issue 분석

	핵심이슈(시사점, 과제)	세부이슈(과제)
현황 분석		
이해관계자 Gap 분석		
외부환경 분석		

제6장

경찰기획 문제설정기법

1. 개 념

(1) 개 념

잘못된 문제설정은 잘못된 선택을 만든다. 문제를 어떻게 정의하고, 어떻게 설정하는 가 하는 문제설정이 경찰기획 전체의 운명을 좌우한다. 문제를 어떻게 설정하느냐는 문 제해결을 위한 대안창출에 영향을 미치고 대안을 평가하고 비교 선택하는데 영향을 미 치고 결국 기획의 성패를 좌우한다. 그러므로 경찰조직이 원하는 방향으로 가고자 하는 가려면 먼저 문제를 올바로 설정해야 한다. 잘못 설정한 문제에 대해 아무리 훌륭한 해 결방안을 제시해도, 올바로 설정한 문제에 대한 보통수준의 방안보다 나을 수 없다.

1980년대 강원도 사북(舍北)에서 탄광 노동자들이 폭동을 일으켰을 때 두 가지의 서로 다른 문제정의가 이루어졌는데 하나는 탄광 노동자들의 폭동으로 인한 질서 파괴를 문 제의 핵심 내용으로 보는 것이었고, 또 다른 하나는 문제의 핵심이 탄광 노동자들의 열 악한 근로조건과 기업주와 관계당국의 노동자 억압에 있다고 보는 것이었다.

이렇게 동일한 문제상황에 대해 상이한 문제정의가 이루어지면 그에 따라 기획목표와 정책수단의 내용이 달라지게 된다. 탄광 노동자 폭동 문제의 핵심을 질서 파괴라고 정의

---

25) 강근복의 정책분석론(2000)을 주로 참조하였음.

한다면 기획목표는 당연히 질서의 회복이 될 것이고, 경찰이나 군대를 동원한 폭동 진압이 하나의 중요한 정책수단으로 고려될 수 있을 것이다.

반대로 탄광노동자의 열악한 근로조건과 기업주 및 관계당국의 노동자 억압이 문제의 핵심이라고 정의한다면 근로조건 개선과 노동자 억압 철폐가 기획목표가 될 것이고 이에 따라 기업주의 의법조치, 관련제도의 개편 등이 정책수단으로 고려될 수 있을 것이다.

만일에 탄광 노동자의 열악한 근로조건, 질서 파괴 두 측면을 모두 문제의 내용으로 정의할 경우에는 어느 측면을 중시하느냐에 따라서 추구할 목표와 정책수단들간의 우선순위도 달라지게 될 것이다.

(2) 문제중심 사고의 중요성

기획문제설정과정에서 자주 범하는 실수가 문제가 무엇인지를 명확히 알기도 전에 해결방안을 찾으려 하는 것이다. 이러한 '해결방안 중심적 사고(solution mindedness)'는 우리로 하여금 대안에 대한 평가만을 서두르게 하게 만들고 문제해결을 위한 쉽고 획기적인 새로운 방법들을 찾아내는 데는 소홀하게 만든다.

반면에 '문제 중심적 사고(problem mindedness)'는 문제의 본질에 대한 탐구를 가능하게 한다. 즉, 경찰기획과정에 있어 문제 중심적 사고는 주어진 대안 중에서 하나의 대안을 선택하는 것에 관심을 모으기보다는 여러 가지 대안들을 탐색하고 창출해 낼 것을 강조한다.

(3) 경찰의 기획문제

경찰조직이 당면하고 있는 대표적인 기획문제의 예를 들면 다음과 같은 것이다. 2004년의 중요 과제중에 어떤 과제는 단기간에 해결되고 종료되는 경우도 있지만 대부분의 과제는 2008년에도 2014년에도 해결되지 못한 채 지속과제로 남아 있는 경우가 많다.

'04 警察革新課題

국·관별 과제현황

계	경무기획	생활안전	수사	경비	정보	보안	공보	감사	정통	외사	교통	총무	혁신단
72	12	6	8	5	1	-	1	5	4	3	7	3	17

Ⅰ.대국민 치안서비스의 획기적 제고 (30)

주제명	과제명	담 당
① 범죄·사고에 대한 불안 해소(8)	(1) 미아·실종자 대책	생활안전
	(2) 강력계 신설	수사
	(3) 범죄현장분석 과학수사팀 운영	〃
	(4) 상황전담기구 신설	혁신단
	(5) 재해·재난관리강화	경비
	(6) 대테러대응역량 강화	〃
	(7) 112순찰차신속배치시스템(IDS) 구축	생활안전
	(8) 인력조정 재배치	경무기획
② 사회적 약자에 대한 맞춤 시책 추진(4)	(1) 범죄피해자보호대책	혁신단
	(2) 외국인근로자 범죄피해신고센터 확대	외사
	(3) 장애인운전면허취득제도 개선	교통
	(4) 범죄피해아동 진술녹화제 확충	생활안전
③ 국민불편·불만요인 적극 발굴 개선(13)	(1) 고소사건 즉일조사제	수사
	(2) 사건처리과정 및 결과 공개	〃
	(3) 교통정체지역 특별관리	교통
	(4) 대물교통사고처리방법 개선	〃
	(5) 운전면허행정처분 제재완화	교통

주제명	과제명	담당
③ 국민불편·불만요인 적극 발굴 개선(13)	(6) 고속도로순찰대 사고조사전담부서 신설	〃
	(7) 운전면허시험 편의 확대	〃
	(8) 민원실 통역전화기 설치	감사
	(9) 영문범죄경력증명서 발급	외사
	(10) 치안서비스 스탠다드 추진	경무기획
	(11) 고품격 민원서비스제공	감사
	(12) 무인장비에 의한 단속 처리절차 개선	교통
	(13) 행정정보 공개 활성화	총무
④ 국민의 권리보호 및 법 집행력 확보(5)	(1) 여성전용유치실 설치	수사
	(2) 즉결심판제도 개선	생활안전
	(3) 경찰관직무집행법전면 개정	혁신단
	(4) 범죄정보관리센터 설치	수사
	(5) 집시법 개정에 따른 신시위문화 정착	경비

● Ⅱ.치안서비스 공급역량 극대화 (32)

주제명	과제명	담당
⑤ 국민 참여 및 협력 확보(5)	(1) 청소년사이버상담제 도입	생활안전
	(2) 범죄소년 선도활동 전개	〃
	(3) 맞춤형 정책정보 서비스 제공	공보
	(4) 인터넷 명예경찰관 활성화	경무기획
	(5) 민경 반부패협력체제 활성화	감사
⑥ 경찰행정의 전문성 강화(8)	(1) 복수직급제 도입	경무기획
	(2) 근무성적평정제도개선	〃
	(3) 수사경과제 도입	혁신단
	(4) 수사 전문가 양성	수사
	(5) 승진시험과목 개선	경무기획
	(6) 외사경찰 어학능력제고	외사
	(7) 정책정보 활성화	정보
	(8) 정책감사체제 구축	감사

주제명	과제명	담 당
⑦ 근무여건 개선 및 사기관리(11)	(1) 인력증원 추진	경무기획
	(2) 주5일근무 대책	혁신단
	(3) 보수수당 현실화	〃
	(4) 대우공무원제 도입	경무기획
	(5) 승진최소목표제	〃
	(6) 승진소요연수 단축	〃
	(7) 수사경찰사기진작	수사
	(8) 동원비번경찰관 보상 대책	경비
	(9) 경찰휴양시설 확충	총무
	(10) 전의경 복무환경 개선	경비
	(11) 외근경찰휴대장비경량화	경무기획
⑧ 미래지향적 조직관리·운영(8)	(1) 입직제도 개선	혁신단
	(2) 중장기 발전방안 연구용역	〃
	(3) 통합보안관제시스템 구축	정보통신
	(4) 정보화기반 확대	〃
	(5) 정보화업무 원격지 백업센터 구축	〃
	(6) 각종 온라인 조회업무 DB체제 전환	〃
	(7) 경찰 창설 60주년 관련 대비계획	혁신단
	(8) 경찰병원 경영혁신 추진 방안	총무

● Ⅲ.변화관리 및 조직문화 쇄신 (10)

주제명	과제명	담 당
⑨ 체계적 변화관리전략 추진(6)	(1) 혁신워크샵 및 교육실시	혁신단
	(2) 전문경찰관 운영활성화	〃
	(3) 자율혁신위 구성	〃
	(4) 우수사례 벤치마킹 활성화	〃
	(5) 혁신제안 수렴 및 반영	〃
	(6) 평가 및 인센티브시스템 구축	〃

⑩ 새로운 조직문화 구현(3)	(1) 인사행정투명성 공정성 제고	경무기획
	(2) 지휘감독자 행위책임제 도입	감사
	(3) 조직문화 개선	혁신단
	(4) 불합리한 행태·관행 개선	〃

2. 기획문제의 개념

기획문제란 '바람직하다고 여겨지는 상태와 현실상태 또는 예측되는 미래상태와의 차이'라고 말할 수 있다. 예를 들어서, 어떤 사회나 조직 내에 존재하는 부패 범죄의 폐해라고 하는 것은 그것을 자연스러운 사회적 현상으로 받아들인다면 그것은 결코 사회문제나 범죄가 될 수 없다. 그것이 어떤 판단기준에 비추어 보아 부정적으로 평가될 때 비로소 사회문제나 범죄로 인식되는 것이다.

문제는 객관적으로 주어지기보다 주관적으로 만들어지는 것이다. 사람들은 상황에 대해 제각각 상이한 인식과 판단을 하고 상이한 규범적 기준에 입각하여 판단하기 때문에 문제의식 또한 다르다. 비슷한 상황이라도 지역 공간이 다르고 취급하는 시기와 담당하는 사람이 달라짐에 따라 그것에 대한 문제의식과 해결방안이 달라진다.

보통 분석이 필요한 문제들은 다음과 같은 특징을 갖고 있다.

① 특정 문제에 대해 서로 상반된 해결책이 대립하고 있다.
② 기존 해결책이 상호모순을 보이고 있다.
③ 어떤 현상의 정확한 원인이 밝혀지지 않았다.
④ 목표는 설정되었지만 방법이 제시되지 않고 있다.
⑤ 문제는 제기되었지만 만족할만한 해결책이 없다.
⑥ 중요한 경찰행정문제이지만 아직 서술조차 되어있지 않았다.

3. 기획문제 분석의 필요성

경찰기획에 있어 문제를 발굴하는 것과 함께 문제 자체를 분석하는 과정이 필요하다. 문제의 내용과 성격 등을 명확하게 분석하여 기획문제를 바르게 정의내리는 것은 질 높은 기획을 위한 필수작업이다.

(1) 제3종 오류의 방지

문제분석은 잘못 정의된 문제를 해결하는 어리석음을 피할 수 있다. 제3종 오류(Type Ⅲ error)란 문제정의 자체가 잘못된 경우를 말한다. 문제를 해결하기에 적절한 기획대안을 적절치 못하다고 잘못 판단한 경우를 제1종 오류라고 하고, 적절치 못한 대안을 적절하다고 잘못 판단한 경우를 제2종 오류라고 부른다. 어떻게 문제정의를 하는가에 따라 전혀 상이한 해결방안을 제시하게 된다.

(2) 타당한 기획목표의 설정

타당한 기획목표 설정을 위해서도 기획문제의 분석이 필요하다. 타당한 목표설정을 위해서는 문제분석이 먼저 이루어져야 한다. 결국 문제를 정확히 파악하지 못하면 타당한 목표설정이 불가능하게 되고, 실제로 문제가 되고 있는 것을 제대로 규명하지 못한 채 엉뚱한 문제를 해결하는 오류에 빠지게 된다.

(3) 기획대안의 범위 한정

기획 문제정의는 일종의 무대를 설치하는 행위와 같이 문제정의에 의해 규정된 범위 내에서 문제해결을 위한 대안이 탐색된다. 기획담당자들은 문제가 정의된 영역 내에서만 문제해결을 위한 수단을 찾기 때문에 문제분석이 그만큼 중요하다.

제2절 경찰기획문제 분석의 과정

기획문제의 분석과정은 크게 나누어 예비분석과 본분석으로 나누어 볼 수 있다.

1. 예비분석

문제에 대한 본격적인 분석을 하기에 앞서 예비분석을 하게 된다. 이는 문제분석의 효용성을 평가하고, 문제분석을 좀더 효율적으로 하기 위해서이다.

(1) 문제의 분류와 여과

기획문제를 정밀하게 분석하기 위해서는 많은 노력과 시간, 비용을 투입하여야 한다. 그러므로 분석이 용이한 문제와 어려운 문제, 정밀한 분석이 필요한 문제와 그럴 필요가 없는 문제를 분류하고 중요한 문제만을 고르는 분류와 여과단계를 거쳐야 한다. 우선 문제 분석이 가능하고 활용 가능한 문제부터 고르도록 한다.

(2) 문제의 여과방법

문제를 여과하는 구체적인 방법으로는 여러 가지가 있다. 요소별 점검법과 나무가지 모양 분석법, 그리고 이 두 방법의 혼합에 의한 방법(흔히 우선순위 행렬표라고 부름) 등이 있다.

① **나무가지 모양 분석법**

이 방법은 중요도가 높다고 여겨지는 몇 개의 기준을 순차적으로 적용시켜 보아 기준에 어긋나는 문제는 빼고 기준에 부합되면 계속 여과과정을 거치게 하는 것이다.

② **우선순위 행렬표**

이 방법은 먼저 나뭇가지모양의 분석틀을 만들어 여과를 진행해 나가되 최종적으로는 요소별 점검법에 의해 체계적인 분석의 필요성 여부를 결정하는 방법이다.

(3) 기존 관련정책에 대한 분석

특정의 기획문제가 분류와 여과과정을 거쳐서 체계적으로 분석할만한 가치가 있다고 판단되면 먼저 그와 관련이 있는 정책이 있는지 여부를 살펴보는 것이 필요하다. 만일 그 문제 또는 그와 유사한 문제를 해결하기 위한 정책이 있(었)다면 그 정책의 성패를 평가하고 그 원인을 분석하는 것이 필요하다.

(4) 기획문제의 개괄적 분석

기획문제는 다각적으로 분석되고 정의될 수 있으므로 기획문제를 구성하고 있는 여러 가지 요소들을 개괄적으로 파악하는 것이 필요하다. 보는 사람에 따라 문제의 핵심을 다르게 인식하고, 핵심적 요소를 무엇이라고 보느냐에 따라 목표나 고려되는 대안이 달라질 수 있기 때문에 본격적인 분석에 앞서 기획문제에 대한 개괄적 분석이 필요한 것이다.

2. 본분석

예비분석을 통해 기획문제들을 분류·여과하여 개괄적으로 분석한 후 본격적인 문제분석을 하게 된다. 이 단계에서는 정책결정자나 문제관련집단들이 추구하는 가치, 문제의 원인과 결과, 문제와 관련된 집단과 문제의 변화가능성 등을 분석한다.

(1) 문제시되는 상황의 배경

우선 문제시되는 상황의 과거, 현재의 상태와 조건을 분석한다. 그리고 문제시되는 상황이 과거에서 현재까지 어떻게 변화되어 왔는지에 대해서도 분석해야 한다.

(2) 기획문제의 원인분석

문제를 정확히 이해하고 진단하기 위해서는 문제상황을 발생시킨 문제의 근본적 원인을 분석하는 것이 필수적인 작업이다.

(3) 기획문제의 결과적 측면과 중요성·심각성 파악

기획문제의 결과적 측면을 분석한다. 또한 이러한 기획문제가 얼마나 중요하고 심각한지를 분석해야 한다. 문제로 인해 피해를 보는 집단이 얼마나 큰지, 기획문제의 파급범위가 어떠한지 그리고 문제로 인한 피해가 얼마나 심각한지를 분석한다.

⑷ 기획문제 관련집단의 파악

특정의 문제에는 그것 때문에 피해를 입는 집단이 반드시 있다. 한편, 그 문제를 방치함으로써 이익을 누리고 있는 집단이나 계층이 있을 수 있다. 기획문제로 인해 고통을 받고 있는 집단이 누구이고, 반사적 이익을 누리고 있는 집단이 누구인지를 파악한다.

⑸ 추구하는 질적 가치의 분석

문제의 본질을 제대로 파악하기 위해서는 문제해결을 요구하는 관련집단이나 최고정책결정자가 바람직하다고 여기는 상태가 어떠한 것인지를 밝히는 것이 필요하다.

⑹ 기획문제의 변화가능성과 새로운 문제발생의 예측

기획문제의 변화가능성을 예측한다. 기획문제가 앞으로 점점 더 심각해질 것인지, 아니면 시간이 지남에 따라 저절로 해결된 것인지, 새로운 문제를 야기시킬 가능성에 대해서도 예측할 필요가 있다.

제7장
경찰기획 대안창출기법

기획문제분석이 이루어지고 나면 문제해결을 위한 대안창출과 모색과정이 시작된다. 대안창출기법은 개선 발전을 위한 목표설정과 기획전제설정, 대안모색(대안탐색, 대안창출)을 도와주는 과학적 도구들이다.

제1절 경찰기획목표의 설정기법

1. 목표설정의 의미

(1) 의 의

대안창출을 위해서는 가장 먼저 기획목표설정을 위한 분석이 필요하다. 타당한 기획문제의 정립과 올바른(right) 기획목표를 설정하는 것이 대안모색의 출발점이다. 그릇된(wrong) 목표의 설정은 그릇된 문제를 해결하려고 애쓰는 것과 같기 때문에 중요성은 두말할 필요가 없다.

기획목표는 기획을 통하여 달성하고자 하는 바람직한 상태(정책이 추구하는 바람직한 미래상), 얻고자 하는 결과를 말한다. 이러한 기획목표는 본질상 미래지향성과 방향성을 갖고 있다. 즉, 기획목표는 시간적으로 보아 미래에 실현하고자 하는 바람직한 상태이며, 어떤 방향으로의 변화 또는 행동화를 지향하는 것이다.

기획목표의 내용을 이루는 바람직한 상태가 과연 어떠한 것인가를 판단하는 것은 주관적인 가치판단에 해당한다. 따라서 기획목표의 설정은 바람직한 상태에 대한 가치판단에 의존하게 되므로 기획목표는 규범성을 지니게 되며, 이러한 주관적인 성격 때문에 누구의 가치관이 기획목표 설정에 반영되어야 하느냐 하는 문제가 등장하게 된다.

(2) 기획목표의 유형

목표는 두 가지 유형이 있다. 하나는 문제를 제거하는 것이고 다른 하나는 새로운 상황을 창조하는 것이다. 전자의 상태를 목표로 삼는 것을 치유적 · 소극적 목표라 하고, 후자의 상태를 목표로 삼는 것을 적극적 · 창조적 목표라고 부른다.

2. 바람직한 기획목표의 요건

바람직한 기획목표는 내용의 타당성과 수준의 적절성, 그리고 목표구조상의 내적 일관성을 확보해야 한다. 또한 기획목표 구조상의 최하위 목표는 구체적 · 조작적으로 설정되는 것이 바람직하다.

(1) 내용의 타당성

바람직한 기획목표는 그 실질적 내용면에서 타당성(적합성, appropriateness)을 확보하여야 한다. 기획목표의 타당성은 여러 문제요소들 중에서 가장 중요하고 해결이 시급한 문제요소를 해결대상으로 삼음으로써 확보된다.

(2) 목표수준의 적절성

기획목표의 적절성은 문제로 인해 발생하는 피해를 어느 정도 완화시키거나 일정한 수준의 성과를 얻을 수 있도록 그리고 목표달성을 위해 지나치게 많은 희생이나 비용을 부담하지 않도록 목표를 적정수준에서 결정함으로써 확보된다.

3. 기획목표들 사이의 우선순위 결정

(1) 기획목표들 사이의 관계

여러 개의 하위목표들 사이에는 종적인 구조를 이루어 상·하관계를 이루는 경우가 있는가 하면, 동일한 차원에서 상호보완 관계, 독립적인 관계, 서로 우선 순위를 다투는 경쟁관계를 이루거나 또는 상호모순·충돌관계를 나타내기도 한다.

(2) 목표들 사이의 우선순위의 결정

기획목표들 사이의 우선순위를 결정하는 것이 필요하다.

이상적인 방법은 ① 정책효과의 크기, ② 정책비용의 크기, ③ 정책효과와 정책비용의 사회적 배분, ④ 목표의 달성가능성 등을 고려하여야 한다.

제2절 * 새로운 기획 대안의 창출

1. 의 의

점진주의적인 대안탐색방법의 경우 기획대안은 대부분 과거의 경험이나 선례의 모방을 통해 도출된다. 그러나 어떤 획기적인 변화를 이루어내려면 새로운 대안의 개발이 요청된다.

2. 주관적 판단에 의한 대안개발

주관적 판단에 의한 대안개발은 주로 개인 또는 집단의 판단력·직관력·통찰력을 기초로 하는 것으로 대면적 토론법, 집단자유토론법, 기술적 집단토론법, 브레인스토밍, 정책델파이 등이 대표적인 방법이다.

(1) 대면적 토론법

대면적 토론법은 한 사람의 지혜보다는 여러 사람의 지혜가 더 나을 것이라는 것과 다수의 사람들이 대면적으로 상호 의견을 교환하면 창의적인 의견들이 제시될 수 있다는 것에 주목한다. 물론 인간관계나 체면, 달변가, 공격적인 사람, 연장자나 상급자 등의 의견에 의해서 결론이 크게 좌우되기도 하는 문제도 있다.

대면적 토론에는 세미나, 패널, 심포지움, 포럼, 분임토의 등과 같이 소수의 인원에서 다수의 인원이 참여할 수 있는 다양한 방법들이 있다.

① 세미나(seminar)는 어떤 주요 주제에 관한 논의 내지 토론이 이루어지는 공식적인 모임으로서 전문가회의라고도 한다.

② 패널(panel)은 토론주제에 관하여 풍부한 지식과 경험 또는 대표적인 견해를 가진 복수(3~6명)의 사람들이 대규모 집단의 청중들 앞에서 의견을 발표하고 이에 대해 토론하는 방법이다.

③ 심포지움(symposium)은 토론주제에 관하여 복수(2~5명)의 전문가들이 각각 서로 다른 측면에서 전문적 의견을 발표하고 청중들의 질문을 중심으로 질의응답식으로 토론하는 방법이다.

④ 포럼(forum)은 특정한 주제에 관하여 청중들에게 새로운 자료와 견해를 제공하여 그들로 하여금 그 주제에 대한 관심을 높이고 나아가 필요한 정보를 제공하여 문제를 명확하게 한 후 그들 자신의 의견을 표명하도록 촉진하는 방법이다.

⑤ 분임토의(syndicate)는 사람들을 소속과 배경이 고루 섞인 10명 내외의 소집단으로 나누고, 각 집단별로 동일한 문제를 토론하여 그 문제에 대한 해결방안을 작성하고, 다시 전체가 모인 자리에서 각 집단별로 작성한 문제해결 방안을 발표하고 토론하여 하나의 합리적인 문제해결 방안을 모색하는 방법이다.

(2) 집단자유토론법

집단자유토론법(brainstorming)은 기발하고 다양한 아이디어를 자유롭게 제안할 수 있도록 함으로써 가능한 한 많은 아이디어를 얻기 위해 활용되는 방법이다.

① 다양한 아이디어를 많이 얻을 수 있도록 집단을 구성한다. 문제에 정통한 전문가들, 상상력이 풍부하고 선입견에 구애받지 않는 독창적인 사람, 그리고 당해 문제

에 의해 직접적인 영향을 받는 관련자들을 선정한다.

② 제안된 아이디어에 대한 비판이나 평가는 금지한다.

③ 모든 아이디어가 제안되고 나면 이들 아이디어에 대한 평가와 종합을 한다.

(3) 기술식 집단자유토론법

기술식(記述式) 집단자유토론법(nominal group technique: NGT)은 아이디어를 제시하거나 토론이 끝난 후에 제시된 아이디어를 점수로 평가할 때 구두로 하는 것이 아니라 종이에 써서 한다.

① 집단(약 10명 정도의 인원이 적합)의 각 개인은 개발하고자 하는 기획대안에 대한 자신의 아이디어를 종이에 쓴다.

② 각자는 차례대로 자신의 아이디어를 간단히 진술한다.

③ 각자가 제안한 아이디어를 칠판이나 플립차트(flip chart : 한 장씩 넘길 수 있게 된 도해용 차트)에 나열해서 옮겨 적는다. 모든 아이디어가 기록되기 전까지는 토론을 벌이지 않는다.

④ 모든 아이디어가 기록되고 난 후 제시된 아이디어들을 각 개인에게 알려준다. 그 다음 하나 하나의 아이디어를 놓고 토론을 벌인다.

⑤ 토론이 끝난 후 각 개인은 제시된 각 아이디어들에 서열을 매기거나 점수를 부여한다. 마지막으로 서열을 매긴 것과 점수를 부여한 것을 합계하여 하나의 집합적 결정을 하게 된다.

(4) 브레인라이팅

브레인라이팅은 토론참가자들이 스스로의 생각과 의견을 기록하여 제출하게 하며, 진행자는 이를 수집·분류·정리하여 유형화함으로써 전체 의사를 파악하고 이를 몇 개의 작은 주제로 집약하게 된다.

① 토론의 진행자는 질문이나 주제를 참가자들에게 제시한다.

② 질문이 주어지면 참가자들은 카드에 의견을 기록한다.

③ 진행자는 카드를 회수한다.

④ 카드를 분류하고 부착한다.

⑤ 각 주제별 카드그룹을 구름형태의 그림으로 그려서 묶음을 표시한 다음에 그 그룹에 상응하는 보다 포괄적인 개념(상위개념)을 붙인다.

(5) 기획 델파이

델파이 방법은 전문가들간의 합의도출을 위해 개발된 것인데 비해, 기획 델파이는 기획문제의 잠재적인 해결방안을 둘러싸고 다양하게 제기되는 의견들을 노출시키고 종합함으로써 바람직한 대안을 개발하는 것이다.

① 보통 10명 내지 30명 정도의 전문가를 선정한다.

② 개방형 혹은 선택형 설문지를 설계한다.

③ 설문지에 누가 어떤 의견을 제시했는지 모르도록 익명으로 한다.

④ 설문지가 회수되면 응답결과를 분석하여 델파이 참여자들의 의견을 파악하여 정리한다.

⑤ 제시된 대안들을 정리한 것을 참여자들에게 제공하여 다른 사람들의 의견을 검토한 후 각자는 제시된 대안들 중에서 가장 좋다고 생각하는 대안을 우선 순위를 정하여 선택하거나 자신의 의견을 제시하도록 한다.

⑥ 설문지를 회수하여 제시된 의견을 정리한 후 다시 이를 전문가들에게 회람시켜 의견제시를 요구하는 반복된 설문을 몇 차례(rounds) 되풀이한다.

⑦ 대안이 2~3개로 압축되면 회의를 소집해서 설문에 대한 응답을 통해서 충분히 드러나지 않은 가정, 대안의 특징, 비용과 효과 등을 밀도 있게 토론한다.

3. 기획대안 탐색의 제약과 극복

기획대안의 탐색과 개발의 핵심은 기획문제를 해결할 수 있는 다양하고 창의적인 대안을 개발하여 바람직한 결정을 가능케 하는데 있지만 일정한 한계가 있다.

① 시간상의 한계로서 대안의 탐색·개발은 상당히 많은 시간이 요구되는 것이 보통이다.

② 정보상의 한계로서 기획대안을 탐색·개발하려면 문제와 관련된 양질의 많은 정보가 요구된다.

③ 기획자의 자질상의 한계로서 대안의 탐색·개발에 필요한 지식과 경험, 즉 해당분야에 대한 지식에 한계가 있다.

④ 기획가의 편견 문제로서 기획가 개인의 주관적인 판단에 의해 대안의 탐색·개발의 초기부터 특정 대안을 배제시키거나 문제의 해결에 기여할 수 있는 좋은 대안의 탐색·개발을 어렵게 한다.

제8장

경찰기획 비교선택기법

기획대안의 결과예측

1. 개 념

기획대안이 실현되었을 경우에 나타나게 될 결과들을 미리 예측해 보는 것을 기획대안의 결과예측이라 한다. 기획대안의 결과예측은 여러 대안중에 가장 적합한 대안을 비교하여 선택하기 위한 최종 분석과정의 일환이다.

2. 예측의 대상

(1) 미래 예측

정책분석에서의 예측이 대상으로 하는 미래는 세 가지 형태가 있다. 가능한 미래(potential future)와 개연적 미래(plausible future) 및 규범적 미래(normative future)가 그것이다(Dunn, 1994:194-195).

① 가능한 미래는 잠재적 미래 또는 대안적 미래(alternative future)라고도 부를 수 있는데, 이는 실제로 발생하게 될 미래의 상태가 아니라 단순히 발생가능한 또는 나타날 수도 있는 미래의 상태를 말한다.

② 개연적 미래는 확률적 미래라고도 하는데, 정책활동을 통해 방향전환을 시도하지

않는다면 자연이나 사회의 인과관계에 관한 가정들에 기초하여 자연스럽게 나타나게 될 가능성이 큰 미래상태를 말한다.

③ 규범적 미래는 바람직한 미래라고도 하며, 이는 정책분석가가 바람직하다고 여기는 미래의 상태, 그렇게 나타나기를 기대하는 미래를 말한다.

일반적으로 정책은 바람직한 미래에 대한 설계와 개연적 미래에 대한 예측을 통해서 문제를 인식하고 그러한 문제를 해결하기 위한 노력으로 나타나는 것이다.

(2) 예측의 대상

예측은 미래가 어떻게 전개될 것인가에 대한 정보 또는 어떤 목적을 달성하기 위해 취하려고 하는 행동(정책)이 가져오게 될 결과(비용을 포함하여)에 대한 정보를 얻기 위해서 행해진다. 이를 좀더 구체적으로 살펴보면 다음과 같다.

① 단순한 미래상황에 대한 예측이다. 이는 아무런 행동을 취하지 않았을 때, 즉 어떤 새로운 정책도 시행되지 않았을 때 나타나게 될 미래상태를 말한다.

② 기획대안에 대한 예측으로 장래의 일정 시점에서 등장하게 될지도 모를 새로운 정책과 그 내용이다. 즉, 현재의 상황을 그대로 두었을 때, 이의 해결을 위해서 어떠한 기획대안들이 등장할 수 있을 것인가에 대한 예측이다.

③ 기획대안의 결과에 대한 예측으로 문제해결을 위해 새로운 정책이 채택되고 실행되었을 경우 일어날 수 있는 미래결과이다.

④ 정책관련 집단들의 반응이다. 어떠한 정책이든 그 정책을 지지하는 집단과 반대하는 집단이 있게 마련이다. 따라서 새로운 정책이 채택되었을 때 누가 어떠한 이유로 어느 정도 찬성 또는 반대하고, 어떠한 방식으로 찬성 또는 반대의 의사표시 또는 반응을 보일 것인지를 예측하는 것이다.

⑤ 미래의 바람직한 상태에 대한 예측이다. 이 경우 미래의 가치가 예측의 대상에 포함된다고 볼 수 있는데, 미래를 설계, 창조하기 위해서는 과거와 현재의 가치가 미래에 어떻게 변화하고 어떤 새로운 가치가 등장하는지가 예측되어야 하기 때문이다.

제2절 * 기획대안 결과의 예측방법

1. 예측의 근거

예측에는 세 가지의 중요한 근거가 있는데, 경향치의 투사(trend extrapolation)와 이론적 가정(theoretical assumptions), 그리고 주관적 판단(subjective judgement)이다. 이러한 예측근거에 따라서 투사(projection), 예견(prediction), 그리고 추측(conjecture)이라는 세 예측유형으로 나누어진다. 즉, 투사란 과거로부터 현재까지의 추세를 미래로 연장한 것에 기초하는 예측방법이며, 예견은 명백한 이론적 가정들에 기초하는 예측방법이다. 그리고 추측은 사회적 미래상태에 대한 식견 있는 판단이나 전문가의 판단에 기초한 예측방법이다.

2. 대안결과의 예측방법

(1) 경향치의 투사

경향치의 투사는 과거부터 현재에 이르기까지 관찰된 역사적 경향을 미래의 시점까지 확장시키는 것이다. 이러한 경향치의 투사(投射)에 활용할 수 있는 방법으로는 시계열분석이 있다.

1) 시계열분석

시계열분석(time series analysis)이란 시간을 독립변수로 하여 과거로부터 현재에 이르는 변화를 분석함으로써 미래를 예측하는 동태적인 분석방법이다. 시계열분석에서는 모든 시계열이 지속적 경향, 계절적 변동, 순환적 파동, 불규칙적 진동 등 네 가지 구성요소를 가지고 있다고 본다.

① 지속적 경향(secular trend)은 시계열상에서 장기적으로 평탄하게 증가하거나 감소하는 것을 말한다. 예를 들어, 1969년에서 1999년의 30년간 우리 나라의 청소년

범죄건수가 지속적으로 증가하고 있는 경향을 들 수 있다.

② 계절적 변동(seasonal variation)은 1년 혹은 그보다 짧은 기간 동안에 주기적으로 반복해서 나타나는 시계열상의 변동이다. 예를 들어, 계절에 따라 성범죄율이 증감하는 것이다.

③ 순환적 파동(cyclical fluctuations)은 주기적이기는 하지만 주기가 예상할 수 없을 정도로 수년간에 걸쳐 길어질 수 있는 것을 말한다.

④ 불규칙적 진동(irregular movements)은 규칙적인 방식이 없어 보이는 시계열상의 예측할 수 없는 변동을 말한다. 불규칙적 진동은 정부의 변화, 파업, 자연재앙 등 많은 요인들의 결과일 수 있다.

2) 선형 경향 추정

경향치의 투사에 표준적으로 사용되는 방법은 선형경향추정(linear trend estimation)이다. 선형회귀방법은 지속적인 경향을 연장하는 방법이지만 몇 가지 조건에 의해 제약을 받는다. 첫째, 시계열이 선형이어야 한다. 즉, 시계열이 추세직선을 따라 계속해서 증가하거나 감소하는 모양이어야 한다. 둘째, 역사적 경향이 미래에도 지속된다는 그럴듯한 논거를 제시해야 한다. 셋째, 시계열의 모양이 주기적 파동이나 급격한 불연속 등이 없이 규칙적이어야 한다.

제3절 * 기획대안 비교·선택의 기법

1. 의 의

(1) 개 요

기획대안의 비교선택과정에서는 설정된 여러 대안들에 대하여 각각 그 결과를 예측하고 그 결과를 비교 평가하고 그 가운데 가장 최선의 대안을 선택하는 것이다. 기획대안들간의 우선순위를 나타내는 기준을 기획대안의 비교·평가기준이라고 한다. 어떤 기준을 채택하느냐에 따라 대안의 선택도 달라지므로 적절한 기준 설정 과정이 가장 중요하다. Dunn이 제시한 평가기준에는 효과성, 능률성, 창조성, 형평성, 대응성, 적합성 등이 있고, 이밖에 합법성, 실현가능성, 정치적 가능성 등 여러 기준이 있다(유훈·김지원, 1998: 201-208).

(2) 경찰기획대안의 선택기준

경찰기획대안을 선택하는 기준을 마련하는 사고기준은 경찰은 무엇을 위한 경찰이고, 누구 덕분에 존재하는 경찰인가 하는 사명과 임무에 관한 물음이다. 그리고 비용을 누구에게 부담시키고, 편익을 누구에게 귀착시킬 것인가. 그리고 누가 어떤 과정을 거쳐, 어떤 기준에 입각하여 공익과 같은 추상적 가치기준의 내용과 실현 여부를 결정할 것인가. 등등의 철학적 내용들이다. 일반적으로 알려진 선택기준에는 본질적 가치(공익, 정의, 형평성, 자유, 평등)와 수단적가치(합리성, 효율성 등)가 있다.

○ 경찰기획안 선택기준

기 준	질 문
효과성	가치있는 결과가 달성되었나
능률성	가치 있는 결과를 달성하기 위해 얼마나 많이 사용하였나
충족성	가치 있는 결과의 달성이 문제를 얼마나 해결하였나
형평성	상이한 집단들 간에 비용부담과 편익분배가 잘 되었나, 각자의 몫은 각자에게로
대응성	정책결과는 특정 집단의 요구, 선호 또는 가치를 만족시키고 있나
적합성	바람직한 결과가 실제로 가치 있는가
투명성	정부활동의 과정과 결과, 조직은 외부에 잘 드러나 있는가
합법성	행정행위가 법규에 근거하여 이루어지는가
합리성	목표달성을 위한 최적수단이 선택되어졌나

2. 대안 비교·평가의 차원

모든 기획대안은 우선적으로 당위성 차원에서 타당성을 지녀야 한다. 타당성이 없는 대안은 바람직한 대안이라고 볼 수 없다. 즉, 인간의 존엄성을 저해한다거나 사회적 약자에게 부당하게 손해를 끼친다거나 또는 형평성에 어긋나는 대안들은 타당성이 상실된다. 당위성과 함께 정치적 기술적 실현가능성 차원도 중요하다.

기획대안의 비교·평가에 대한 당위성 차원의 기준으로는 대표적으로 형평성 등이 있으며, 실현성 차원의 기준으로는 기술적 실현가능성, 행정적 실현가능성, 재정적·경제적 실현가능성, 법적 실현가능성, 정치적 실현가능성 등이 있다. 그리고 능률성 차원의 기준으로는 능률성과 효과성 등이 있다.

즉, 기획대안은 우선 그 사회의 규범에 적합해야 하고(규범적 타당성 확보), 다음에 그것을 실행에 옮길 수 있어야 하며(실현가능성의 확보), 마지막으로 기획대안은 효율적이어야 한다(효율성의 확보).

제9장
경찰기획서 작성기법

경찰기획안을 구상하고 비교하여 선택한 다음에는 직접 경찰기획서를 문서화하여야 한다. 여기서는 경찰기획서를 작성하는 일반적인 원칙과 주의사항, 피해야할 사항 등 보고서 작성의 공통적인 요령(테크닉)을 기술하여 양질의 기획보고서 작성에 도움을 주고자 한다.

제1절 경찰기획서의 체제

1. 기획서의 일반적 구성체제

기획서는 기획내용과 종류에 따라 구성체제가 달라지므로 일반적으로 정형화 할 수는 없겠으나 각종 보고서의 공통된 요소를 간추려 보면 다음과 같다.

①표지 ②목차 ③요약 ④배경(필요성) ⑤목표(목적) ⑥기본방향(방침) ⑦기획의 내용 ⑧문제점 ⑨예산·인력·조직 등 추진체계 ⑩추진일정 ⑪기타 행정협조사항 ⑫참고자료 등 첨부사항

(1) 표 지

표지는 기획서를 읽는 사람이 기획서와 처음 접촉하는 페이지로서 기획서의 얼굴이라고 할 수 있다. 표지에는 ① 제목 ② 문서의 종류(기획서, 제안서, 보고서), 서브타이틀 ③ 기획자 성명·소속 ④ 제출일·작성일·회의일자 ⑤ 관리번호 ⑥ 비밀의 구분·정도 등이 포함되며, 상황에 따라 취사선택될 수 있다.

(2) 목 차

목차는 ① 편리한 검색시스템이며 ② 기획서 내용에 대한 예비지식을 제공하고 ③ 기획서의 논리구조와 기획서 구성상의 미스를 체크할 수 있도록 하는 등의 기능이 있으므로 가볍게 생각해서는 안되며, 전체 문서 양이 통상 3~4매 이내인 경우에는 생략한다.

(3) 요 약

요약은 통상 보고서 분량이 10페이지 이상으로 많을 경우 보고서의 핵심내용을 간추려 일목요연하게 이해하기 쉽도록 하기 위한 것이며, 가급적 번거롭고 장황한 문장보다는 목표나 flow chart 등 도면활용이 바람직하다.

요약의 작성요령은 ① 가급적 1매 이내로 하고, 요약기술방식은 『5W 1H』[26](육하)원칙을 준수하며 ② 각 항목마다의 결론을 『언제, 어디서, 누가, 무엇을, 어떻게, 했다』라는 것처럼 간결하게 정리하도록 한다. ③ 모든 것은 『주어+술어』로 축약시킨다. ④ 기획의 배경, 기획의 전제, 현상분석 등은 생략해도 좋으며, 지시자가 알고 싶어하는 사항을 기재하면 바람직하다.

(4) 배경(필요성)

기획배경은 기획을 하게 된 사유와 동기, 상사의 지시내용(예 경찰청장, 국장의 지시사항 등), 기획의 필요성 내지 문제제기 등을 기술하는 것이며, 가급적 1매 이내로 작성하는 것이 바람직하다.

---

26) 『5W 1H』란 When, Where Who, What, Why, How를 말한다.

⑸ 목표(목적)

기획이 지향하는 도달점을 개념적으로 표현한 것이 목적이고, 이 목적을 구체적 수치로 표현한 것이 목표이다. 목표는 기획의 당위성과 기획이 수행하는 역할을 명확히 하는 것이며, 또한 현상분석이 기획의 출발점이라고 하면 목표설정은 기획의 도달점이 된다.

⑹ 기획의 내용

최종목적에 도달하기 위해서는 "어떻게 하면 되는가"를 기술한다. 기획서의 분량은 기획의 내용과 차원에 따라 달라지며, 그림과 사진, 그래프 등을 풍부하게 사용하여 페이지를 꾸미는 것이 효과적이고, 숫자의 표시도 단순히 숫자의 계산 뿐만 아니라 문장에 의한 해설을 첨가하면 더욱 좋다.

⑺ 문제점(한계)의 기술

기획이 성공하기 위해서 지켜야 할 전제조건을 명확히 하거나 기획의 추진과정에서 예상될 수 있는 문제점과 한계를 기술한다.

⑻ 기타 작성사항

기획의 추진에 필수적인 예산과 인력·조직 등의 추진체계, 그리고 개시시기 및 최종일, 사업별 소요일수 등 추진일정을 작성한다.

그리고 기획서 작성단계에서 수집한 조사자료나 통계자료, 참고문헌 리스트 등을 기획서와는 별도로 정리하여 제시하는 것이 참고자료이다. 참고자료를 첨부하는 목적은 기획의 신빙성을 표시하는 연출물의 하나로서 "이 기획서는 이만큼의 자료를 근거로 작성되었다"는 것을 제시하는데 있다.

2. 기획서 내용의 대강

(1) 경찰청 단위의 전략 기획서

부처 단위의 전략적 보고서를 예로 든다면, 아래와 같은 내용이 들어가야 할 것이라고 본다.

① 새로운 전략적 계획을 내놓게 된 이유

② 과거의 부처 사업계획 또는 국별 사업계획 대비 업무 실적 검토

③ 관계 법령 및 규정 등 요약

④ 이해관계자 분석 요약

⑤ 외부적 환경 분석 요약 및 주요 전제 조건

⑥ 내부적 분석 요약

⑦ 전략적 차원의 정책의제

⑧ 검토한 대안들

⑨ 대안들의 평가 결과 요약

⑩ 위 작업의 결과 제시된 임무와 미래의 비젼

⑪ 착수할 것을 건의하는 주요 사업계획들

⑫ 장기적 차원의 주목표, 성과지표 및 세부목표

⑬ 최종 보고서에 포함한 대안들에 요구되는 인적·물적 자원

⑭ 조직의 임무, 주목표, 세부목표 및 소요 자원 등에 비추어 본 기타 대안들(최종적으로 선택은 안된)의 우선 순위

⑮ 선택된 대안 및 기타 주요 대안들에 관한 각종 자료들 요약

(2) 국단위 기획서의 체제

만일 국 단위의 사업계획은 아래와 같은 항목이 들어가야 할 것이다.

① 부처 단위 전략의 요약

② 최근의 업무 성과와 외부적 발전 동향 검토

③ 주요 전제조건들

④ 정책의제들

⑤ 검토한 대안들

⑥ 대안들의 평가 내용 요약

⑦ 계획 수립 업무 초기에 상급기관이 제시한 기준 한도 내에서 선정된 대안들

⑧ 상급기관이 제시한 기준 한도 및 성과지표 내에서 건의한 주목표들

⑨ 위의 주목표들을 완수하기 위하여 추진되어야 할 주요 사업들의 요약

⑩ 기준 한도 내에서 건의한 주요 세부목표들(물적 자원에 관한 사항도 포함해야 함)

⑪ 추가로 자금 지원을 할 경우의 대안별 우선순위

⑫ 각 대안에 대해 자금지원을 할 경우에는 대안별 자금지원 수준, 주목표·성과지표

⑬ 세부목표에 대한 자금 규모를 줄여야 할 경우 왜 그런지 그 이유

⑭ 계획 수립 초기에 상급기관이 제시한 기준 지침내의 각종 구체적인 정보 및 자료 모음집

(3) 정책품질관리매뉴얼의 정책기획서 체제

정부의 정책품질관리매뉴얼에는 정책기획서의 기본체제를 다음과 같이 설정하고 있다.

1) 정책품질관리카드 서식(표준안)

정책품질관리카드

1. 사업개요

사 업 명		관리번호	
수립연도		시행기간	
담당부서		담당자 (해당 업무 담당기간)	
관련기관			
사업주요내용			
사업계획변경 사유 및 내용			

2. 정책단계별 점검사항

[정책형성 단계]

점검사항	추진내용
1. 정책수립의 필요성	
1.1 현황 1.1.1 정책현안의 현황 및 실태는? 〈이하 생략〉	

2) 정책품질관리카드 점검사항 작성요령

[Ⅰ. 정책형성 단계]

※ 주요 착안사항
  ㅇ 정책의제화 되기 전까지의 과정 이해
  ㅇ 정책화하여 해결해야 할(제기된) 문제의 본질 파악
  ㅇ 문제의 진행상황에 대한 정확한 이해
  ㅇ 기존의 성공·실패한 유사정책 파악

점 검 사 항	작 성 요 령

1. 정책수립의 필요성

☞ 정책의제화의 전·후 과정을 기술하여 왜 정책이 형성되었는지 설명

1.1 현황

점 검 사 항	작 성 요 령
1.1.1 정책현안의 현황과 실태는?	• 정책의제화 과정을 통해 현황과 실태를동과 제가 추진될 수밖에 없는 측면이 이해될 수 있도록 기술 • 세부현황자료 또는 실태조사서 등 첨부

1.2 문제점

점 검 사 항	작 성 요 령
1.2.1 무엇이 문제인가?	• 현황과 실태의 파악(지속되거나 발생 되는 이유)을 통해 근본적인 문제점 기술 • 문제의 정의 및 심각성 기술

1.2.2 문제의 원인은?	• 문제가 발생하게 된 원인이 무엇인지기술
	  – 필요시 직접적인 원인과 간접적인 원인을 구분하여 기술
	  ※ 문제의 정의 및 원인을 통합하여 기술 가능

1.2.3 외부로 부터의 요구는?
(누가, 무엇을, 왜, 어떻게 해 달라는 것인가)
	• 요구처별로 요구내용을 구체적으로 기술
	  ※ 필요시 부처 내부의 요구사항 기술 가능
	• 5W1H 원칙에 의거 구체적으로 기술
	  – 누가(Who), 무엇을(What), 왜(Why), 언제(When), 어디서(Where), 어떻게(How)
	• 동향조사보고서 또는 정책수요조사결과서 등 첨부

1.2.4 언제 조치해야 하는가?(시급성) ※ 정부가 반드시 해결해야 할 문제인지 점검	• 시급성의 의미를 구체화하기 위해 조치시기를 명확히 제시하고 시기 결정의 이유를 기술(예 05.12월까지 추진 등) • 정부가 반드시 관여해야 하는 사항인지에 대한 사항 기재

점 검 사 항	작 성 요 령
1.3 추진 경위	
1.3.1. 지금까지는(과거에는) 어떻게 했나?	• 문제 해결을 위해 정부가 추진한 조치 및 노력을 간략히 기술 – 필요시 지금까지 기울여온 노력에 대한 내·외부의 평가 기술 가능
1.4 국내·외 유사사례 및 참고자료	
1.4.1 국내·외 유사사례는 있는가?	• 선진국 등의 유사사례를 실제처리과정을 중심으로 구체적으로 기술 • 문제 처리방안에 도움이 되도록 유사사례의 시사점 도출 • 사례조사자료 별첨
1.4.2 관련 통계 및 자료분석은?	• 단순한 통계제시보다는 의미있는 통계의 추세(추이)자료를 제시하고, 그 내용에 대한 원인분석을 기재 • 정책추진의 당위성을 제고하고 정책방향을 암시할 수 있도록 기술 • 필요시 자료별첨
1.5 이 문제를 어떻게 하자는 것인가?	• 문제를 해결하기 위한 지향점 및 대강의 추진방안에 대해 기술 – 향후 정책의 수립시 밑그림으로 작용할 것을 고려하여 기술

2. 정책의 수립

※ 주요 착안사항
- 정책대안의 발굴
- 각 대안의 정책편익과 비용 파악
- 정책형성을 통해 이익·불이익을 받게 될 집단 검토
- 정책화를 위한 관련 제반 법규에 대한 확인 및 충분한 사전 검토
- 정책수단의 선택에 있어 일관성, 예측가능성, 비용의 크기, 정책준수방식의 융통성, 정책의 효과성 및 공평성, 기술혁신의 유인 등을 분석
- 정책대안의 결정에 있어 이해집단 및 관련 집단과의 최선의 합리적인 의사소통 방안 강구
- 충분한 재정적 재원확보가 되어 있는지 체크
- 정책과정에서의 제약요인을 사전에 파악하고, 그러한 제약요인이 정책과정에 미칠 영향에 대해 검토

점 검 사 항	작 성 요 령
2.1 정책목표의 설정	
2.1.1 도달하고자 하는 궁극적 목적은?	• 정책을 통해 달성하고자 하는 이상적인 상황을 기술 - 목표(2.1.2)의 지향점 및 상위목표로 작용할 수 있도록 설정
2.1.2 이루고자 하는 목표는? - 단기 목표는? - 중장기 목표는?	• 궁극적 목적을 달성하기 위해 추진해야 할 정책의 구체적 목표 설정 - 제시된 목표를 달성하기 위한 기한을 명확히 기재(예 05.12월까지 000 달성) • 추후 목표달성도 측정 및 평가를 위한 성과지표 및 성과 측정방법을 기술
2.2. 계획 수립	

☞ 대안을 발굴하여 검토한 결과 선택한 대안에 대한 추진계획을 기술하는 단계
 - 필요시 각 대안별 계획내용을 기술하고, 사전타당성검토(2.3)시 각 계획별 검토사항 기술 가능

〈추진내용〉	
2.2.1 추진주체(보조·협조주체 포함)는 누구이고, 역할은 무엇인가?	• 주체와 보조·협조주체를 구분해서 기술 - 각 주체별 역할 기재
2.2.2 추진하려는 내용과 대상은?	• 적용대상이 2이상일 경우에는 대상별로 추진내용을 구분하여 구체적으로 기록
2.2.3 추진방법과 기간은?	• 추진방법을 구체적으로 기술(관계기관간 협조의 경우 협조의 형태, 역할분담 등을 기재) - 명확한 추진기간과 그 사유를 기재
〈필요한 자원〉	
2.2.4 소요인력은 몇 명이며 동원방법은?	• 내·외부 인원을 구분하고 소요인력 산정의 근거 제시 - 집행과정과 연계하여 별도 전담인력 등 추가인력이 필요한 경우 명시 • 인원별 동원방법을 기재하되 동원 시기가 구분될 경우에는 시기별로 기재
2.2.5 소요예산은 얼마이며 조달방법은?	• 정책의 추진을 위해 소요되는 예산의 세목별 규모 기재 - 여러 기관이 연계하여 수행하는 업무일 경우 기관별 소요 예산 기재 • 조달방법은 시기와 함께 구체적으로 기술하되 기관간 협의가 필요한 경우에는 해당 사

점 검 사 항	작 성 요 령
	항 기재 • 정책추진에 필요한 전체인원을 파악하여 효과분석, 정책추진의 적절성 평가 등에 활용
2.2.6 기타자원은 무엇이 필요하며 확보방안은?	• 인력 및 예산 이외에 확보할 필요가 있는 자원이 있을 경우 해당 자원의 규모 및 확보방안 등을 기술
2.3 계획의 사전 타당성 검토	
2.3.1 예상되는 성과와 비용은? – 가능하고 필요한 경우 계량적 B/C 분석 등 실시	• 2.2의 계획을 추진할 경우 예상되는 비용 대비 성과를 분석 – 필요시 부처의 여건 및 계획의 특성을 고려하여 B/C분석 등 계량적 분석 실시
2.3.2 사회적 형평성이나 국민적 지지도는?	• 2.2의 계획이 사회적 형평성을 고려하고 있는지 그에 대한 논거를 제시하거나, 국민 지지 정도에 대한 논거 제시 • 사회적 형평성 또는 국민적 지지도에 관한 여론조사에 관한 자료가 있는 경우 – 일반국민, 정책의 직·간접 이해관계자, 시민단체 및 언론 등 분야별로 구분하여 여론파악결과를 기재 – 대상별 여론수렴방법 기재 – 여론동향조사보고서 첨부
2.3.3 예상되는 부작용이나 충돌 하는 국가적·사회적 이익은? – 이를 극복하는 방법은? – 부작용이나 이익 충돌에도 불구하고 추진하는 것이 타당한가? 그 이유는?	• 2.2의 계획을 추진할 경우 예상되는 부작용이나 이해가 상충되는 국가적·사회적 측면의 이익을 구체적으로 기술 • 부작용이나 이해의 상충을 극복할 수 있는 방안을 기술 – 해당 극복 방안을 통해서 계획을 추진하는 것이 타당한지 여부와 그 논거를 제시
2.3.4 다른 대안은 충분히 검토 하였는가? – 검토하였다면 그 대안의 내용은 무엇이며, 채택하지 않은 이유는?	• 선택한 대안(2.2) 이외의 대안에 대하여도 검토한 경우, 다른 대안을 채택하지 않은 사유와 대안 검 토시 고려한 변수를 기재 – 선택한 대안(2.2)이 유일한 대안이었다면 그에 대한 논거 기술
2.4 관계부처·기관 협의 및 이견 조정	
2.4.1 협의대상 부처 및 기관은? – 관련부처, 당, 지자체, 시민단체, 전문가 등	• 2.2의 계획 수립시 협의가 필요한 부처 및 기관을 기재 – 법규정에 의해 협의가 필요한 부처 및 기

점 검 사 항	작 성 요 령
	관뿐만 아니라 계획의 순조로운 추진을 위해 협의가 필요한 부처 및 기관도 포함 가능 - 법규정에 대상이 명시되었을 경우에는 관련 규정 명시
2.4.2 협의절차 및 이견조정은? 　- 규제, 환경, 교통, 성별, 균형발전, 부패 등 법규상 필요한 절차	• 협의시 필요한 절차 및 이견 조정에 관한 사항을 기재 - 협의절차 및 이견조정에 관한 법규상 절차가 있다면 그 근거규정 및 내용을 기재
2.4.3 협의과정에서 문제가 제기 될 가능성이 있는 사항 이나 요구사항은 무엇이며 그 근거논리는?	• 협의과정에서 제기될 것이 예견되는 문제나 요구사항을 기술 - 해당 문제나 요구사항이 제기되는 사유나 근거가 되는 논리를 기술
2.4.4 문제가 제기되는 사항들은 어떻게 해결할 것이며, 언제까지 가능한가?	• 제기된 문제별 해결 방안과 일정 및 기한 명시
2.4.5 적극적으로 도와줄 기관은 어디이며 지원확보 방안은?	• 문제 해결을 위해 적극적으로 도움을 이끌어 낼 수 있는 기관과 해당 기관의 지원을 확보할 수 있는 방안을 기술

2.5 갈등관리 및 정책영향평가

점 검 사 항	작 성 요 령
2.5.1 찬성하는 사람들과 집단은 누구이며, 찬성하는 이유는?	• 찬성하는 사람 또는 집단별 찬성 논거를 기술 - 찬성주체가 제시하는 논거뿐만 아니라 이면에 숨은 이유를 분석한 경우 그 내용을 명시
2.5.2 반대하는 사람들과 집단은 누구이며, 이들이 반대하는 이유는 무엇이며, 요구사항은? 　- 이들의 저항은 어느 정도로 심각하며 극복할 방안은?	• 반대하는 사람 또는 집단별 반대 논거 및 요구사항 기술 - 반대주체가 제시하는 논거뿐만 아니라 이면에 숨은 이유를 분석한 경우 그 내용을 명시 • 반대주체의 저항이 사회적으로 어느 정도까지 확산되었는지 등의 규모와 계획에 어느 정도의 영향을 미칠지 등의 심각성 기술 - 저항을 어떻게 극복할지에 대한 방안 기술
2.5.3 도움을 받을만한 자원은 무엇이 있으며 동원할 방안은?	• 반대를 극복하기 위해 도움을 얻을 수 있는 주체 및 방안에 대해 기술
2.5.4 특별한 갈등관리 프로세스를 작용할 필요는 없는가?	• 정책품질관리매뉴얼상의 관리기법(회피, 양보, 타협, 통합 등)을 활용하여 추진하는 방안을 구체적으로 기술

점 검 사 항	작 성 요 령
2.5.5. 정부, 국가의 다른 목표, 권장사항(장애인 고용, 이공계 우대, 지역균형발전)은 충분히 반영하였는가? 　－ 이들 권장사항의 행정절차는 언제까지 어떻게 이행가능한가?	• 국정목표, 국정원리, 국정과제, 대통령지시사항, 권장사항 등을 충분히 반영하였는지 여부 기재 • 미반영시 반영계획시기 등 기술(증빙자료 별첨)
2.5.6 정책의 집행(환경, 교통, 규제 등)으로 국민에게 미치는 영향평가 및 대책은?	• 규제신설 또는 강화에 따른 영향평가, SOC 사업시행에 따른 환경 및 교통영향 평가, 성별영향평가 등을 실시했는지의 여부 기재 　－ 해당 평가결과에 대한 상세자료 별첨 • 평가결과가 부정적일 경우 대응방안 등의 대책 기술

[II. 정책홍보 단계]

※ 주요 착안사항
- 정책형성, 정책발표, 정책집행, 정책평가의 모든 단계별·대상별 홍보전략 구상
- 국민들에게 정책의 중요성을 알리고 강조하기 위한 방안 마련
- 메시지 전달을 위한 대단위 조직 및 단체 구성 필요성 검토
- 정책내용을 전달하기 위한 전달도구 제작
- 국민들의 의견을 청취하고 설득하기 위한 공청회 및 토론회 기획
- 언론, 시민단체, 전문가 그룹 등을 통한 강력한 관련 메시지 전달 방법 강구
- 홍보의 주체는 누가 될 것인가?(대통령, 장관, 주무국장 등)
- ☞ 상세한 착안사항은 국정홍보처의 홍보매뉴얼 참조

3.1 여론수렴	☞ 정책형성단계에 배치 가능
3.1.1 대상별 여론 파악은? 　－ 일반국민, 이해관계자, 시민단체, 언론 등	• 정책형성시 대상별 여론을 파악하여 해당 결과 기재 　－ 상세 자료 별첨
3.1.2 사전홍보 방안은?	• 정책필요성에 대한 여론조성을 위한 사전홍보방안 기술 　－ 언론간담회, 방송, 신문, 이해관계자들과의 간담회 등 활용

3.2 홍보계획 수립·시행

☞ 우선 계획한 사항을 기재하고 추진과정에서 실제 이행한 실적이 계획한 내용과 상이하거나 구체적 이행실적을 기록할 필요가 있는 경우에는 해당 실적을 계획사항 아래에 병기

3.2.1 홍보목표·전략은?	• 홍보를 통해 달성하고자 하는 목표와 이를 달성하기 위한 추진 전략 기술 　－ 2.1 정책목표를 고려하여 가급적 구체적으로 기술

점 검 사 항	작 성 요 령
3.2.2 홍보메시지는?	• 홍보를 통해 전달하고자 하는 핵심적인 내용을 간략히 기재
3.2.3 예상쟁점 및 대응논리는?	• 3.1.1에서 파악한 대상별 여론의 도출된 쟁점과 그에 대한 대응논리 기술
3.2.4. 단계별 홍보방안은?	• 정책결정 직후, 정책집행과정중 홍보(실적점검 등), 집행완료후(정책성과 등) 단계별 홍보방안 기재 – 홍보 주체와 시기 및 방법 기재 – 필요시 3.1 여론수렴 항목 또는 5.3.5 항목 함께 기재 가능 • 필요시 갈등관리전, 갈등관리도중, 갈등관리완료후 등의 단계별 홍보방안도 기재 가능
3.2.5 대상별 홍보방안은?	• 정책대상별로 홍보방안을 기재하되, 홍보시기와 세부방법 등 명시
3.2.6. 홍보매체 (브리핑/간담회/신문/방송/인터넷/PCRM 등)는?	• 단계별로 활용가능하고 적절한 홍보매체 기재
3.2.7. 예산조달 방안은?	• 홍보에 소요되는 비용과 해당 예산의 조달방안에 대해 기술 – 홍보예산이 2.2.5 항목에 포함되었는지 여부 등 2.2.5 항목을 고려하여 기재
3.2.8. 홍보효과 및 영향력 측정은?	• 홍보이후 계량화된 수치로 측정 또는 조사가 가능한 분야는 그 효과분석 실시 • 홍보이후 국민들의 인지도 등에 대한 조사를 통해 확인 가능

3.3 정책발표 적절성

점검사항	작성요령
3.3.1 정책발표 사전협의는?	• 청와대, 당 등 정책결정과 직접적으로 관련되는 기관 등과의 사전조율 계획(내용 및 시기 포함) 기재
3.3.2 정책발표 주체·형식·시기는?	• 정책발표의 주체(주관부처)와 형식(브리핑 등), 구체적인 일시 등 기재

3.4 여론 점검 및 대응방안

점검사항	작성요령
3.4.1 언론 보도상황은?	• 언론매체별로 긍정/부정/중립보도, 오보 여부 등 보도상황 기재
3.4.2 일반국민, 정책고객의 여론은?	• 홍보에 따른 일반국민, 정책고객(이해관계자)의 여론동향 기재

점 검 사 항	작 성 요 령
3.4.3 대책(홍보전략 수정/오보대응/건전비판 수용 등)은?	• 홍보전략 수정방향, 언론 등의 오보 및 악의 보도에 대한 대응(해명자료 배포, 언론중재 위 제소 등), 건전비판에 대한 정책수용 등에 대한 계획 기재

[Ⅲ. 정책집행 단계]

※ 착안사항
- 결정된 정책의 효과적 집행에 대한 검토
- 정책 환경으로부터 오는 제약 요인을 최대한 열거하여 검토하고, 이를 최소화할 장치에 대해 준비
- 정책집행의 일관성 확보를 위해 우선순위가 변경되지 않도록 조치
- 정책집행과정에서 최초 요구된 재원 이상이 요구될 경우, 집행유지를 위한 장치에 대해 준비
- 정책목표에 부합되게 정책이 집행되도록 중간 점검
- 정책과정에서 외부적 환경 요소의 영향 및 개입을 최소화할 수 있는 법적·제도적 조치 방안 마련

4.1 추진상황 점검(모니터링)

점 검 사 항	작 성 요 령
4.1.1. 계획(일정)대로 추진되고 있나?	• 2.2의 계획대로 추진되고 있는지에 대한 점검결과 기술 • 월별(분기별) 계획 등이 있는 경우에는 목표대비실적을 기재하고, 기타의 경우에는 전반적인 추진상황을 명시 　－ 증빙자료 첨부
4.1.2 자원의 확보·투입상황은?	• 당초 계획한 자원에 대한 확보현황(실적)과 투입현황(실적) 기재 　－ 증빙자료 첨부
4.1.3 관계부처·기관과의 협조상황은?	• 정책집행과정에서 2.4.1의 관계부처·기관과의 협조내용과 추진상황 기술 　－ 관계부처·기관간의 협조상황(우수/양호/미흡 등) 점검 　－ 근거로 관계부처 회의결과 등 첨부

4.2 문제발생시 대응방안

점 검 사 항	작 성 요 령
4.2.1 애로 및 장애요인과 극복대책은?	• 정책집행 자체를 어렵게 하는 애로/장애요인과 이를 극복하기 위한 대책 기술 　－ 집행전에 예측한 것과 집행과정에서 도출되는 것을 함께 기술

점 검 사 항	작 성 요 령
4.2.2 중대한 여건변화와 정책의 수정·변경의 필요성은?	• 정책환경이 급변하여 정책추진이 불가능하거나 실효성이 떨어지는 등의 경우 정책을 수정·변경할 필요가 있는지의 여부와 그 근거 기재
4.2.3 의도하지 않은 효과 및 역효과에 대한 대책은?	• 당에 정책집행을 통해 의도하지 않거나 기대하던 것과는 정반대의 효과가 나타나는 경우 해당상황과 그에 대한 대책 기술
4.2.4 수정·변경된 정책의 홍보방안은?	• 정책이 수정·변경된 경우, 정책의 원활한 집행을 위한 홍보방안을 3.2의 점검항목에 준해서 마련

[IV. 정책평가 및 환류 단계]

※ 착안사항(국무조정실의 정부업무평가지침 및 관련 규정 참조)
  • 정책결정 및 정책집행과정에서 그 방법과 시행이 적절하였는지 평가
  • 정책결정에서의 실체적·절차적 문제점 및 정책집행에서의 순응확보 여부 평가
  • 실패요인 분석과 재발 방지 조치
  • 정책의 장단점에 대한 분석평가 및 환류조치(학습방안) 강구
  • 정책평가 내용은 정책사례로 상세하게 기록하여 정부 공식문서 및 지식관리시스템 (KMS) 등에 보관되어 향후 정책관리 및 정책학습 자료로 활용

5.1 평가실시계획

점 검 사 항	작 성 요 령
5.1.1 평가의 주체는?(내/외부)	• 평가주체를 내부와 외부로 구분하여 기재 - 평가주체의 객관성 및 전문성 확보 고려
5.1.2 평가시기는?	• 과정평가가 가능할 수 있도록 주기적인 평가 시기(예 매월말, 분기말, 6월말, 년말 등) 표기
5.1.3 무엇을 평가할 것인가?(중점 고려사항)	• 정책추진내용의 성격에 맞추어 평가시 중점적으로 고려해야 할 사항 기재 ☞ 예 고객만족도, 추진과정상 주민의 참여·호응도, 계량적 지표의 달성도 등

5.1.4 어떻게 평가할 것인가?
  - 성과지표
  - 결과/과정평가, 정량/정성평가
  - 전문가, 여론 등
	• 성과지표는 2.1.2 항목과 연계하여 기재하되 당초 목표 설정시 마련한 성과지표가 없으면 이번 항목에서만 기재
	  - 당초 2.1.2에서 설정한 성과지표가 평가시점에서 변경되었다면 그 논거 제시
	• 결과/과정평가, 정량/정성평가로 평가방식을 구분하여 내용을 기재하고 상세내용은 별첨
	• 전문가, 여론 등의 경우 고객만족도, 설문조사 등 측정방식을 기재하고 결과를 평가에 어떻게 반영할지 기재

점 검 사 항	작 성 요 령
5.2 평가결과	
5.2.1 정책성과 달성도는?	• 5.1.4에서 제시한 방법에 의해 성과를 측정한 결과, 설정한 목표에 대한 달성도 기재 • 계량화가 어려운 과제의 경우 고객만족도조사, 전문가의견조사 등의 방식을 통해 정책성과 평가 가능 　– 평가의 객관성 및 전문성 확보를 위한 노력 필요
5.2.2 잘된 점과 미진한 점은?	• 평가결과, 정책추진과정 또는 성과가 우수한 점과 미흡하여 보완이 필요하다고 판단되는 점 기술 　– 필요시 피평가자의 의견 및 언론·관련고객·일반시민 등의 평가의견도 기재 가능
5.2.3 평가결과 시사점은?	• 평가결과, 발전시켜 나갈 만한 가치가 있는 사항 또는 향후 여타 정책결정·홍보·집행시 활용될 수 있는 사항과 문제점 발생으로 추가조치 또는 향후 정책추진시 유의해야 할 사항을 구분하여 기재
5.3 평가결과의 활용	
5.3.1 미진한 점의 보완대책은?	• 5.2.2의 미진한 점에 대한 보완대책으로 시기·방법 등의 내용 기재
5.3.2 잘된 점의 계승·발전 방안은?	• 5.2.2의 잘된 점을 지속적으로 유지·발전시키는 방안 기재
5.3.3 성과관리(인사·보수·예산 등)와의 연계는?	• 평가결과에 대한 인사(직무성과계약제, 승진·전보 등), 보수(성과급지급 등), 예산(부서 예산) 등과의 연계 및 인센티브 제공 등의 방안 기재
5.3.4 지식관리 활용방안은?	• 정책의 추진과정 및 결과에 대한 분석자료의 기관내·외 정보공유방안(KMS 등재 등) 기술 　– 정책추진사례 교육·전파 방안 마련
5.3.5 정책성과 홍보방안은?	• 정책성과를 일반시민/정책고객 등에게 홍보하기 위한 방안 기재 　– 정책성과를 통한 기관내부 구성원들의 사기진작 방안 구상

제2절 경찰기획서의 작성기법

1. 기획서 작성의 원칙

(1) 기획서의 작성시 유의사항

기획서는 쓸 때와 검토하며 수정할 때를 구분하여 작성하는 것이 좋다.

1) 기획서 작성시 유의점

① 주제와 목적, 그리고 읽을 사람을 명확히 한다.
② 한 번 쓴 것은 지우지 말라
③ 생각나는 것은 모두 써라
④ 초안 종이를 구겨 버리지 말라
⑤ 단어가 떠오르지 않으면 공백으로 남기고 건너뛰어라
⑥ 표현에 집착하지 말라
⑦ 사전 따위는 가까이 하지 말라
⑧ 앞에서 쓴 것을 고치려 하지 말라
⑨ 주제에 안 맞는다 싶으면 행만을 바꿔라(앞의 것을 지우지 말고)
⑩ 똑같은 말이 반복되면 주제를 상기하라
⑪ 잠시 쉬어라
⑫ 별도의 시점이 보이면 메모하라
⑬ 예상된 시간이 되면 즉시 멈춰라

2) 기획서 검토시 유의점

① 초안을 엄정한 비판의식으로 검토한다.
② 다시 한번 주제, 목적, 읽을 사람을 명확히 한다.
③ 포인트가 되는 곳에 표시해 둔다.
④ 주제가 되는 표현의 발견에 노력한다.

⑤ 주제를 중심으로 표시한 부분의 순서를 생각한다.

⑥ 문장 전체의 아웃트 라인을 작성한다.

⑦ 탈락된 소재를 추가한다.

⑧ 초안은 쓰기 쉬운 곳부터 한다.

⑨ 첫 부분을 잘 쓴다.

⑩ 초안를 쓰고난 후 꼭 큰소리로 읽어 본다.

⑪ 형식적 과오(표기 통일, 문체, 제목, 단어, 용어 등)를 수정한다.

⑫ 깨끗이 정서한다.

⑬ 예상된 시간이 되면 즉시 멈추라

3) 기획서 작성시 일반적 유의사항

① 신중한 주제선정을 한다. 사용자의 의도를 파악하여 당면현안이나 관심사항에 대하여 첩보를 수집하고 보고서를 작성하도록 한다. 시의적절하지 못한 보고서는 정책수립에 활용될 수 없음을 명심해야 한다.

② 기획서 요건에 충실한다. 보고서의 구비요건을 최대한 갖춤으로써 사용자가 신뢰감을 갖도록 한다.

③ 사용자를 중심으로 작성한다. 사용자는 만물박사가 아니라는 자세로 되도록 쉽게 풀어쓰도록 하며 전문용어나 외국어 등은 가급적 부연설명을 해야 한다. 되도록 간결하고 평이하게 작성하여 짧은 시간에 사용자가 관련사항을 이해하고 대책을 생각할 수 있도록 한다.

④ 완성후 교정을 본다. 보고서를 작성한 후 같은 단어의 불필요한 중복, 첩보의 진실성, 내용의 상반성 여부에 대하여 점검한다. 또한 오·탈자는 없는지, 인명·지명·연도·숫자·단위 등이 제대로 되었는지를 확인한다.

4) 보고의 상대방

기획서를 어떻게 만들까 결정하기 전에, 그 보고서에 관심을 가질 가능성이 있는 개인이나 집단들을 모두 다 생각해 보아야 하고, 그들이 알고자 하는 것이 무엇인지와 그들에게 얘기해도 좋은 것이 무엇인지 명확히 해 놓는 것이 필요하다. 어떤 개인이나 집단이 보고서에 관심을 갖는가? 그들의 관심사는 무엇인가? 각각의 관심사는 어떻게 다른

가? 등등의 문제의식을 갖고 작성에 임한다.

(2) 기획서의 기본구상

경찰기획서를 작성하기 위해서는 기본구상을 하고 시작하여야 한다.

① 기획서의 전체 구조 설계

기획서 작성을 어떻게 시작할 것인가? 보통 [현황-문제점-해결방안]의 구조로 설계한다.

② 기획서 사용자의 고려

기획서를 보는 상관의 심중을 고려하고, 기획서에 의해 영향을 받는 이해관계자들의 반응을 예상하여 작성한다. 기획서의 수요자의 성격과 관심사에 맞게 기획서를 써야 한다. 예를 들어, 정지선 위반자들이 단속시 국민들이 어떠한 반응을 보일 것인가를 고려하여야 한다.

③ 5W 2H 에 의거한 내용 구상

a. Why : 왜, 기획을 입안하는가? (기획의 배경, 이유, 의의 등)

기획의 목표와 기대효과는 무엇인가?

어떤 변화를 원하는가? (변화의 대상과 내용)

b. What : 무엇을 기획하는가? (기획의 대상과 변화의 내용)

c. How : 어떻게 진행, 수행하는가? (변화의 방법)

d. Who : 누가 행하는가? (주체, 이해관계자의 이해관계 분석)

e. When : 기획은 언제 시행되는가? (시기, 기간)

f. Where : 어디에서 시행되는가? (조직과 장소)

g. How Much : 어느 정도의 돈이 드는가? (예상되는 예산액)

④ 사실의 재확인

기획서 작성의 기본이 되는 사실을 재확인한다. 만일 기초자료가 거짓이었거나 부정확하다면 기획서의 존립의의가 상실되고 분석의 결론과 대안도 오류가 발생하기 때문이다.

⑤ 질문의 예상

마지막으로 경찰간부들이 기획서를 읽고 질문할 부분을 조목조목 예상해보고,

가능한 대답을 해보면 기획서에 어떤 내용이 들어가야 할지를 판단할 수 있다.

⑥ 기획서 양식

보고서 작성시 구상에 도움이 되도록 보고서의 유형별로 가장 기본적인 구조를 제시한다.

○ 기획보고서 양식 사례

구분	서술형식
정책보고서	제목, 보고의 목적(취지), 검토배경(목적), 현황 및 문제점,○○ 개선방안(대책, 추진계획), 추진일정(향후계획)
검토보고서	제목, 검토배경,○○현황, 과제별 검토의견, 향후 조치계획
동향보고서	제목, 보고의 목적(취지), 보고배경, 현 상황(최근 동향) 및 전망, 대응방안(조치계획)
행사 회의 보고서	〈기관장 보고용〉 제목, 보고의 목적(취지), 행사개요(회의개요), 시간계획, 기관장 하실 일 ※ 참고자료: 기관장 동선, 행동계획, 말씀자료 등 〈일반보고용〉 제목, 보고의 목적(취지), 행사개요(회의개요), 시간계획, 준비계획, 행정사항 ※ 참고자료: 기관장 동선, 행동계획, 행사진행 시나리오,좌석배치도, 사회자 시나리오 등
결과보고서	제목, 보고의 목적(취지),○○개요,○○결과 분석, 주요성과 및 시사점, 향후 조치계획

2. 기획서 작성시 검토사항

성공적인 기획서를 작성할 때 사전 사후에 검토할 사항은 다음과 같다.

(1) 형식면 검토사항

- 법령의 형식요건을 구비하고 있는가
- 소관사항임에 틀림없는가

- 결재권자의 표시는 적정한가
- 협조부서의 합의는 거쳤는가
- 사무의 절차는 잘못이 없는가
- 수신자 및 발신자 등의 표시는 착오가 없는가

(2) 내용면 검토사항

1) 법률적 검토

- 허가·인가·승인 등에 대한 법정요건은 무엇이며 그 요건을 충족하고 있는가
- 의결기관의 의결사항은 아닌가 또는 의결을 거쳤는가
- 법정(법정)의 경유기관은 거쳤는가
- 법정(법정)의 기한, 조건 등이 붙어 있지 않는가 또는 그 기한, 조건 등을 충족하고 있는가
- 시효와의 관계는 어떤가
- 법령·예규·지시 등에 위배되지 않는가

2) 행정적 검토

- 재량의 적부범위는 적합한가
- 여론에 대한 영향은 어떤가
- 관례나 선례는 어떻게 되어 있는가
- 처리는 지연되지 아니하였는가
- 경과조치가 필요한 사항이 아닌가
- 필요한 행정사항이 빠져 있지 않는가

3) 경제적 검토

- 과다한 경비투입을 요하는 사항이 아닌가
- 예산상의 조치가 필요한 것이 아닌가
- 경비를 보다 절약할 수 있는 다른 대안은 없는가

3. 임무 · 목표 및 세부목표의 작성

(1) 개 념

1) 기본요소의 이해

기획에 있어서는 임무(Aims), 목표(Objectives), 성과지표(Performance Indicators) 및 세부목표(Targets)에 대한 철저한 이해와 숙지가 요구된다.

① 임무(Aims)란 목적(Purpose)을 넓은 의미로 설명하는 말이다.

② 목표(Objectives)는 임무(Aims)로부터 도출되어 나오는데, 임무를 추구하는 과정에서 우리가 성취하고자 의도하는 「구체적인 것」(Specific Things)이다.

③ 성과지표(Performance Indicators)는 목표들을 달성해 가고 있는 것인지, 적어도 올바른 방향으로 움직여가고 있는 것이 맞는지를 확인해 주는 성공의 기준(Criteria of Success)이다.

2) 사 례

① 임무「질 높은 서비스를 제공하자」

② 목표「사건을 해결하는데 걸리는 시간을 줄임」

③ 성과지표「민원을 받아 해결하는데 까지 걸리는 날짜」

④ 세부목표「2005년 1월 1일까지 평균 사건 대기 기간을 2일로 줄임」

(2) 임 무

좋은 임무는 다음과 같은 요건을 갖추어야 한다.

① 바람직한 임무(Aims)란 목적(Purpose)이나 방향(Direction)을 넓게 얘기한 것이다.

② 임무는 조직에서 일하는 사람들 모두가 기억할 수 있도록 단순한 선언, 더 좋게는 한 문장이어야 한다.

③ 임무는 최종적인 목적이라는 느낌, 애써 노력할 가치가 있는 그 무엇이라는 느낌을 싣고 있어야 한다.

④ 임무는 그 조직이 최종적으로 요구하는 결과물을 곧이곧대로 표현하는 것이 아니

고, 목적과 가치를 담고 있어야 한다.

⑤ 임무는 그 조직에서 일하는 모든 사람들이 언제나 자기가 하는 일의 근거를 찾을
수 있는 원천이어야 하며, 조직원들을 결속시키고 그들을 격려해 주는 것이다.

(3) 목 표

좋은 목표는 아래와 같은 특질을 가져야 된다.

① 성취 지향적(Achievement oriented)이어야 한다.

② 구체적(Specific)이어야 한다.

③ 객관적(Objective)이어야 한다.

④ 수단이 아닌 목적(Ends not means)이어야 한다.

⑤ 수가 적어야(Few in number) 한다.

⑥ 달성 가능해야(Achievable) 한다.

⑦ 우선 순위 책정이 가능해야(Prioritised) 한다.

(4) 성과지표(Performance Indicators)

바람직한 성과지표는 다음의 조건을 갖추는 것이다.

① 성과지표는「성공이 실제로 어떻게 평가될 것인지」를 정의해 주는 것이다.

② 적정해야(Relevance) 한다.

③ 모호하지 않아야(Unambiguous) 한다.

④ 오류를 방지할 수 있어야(Cheatproof) 한다.

⑤ 비용이 적게 들어야(Low Cost) 한다.

⑥ 다른 성과지표와 비교할 수 있어야(Capable of comparison with others) 한다.

⑦ 단순해야(Simple) 한다.

⑧ 유용해야(Useful) 한다.

4. 주요업무 및 주요업무 시행계획 수립

(1) 의 의

"주요업무계획"이란 자치단체에서 계획을 수립하여 추진하는 시책 및 사업중 당해 연도의 심사평가 대상으로 선정된 주요시책 및 사업을 말하며, "주요업무 시행계획"은 주요업무의 추진상황을 점검, 분석·평가할 수 있도록 사업목적 및 취지, 당해 연도의 세부사업내용 등을 세부사업별·추진일정별로 작성한 구체적인 시행계획을 의미한다.

(2) 주요업무계획의 선정

심사평가의 대상이 되는 주요업무계획은 심사평가지침에 따라 매년 1월말까지 자체적으로 선정하되, 중점추진업무를 중심으로 선정하고, 기타 경제·사회적 파급효과가 큰 역점시책·사업 등을 선정하게 되며 단순한 집행사무나 일상적인 업무는 대상에서 제외토록 한다.

한편, 일단 수립된 주요업무 시행계획에 대한 변경은 대내·외 여건변화, 사업추진 환경변화 등에 따라 세부사업의 추가 및 기존 조치계획의 일정단축 등 임의변경이 가능하며, 기존 세부사업의 추진을 유보하거나 기존의 조치일정의 연기가 불가피한 경우에도 변경이 가능하다.

(3) 주요업무시행계획

가) 작성체계

1. 시책·사업개요
   - ▣ 추진배경 및 경위   ①
   - ▣ 목적 및 기대효과   ②
   - ▣ 주요내용   ③
2. 전년도까지 추진현황   ④
3. 금년도 추진계획   ⑤
4. 내년도 이후 추진계획   ⑥
5. 예상 문제점 및 애로사항   ⑦

나) 작성방법

① **추진배경 및 경위**

- 당해 시책·사업을 추진해야 하는 필요성(당위성) 등 추진배경과 그간의 추진경 위를 간략 기술

② **목적 및 기대효과**

- 당해 시책·사업의 목적을 명확하게 기술
  - 사업추진에 따른 객관적 효과의 측정이 가능하도록 추진성과를 가급적 계량화 하여 작성
- 기대효과는 금년도 뿐만 아니라, 필요시 중·장기효과로 구분하여 기술하되, 가 급적 정책효과가 미치게 되는 대상집단에 대한 기대효과를 구체화

③ **주요내용**

- 전체내용 및 추진상황을 종합적으로 이해할 수 있도록 사업의 주요 내용별 추진 계획을 요약해서 작성하되, 투자사업의 경우 연차별 투자계획 및 실적(총괄표) 등 재원 투입상황을 일목요연하게 작성

④ **전년도까지 추진현황**

- 전년도까지의 세부사업별 주요추진실적 또는 추진상황을 작성

⑤ **금년도 추진계획**

- 사업의 주요내용별로 추진목표 및 계획, 추진일정(분기별), 투자계획 등을 구체적 으로 작성

⑥ **내년도 이후 추진계획**

- 내년도 이후 세부사업별 주요추진계획을 작성

⑦ **예상 문제점 및 애로사항**

- 사업추진상 예상되는 문제점과 장애요인 등을 작성

1. 문서작성의 기본원칙

(1) 쉬운 용어로 정확하게 표현

① 문서의 기본 목적은 의사 전달이기 때문에 상대방이 쉽게 이해할 수 있도록 보편적인 단어를 사용
② 여러 가지 의미가 내포되어 있어 읽는 사람에 따라 다르게 해석될 소지가 있는 단어는 사용하지 말아야 한다.

(2) 문서의 핵심을 한 눈에 파악할 수 있도록 작성

① 여러 번 읽은 후에야 내용을 이해할 수 있는 문서는 실패작이다.
② 보고문서는 전달하고자 하는 요점을 먼저 기술하고 부가 설명은 뒤로해서 상대방이 문서의 내용을 한 눈에 파악할 수 있도록 해야 한다.

(3) 육하원칙에 입각해 구체적으로 기술

① 누가 읽어도 같은 의미로 받아들일 수 있도록 사실을 객관적으로 정확하게 기술해야 한다.
② 읽는 사람에 따라 다르게 받아들일 소지가 있다면, 문서로서의 가치는 이미 상실해 버린 것이다.

(4) 문장의 길이와 맞춤법에 유의

① 내용이 아무리 좋은 문서라도 문장이 장황하면 읽기에 지루하고 이해하기도 어렵다.
② 문장이 길어지면 일반적으로 쉼표(,)를 많이 사용하게 되는데, 쉼표의 위치에 따라 문맥의 의미가 달라질 수 있어 혼선을 일으킬 수도 있다.

③ 따라서 문장은 끊을 수 있는 부분은 끊어서 짧고 간결하게 작성하는 것이 좋다.

④ 그리고 맞춤법에 어긋나면 문서에 대한 인상이 흐려지므로, 사전 등을 활용해 가면서 정확하게 작성한다.

(5) 격식에 맞추어 정중하게 작성

① 일상생활에서는 경어를 많이 사용하지 않지만, 보고 문서는 의례적인 요소가 많으므로 적절한 경어의 사용은 문서의 효과를 높일 수 있다

② 단, 부적절한 경어의 사용은 상대방에게 불쾌감을 줄 뿐 아니라 작성자의 품위도 떨어뜨리게 된다.

③ 지나치게 일방적이고 강력한 표현을 쓰게 되면 상대를 불쾌하게 만들 수 있다.

④ 따라서 항상 정중한 표현을 사용하는 것이 좋다.

(6) 성의를 다해 책임질 수 있는 문서 작성

① 보고문서는 상대에게 어떠한 반응이나 행동을 요구하는 것인데 문서 작성자의 성의가 전달되지 못하면 문서의 목적을 달성할 수 없다.

② 문서는 기록으로 보존되는 특징을 가지고 있기 때문에 작성자는 그내용에 문제가 발생한 경우 언제든지 책임을 지겠다는 자세로 문서 작성에 임해야 한다.

2. 기획서의 표현방법

기획서는 문장, chart, 데이터, 이미지(사진, 그림) 등을 효과적으로 결합한 것이다. 각 표현방법의 장점과 단점은 다음과 같다.

○ 기획서 표현방법의 장단점

기 법	장 점	단 점
문 장	• 개념 설명시 활용 • 간결한 문장이 원칙	• 주목을 끌기 어렵다. • 서체 등의 선택이 어렵다.
차 트	• 선, 도표 등로 쉽게 표현이 가능하다.	• 정서적인 내용을 전하기 어렵다.

데이터	• 그래프, 표 등으로 쉽게 표현하여 이해시킨다. • 객관적 분석으로 설득력이 있다.	• 이해를 못하는 사람도 있으므로 설명이 꼭 필요하다.
이미지	• 말로 표현할 수 없는 미묘한 뉘앙스를 전할 수 있다.	• 적절치 못한 사진, 그림 사용시 자칫 인상을 훼손할 위험이 있다.

(1) 문장표현방법

문장표현은 항목별로 간추려 쓰고 간결하게 알기 쉬운 문장으로 써야 한다.
기획서를 읽는 고객이 '읽고 싶어하는' 기획서가 되도록 작성하여야 한다.

1) '읽히는 기획서'가 되기 위한 표현방법(한치규, 1998: 85-86)

① 읽는 사람이 알고 싶어하는 정보를 중심으로 기술한다.

② 바쁜 경찰간부들이 한 눈에 요점을 파악할 수 있도록 짧게 요약한다.

③ 쉽고 정확한 이해가 최우선이므로 조목조목 간추려 쓰고, 평이한 용어를 사용한다.

2) 문장 표현 방법

① 단문의 원칙을 지키도록 한다. "명문은 단문, 악문은 장문"이라는 말이 있다. 알기 쉬운 문장, 간결한 문장은 필연적으로 단문이다. 문장은 주어와 술어의 대응이 분명하도록 하고, 문장의 길이는 두 줄이 넘지 않도록 하여 문장의 뜻이 바로 전달되도록 한다.

② 가급적 작은 표제를 많이 사용하도록 한다.
작은 표제는 글의 중심이 되며 작은 표제가 뚜렷이 구성되어 있으면 훌륭한 기획서가 된다.

③ 기타 다음사항을 유의하도록 한다.
   • 정서적인 표현, 접속사 등은 가급적 쓰지 않는다.
   • 여러 가지로 이해될 수 있는 용어를 쓰지 않는다.
   • 타이틀 등은 인상적인 용어를 사용한다.
   • 정중한 용어를 쓴다.
   • 오자, 탈자가 발생하지 않도록 한다.

- 수치가 길 때는 단위(억, 만)를 사용한다.
- 애매한 표현(약, 거의)이나 같은 의미를 가진 용어, 어구는 피한다(예 잘못 오해한, 약10명 정도 등).

3) 문장의 구조

문장의 구조는 『미괄법』, 『두괄법』, 『쌍괄법』의 3가지 방법이 있으나, 두괄법을 사용하는 것이 바람직하다.

① **미괄법 문장**

우리 주변에 있는 문장은 거의 대부분이 결론이 끝부분에 있다. 일반적으로 미괄법의 문장은 3단락으로 구성되어 있다.

제1단락은 서론부분, 제2단락은 본론부분, 그리고 제3단락이 결론으로 구성된다. 그런데 미괄법의 문장은 문제제기, 상세한 배경, 사정설명, 그리고 결론으로 이어지는 등 무리없는 문장의 흐름이 되나, 끝까지 읽지 않으면 필자의 주장을 알 수 없어 기획서에는 부적절하다.

② **두괄법 문장**

두괄법이란 문장의 서두에 결론이 오는 형태로 대표적인 것이 신문기사이다. 두괄법의 특징은 한 눈으로 결론을 읽을 수가 있어 바쁜 경찰간부들에게 인기가 있는 문장이다.

③ **쌍괄법 문장**

문장의 서두와 최후의 두 곳에 결론이 놓여 있는 문장의 형태를 쌍괄법이라고 한다. 주제를 되풀이하여 설명하는 것은 그렇지 않은 것보다 상대에게 강한 인상을 준다.

4) 문자의 비쥬얼(Visual)화 적극 활용

문자(글자)는 비쥬얼화하여 기획서의 시각적 효과를 높이는 것이 바람직하다. 이에는 레이아웃(Lay-out)과 문자를 강조하는 방식 등이 있다.

① 레이아웃 처리는 강조하고 싶은 부분에 언더라인을 긋거나 긴 문장을 몇 개의 블록으로 나누거나, 블록마다 작은 표제를 붙이는 것이다.

② 문자의 비쥬얼 처리는 글자에 음영을 치거나, 중요한 부분을 다른 글체로 처리하

거나 확대하는 것이다.

(2) flow chart 방식에 의한 표현

chart는 박스에 글을 넣고 이것을 화살표로 연결하여 논리의 흐름을 표시하는 방법으로 '읽는 문서'를 '보는 문서'로 바꾸어 표현하는 방법이다. 문서에 의한 방식보다는 훨씬 간결하고 시각적인 효과가 있다.

기획서의 chart 표현은 심플하게 표현하기 위해 가급적 1테마를 1페이지에 작성하며 chart를 사용한 논리표현은 좌에서 우로, 상에서 하로 흐르도록 구성한다. chart로 표현하려고 하면 문장으로 표현할 때보다 수용량이 한정되어 있으므로 chart 표현에서는 문장을 어떻게 요약할 수 있는가에 주의하여야 한다.

(3) 데이터 표현의 방법

기획서에 있어서 수치는 기획서 내용의 객관성, 정당성, 확실성을 뒷받침하는 중요한 데이터이다. 기획서에 수치를 기재하는 경우에는 목적에 알맞는 적절한 그래프 형태를 선택하는 것이 중요하다.

기획서에서 사용되는 대표적 그래프와 그 특징은 다음과 같다.

① **막대그래프** : 수치의 대소를 비교하거나 시간적 변화를 판별하는데 적합
② **원그래프** : 구성의 비율을 보는데 적합
③ **절선그래프** : 수치의 시간적 변화를 보거나 복수의 요소를 비교하는데 적합
④ **면적그래프** : 수치의 면적비 환산에 적합
⑤ **산포도** : 수치를 점좌표로 표현하고 전체의 분포를 읽는데 적합
⑥ **띠그래프** : 구성 비율을 보거나 시간적 변화를 비교하는데 적합

(4) 이미지 표현

오늘날과 같은 비쥬얼 시대에 있어서는 프리젠테이션의 최대 효과를 얻기 위해 비쥬얼 표현에 노력해야 하는데 특히 이미지표현을 적극 활용토록 한다.

정보의 전달방식이 "문자표현으로부터 비쥬얼 표현"으로 중점이 이행된 오늘날에 있

어 이미지 표현은 중요한 역할을 담당하며, 이미지표현의 질이 나쁘면 기획내용이 뛰어나더라도 평가가 나빠질 위험이 있다. 따라서 이미지 품질관리는 기획서 표현의 중요한 포인트가 될 수 있으며 이를 제대로 활용하면 보는 사람에게 깊은 인상을 줄 수 있고, 경합된 프리젠테이션 등에 있어 유리하게 된다.

이미지 표현의 종류를 살펴보면 다음과 같다.

① 설명도판(도판)을 사용하는 방식으로, 기획서에 설명도판을 넣으면 한층 알기 쉽게 이해를 도울 수 있으며, 만화형의 설명도판을 쓰는 것도 효과적이다.

② 복사기에 의한 상품의 카피방법으로, 기획서에 상품사진을 기재하는 경우 사진이 없으면 그 상품을 복사기 등으로 카피하여 사용한다.

③ 잡지 등에서 오려낸 적절한 사진을 이미지사진으로 활용한다.

④ 심벌마크를 사용하는 방법으로, 워드프로세서 등에 내장되어 있는 그림문자를 이용하여 표현이미지로 적절히 활용한다.

⑤ 사진에 글자를 넣는 방식으로 컴퓨터, 복사기를 간단하게 조작하여 작품을 만들어 사용한다.

⑥ 원근법, 투시도, 양식도 등을 제작 활용한다.

3. 올바른 문장작성 방법

기획서를 작성할 때는 보고하고자 하는 내용이 바르게 전달될 수 있도록 적당한 용어를 선택하고 일상생활에서 잘못사용하고 있는 단어 등을 무의식적으로 사용하지 않도록 한다.

① **능동형 문장 표현**

피동형인 "....되다" 또는 "....시키다" 등의 표현을 될 수 있는 한 피하고 능동형인 "....하다" 또는 "...하고" 등의 어미를 사용한다.

예를 들면, 「고도로 발달된 산업사회는…」을 「고도로 발달한…」으로 바꾸거나, 「신에 의해 창조된 인간…」의 경우 「신이 창조한 인간…」 등으로 바꿀 수 있다.

또한 「환경을 개선시켜야…」를 「환경을 개선해야…」로, 「김회장을 소개시켜 주겠다고…」를 「김회장을 소개해주겠다고…」 등의 적극적이고 능동적인 표현으로 바꾼다.

② 비문법적인 겹말을 사용하지 않는다.

흔히 구어체적인 습관에 의하여 같은 뜻을 가진 말을 반복하는 경우가 있는데 보고서를 작성할 때 이에 유의하여야 한다.

예를 들어 「대통령각하 방미기간 동안에…」의 문장의 경우 「…방미기간에」 또는 「…방미동안에」로 표현하는 것이 옳다. 「날조된 조작극이라고 단정…」의 경우 "날조"와 "조작"은 같은 뜻이다. 「이미 기정사실로 판정」, 「벌목장에서 탈출해 나온」, 「대략 100여점」, 「LNG가스」, 「각 언론사간 견해 차이」 등은 중복된 표현을 사용하고 있는 사례이다.

③ 어색한 한자사용을 피한다.

보고서는 누구나 읽기 쉽고 빨리 이해할 수 있도록 작성하여야 한다. 따라서 한글 표현이 가능한 경우 구태여 어색한 한자를 사용하는 것은 좋지 않다. 흔한 표현 중에 「노력을 경주하고」, 「중지를 결집하여」, 「긴급한 상황하에서」, 「차제에 발본색원」 등의 표현은 「노력을 다하고」, 「모두의 뜻을 모아」, 「…상황에서」, 「이 기회에…」 등의 한글 표현으로 바꾸어도 의사전달에 하등 차이가 없고 보고서도 훨씬 신선한 인상을 줄 수 있다.

④ 무리한 생략을 피한다.

지나치게 압축적인 표현을 할 경우 뜻이 제대로 전달되지 않을 수도 있으므로 무리한 생략은 바람직하지 못하다. 「구호와 노래를 부르면서…」의 경우 「구호를 외치고 노래를 부르면서」로 바꾸어 표현해야 하며, 「학사관리 철저를 당부」의 경우 「학사관리를 철저하게 해줄 것을 당부」 등으로 표현해야 한다.

⑤ 복수를 나타내는 "들"의 올바른 사용

보고서 작성시 복수어미도 중복하여 사용하는 경우가 많은데 예를 들어 「부상한 시민들이 속출」의 경우 "속출"이라는 용어에 이미 "많다"라는 뜻이 내재되어 있으므로 「부상한 시민이 속출」로 표현해야 한다. 「15마리의 호랑이들」, 「수십마리의 코끼리들이」의 경우도 잘못된 사례이다.

⑥ 보고서의 특수한 용어

경찰의 보고서의 경우는 위와 같은 일반적인 형태의 주의사항 이외에도 정례화 되어 어떠한 판단이나 경찰상의 조치를 나타내는 특수한 용어가 있다. 이와 같은 용어를 사용함으로써 내용을 정확하게 전달하여야 한다.[27]

○ 경찰조치를 나타내는 용어

용 어	사용례
설득 · 반발최소화	합법적인 활동이지만 방치하게 되면 그 파급영향이 심각한 경우 또는 경고해야 할 사안이지만 그 대상이 경고가 적합하지 않은 경우에 한정해서 사용 단, 불법행위에는 가급적 사용하지 않는다.
경 고	불법적인 상황이나 불법으로 흐를 우려가 있을 때
차 단	불법폭력시위 · 기습 등을 제지시
연 행	다중의 불법행위가 행해지고 있거나, 행해지려고 하는 현장에서 주동자, 극렬행위자, 단순가담자 등을 구분함이 없이 포괄하여 경찰관서에 동행 조사 후 사법처리할 목적으로 연행한 경우
격리연행	단순히 해산시키려는 하나의 방법으로 일시적으로 다중을 연행한 경우
검 거	폭력사용 등 비교적 뚜렷한 위법의 혐의가 있거나 이미 수배중인 자 또는 검거대상으로 분류된 자를 검거한 경우(또는 검거하고자 할 경우)

○ 판단을 나타내는 용어

용 어	사용례
판단됨	어떤 징후가 나타나거나 상황이 전개될 것이 거의 확실시 되는 근거가 있는 경우
예상됨	첩보 등을 분석한 결과 단기적으로 어떤 상황이 전개될 것이 비교적 확실한 경우
전망됨	과거의 움직임이나 현재동향, 미래의 계획 등으로 미루어 장기적으로 활동의 윤곽이 어떠하리라는 예측을 할 경우
추정됨	구체적인 근거는 없이 현재 나타난 동향의 원인 · 배경 등을 다소 막연히 추측할 때
우려됨	구체적인 징후는 없으나 전혀 그 가능성을 배제하기 곤란하여 최소한의 대비가 필요한 때

---

27) 경찰청, 「정보보고서 용어사용 요령집」 1996, 참고

제10장
경찰기획 프리젠테이션기법

제1절 보고와 프리젠테이션

1. 대통령의 보고 스타일[28]

경찰관이 작성한 기획서는 최고정책결정자에게 보고된다. 대통령이 결정해야하는 사항인 경우 기획보고서에 대한 프리젠테이션이 원활하게 진행되어야 비로소 성과가 나타나기 때문에 프리젠테이션은 중요성을 더한다.

노무현 대통령의 보고체계는 '밀실'이나 '독대', '비선(秘線)보고'에서 생기는 폐단을 없애는 데 중점을 두고 있다. 참여정부에서는 그 어떤 독대도 없앴다. 국정원장 주례보고도 폐지했다. 국정원장과의 독대까지 없앨 정도로 '투명성'을 강조하고 있다. 노무현 대통령에게 보고를 하고 나면 그 내용이 토씨 하나 틀리지 않고 공개된다. 혹시나 대통령에게 보고하고 나온 사람들이 '대통령의 뜻' 임을 내세워 '호가호위(狐假虎威)'하고 다닐까봐 내용을 다 공개하는 것이다.

김영삼 대통령은 안기부의 기능을 중요시해 일주일에 한번씩 김덕·권영해 등 당시 안기부장으로부터 직접 보고를 받았다. 그리고 YS가 가장 무게를 둔 것은 차남 현철씨의 '비선' 보고였다. 현철씨는 전직 관료·학계 등으로 꾸려진 '광화문팀'을 만들어 정치권에선 처음으로 여론조사제도를 도입, 총선 등에 필요한 객관적 데이터를 제공함으로써

---

28) 문화일보. 2006.9.2.

YS의 신뢰를 얻은 것으로 알려졌다.

김대중(DJ) 전 대통령도 매일 새벽 보고로 일과를 시작하긴 마찬가지였다. DJ의 하루는 보고에서 시작해 보고로 끝난다고 해도 과언이 아니었다. 그는 서면·대면 보고를 모두 좋아했다고 한다. 특히 임동원·신건 등 국정원장들이 매주 청와대에서 주요 정보사항을 보고하고 보고서를 올렸다.

부시 대통령은 매일 아침 국가정보국(DNI) 존 네그로폰테 국장으로부터 정보브리핑을 받으며 하루를 시작한다. 국가정보국은 2001년 9·11테러조사위원회가 미국의 정보기관 강화를 권고함에 따라 2005년 신설된 기구다. 중앙정보국(CIA) 및 국방부 정보조사국 등 미국의 15개 정보기관을 총괄조정하는 막강한 힘을 지녔다. 부시 대통령은 이에 앞서 CIA국장으로부터 일일정보보고를 받았으나, DNI가 신설되면서 정보보고권을 DNI 국장쪽으로 넘겼다. CIA정보뿐 아니라 국무부, 국방부 등 각부처의 정보기구가 생산하는 정보를 종합하는 것이 필요하다고 판단했기 때문이다. 부시 대통령은 이와 함께 하루종일 백악관에서 함께 생활하는 조슈아 볼턴 백악관 비서실장, 스티븐 해들리 백악관 국가안보보좌관과도 매일 아침 만나 국내외 상황보고를 받고 중요한 결정을 한다.

제2절 프리젠테이션의 개념과 기본체제

1. 프리젠테이션의 개념

(1) 개 념

1) 의 의

기획서 제안이란 기획 담당자가 의사결정자와 관련자에게 문서나 차트, 슬라이드 또는 컴퓨터 등 전달수단을 통해 자기의 의사를 표명하는 행위(presentation)이다.

기획담당자가 뛰어난 착상을 통해서 훌륭한 기획작품을 완성하였더라도 제안과정에서 결정·채택되지 않는다면 자원낭비 또는 지적에너지의 소모에 지나지 않는다.

프리젠테이션은 멀티미디어 시대 혹은 영상시대에 발맞추어 하나의 시대조류가 되고 있다. 전남 강진군청에서는 5급(사무관)으로 승진하려면 여러 직원 앞에서 자신의 지식과 철학을 발표해야 한다. 동료 직원들의 다면평가를 위한 프리젠테이션은 군청내에 중계되고 이를 보고 평가를 받게 된다. 프리젠테이션 능력이 곧 기획가의 능력이라고 말할 수도 있는 것이다.

2) 프리젠테이션의 목적

프리젠테이션을 하는 이유는 고객의 주의를 환기시키고 흥미를 갖게 한 다음 논리적으로 설명하여 이해시키고, 결정하게 하고, 행동하게 만들기 위한 것이다. 결국 청중이 이해하고, 합의하고, 결정하고, 행동하도록 만들기 위해 프리젠테이션을 하는 것이다.

① **동기부여** : 무관심을 관심으로 전환한다.
② **정보제공** : 모르는 것을 알게 만든다.
③ **설득** : 결심하게 한다.
④ **실천** : 행동하게 한다.
⑤ **재미** : 즐거움을 준다.

3) 프리젠테이션의 사고과정

프리젠테이션 전체를 지배하는 설득적인 프리젠테이션 언어구조의 기본을 핵심어로 표현하면 다음과 같다.

① 「제가 드릴 말씀은 이것입니다.」 먼저 결론적으로 의견을 말한다. 청중은 왜 그러한지 의문을 갖는다.
② 「왜냐하면」 이라고 시작하여 이유와 근거를 설명한다.
③ 「예를 들면」이라고 하여 사례를 설명하여 이해를 깊게 한다.
④ 「다른 조직과 비교하면」 이라고 하여 비교함으로써 청중이 궁금증을 해소하고 확신을 갖도록 한다.
⑤ 「제가 드리고자 하는 말씀은」으로 결론 사항을 다시 한번 강조한다.

4) 프리젠테이션의 일반적 순서

프리젠테이션은 기본적으로 다음의 순서 구조를 갖는다.

○ 프리젠테이션의 순서

도입부	• 사회자에 대한 예의 • 인사 • 자기소개 • 배경 • 결론 • 진행안내
본 론	• 본론 1 • 본론 2 • 본론 3
결론부	• 전체 요약 • 결론 재강조 • 질의응답 • 마무리

5) 프리젠테이션 3분 구성법

프리젠테이션은 많은 개념을 일정한 규칙에 따라 정리해 내는 작업이다. 여기에는 시계열, 지리법, 점층법, 논리법, 변증법, 연역법, 귀납법의 방법이 있다.

○ 프리젠테이션의 3분 구성

시계열	지리법	점층법	논리법	변증법	연역법	귀납법
과 거	대지역	소규모	인과관계	정	대전제	사실
현 재	중지역	중규모	예증	반	소전제	사실
미 래	소지역	대규모	가치기준	합	결론	결론

6) 프리젠테이션의 기본체제

프리젠테이션 자료 작성 시 가장 먼저 고려해야 할 사항은 기본체제이다. 여기에는 다음과 같은 다섯가지 요소에 대한 고려가 필요하다.

① 발표 시간

대표 및 주요 임원과 같은 고위 직원을 대상으로 하는 경우 질문과 응답 시간 등을 포함하여 보통 30분을 넘지 않도록 하며 10~15장 내로 하는 것이 좋다. 그 외의 다른 정식 프리젠테이션도 1시간을 넘지 않도록 한다. 20페이지 이상이 되어 1시간을 넘길 경우 보통 지루함을 느끼게 되고 프리젠테이션 청취에 집중력이 떨어진다.

② **내용 구성**

핵심 내용만을 담고 세부 사항은 발표 시 설명으로 한다.

문장은 간결하고 글머리표를 이용하여 간략하게 정리한다.

메시지를 전달하기 위해 간결한 문장이나 키워드(Key words) 위주로 작성한다.

③ **프리젠테이션 스타일**

가독성을 감안하여 서체의 크기는 일반적으로 주요 메시지 부분은 20pt 이상, 본문 내용은 14pt~16pt 이상을 사용한다.

주로 컬러와 애니메이션 효과를 사용하여 프리젠테이션을 준비한다.

컬러가 익숙하지 않다면 바탕색을 정하고, 제목과 본문 2개 정도의 컬러를 제한하여 사용한다. 애니메이션 효과 사용 시에는 산만하지 않도록 중요한 페이지에만 적용하고 1~2개 정도의 화면 전환 효과를 이용하는 것이 내용 전달에 효과적이다.

④ **장 소**

보통 10명 이상이 들어가는 회의실에서 대규모 그룹으로 프리젠테이션을 하는데, 직접 발표를 하게 될 장소를 방문하거나 자세히 문의하여 회의실의 크기, 프로젝터와 화면의 거리 등을 사전에 알아두는 것이 좋다. 이러한 준비를 하면 문제 발생의 여지를 줄일 수 있고 그에 맞는 서체의 크기를 지정하여 슬라이드를 구성할 수 있다.

⑤ **포인트**

정식 프리젠테이션용은 메인 메시지가 1줄을 넘지 않는다. 그리고 핵심이 되는 단어 뒤주의 간결한 문장을 사용한다. 또한 컬러와 애니메이션 효과를 적절하게 사용하여 청중의 시선을 집중시킬 수 있도록 한다.

2. 프리젠테이션을 위해 고려해야 할 사항

프리젠테이션이란 자신이 의도하는 정보를 대상자가 쉽게 이해하고 따라올 수 있도록 하는 것이다. 짧은 시간 내에 효과적으로 계획한 정보를 전달하기 위해서는 목적과 상황 및 대상에 적합한 자료를 준비해야 하는데, 이때 고려해야 할 점은 크게 아래와 같이 3가지로 요약할 수 있다.

(1) 프리젠테이션의 목적

① 상대방에게 계획한 정보를 충분히 이해시킨다.
② 정보를 전달하고자 하는 대상, 혹은 집단의 특성 파악을 통하여 상대방이 갖고 있는 니즈, 의도, 예상 성과 등을 정확히 파악한다.
③ 계획된 정보 전달 과정에서 일어날 수 있는 예상 질문과 제기될 수 있는 문제점 등을 염두에 두며 내용을 준비한다.
    메시지를 정확하게 전달하고 상대가 제기할 수 있는 의문과 예상 질문들을 여러 관점에서 생각하여 정리한다면 결론적으로 도출된 내용이 상대의 의견과 다를지라도 상대방이 내가 도출한 결과를 재고해 볼 수 있는 설득력 있는 내용이 된다.

(2) 명확하고 간결한 메시지 구성

① 결론 우선 제시
    결론을 먼저 말하는 걸이 전달 효과가 가장 크다. 메인 메시지에 결론을 먼저 제시하여 해당 페이지에서 말하고자 하는 핵심 내용을 정확하게 인식시킨 다음 세부적인 설명을 하는 것이 좋다.
② 한 장에 하나의 메시지
    한 페이지에 하나의 메시지를 전달한다. 많은 내용을 gksRJ번에 보여주려 하는 것은 내용을 명확하게 전달하는 데 방해가 된다.
③ 메인 메시지
    인쇄 매체 광고의 헤드라인 카피와 같은 역할로서 16pt 이상의 큰 글씨로 가능한 1~2줄을 넘지 않도록 하며 해당 페이지에서 말하고자 하는 중심 내용을 요약한다.
④ 중복되는 내용의 생략
    내용이 여러 번 중복되는 것을 피하고 하나의 메시지로 정리한다.
⑤ 글머리표 사용
    내용이 텍스트 위주인 경우에는 글머리 표를 사용하여 간결한 문장으로 정리한다.

⑥ 그룹핑(Grouping)

세부적인 내용이 많을 때는 연관성이 있는 내용끼리 몇 개의 그룹으로 나누어서 설명한다. 이때 각 그룹은 논리적으로 연관성이 있어야 한다.

⑦ **문장의 톤, 스타일의 통일**

~했음, ~임, ~입니다

(3) 프리젠테이션의 성격 및 청취 대상에 대한 정확한 파악

프리젠테이션의 성격 및 청취 대상에 대한 정확한 파악으로 내용을 알맞게 구성한다.

① 제출(Handout)용인가?

② 내부 미팅 및 소규모 토론을 위한 자료인가?

③ 외부 실무자와의 협의 및 토론을 위한 자료인가?

④ 프리젠테이션 내용을 자세히 설명하여 후에 참조할 수 있도록 첨부 자료로 나누어 주기 위한 용도인가?

제3절 프리젠테이션의 성공기법

1. 성공 프리젠테이션의 조건

(1) 성공의 개념

프리젠테이션(presentation)은 통상 그 무엇을 근사하게 보이는 것, 즉 '표현의 문제'로 생각하곤 한다. 영어 어휘, 'present'라는 단어를 보면 몇 가지 복합적인 뜻이 있는데, '존재를 나타내기, 남에게 선사하기, 무엇을 제안하기' 등의 의미로 쓰이곤 한다.

성공적인 프리젠테이션이란 그 내용이 선명해야 하고(즉, 존재가 뚜렷할 것), 남이 받아 기분 좋을 만큼 근사해야 하고(즉, 내용이 잘 표현될 것), 남이 귀를 기울이고 싶을 만큼 충실해야 한다(즉, 내용의 설득력이 있을 것).

이 정의를 다른 말로 표현하면 프리젠테이션은 실제 한 것 그대로 보이게 하는 데에도 엄청난 기량이 필요하고, 실제 한 것 보다 더 근사하게 보이게 하면 말할 것도 없이 좋고, 무엇보다 상대편이 설득 당할 만한 내용적 파워가 전달되어야 한다.

(2) 성공의 조건

성공적인 프리젠테이션, 성공하는 프리젠테이션의 구성요소는 다음과 같은 것이다.

- 정열이나 꿈, 사명감이 전달된다.
- 지식이 뒷받침되어 있다는 사실을 느낄 수 있다.
- 가설이 구축되어 있다.
- 객관적인 정보와 주관적인 정보를 모두 활용하여 가설이 검증되어 있다.
- 듣는 사람, 상대방의 입장에 서 있다.
- 준비되어 있다.
- 전하고 싶은 내용이 분명하다.
- 다른 사람과의 차이, 특징이 분명하다.
- 듣는 사람이 어떻게 해야 좋은지 분명하게 명시되어 있다.
- 전체적인 상황이 파악되어 있다.
- 시나리오가 형성되어 있다.
- 표시 효과 등의 소프트웨어가 준비되어 있다.
- 몸짓과 태도가 듣는 사람, 장소, 목적에 적합하다.
- 맑은 목소리와 억양이 잘 갖추어진 말투로 이야기하고 있다.

(3) 청중의 수에 따른 대응

프리젠테이션은 청중의 수에 따라 그 특성이 다르므로 적절히 대응할 필요가 있다. 소수의 청중에서는 깊이 있고 비형식적인 형태가 좋고, 다수의 청중에게는 깊이보다 폭넓은 내용과 형식적인 형태가 바람직하다.

○ 청중의 수

	소 수	다 수
종 류	• 고객과 면담 • 사내 회의 • 중역 회의 • 부서내 회의 • 비공식 회의	• 학회 • 전시회 • 강연회 • 국제 회의 • 공식 회의
청중의 수	1인~10인 정도	30인~100인 이상
청중의 성격	• 단일 • 청중 상호간 안면 있음 • 청중에게 긴장감 있음	• 혼합 • 청중이 제각각 • 청중에게 긴장감 없음
프리젠테이션의 주의점	• 청중을 상세히 분석 • 도전적인 목표 • 구체적인 테마를 선정 • 내용을 좁혀서 깊이 있게 파악 • 청중과의 사이에 가교를 설치한다. • 비주얼을 많이 사용할 수 있다. • 연출에 얽매이지 않는다.	• 핵심 인물이 중요 • 현실적이고 달성 가능한 목표를 설정 • 일반적인 테마를 선정 • 폭넓고 깊이가 얕은 내용 • 충격을 주는 화제 • 비주얼에 제한이 따른다. • 세심한 연출이 필요

자료 : 야하타 히로시, 나상억 역(2003: 334).

(4) 연령과 성에 따른 대응

프리젠테이션시 연령별, 성별, 수준별로 특성을 이해하고 달리 적용해 나가야 한다. 연령이 높은 경우 논리적이고 보수적일 필요가 있지만 낮은 연령의 청중에게는 보다 도전적이고 모험적인 것이 좋다.

○ 연령 성별 유의점

인구통계학적 항목			프리젠테이션의 주의점
연령	높다	실제적, 현실적, 원칙적, 논리적, 보수적	• 현실적인 제안 • 논리적인 내용 • 공식적이고 예의바른 대응
	낮다	이상주의적, 혁신적, 지극적, 도전적, 모험적	• 혁신적인 제안 • 도전적인 내용 • 가벼우면서 느슨한 분위기 조성

성별	여성	감성이 예리하다 / 직감적	• 구체적인 사례를 많이 제시 • 감성에 호소한다.
	남성	윤리적 / 문제해결적	• 논리적인 얘기 전개 • 데이터의 제시
수준	높다	보수적, 윤리적, 현실적, 장기적 관점	• 전문가로서의 의견 • 넓은 시야 • 공평한 과점
	낮다	구체적, 실제적, 단기적 관점	• 알기 쉬운 표현 • 평이한 언어 • 청중과의 관계성을 중시
문화적 배경		가치관이나 행동 양식이 다양	• 종교, 정치적 신념, 이데올로기, 인종 차별, 금기 등에 주의

자료 : 야하타 히로시, 나상억 역(2003: 334).

(5) 프리젠테이션의 목적별 대응

프리젠테이션의 목적은 정보전달용, 설득용, 동기부여용, 의례용, 엔터테인먼트용 등으로 구분할 수 있다. 이때 각각의 프리젠테이션 목적에 따라 유의할 점은 다음과 같다.

○ 유형별 주의점

프리젠테이션의 유형	실시상의 주의점
정보 전달을 위한 프리젠테이션	• 청중의 니즈를 파악하고 있을 것 • 청중이 이미 알고 있는 정보와 관련지을 것 • 정리된 정보는 이해하기 용이하다. • 너무 많은 정보는 오히려 이해가 힘들다. • 비주얼을 많이 사용하는 편이 이해를 돕는다. • 정보가 반복되면 청중의 기억에 남는다. • 정보를 단순히 나열해서는 곤란하다.
설득을 위한 프리젠테이션	• 사실을 주장하여 받아들이게 한다. • 새로운 가치관을 제시하고 태도를 바꾸게 만든다. • 문제 해결책을 제시하고 받아들이게 한다. • 정책을 제시하고 받아들이게 한다. • 발표자의 조건(신뢰성, 전문선, 활동성)을 갖추고 있을 것 • 얘기 속에 청중의 이익이 들어 있을 것 • 청중의 이익에 대한 근거가 확실히 제시될 것 • 논리와 감정의 균형을 취할 것

동기부여를 위한 프리젠테이션	• 청중이 받아들일 기분이 되어 있을 것 • 청중이 발표자에게 호의적일 것 • 논리적인 내용만으로는 효과적이지 못하다. • 감정에 초점을 맞추는 편이 효과적이다. • 연출이 필요
의례적인 프리젠테이션	• 모임의 취지를 제대로 인식하고 있을 것 • 청중이 기대하는 역할에 부응할 것 • 분위기에 합당한 내용일 것 • 지루하게 얘기하지 말 것 • 정해진 문구가 있으니 주의할 것
엔터테인먼트를 위한 프리젠테이션	• 유머와 농담을 적절히 사용할 것 • 분위기에 어울리는 내용일 것 • 품위를 지킬 것 • 지나치게 방정맞게 까불지 말 것 • 늦추고 당기는 것을 적절히 조절할 것 • 청중의 성격에 주의할 것

자료 : 야하타 히로시, 나상억 역(2003: 336).

(6) 비언어 메시지의 이해

프리젠테이션을 할 때 청중의 비언어 메시지를 올바로 이해하고 대응할 필요가 있다.
예를 들어 고개를 끄떡이는 것이 동조를 표하는 것이지만 계속해서 끄떡이는 것은 빨리 끝내라는 의미일 수도 있음을 알아야 한다.

○ 청중의 비언어 메시지

청중의 비언어	청중의 심리상태
• 끄떡이고 있다. • 계속해서 끄떡이고 있다. • 청중이 눈을 감고 있다. • 고개를 갸웃하고 있다. • 팔짱을 끼고 있다. • 메모에 낙서하고 있다. • 물건으로 장난치고 있다. • 손으로 턱을 괴고 있다. • 다리를 꼬고 있다. • 다리를 자주 바꾸어서 꼬고 있다. • 창밖을 보고 있다.	• 납득하고 있다. • 발표자를 재촉하고 있다. • 발표자의 비언어 부족 • 의문을 가지고 있다. • 생각하고 있다. • 싫증이 나 있다. • 따분해 하고 있다. • 판단을 유보하고 있다. • 긴장을 풀고 있다. • 자리가 편치 않고 안정되어 있지 못하다. • 흥미가 없으며 빨리 돌아가고 싶어한다.

자료 : 야하타 히로시, 나상억 역(2003: 338).

2. 성공적인 프리젠테이션을 위한 10대 유의사항

(1) 상대와 과제를 파악하라

프리젠테이션은 상대를 설득하기 위한 것이고, 항상 '상대'를 전제한다. 또한, 기본적으로 해법을 제안하기 위한 것이기에 항상 '과제'를 전제한다. 프리젠테이션이란 어떠한 경우에나 어떠한 상대, 어떠한 과제를 전제하는 작업이다. 그렇다면, 가장 중요한 것은 상대를 파악하고 과제를 파악하는 것이다.

기획 실무자들이 빠지곤 하는 함정이 실무의 프리젠테이션 틀에 고정되는 것이다. 보여줄 내용, 보여줄 서류, 보여줄 자료의 항목들을 상대에 맞게 아주 다르게 구성하여야 설득효과가 있다. 이 사실을 간과해서는 좋은 프리젠테이션이 이루어질 수 없다.

(2) 어떠한 상황에서의 프리젠테이션인지를 파악하라

'간접 프리젠테이션'인가, '직접 프리젠테이션'인가? 자료에만 의존하는 것이 간접이고, 실제 눈과 눈을 마주치며 하는 것이 직접 프리젠테이션이다. 이에 따라 만드는 내용은 무척 다르다.

(3) 누구를 위한 프리젠테이션인지를 파악하라

최종의사결정자냐, 중간의사결정자냐, 실무처리자냐, 심의와 같이 공공적 이슈를 체크하는 대상이냐, 자문과 같이 의견을 듣는 중간과정이냐 등등 대상은 수없이 많고, 그에 따라 프리젠테이션의 내용과 전략은 달라져야 한다. 똑같은 자료, 똑같은 방식을 가지고 쓰다가는 설득력은커녕 당하기 십상이다.

(4) 상대의 기대와 불안을 파악하라

상대가 갖고 있는 기대와 불안, 말하자면 과제에 대한 기대, 불안, 현실적인 문제에 대한 태도 등등을 파악해야 한다. 이것은 사람마다 상황마다 무척 다르다. 의외로 사람은 전체를 꿰뚫기보다 아주 사소한 것에서 전체를 판단하곤 한다. 사람의 마음을 읽어야 성공한다.

(5) 자기 안의 강약을 조절하라

누구든 강점과 약점이 있다. '강점은 강하게 보이게 하고 약점은 약하게 보이게 한다.' 그 약점을 커버할 수 있을 만한 강점을 두드러지게 하는 것, 단순히 표현의 문제일 뿐 아니라 프로젝트 소화능력이기도 하다.

정해진 시간 안에 전달하고 싶은 내용을 모두 전달하려면 그 중에서도 가장 강조해야 하는 것, 가장 깊은 인상을 남길 수 있는 내용만을 선택해야 한다. 예를 들면 중요한 키워드 3~4개 정도는 반드시 청취자로 하여금 숙지할 수 있도록 한다.

(6) 매체는 적절히 섞는 것이 좋다

프리젠테이션의 매체는 기본적으로 네 가지다. 글/말(보고서, 설명서, 요약문, 발표자의 말), 그림(각종 도면, 실물 모형, 재료 샘플 등), 그리고 영상(슬라이드, 시뮬레이션, 비디오, 파워포인트, 인터넷 등)이다. 이 매체들을 어떻게 섞을 것인가를 상황에 따라, 대상에 따라, 안에 따라 적절히 조절하는 능력이 프리젠테이션 기법이다.

상대는 같이 의논하고 싶어하고 이해하고 싶어한다. 무언가 자료를 놔두고 모색하고 싶어하고 결정에 무언가 영향을 주고 싶어한다. 일방적으로 세뇌를 하려들지 말라. 그래서 필요한 것이 '쌍방향 교류가 이루어질 수 있는 프리젠테이션 기법'이다.

영상자료들은 상대를 감동시키기에 유효하지만 '시간에 따라 흘러가 버린다.' 그래서 덜 교류적이다. 영상에만 의존하지 말라. 좀 더 교류적인 매체를 개발하라.

글은 언제나 지루하게 여겨지므로 정리는 되어있지만 그것을 파악하는 수고를 달갑게 여기지 않는다. 당장의 프리젠테이션에서 글은 효과가 없다. 그러나 글은 남는다는 것을 잊지 말자. 적절한 프리젠테이션을 한 후 남은 글과 그림으로 실무자들이 체크를 하면서 프리젠테이션 내용과 일치하며 좋은 신뢰를 쌓는다. 그래서 글과 그림은 언제 어디서나 완벽해야 한다. '그 누가' 볼지 모르기 때문이다.

(7) 리허설, 모의 프리젠테이션을 꼭 하라

리허설을 안 해보고 프리젠테이션 자리에 가는 것은 자충수이다. 프로로서 실격이다. 프로일수록 리허설을 해보고 간다. 마치 정치가가 1분의 연설을 위해 연설문을 수십 번

고치고 수십 번 리허설을 하듯 리허설을 해 보라.

정치가와 달리 전문가들은 여러 매체를 활용하며 프리젠테이션을 하니 정말 기막힌 시나리오, 기막히게 맞아떨어지는 연출, 기막히게 흘러가는 큐와 액션이 필요하다. 프리젠테이션 자리는 하나의 무대다. 프로는 하나의 배우다. '진정한 연기력'도 필요하고 기막힌 '스테이지 매너'도 필요하다. 거부감이 든다면, 그런 거부감은 누구나 가진다고 생각해야 한다. 그러나 실력이란 수 없는 훈련에서 나온다.

⑧ 예상질문을 미리 만들라, '내부의 적'을 키워라

상대는 항상 허를 찌른다. 아무리 많이 생각하고 준비해 가도 여전히 허를 찌른다. 그나마 준비를 많이 할수록 그런 허 찌르기에 적절히 방비를 할 수 있다. 리허설 할 때 중요한 것, '내부의 적'을 만드는 것이다. 팀 내에서 작업 중 생겼던 의문을 잘 정리하는 것은 물론, 팀 밖에서 전혀 프로젝트를 모르는 사람들을 앞에 두고 리허설을 하면서 예상질문에 대비하는 것도 필요한 일이다.

⑨ 순발력 있는 현장의 답, '프리젠테이션의 꽃'이다

준비한 프리젠테이션 자료들 보다, 상대가 하는 질문에 기막힌 답을 바로 그 순간, 그 자리에 하는 것이 백만 배, 천만 배의 효과가 있다. 핵심 아이디어에, 핵심 문제에, 상대방의 불안에, 상대방의 호기심에, 상대방의 문제에 대해 바로 그 자리에서 그 순간에 하는 것, 신뢰의 시작이다.

이것을 잘 하려면 준비가 필요하다. 다만 준비만으로 되지 않는다. 마치 빙산과 같이 숨어 있는 '프로 역량'이다. 상대방에게 깊은 인상을 남긴다. 상대방은 어떤 경우에나 이것을 알아챈다.

⑩ 프리젠테이션 직접 할 사람이 직접 만들어라

프리젠테이션을 직접 할 사람이 전 과정을 직접 관장하고 직접 나서야 한다는 기본 사항이다. 많은 프로젝트를 수행하는 과정에서 대부분의 자료 만들기를 실무진에게 시키고, 하다 못해 발표문까지도 실무자에게 맡기고는 소위 '대표주자'로 나가는 간부는 실패

한다. 모든 실무사항을 꿰고 있고 현장의 문제를 알고 있어야 비로소 프로젝트 대표의
자격이 있다.

제11장

경찰기획 사례

1. 경찰기획 사례 학습의 의의

경찰간부시험에 합격하여 근무중인 경찰간부로부터 메일이 왔다. 참고할만한 경찰기획사례집이 있으면 실무에 도움이 되겠다는 것이다. 물론 사무실에 선임자들이 작성한 기획보고서가 있기는 하지만 다루는 영역이 한정되어 있다는 것이다.

독자의 요구에 부응하기 위하여 경찰기획사례를 보고 평가하며 배우는 모델로 삼을만한 사례를 포함시키고자 하였다. 성공한 선배경찰간부들이 작성한 기획보고서를 교재로 활용하여 잘된 점과 미흡한 점을 파악하는 학습교재로 활용하면 좋을 것이다.

이 책에서는 경무, 생활안전, 수사, 교육, 교통, 경비, 정보, 보안, 외사 분야별로 대표적인 기획보고서 사례를 제시하였다.

2. 경찰기획 사례 학습의 필요성

(1) 우수한 경찰기획보고서를 보고 따라하며 배우기

경찰기획능력의 향상을 위해서는 훌륭한 선배로부터 노하우를 전수받는 것이 가장 빠른 방법이다. 그러나 훌륭한 상사가 도와줄 여건이 안 된다면 우수한 경찰기획보고서를 보고 발전시켜 나가는 방법이 필요하다.

(2) 후생가외(後生可畏)형 발전 모색

이 교재에 사례로 제시한 경찰기획보고서의 장단점을 평가하고, 장점을 발전시키고 단점을 극복해 나가는 방법으로 기획역량을 향상시켜 나간다면 시너지 효과를 발생시켜 상호학습효과가 일어날 것으로 기대한다.

3. 경찰기획 사례 선정 원칙

(1) 이 교재에 수록한 사례는 비밀자료가 포함하지 않도록 하기 위하여 오래된 기획보고서를 선택하였다. 1998년 경찰간부들이 간부교육과정에서 제출한 기획보고서 가운데 우수사례를 선정하였다.
(2) 기획역량 발전에 필요한 형식요소를 갖춘 기획보고서를 중심으로 선정하였다.
(3) 기획보고서를 각 경과별로 구분하여 선정하였다.

4. 경찰기획 사례의 학습 방법

(1) 사례학습에 있어 일정한 기준을 두고 평가해 보는 것이 효과적이다. 먼저 기획보고서 사례의 형식 구조상 논리성의 장단점을 살펴본다. 기획의 목적, 기획의 방법, 기획자료의 범위, 기획 대안의 검토, 기획의 실현가능성 등을 살펴보는 것이다.
(2) 기획보고서의 내용을 이해한다. 형식논리도 중요하지만 내용에 있어 현실을 반영한 기획보고서인지 여부를 확인하는 것이다. 기획보고서의 내용중 미흡한 요소가 무엇인지 파악하는 것이다.
(2) 활용할 만한 기획보고서의 특장점이 무엇인지 파악한다.

✔체크 포인트. 우수한 경찰기획서의 특징

잘된 경찰기획서는 다음과 같은 특징을 가지고 있다.

① 도입부가 매력적이고 흥미롭다. (3초 내 관심유발 3분내 이해)

② 결론이 도입부에 위치하여 전체의 이해를 돕는다.

③ 논리적 흐름이 자연스럽고 비약이 없다.

④ 꼭 필요한 근거와 내용이 들어있고 필요 없는 사족이 없다.

⑤ 소제목이 촌철살인의 언어로 세련되고 간결하다.

⑥ 객관적인 데이터, 신뢰성 있는 정확한 자료가 사용된다.

⑦ 기획의 대안이 문제를 해결하고 있다.

⑧ 정책 결정자 입장에서 판단의 근거와 시나리오가 충분히 제공되어 있다.

✔ 체크 포인트. 경찰기획서의 평가기준

경찰기획서는 다음과 같은 평가기준으로 살펴볼 수 있다.

① 도입부에 기획의 목적이 짧고 명확하게 제시되어 있는가?

② 소제목이 내용의 이해를 가능하게 하고 있는가?

③ 올바로 문제를 정의하고 있는가?

④ 문제해결을 위한 전략과 수단을 올바로 선택하고 있는가?

⑤ 제시한 대안이 합리적이고 논리적이며 무엇보다 문제를 해결하고 있는가?

⑥ 객관적 데이터가 빠짐없이, 꼭 필요한 논리적 근거로 효과적으로 사용되었나?

⑦ 기획의 대안이 망라적으로 제시되어 있고 분석적으로 검토되어 있는가?

⑧ 정책 결정자에게 결정에 필요한 자료와 시나리오를 충분히 제공하고 있나?

5. 경찰기획 사례로부터 무엇을 배울 것인가?

아래 경찰기획사례는 20년 전의 자료를 바탕으로 기획되었기 때문에 오늘의 경찰 현실과는 맞지 않지만 이 기획사례로부터 우리는 첫째, 잘된 기획의 형식, 둘째, 잘된 기획에서 사용한 자료의 요소, 셋째, 무엇보다 그 때나 지금이나 반복되는 문제에 직면하게 되고 유사한 대안을 제시하게 되기 때문에 창의적이고 종합적인 대안의 창출에 시사점을, 문제의식을 학습할 필요가 있다.

아래 경찰기획사례를 작성한 경찰간부들은 모두 경찰의 수장을 거쳐 퇴직을 하였지만 20년 동안 경찰조직을 이끌어 온 핵심인재들이었기 때문에 1990년대 경찰조직의 발전을 위해 경찰기획에 있어 새로운 기획개념과 발전적 기획마인드를 보여주어 칭찬 받은 모델이 포함되어 있다. 모쪼록 이들 기획사례들이 후배 경찰관들의 학습자료로 잘 활용되어 한국경찰발전에 기여할 수 있기를 바란다.

제1절 ＊ 경무 경찰기획

✓사례 : 경찰인력의 실태 및 문제점과 개선방안 -정원을 중심으로-

1. 서

○ 정부조직중 경찰조직만큼 방대한 관서·인력을 운영하고 있는 부처가 없으며, 그에 비례하여 조직·인력관리 업무가 어렵고 크고 작은 문제점들에 부닥치게 됨

○ 특히, 경찰인력의 적정규모는 몇 명이며, 경찰서·파출소 등의 관서는 도대체 어느 정도 필요한가에 대해서는 정확한 해답이 없음
또한, 계급별·직종별 인력구성을 어떻게 함이 가장 바람직하며, 관서·기능별 인력배치를 어떻게 하는 것이 합리적인지에 대해 항상 논란이 일고 있음

○ 본 보고서는 현재의 경찰인력규모와 계급·직종별 및 관서·기능별 실태를 분석하고 문제점을 도출하여 앞으로의 인력관리 및 운용에 대한 바람직한 방향을 제시해 보고자 함에 있음

2. 총 규 모

(1) 현   황

○ 경찰인력은 현재 총 96,382명(일반직·기능·고용직 포함, 전·의경 제외)으로 국 가공무원의 16.7%를 차지하여 교육부공무원(294,150명) 다음으로 많으며, 우리나 라 전체공무원 숫자의 10.4%를 점유하고 있음

○ 경찰인력 현황('98. 6 현재)

구 분	총 계	경찰관	전 경	의 경	일반직	별정직	기능직	고용직
인 원	146,991	89,612	18,174	32,435	691	41	3,449	2,589
비 율	100%	61%	34.4%		0.5%		4.1%	

○ 공무원 정원 현황('97. 2 현재)   (군인제외)

총 계	국가공무원					지방공무원
	소 계	행 정 부	입 법 부	사 법 부	기타 헌법기관	
930,160	577,646	561,170	3,047	11,247	2,182	352,514

(직종별 : 정무직 122, 별정직 15,010, 특정직 404,277, 일반직 309,356, 기능직 191,722, 고용직 9,673)

○ 경찰관 1인당 담당인구는 521명으로 선진국에 비해 과중한 편이나, 전·의경 인원 을 감안할 경우는 양호한 편임

○ 경찰 1인당 담당인구 현황('98. 6)

구분	인 원 수	1인당 담당인구	인 구
경찰관	89,612	521	46,661,133
경찰관+의경	122,047	382	
경찰관+전·의경	140,221	333	

(외국경찰 1인당 담당인구 : 일본 560, 영국 487, 미국 470, 독일 313, 프랑스 280, 홍콩 228, 중 국 1,048)

(2) 년도별 경찰인력 증감

○ 해방이후 경찰인력이 지속적으로 증가해 왔으나, 주로 대형사건 발생이나 범죄와의 전쟁 선포('90.10.13) 등을 계기로 하여 대폭 증가됨

○ 연도별 경찰인력

년 도	'39	'51	'59	'86	'93	'98
정 원	21,792	63,427	33,035	68,471	90,108	89,612

('96. 8. 8 해양경찰청이 해양수산부로 이관됨에 따라 경찰 3,979명 감축)

○ 최근년도 부터는 총무처 및 재경원 등에서「작은정부 구현」을 위해 국가공무원 증원을 강력히 억제하여 오고 있으나, 경찰인력은 '96년 연세대 한총련 사태 및 파출소 경찰관 피습사건 등을 계기로 6대도시 파출소 3교대 인력 일부(1,190명) 및 특수진압기동대 신설인력(705명) 등 경찰인력을 대폭 증원함

○ 최근년도 인력증원 내역

구 분	계	'93	'94	'95	'96	'97
계	2,774	551	·	315	671	1,237
경 찰 관	3,789	505	·	315	759	2,210
일 반 직	15	5	·	10	1	△1
별 정 직	5	·	·	5	·	·
기 능 직	△16	41	·	45	36	△138
고 용 직	△1,019	·	·	△60	△125	△834

○ 그러나, '98년 새정부 출범과 함께 단행된 정부조직개편 및 국가공무원 감축과 경제난으로 인해 향후 경찰인력 증원은 매우 어려울 것으로 예상됨

(3) 적정 경찰인력 규모

○ 적정 경찰인력 규모를 산정하는 방법에는 여러 가지가 있을 수 있으나, KDI 등에

서 "범죄발생을 기준으로 한 치안수요지수, 목표범죄검거율(70%), 총인구, 실질경찰예산" 등을 기초로 회귀분석한 결과, 2000년대의 적정인력을 12만 8천명으로 예측한 바 있으며, 한국행정연구원에서는 11만 4천명으로 예측함

○ KDI 연구결과(2000년대 경찰행정발전방안, '92)   (   )은 실제치임

연도	적정인력	1인당 부담인구	연도	적정인력	1인당 부담인구
'90	80,026	536	'97	113,891	401
'95	104,554	444	'98	119,039	386
	(90,356)	(497)		(89,629)	(521)
			'99	123,792	373
'96	109,090	415	2000	128,621	363

○ 따라서, 2000년의 적정 경찰인력 규모는 최대 12만 8천명, 최소 11만 4천명
○ 실질적인 분야별 부족인력을 분석해보면 총 25,983명 정도로 산출됨

○ 부족인력 규모

구 분	소요인력	세 부 내 역
계	25,983명	
지방청 신설	1,350	· 450명×3개소(광주,대전,울산)
경찰서 신설	2,100	· 210명×10개소(인구 50만이상)
파 출 소	7,122	· 30만 이상 시소재 파출소(997개소) 2부제 → 3부제 3,169명(1개소당 19명 기준) · 전일제 파출소(1,659개소) → 2부제 3,953명(1개소당 12명 기준)
외근형사	5,803	· 1인당 월 8건 처리 → 5건 처리
조사요원	1,618	· 1인당 월 12건 처리 → 8건 처리
교통사고 조사요원	545	· 1인당 월 10건 처리 → 8건 처리
전·의경 대체	7,445	· 교통, 유치장, 전산실, 상황실, 검문소 등

○ 정부에서 '98년중으로「공무원 총정원제」를 도입하여 정원증가를 원천적으로 억제하고, 새로운 인력수요는 부처·기관간 정원조정을 통하여 대처한다는 방침인 바, 과거와 같은 단기간내의 대폭적인 인력증원은 곤란할 것으로 판단됨

○ 따라서, 고용·기능직 상계감축을 통한 경찰관 증원을 지속적으로 추진하
  는 한편, 타부처 인력감축 동향을 면밀히 파악하여 경찰인력증원 방안을
  강구해야 할 것임

3. 계급별 구성

(1) 현   황

○ 현재 계급별 구성비율은 경위이상이 13.1%, 경사이하가 86.9%로 일선에서 직접
  몸으로 뛰는 집행부서인 특성을 감안하더라도 하위직에 비해 상위직인원이 너무
  적음

◉ 부족인력 규모계급별 인원

총 감	정 감	치안감	경무관	총 경	경 정	경 감	경 위	경 사	경 장	순 경
1	3	20	34	387	1,160	1,926	8,192	9,423	29,981	38,484
13.1%(11,723)							86.9%(77,889)			

○ 인력증원 추진시 파출소·형사 등 일선현장부서 중심의 하위직 위주로 증원해 왔
  으며, 총무처·재경원 등 관계부처에서 상위직 증원을 꺼려 가급적 억제해온 결과
  로 분석됨

◉ 연도별 계급구성 비율

구 분	계	경무관 이 상	총 경	경 정	경 감	경 위	경 사	경 장	순 경
69년	42,498	33	248	227	855	3,420	5,712	6,700	25,253
	100%	0.1	0.6	0.5	2.0	8.1	13.4	15.8	59.5
79년	49,964	42	315	511	1,078	3,944	6,376	8,735	28,963
	100%	0.1	0.6	1.0	2.2	7.9	12.8	17.5	57.9
88년	66,820	56	383	774	1,758	5,828	9,287	20,874	27,860

	100%	0.1	0.6	1.2	2.6	8.7	13.9	31.2	41.7
92년	89,092	64	427	1,129	1,901	7,425	10,575	30,520	37,051
	100%	0.1	0.5	1.3	2.1	8.3	11.8	34.3	41.6
98년	89,612	58	387	1,160	1,926	8,192	9,423	29,981	38,485
	100%	0.1	0.4	1.3	2.1	9.2	10.5	33.5	42.9

○ 직급별 점유비율 비교

구 분	행 정 부 (국가직＋지방직)	경 찰 청	교 정 직	행 정 부 (국가직＋지방직)	경 찰 청
1 급 치안정감	223 (0.07)	3 (0.003)	.	1,800 (0.6)	58 (0.06)
2 급 치 안 감 교정이사관	591 (0.20)	20 (0.02)	5 (0.04)		
3 급 경 무 관 교정부이사관	986 (0.33)	35 (0.04)	17 (0.15)		
4 급 총 경 교 정 감	7,056 (2.4)	403 (0.45)	69 (0.63)	31,008 (10.3)	1,563 (1.7)
5 급 경 정 교 정 관	23,952 (8.0)	1,160 (1.3)	187 (1.72)		
6 급 경감·경위 교 감	69,550 (23.1)	10,118 (11.3)	625 (5.74)	69,550 (23.1)	10,118 (11.3)
7 급 경 사 교 위	89,264 (29.7)	9,423 (10.5)	1,313 (12.1)	198,336 (66)	77,889 (86.9)
8 급 경 장 교 사	73,554 (24.5)	29,981 (33.5)	4,214 (38.7)		
9 급 순 경 교 도	35,518 (11.8)	38,485 (42.9)	4,461 (41.0)		

※ 행정부의 인력은 일반직과 별정직의 합계이며, 교원·소방·검사 등 특정직은 제외

(2) 계급별 구성비율의 不합리로 인한 문제점

○ 업무수행능력과 책임감이 반드시 직급에 비례한다고는 할 수 없으나, 일반적인 기준에 따를 경우 하위직일수록 업무수행에 대한 역량·전문성 및 책임감과 업무수행과정에서의 대민신뢰도가 떨어진다고 볼 수 있음
따라서 경찰인력 구성의 하위직 편중이 전체적인 측면에서 볼 때 경찰의 업무수행능력을 저하 시키는 중요한 요인이 된다고 할 수 있음

○ 상위직 부족에 따른 감독자의 통솔범위가 지나치게 넓어 실질적인 지휘감독 및 업무발전 도모가 곤란함

○ **중간간부 계급별 통솔범위**

계 급 별	보 직	피감독자 수	비고
경감	형사계장	20~100	전·의경, 방범원 등 치안보조 인력은 제외한 것임
경위	지·파출소장	7~30	
경사	〃	5~10	

○ 타부처 공무원과 비교할 경우 상위직 부족에 따른 승진적체현상 심화로, 조직전체가 침체되고 직원들이 자포자기하는 간접적 원인이 되어 우수인력이 경찰로 입문하는데에 장애요인이 되고 있음

○ **경찰직과 일반직 비교**

평균 승진소요년수	경 찰 직	경사 → 경정 19.6년	순경 → 경사 15.9년
	일 반 직	7급 → 5급 15.3년	9급 → 7급 10.7년
정년퇴직시 계급	경 찰 직	경위이상 18.8%	경사이하 81.2%
	일 반 직	6급이상 93.3%	7급이하 6.7%

3. 개 선 방 안

○ 경찰청·지방청 등 정책부서 실무담당자 직급을 현행보다 상향조장하여 경찰청은 경정·경감, 지방청은 경정~경위위주로 구성하여 실질적인 정책부서 역할을 수행

하도록 하는 대신, 하위직 인력은 감축함이 바람직함

※ 타 중앙부처의 경우 대부분 서기관 또는 사무관 위주로 편성되어 있으며, 필요한 경우 6~7급 1명이 업무를 보조하도록 하고 있음

○ 사계장·조사계장·교통사고조사계장·방범계장 등 주요계장 직급을 전원 경감으로 조정하고, 업무량과 통솔인원이 많을 경우는 1·2·3계 등으로 구분함이 합리적임

○ 파출소장·조사요원 등 대민접촉이 많고 업무의 전문성이 요구되는 분야의 근무자를 경위이상 간부급으로 교체함이 타당함

※「경사부소장제」의 확대에 따라 경사급 파출소장의 존치가 어려우며, 특히「경사근속승진제」도입 이후 파출소장~직원 모두 경사로 배치되는 모순 발생(경사근속 승진자 : 연평균 3,000명)

※ KDI의 경찰수사 불신이유 조사결과 "수사능력 부족"이 26.2%, 최근 5년('88~'93)동안 98%의 형사민원이 증가하고 있음

※ 최근년도 직급조정 실적
- '95년도 : 조사요원간부화 181명(경장 167·순경 14 → 경위 181)
- '96년도 : 조사요원간부화 139명(경사 121·순경 18 → 경위 139)
  1급서 과장 14명(경감 14 → 경정 14)
  1급서 계장 56명(경위 56 → 경감 56)
- '97년도 : 조사요원간부화 138명(경사 138 → 경위 138)
  파출소장 542명(경사 542 → 경위 542)
  1급서 과장 19명(경감 19 → 경정 19)
  1급서 계장 71명(경위 71 → 경감 71)

4. 직종별 구성

(1) 현　　황

○ 전체인력중 전·의경이 34.4%로 매우 높은 편이며, 고용직의 경우 공무원중에는 유일하게 경찰에만 2,589명이 있음

○ 일반직 및 별정직이 0.5%를 차지하고 있으나 대부분 4급이하 하위직으로 경찰병원, 경찰청 전산실 등에 집중 배치되어 있음

○ 기능·고용직의 경우 정부의 "단순행정지원인력 감축" 방침에 따라 계속 줄여오고 있는 실정이며, 특히, 고용직은 폐지를 과감히 추진하고 있음.
　따라서 경찰청에서는 기능·고용직을 감축하는 대신 경찰관은 1:1로 상계증원하는 방안을 관계 부처와 협의하여 지속적으로 추진해오고 있는 실정임

(2) 문 제 점

○ 전·의경은 다중범죄 진압·24시간 근무 및 교대부서 운영 등에 있어 적절히 활용함으로써 긴요한 측면이 훨씬 많으나, 업무수행 과정에서의 대민마찰, 경찰의 법집행 권위 약화 등 부작용 발생 관계부처에서도 전·의경 활용을 이유로 경찰인력 증원에 부정적인 견해를 가지고 있으며, 감사원 감사, 국정감사시마다 전·의경의 일반행정업무 지원을 지양하는 것이 바람직하다는 지적이 많음

○ 일반직의 경우 전문성 활용을 위해 '93년도부터 전산·기계·건축 등 기술분야 위주로 기존 경찰 인력을 일반직으로 교체해 왔으며, 관계부처에서도 강력히 권유해오고 있으나, 업무수행 과정에서의 경찰관의 마찰, 책임감 부족, 경찰조직에 대한 소속감 결여 등 일부 문제점이 발생하여 현재는 중지된 상태임

○ 기능·고용직은 교환·전문타자업무 수행 및 체송, 취사 등의 업무보조를 해왔으나, 전자식교환기 도입, 개인별 PC이용의 보편화 등에 다라 그 활용도가 과거보다 떨어지고 있으며, 특히, 정부차원에서 대폭 감축을 강력히 추진하고 있는 바, 필수인력을 제외한 인원 감축이 불가피함

(3) 개 선 방 안

○ 전·의경의 경우 전경대·기동대·방순대 등 필수분야를 제외하고는 가능한한 경찰관으로 대체하는 것이 합리적이므로 교통·유치장·파출소 등 대민접촉부서부터 우선하여 대체토록 추진함이 바람직함

○ 일반직의 경우 인사제도를 개선하여 공직입문시부터 경찰조직내에 전종 근무할 수 있는 풍토를 조성함과 아울러, 경찰병원 등 일부 부서에 한정 배치되어 있는 것을 일반전문부서로 확대하는 방안을 검토해 볼 필요가 있음

○ 기능·고용직의 경우 정부의 감축방침에 적극 부응한다는 취지하에, 교환 등 필수분야를 제외하고는 과감히 감축하고 경찰관으로 상계증원하는 방안이 바람직함

5. 관서 및 기능별 배치

(1) 현   황

○ 경찰인력의 85%가 경찰서·파출소에 배치되어 있으며, 전·의경을 제외한 전체인력의 83.2%가 경찰서이하 일선부서에 근무하고 있음

◯ 관서별 인력배치 현황('98. 6)

구 분	계	경찰청	부속기관	지방청	경찰서	파출소
계	96,382 (100%)	1,719 (1.8)	1,078 (1.1)	13,335 (13.8)	36,506 (37.9)	43,703 (45.3)
경찰관	89,612 (100%)	1,001 (1.1)	481 (0.5)	12,076 (13.5)	34,179 (38.2)	41,875 (46.7)
일반·별정직	732 (100%)	66 (9.0)	312 (5.2)	208 (28.4)	105 (14.3)	.
기능·고용직	6,038 (100%)	652 (10.8)	285 (4.7)	1,051 (17.4)	2,222 (36.8)	1,828 (30.3)

○ 기능별로는 경찰인력의 69.2%가 방범·형사·교통·파출소 등 순수 민생치안기능
에 배치되어 있음

계	경무	방범	형사	교통	경비	정보	보안	외사	통신	파출소	기타
89,612 (100%)	4,374 (4.9%)	4,645 (5.2%)	14,075 (15.7%)	6,081 (6.8%)	7,283 (8.1%)	4,047 (4.5%)	4,506 (5.0%)	934 (1.1%)	1,311 (1.5%)	41,875 (46.7%)	481 (0.5%)

(2) 년도별 변화

○ 경찰전체인력은 지속적으로 증가해 왔으나, 본청인력은 계속적인 지휘부 감축 추
진으로 해마다 감소됨

○ 지방청 인력은 전체적으로는 증가하였으나, 대구청·인천청 등의 신설 등을 감안
할 때 평균적으로는 감소되었다고 볼 수 있음

○ 관서별 인력 변화

구 분	계	경찰청	부속기관	지방청	경찰서	파출소
1982	61,051 (100%)	1,725 (2.8)	300 (0.5)	7,169 (11.7)	24,876 (40.7)	25,241 (41.3)
1990	80,026 (100%)	1,536 (1.9)	489 (0.6)	11.941 (14.9)	31,632 (39.5)	30,953 (38.7)
1998	89,612 (100%)	1,001 (1.1)	481 (0.5)	12,076 (13.5)	34,179 (38.2)	41,875 (46.7)

○ 그동안 민생치안기능을 계속 보강하고, 사회안정기능에 대한 인력증가를 억제해
온 결과 파출소, 수사형사, 교통기능 등의 인력이 증가됨

○ 기능별 인력구성비율 변화

구 분	경무	방범	교통	경비작전	수사형사	정보	보안	외사	통신	파출소	기타
1980	7.6	3.8	4.2	14.9	13.7	10.9		0.2	4.2	40	0.5
1990	6.2	7.9	3.9	10.5	17	5.0	6.5	1.2	2.7	38.6	0.6
1998	4.9	5.2	6.8	8.1	15.7	4.5	5.0	1.1	1.5	46.7	0..5

(3) 문 제 점

○ 경찰청·지방청 등 상급부서 인력과다를 이유로 감사원 감사·국정감사시마다 지적되고 있으며, 관계부처 및 학자들도 상급부서 인력감축을 계속 주장하고 있음

　　그러나, 상급부서의 업무부담이 전혀 감소되지 않은 상황에서의 지나친 인력감축은 효율적인 업무수행에 지장을 초래할 우려가 있고, 최근 범죄의 기동·광역화 추세를 고려할 때 계속적인 인력감축은 곤란한 점이 많음

○ 기능별 경찰인력 배치의 경우는 수사·형사·교통·파출소 등 민생치안부서의 업무폭증과 민원인 요구의 다양화로 항상 인력부족을 호소하고 있는 실정이며, 정보·보안 등 사회안정기능과 경무 등 관리지원부서 인력이 상대적으로 볼때 아직까지 많다는 지적이 있음

(4) 개 선 방 안

○ 본청·지방청은 사무자동화 및 업무처리절차의 단순화 등을 통해 불필요한 인력소요를 가능한한 줄여나가고, 정예간부요원을 배치하는 대신 하위직 인력의 일선기관 재배치와 기구 통폐합 등을 통하여 계속적으로 경량화 해 나가야 함

○ 또한, 파출소를 현재와 같은 관서개념으로 계속 운영할 경우 아무리 많은 인력을 보강해도 만성적인 인력부족 문제를 해결할 수 없게되는 바, 기존관념을 과감히 탈피하여 새로운 치안환경 변화에 부합되는 운영시스템을 개발할 필요가 있음.

　　따라서, 일본과 같은 초소 또는 거점개념으로 전환하고 경찰서에서 직장하여 근무배치하는 방안 등을 검토 추진함으로써, 외근요원의 열악한 근무여건을 해소하고 잉여인력을 업무량이 과중한 교통형사·조사기능에 보강함이 바람직함

　　또한, 최근 도로여건·경찰장비·교통수단·정보통신수단 등의 발달로 경찰의 현장대응속도 및 대응능력이 과거에 비해 월등히 발달되고 있으므로, 너무 근거리에 위치하고 있거나 효율성이 떨어지는 경찰관서를 대폭 통폐합함으로써 인력·관서운용의 효율성을 극대화시킬 필요성이 현저히 증대되고 있음

○ 기능별 경찰인력은 관리지원부서와 정보·보안 등 사회안정기능인력을 지속적으로 소수정예화하고, 관서별 배치운용이 아닌 일정권역별 통합운영 방안 등을 검토해 볼 필요성이 증대되고 있음

6. 결

○ 일선 경찰관들의 과중한 업무량을 해소하고 열악한 근무여건을 개선하기 위해서는 부족한 경찰인력 증원이 긴요한 실정이나, IMF 경제위기에 따른 정부기구·인력 감축 등의 정부방침으로 인해 그 추진이 매우 어려운 형편임

따라서 관계부처 등과 긴밀히 협의하여 경찰인력의 경우 다른 정부부처 인력과 달리 증원이 불가피한 실정임을 지속적으로 이해시켜 나가는 외에, 현재 보유하고 있는 인력에 대한 활용도를 전면 제고할 수 있는 방안들을 다각도로 모색해 나가야 할 것임

○ 또한, 계급별 인력구성을 현재 하위직 위주 '에펠탑형'에서 중간층을 보강한 '종형 또는 항아리형'으로 개선해 나감으로써 일부 계급간의 과도한 승진적체현상을 해소하는 한편, 중요성이 높은 일부 대민 업무를 현재의 중간감독층이 직접 수행케 함으로써 치안서비스의 질을 근본적으로 높여나가야 할 것임

○ 관서·기능별 인력배치의 경우도 업무량이 급증하고 있는 민생치안부서 위주로 재배치하는 것을 지속적으로 추진함과 아울러, 계절·시간대 등 현장 치안상황에 맞게 탄력적으로 인력을 운용하는데에 최대한의 노력을 기울여 나가야 할 것임

✔ 사례 : 자치경찰제 도입에 대비한 재원배분 방안에 관한 제언

1. 서 론

지방자치단체가 지역주민들을 대상으로 종합적인 행정서비스를 제공하고 통합적인 지역관리와 경영을 촉진하는 가운데 지방분권화를 통한 치안서비스의 양과 질을 확충하고 이의 효율적인 운용을 도모하기 위해서는 자치경찰제의 도입을 긍정적으로 검토해 볼 필요가 있다.

일반적으로 자치경찰제를 도입할 경우에는 지역실정에 적합한 치안정책을 수립하여 집행할 수 있다. 또한 자치경찰제에서는 경찰관이 지방공무원 신분으로 해당지역의 치안서비스를 담당하기 때문에 지역주민들에 대한 봉사기능을 강화할 수 있다. 아울러 경찰행정에 대한 주민의 접근성을 제고하여 경찰행정에 대한 자발적인 협력을 도모할 수 있다. 더 나아가 자치경찰제를 도입할 경우 실질적으로 자치경찰간 경쟁체제를 도입할 수 있어 운영의 효율성을 제고할 수가 있다.

현재 자치경찰제는 시대적 소명으로 그 도입이 준비되고 있으나 다른 분야에 비하여 특히 재원배분(예산)문제에 대하여는 논의가 미흡하며 막연한 불안감을 가지고 있는 것 또한 사실이다. 따라서 자치경찰제 도입시 부작용을 최소화하고 조기정착을 위하여서는 재원문제에 대한 논의가 선행되어야 할 것이다.

2. 자치경찰제 도입에 따른 재원배분의 구도와 원리

(1) 자치경찰제 도입 모형

첫째, 자치경찰제의 기본 모형으로는 국민회의 시안이나 경찰청 제도개선기획단 시안에서 혼합경찰제를 채택하고 있다.

둘째, 자치경찰의 단위로는 시·도단위를 자치경찰의 기본 단위로 설정하고 있다.

셋째, 국가경찰과 자치경찰간 사무배분은 보충성의 원리에 따라 경찰사무는 원칙적으

로 지방경찰청에서 우선적으로 수행하고, 자치경찰에서 수행하기 어려운 사무를 국가경찰에서 담당하는 것으로 하는 것이 바람직하다고 할 수 있다.

넷째, 시도경찰청에 근무하는 경찰공무원의 신분을 어떻게 구분하여 설정하느냐에 따라 국가경찰과 지방경찰간 재원배분 수준과 국가경찰의 자치경찰에 대한 경비부담관계가 달라지게 된다. 위 시안들에서는 시도경찰청에 근무하는 경찰공무원을 국가공무원과 지방공무원으로 구분하여 경정급 이상의 경찰공무원은 국가공무원 신분을 유지하는 것으로 설정하고 있다.

(2) 재원배분의 기본원리와 재원배분의 과제

경찰행정의 지방분권을 추진해 나감에 있어서는 이를 경제적으로 뒷받침하는 재정의 분권화가 수반되어야 한다. 지방분권형 행정체제에 부합하도록 국가경찰과 지방경찰간 사무배분과 재원배분체계를 재조정하는 가운데 권한(사무)의 지방 이양에 상응토록 중앙정부 재원(세원)을 지방자치단체로 이양해야 한다. 국가기능의 지방이양 과정에서 준수해야 할 이러한 재원배분방식을 '동등한 보상의 원칙'이라고 한다.

동등한 보상의 원칙에 따르면 경찰기능의 분권화 추진에 따라 지방자치단체가 이양받는 지방경찰사무 수행에 필요한 재원(부담)은 중앙정부로부터 완전한 보상을 받아야 한다. 따라서 자치경찰제 도입 과정에서 어떤 모형이 선택되는간에 국가기능의 지방이양, 즉 자치경찰제 도입에 따른 재원배분은 기본적으로 현행 경찰예산(재원)을 국가경찰예산과 자치경찰예산으로 재배분하는 방식을 취하는 것이 원칙이라고 할 수 있다.

기본적으로 '등등한 보상의 원칙'에 따라 경찰예산을 배분하더라도, 재원배분의 통로와 배분방법의 설계 방향은 '세입권화론'을 취하느냐, 아니면 '세출분권화론'을 취하느냐에 따라 달라지게 된다. 전자를 '자주재원주의', 후자를 '일반재원주의'라고 부르기도 한다.

이러한 세입분권화론과 세출분권화론을 자치경찰제 도입에 따른 재원배분방식으로 원용하면 다음과 같다. 즉 중앙정부의 이전재원(국고보조금, 지방교부세 또는 지방양여금 등)을 중심으로 자치경찰의 재원을 확보할 것인가, 아니면 자치단체의 자체재원 분담(권한배분과 지출권의 일치)을 중심으로 자치경찰의 재원을 확보할 것인가를 선택해야 한다. 동 사안은 경찰행정서비스의 지역간·자치단체간 형평성 확보를 위해 중앙정부가 어느 정도의 재정조정기능을 수행해야 하는가, 또는 자치경찰 재원조달과 운용에 있어 자율성을 어느 정도 인정할 것인가의 판단 문제와 직결되어 있다. 예를 들어 자치경찰제를 근간으로 하고 있는 영국의 경우 경찰재원배분의 중앙집권화 수준이 높은데 반해, 절충형 모형을 채택하고 있는 일본에서는 세입분권화 수준이 높은 상황이다.

이와 관련하여 프랑스의 지방분권화법에서는 국가기능의 지방이양에 따른 재원재분에 있어서는 적어도 절반 이상은 세원의 이양에 의해 보상하고, 나머지는 분권화 교부금에 의해 충당하도록 하고 있다.

3. 현행 (국가)경찰예산의 구조와 배분 실태

(1) 현행 (국가) 경찰예산체계

현행 국가경찰예산은 일반회계(경찰청 소관 예산), 국유재산관리특별회계(경찰청 소관 예산), 자동차교통관리개선특별회계(경찰청 소관) 등으로 그 체계가 형성되어 있다.

첫째, 경찰서비스는 가장 기초적인 국가 공공서비스 또는 전형적인 순수공공재로서 관련 예산은 중앙정부 일반회계로 편성·집행하는 것이 원칙이다. 1991년 경찰청 발족과 함께 경찰예산은 독자적인 편성권한을 확보하게 되었다.

둘째, 국유재산 또는 정부시설에 해당하는 경찰관서의 증·개축 등 시설관련 경비는 '국유재산관리특별회계'로 편성·집행하고 있다.

셋째, 교통안전시설사업은 응익원칙 또는 수익자부담원칙에 따라 별도의 재원을 마련하여 사업을 운영하는 것이 합리적이기 때문에 이를 자동차교통관리개선특별회계로 구분하여 경찰청에서 독자적으로 예산을 편성하여 집행하고 있다.

넷째, 그 동안 지방자치단체로부터 일부 지원금을 받아왔으나, 1996년부터 이를 대부분 국비로 전환하였고, 현재에는 서울시에서 일부를 지원받고 있을 뿐이다. 지방자치단체로부터 지원받고 있는 일부 경비는 경찰청 예산으로 편성되지 않고 있다.

현행 경찰예산의 회계별 규모는 1998년도 제1차 추경예산 기준으로 일반회계 예산규모가 3조 3,608억원이고, 경찰청 소관 국유재산관리특별회계 예산규모가 1,152억원이며, 자동차교통관리개선특별회계 970억원이다. 따라서 경찰예산의 총규모는 3조 5,730

억원을 기록하고 있다

(2) 현행 경찰예산 재원배분 구조와 규모

구분			예산규모	비 고
국 가 경 찰 예 산	직 접 지 출 대 상	본청 인건비	57,248,219	
		본청 기준경비	34,569,316	수당 제외, 관서운영비 중 고속순찰대 경비 등은 자치경찰로 배분되어야함
		본청 경상사업비	5,748,915	
		본청 일반사업비	5,548,805	교통업무지원 제외(교부재원대상)
		외근경찰관리	87,150	본청 및 소속기관 1,245인 몫
		예방감찰활동	2,544,835	
		범죄수사 및 감식	38,668,030	
		외사수사활동	1,782,238	
		경비경찰활동	4,771,947	
		항공기 운영	6,527,089	
		치안정보 활동	2,926,157	
		보안수사 활동	10,997,127	
		전산관리업무	15,940,031	
		병원운영	22,478,322	
		경찰교육	41,128,736	지방비 부담 요구 가능
		소 계 (A)	250,966,917	
	보조금 지 원 대 상	전투경찰관리	176,469,611	100% 국고지원 대상 경비
		경정이상 인건비	50,613,458	자치경찰 근무 국가직 경찰공무원에 100% 국고 지원
		특경대·경비단·특공단 인건비	21,581,469	100% 국고지원
		지방경찰청 기준경비중 국고보조금 대상 경비	10,302,072	경호용차량, 기동대 등 관련 경비, 호송용출장소 관련경비, 경정이상 직급보조비, 공항경찰대 관련 경비 등
		지방경찰청 경호대 기준 경비	882,617	100% 국고지원
		지방경찰행정 경상사업비 중 국고보조 대상	379,994	호송출장소 관련 경비, 경호활동 관련 경비
		지방청활동 주요사업비 중 경비활동	17,057,907	일부는 50% 국고보조금 지원 가능

	특공대 운영	1,163,368	지방경찰청활동 일반사업비, 100%지원
	경호대 운영	6,875,578	지방경찰청활동 일반사업비, 100%지원
	외근경찰관리	68,390	특정대 등 근무 경감이하 직원 몫
	통신장비관리	14,808,964	지방청 사용장비는 100% 국고지원
	소　　계 (B)	300,203,428	
교부금 교 부 대　상	지방경찰운영 일반사업비	124,353,606	
	지방경찰활동 주요사업비	120,686,729	경비활동 제외(국고보조금 대상)
	지하철 수사대 운영	832,547	
	본청일반사업비 교통업무	760,161	
	소　　계 (C)	246,633,043	
	합　계 (D = A+B+C)	797,803,388	
자 치 경 찰 예 산	지방청 인건비	1,877,856,575	지방청에 근무하는 경정이상 경찰공무원, 특경대·경비단·특공단 인건비는 제외한 것임
	본청 기준경비중 수당	205,111,553	경찰직 초과근무 수당으로 지방청에 근무하는 직원에게 지급하는 경비
	경찰행정중 외근경찰관리	73,674,798	경감이하 특별방범 수당으로 지출되는 예산으로 본청, 경비대 등의 몫은 제외한 것임
	피복관리	24,000,981	국가경찰 몫으로 할당되어야 할 예산이 포함되어 있기 때문에 정확한 규모 산정 과정에서는 이를 차감해야 함
	지방경찰청 기준경비	194,273,384	경호용 차량, 기동대 등의 경비, 공항경찰, 호송출장소 경비 등은 제외함
	지방경찰청 경상사업비	188,975,908	호송출장소, 경호활동 관련경비 제외
	소　　계 (E)	2,563,893,199	
	총　　계 (F)	3,361,696,587	
	A/F(%)	7.5	
	B/F	8.9	
	C/F	7.3	
	D/F	23.7	
	E/F	76.3	
	형식적 재원배분	D/F : E/F = 23.7 : 76.3	
	실질적 재원배분	A/F : B+C+E/F = 7.5 : 92.5	
	이전재정 규모	B+C/F = 16.2	

주: 1998년도 제1차 추가경정예산(안)의 각목명세서에 기초

343

4. 일본과 영국의 자치경찰 예산제도

(1) 일본의 자치경찰 예산제도

광역자치단체인 일본의 도도부현 경찰은 고유(공공)사무와 기관위임사무 및 행정사무를 수행하고 있다. 도도부현 경찰의 경비는 자치단체(도도부현)에서 부담하는 것이 원칙이고, 예외적으로 일부 경비를 「국고지변金제도」와 「경찰보조금제도」를 통해 지원하고 있다. 그러나 국가에서 지변, 보조하더라도 도도부현사무라는 성질은 변치 않는다.

첫째, 국고지변금은 국가의 위임을 받은 도도부현 경찰 지출관에게 직접 배정되므로 도도부현의 세입세출에 포함되지 않으며, 지방의회의 심의 대상에서 제외된다. 또한 국고지변금으로 취득한 재산·물품의 소유권은 국가이나 도도부현 경찰이 무상으로 사용하고 있다. 국고지변금이 지원되는 대상 사무에 소요되는 경비는 국고에서 100% 지변(지출)해 준다.

둘째, 도도부현 경찰에 소요되는 경비 가운데 국고지변금의 대상이 되지 않는 경비, 즉 도도부현에서 부담(지변)하는 기타 경비의 일부를 국가가 보조한다. 국가가 보조하는 범위는 정령으로 규정되며, 경찰직원에 필요한 경비(급여비, 피복비 등)를 제외한 그 이외의 경비에 대하여 경찰관수, 경찰서수, 범죄의 발생건수 등을 기준으로 소요액(실제 소요되는 액수와는 다름)을 산출하여 보조한다. 경찰보조금은 대상 사무 소요경비의 50%를 보조하며, 대지진 등 특별한 사정이 있을 때에는 50%를 초과하여 보조하는 것이 가능하다.

셋째, 도도부현에 교부되는 지방교부세의 기준재정수요액 산정기준에 경찰비(경찰직원수 기준으로 재정수요 측정)가 포함되어 있다. 경찰비의 측정 단위는 해당 지역에 실제 근무하는 직원수가 아니라 표준 자치단체(시설)의 행정규모를 기준으로 하여 도출된 경찰직원수를 지칭한다.

(2) 영국의 자치경찰 예산제도

영국에서는 우리나라의 보통교부세에 해당하는 세입지원교부금의 표준지출평가항목에 경찰재정수요가 포함되어 있다. 1993/94회계년도 예산의 경우 세입지원교부금의 경찰분야 교부금액은 27억8천7백만 파운드로 전체 세입지원교부금의 7.6%를 점하고 있다. 그러나 세입지원교부금은 사용용도가 정해져 있지 않는 일반보조금에 해당하기 때문에 이 재원이 반드시 경찰예산으로 배분되는 것은 아니다.

또한 영국에서는 우리 나라의 국고보조금에 해당하는 특정보조금을 통해 경찰관련 경비가 주로 지원되고 있다. 1993/94 회계년도의 경우 총의존재정의 범위에 포함되는 특정보조금(상시 지원되는 보조금) 총액 중 경찰관련 경비의 비중이 28억7천9백만 파운드로 61.6%를 차지하고 있다. 특정보조금은 전체 자치경찰 예산의 50% 정도를 점하고 있다.

이밖에 영국경찰에서는 1964년 경찰법 제15조에 의거하여 자체 수입원 및 수익사업 제도가 도입되었다.

5. 지방재정조정제도의 종류와 운영방식

(1) 일반행정부문 지방재정조정제도

일반행정부문에 있어 중앙정부와 지방정부 및 지방정부 상호간 재원배분을 조정하기 위한 지방재정조정제도로서는 현재 지방교부세, 지방양여금, 국고보조금이 운용되고 있다.

첫째, 지방교부세는 포괄적 재원조달능력을 지니고 있는 중앙정부가 자신이 확보한 내국세 수입의 13.27%를 지방정부에 공여하는 것으로서 지방정부의 운영에 필요한 최소한도의 재원을 보장해 주는 가운데 전반적으로 지방정부의 가용재원규모를 높여주기 위한 제도적 장치이다. 따라서 지방교부세는 지출용도를 지정하지 않고 있으며, 재원배분과정에서 재정조정장치를 가미하고 있다. 지방교부세 재원의 10/11은 기준재정수요액에서 기준재정수입액을 차감한 나머지 부족액을 보전해주는 방식으로 운영되는 보통교부세 형태로 지방정부에 교부되며, 나머지 1/11은 보통교부세 배분방식에 의해서 포착되지 않는 특수한 재정수요가 있을 경우에 교부된다. 특별교부세는 다시 시책사업(30%), 재정보전(20%), 재해대책(10%), 지역현안(40%) 등 4개 사업유형별로 재원배분 규모가 설정되어 있다. 또한 지방재정상 부득이한 수요가 있는 경우에는 법정교부세 외에 별도로 증액교부금을 교부할 수 있다. 한편 1997년 지방교부세법을 개정하여 지방정부의 자구노력 유도·강화를 위해 인센티브와 페널티제도를 도입하여 운영하고 있다. 현재에는 경상비 절감, 지방세 징수노력, 일용인부 절감, 읍면동 통합단체, 표준정원 등을 고려하여 인센티브를 적용하고 있으며, 업무추진비가 과다한 경우에는 페널티를 적용하고 있다.

둘째, 지방양여금제도는 일부 국세 세목의 수입을 지방정부에 양여하되, 세원분포의 불균형을 고려하여 중앙정부가 통일적으로 과세한 후 그 수입의 전부 또는 일부를 일정한 기준에 따라 지방자치단체에 양여하여 특정사업수요에 충당할 수 있도록 마련된 재원배분장치이다.

셋째, 중앙정부와 지방정부가 서비스 공급에 공동의 책임을 지고 있거나 지역단위를 넘어서는 편익의 외부 유출효과가 일어나는 활동이나 기능에 있어서는 국고보조금이 교부된다. 국고보조금은 일정한 공공목표 달성의 취지에서 중앙정부가 사용범위를 정하여 지방정부에 제공하는 재정지원제도이다. 또한 국고보조금제도는 국가적 성격의 사업을 지방정부로 하여금 지방단위에서 수행케 하기 위한 재원이전통로의 하나라고 할 수 있다. 국고보조금은 재원이전의 성격에 따라「부담금」형태의 국고보조금,「교부금」형태의 국고보조금,「보조금」형태의 국고보조금 등으로 구분된다. 현재「보조금의 예산 및 관리에 관한 법률」에는 358개의 정률보조사업과 일부 정액보조사업이 규정되어 있으며, 정률보조사업의 경우에는 20%에서 100%까지 매 10%단위(단, 60%와 90%는 없음)로 국고보조율을 설정하고 있다.

(2) 지방교육자치와 교육재정조정제도

지방교육재정제도는 교육을 지방공공재로 인식하여 지방정부 수준에서 제공하는 것이 가장 바람직한 서비스의 하나로 이해할 때 별도의 존재의의가 있게 된다. 그러나 교육의 효과가 단위 지방정부 수준에만 국한되지 않는다는 측면에서 국가공공재의 의의도 크게 된다. 따라서 교육재정에 있어서는 중앙-지방정부간 역할분담 내지 지방정부간 형평을 제고하기 위한 지방교육재정조정제도가 큰 비중을 차지하게 된다.

지방교육재정제도는 교육자치단체를 어떻게 이해하느냐에 따라 그 기본 형태가 달라지게 된다. 지방교육자치를 보통자치단체형으로 운영할 때 재정권은 혼합형을 띠게 된다. 혼합형 지방재정제도는 중앙-지방정부간 독자적인 재원과 수행해야 할 고유의 기능을 갖고, 다른 한편에서는 공동의 재원과 공동의 기능을 갖고 상호협력하는 방식으로 우리의 지방양여세가 그 예가 될 수 있다. 반면 지방교육자치를 특별지방자치단체로서 운영할 경우 택하게 되는 분리형 지방재정제도는 중앙정부와 지방자치단체, 또는 지방자치단체 상호간의 재원확보와 그 지출을 완전히 분리·독립시켜 재정의 자주성을 존중하는 방식이다.

기본적으로 우리의 지방교육재정제도는 혼합형을 취하고 있다고 볼 수 있다. 지방정부의 교육비특별회계는 분리형의 원리에 따라 교육예산의 독립성을 존중하는 제도적 장치라고 할 수 있으나 실질적으로 교육예산이 지방의회의 심의·의결에 종속되고 지방교육양여금과 같은 공동재원을 가지고 있는 것은 혼합형의 원리를 채용한 것이라고 할 수 있다.

현행 지방교육재정조정제도는 봉급교부금·경상교부금·특별교부금·증액교부금 등으로 구성된 지방교육재정교부금, 지방교육양여금, 국고보조금 등으로 구성되어 있다.

첫째, 지방교육재정교부금은 봉급교부금과 경상교부금, 증액교부금으로 구분된다. 경상교부금은 내국세 수입의 11.8%를 재원으로 하여, 이중 10/11은 보통교부금으로 할당되고, 나머지 1/11은 특별교부금 몫으로 할당된다. 봉급교부금은 의무교육기관의 봉급 및 봉급연동 수당 용도로 지출되며, 경상교부금은 지방교육자치단체의 일반재원, 그리고 특별교부금은 경상적 경비 이외의 특별한 학교신·증축 등 특별한 예산소요에 대응하기 위한 지출통로로 이용되고 있다. 증액교부금은 부득이한 수요가 있는 경우 국가예산이 정하는 바에 따라서 교부되는 재원으로 최근에는 읍.면지역 중학교 의무교육실시에 따른 납입금결손액 및 목적세 신설에 따른 지방교부세 감소분을 보전하는 통로로 활용되고 있다.

둘째, 지방교육양여금은 한시적 목적세로 존치하고 있던 교육세를 영구세로 전환하는 과정에서 교육자치의 실시에 대응하기 위한 새로운 제도적 장치의 하나로서 도입된 것이다. 지방교육양여금은 시·도 교육행정기관에 양여되는 국세의 일부라고 할 수 있으며, 의무교육기관 이외의 공립중등교원봉급과 2부제 수업해소를 위한 학교신증축시설비 등으로 지출된다. 지방교육양여금은 전전년도 11월 1일 현재 시·도의 인구수에 따라 비례 배분된다. 1990년까지는 의무교육기관 이외의 각급 학교 교원봉급의 50%도 봉급교부금의 형태로 국고에서 지원되었으나, 1990년의 지방교육재정교부금법 개정을 통하여 이를 지방재원으로 충당하도록 하였다. 이것은 교육세를 영구세로 전환하는 과정에서 경상교부금 재원으로 활용하던 동 재원이 지방교육양여금 재원으로 전환됨에 따른 것이라고 할 수 있다.

셋째, 국고보조금은 일반적으로 국가의 정책목표, 예산정책 등에 따라 국가예산의 범주안에서 지원되는 것으로 교육부문에 대해서도 일정 규모의 국고보조금이 지원된다. 그러나 그 규모가 극히 미미한 관계로 지방교육재원으로서 별다른 의미를 갖지 못하고 있다.

이처럼 1991년부터 광역교육자치단체를 중심으로 교육자치제가 실시되고 있음에도 불구하고 집권화된 교육재정의 운영체계는 별로 달라진 것이 없다. 교육자치의 내실있는 전개를 도모하기 위해서는 교육자치수준의 확대에 상응하는만큼의 기존 중앙정부 교육재원을 지방으로 이양하기 위한 교육재정제도의 개편 노력이 수반되어야 한다. 그동안 교육행정체제에 있어서 중앙·지방정부간 교육행정기능의 분권화 측면에서는 상당한 진전을 보았음에도 불구하고, 재정의 분권화를 도모하기 위한 제도 개편 노력은 체계적으로 전개되지 않고 있다. 1991년에 지방교육양여금제도가 신설된 바 있으나, 이것은 지방교육재정교부금의 하나인 경상교부금 재원으로 활용되고 있던 교육세 재원을 대체·승계한 것으로 기존의 이전교육재정제도를 재편한 것에 불과하다. 그 결과 지방교육재정의 85%내외가 지방교육재정교부금, 지방교육양여금, 국고보조금 등 중앙정부의 교육이전재정을 통해 조달되고 있고, 자체재원은 15%에 불과하다. 또 자체재원 중 지방정부가 부담하는 비율은 5%내외에 불과하다.

자치화에 따라 지방교육에 대한 업무와 권한은 지방으로 위임하였음에도 불구하고, 중앙정부에 계속 재원분담의 책임을 지우는 것은 원활한 지방교육재원의 확충을 제약하는 주요한 요소로 작용하게 된다고 할 수 있다. 교육자치를 실시하고 있음에도 불구하고 여전히 중앙정부가 지방교육재원조달의 중추적 임무를 지고 있는 상황에서는 대리인 문제(특히 도덕적 해이)가 유발될 가능성이 높다. 중앙정부에 있어서 교육정책을 입안하는 부처와 재원의 조달과 배분의 역할을 담당하는 부처가 분리되어 있는 상황에서는 재정업무를 담당하는 기관은 지방교육재원의 분담기능을 축소하고자 하는 경향을 띠게 된다.

한편 중앙집권적 교육재정 운영체계로 인하여 교육비 부담 및 교육투자의 결정에 있어서 지역주민의 선호를 반영하지 못한 채 전국에 걸쳐 획일적으로 결정됨으로써 국민들에게 「기대의 이중성」을 조장할 가능성이 높다. 즉 지역주민의 교육비 부담과 교육투자수준의 연계가 지극히 희박한 상황하에서는 한편으로는 교육비 부담의 경감을 유지하면서 다른 한편으로는 교육투자의 제고를 요구하는 「기대의 이중성」을 조장할 가능성이 높아지게 된다는 것이다.

5. 자치경찰제 도입에 따른 재원배분방안 설계(제언)

(1) 자치경찰의 자체재원 확보 방안

가. 일반회계 경찰청 소관 세외수입(벌금)의 지방 이양

지방경찰청의 자체 재원으로 이양하는 것이 필요한 대상 재원의 하나로 현재 경찰청 소관 일반회계 세입예산(세외수입)에 계상되어 있는 "벌금 및 몰수금"을 고려할 수 있다. 이 재원의 규모는 1998년 제1차 추경예산 기준으로 2,971억원으로, 자동차교통관리특별회계 세입의 3배를 상회하고 있다.

현재 경찰청 소관 일반회계 세외수입으로 계상되고 있는 벌금은 교통법규 위반 범칙금과 경범죄 위반 범칙금으로 구성되어 있다. 그런데 앞으로 자치경찰제가 도입될 경우, 이들 벌금은 자치경찰의 기본업무 수행과정에서 확인되는 법규위반행위에 대한 벌금형으로 과징되는 세외수입의 한 형태라고 할 수 있다. 따라서 자치경찰제가 도입되면 동 재원은 자연스럽게 자치경찰 재원으로 이양하는 것이 바람직하다고 할 수 있다.

나. 국세 수입의 지방세 이양 방안

자치경찰제 도입에 따른 일반회계 경찰예산의 지방 이양의 핵심은 현행 국세 수입의 일부를 지방세로 이양하는 것이다. 지방세로 이양할 일부 국세 세목이나 세원은 다음과 같은 조건을 구비하는 것이 적합하다.

첫째, 세수입의 지역간 분포가 지방청별 자치사무 수행에 필요한 경비 규모 분포와 근사하게 일치하거나 크게 괴리되지 않아야 한다. 따라서 세수입의 지역간 분포가 비교적 고른 세목이 적합하다고 할 수 있다.

둘째, 자치경찰행정 수요는 앞으로도 지속적으로 증대하는 경향을 보일 것이기 때문에 세수의 안정성과 신장성이 우수한 세목이 적합하다고 할 수 있다. 지방경찰 재원으로 이양될 세목이나 세원은 경기변동에 민감하지 않으면서 세수의 소득탄력성이 높아야 한다.

셋째, 지방재정 운영과정에서는 응익원칙이 상대적으로 강조되고 있는 바, 이것은 자치경찰에서도 마찬가지라고 할 수 있다. 따라서 자치경찰 재원으로 이양될 세목이나 세원은 경찰서비스와 응익적 관계를 맺고 있는 것이 보다 적합하다고 할 수 있다.

넷째, 지방자치단체로 이양해야 할 재원규모를 감안하여 적정 규모로 분리될 수 있는 세목이나 세원이어야 한다.

이러한 기준에 비추어 볼 때 현행 국세 세목과 세원 중에서 자치경찰 재원확충을 위해 지방세로 이양하는 것이 가능한 세원으로는 현재 신설을 추진하고 있는 지방소득세(소득세 수입의 일부)와 부가가치세 및 특별소비세 세원의 일부를 생각해 볼 수 있다. 그 중에서도 지방소득세의 세율 인상을 통해 자치경찰사무 수행에 필요한 재원 이양에 접근하는 것이 보다 바람직한 것으로 생각된다.

다. 수익자부담원칙에 입각한 자체재원 확보 방안

자치경찰의 자체재원 확보와 관련하여 그 필요성과 타당성이 가장 높게 인정되는 분야는 수익자부담원칙을 효과적으로 살릴 수 있는 서비스 분야를 대상으로 수수료를 부과하는 것이다. 즉 경찰서비스가 특정인이나 집단의 요청에 의해 제공되거나 서비스의 혜택이 특정인이나 집단에 집중되는 경우 또는 개별적 영리를 목적으로 한 행사를 위해 경찰서비스가 제공되는 경우에는 이에 상응한 비용분담을 요구하는 방안을 고려해 볼 수 있다.

(2) 자치(지방)경찰에 대한 재정조정제도의 방안

가. 자치경찰에 대한 재정조정체계의 선택

자치경찰에 대한 재정조정조정제도는 경찰교부금과 국고보조금제도로 이원화하는 것이 적절할 것이다. 경찰교부금제도는 전국적으로 표준적인 경찰서비스 수준을 확보하는 데 필요한 재원보장 장치로 활용하고, 국고보조금제도는 국가경찰사무의 지방적 집행을 담보하고 국가경찰과 지방경찰간의 공통이해관계 사무의 원활한 수행을 뒷받침하기 위한 장치로 활용하는 것이 적절할 것이다.

나. 경찰 국고보조금제도 운영 방안

국가경찰에서 전액 국고보조금(100% 보조율 적용)으로 지원해야 할 경비는 전투경찰 관리비, 경정이상 인건비, 경호대·경비단·특공대 인건비, 지방경찰청 일반사업비 중 특공대 운영비와 경호대 운영비, 호송출장소 관련 경비 등이 있다. 또한 통신장비관리, 전산관리업무비도 주요 국고보조 대상 경비에 포함된다. 이처럼 국가경찰에서 관련 경비를 100% 지원해야 하는 사무를 제외한 나머지 분야에서 국가시책상 추진하고자 하는 사업의 경우에는 matching fund 방식에 따라 지방자치단체의 재원확보 노력과 연계하여 국고보조금을 지원하는 것도 가능할 것이다.

한편 앞으로 자치경찰제도가 도입될 경우에는 현재 지방경찰에서 수행(집행)하고 있기는 하지만 사실상 경찰사무로 분류하기 어려운 사무 또는 타부처업무 협조업무 등에 대해서는 소관부처에서 관련 경비 전액을 국고보조금 형태로 지방경찰청에 지원하는 방안을 검토하는 것이 필요하다.(예비군 무기고 관리등)

다. 경찰교부금제도의 도입 방안

자치경찰사무 수행에 필요한 재원을 보장하고, 자치경찰간 재정력 불균형을 조정하기 위한 교부금제도의 도입 방안으로는 두 가지 대안을 상정해 볼 수 있다. 그 하나는 현재 행정자치부에서 운영하고 있는 지방교부세와 통합적으로 운영하는 "통합형"이고, 다른 하나는 지방교부세와는 별도로 국가경찰에서 경찰교부금을 독자적으로 운영하는 "분리형"을 상정해 볼 수 있다.

통합형과 분리형은 각기 장단점이 있으나 단기적으로는 분리형을 채택하는 것이 적절하고, 장기적으로는 통합형을 채택하는 것이 바람직할 것이다.

(3) 자치경찰예산의 편성 및 운영방식의 설계

자치경찰예산의 편성 및 운영방식의 설계에 있어 첫번째 문제는 자치경찰예산의 편성·집행·지출명령권을 누구에게 부여할 것인가의 이슈이다. 이것은 자치경찰의 예산 편성 및 지방의회 제출 권한을 지방자치단체장에게 부여할 것인가, 아니면 자치경찰기관에 부여할 것인가의 문제로서 자치경찰제의 독립성 확보 문제와도 직결되어 있다. 이와 관련하여서는 자치경찰의 정치적 중립성과 자율성을 보장한다는 기본원칙에 따라 예산 편성권은 경찰위원회에, 제출권은 자치단체장에게 부여하는 것이 합리적일 것이다.

다음으로 자치경찰의 예산을 독립된 특별회계로 편성할 것인가, 아니면 일반회계에 통합하여 편성할 것인가의 문제가 제기된다. 이것은 전반적인 세입원 확보 및 재원이전 방법을 어떻게 설계하느냐에 따라 영향을 받게 될 것이다. 이것도 지방자치단체의 일반 회계에 경찰예산을 통합적으로 편성하는 통합형 방식과, 경찰예산을 독립된 특별회계(경찰특별회계)로 편성하는 분리형을 생각해 볼 수 있으나, 단기적으로는 자치경찰예산의 편성방식과 회계제도는 분리형에 따라 경찰특별회계제도로 운영하는 것이 적절할 것이다. 다만, 장기적으로 이들 지역에서 경찰청이 광역시와 도자치단체로 분리되고, 교육행정, 경찰행정, 일반행정을 완전히 통합하는 여건이 조성될 경우에는 통합형을 채택하여야 할 것이다.

제2절 * 생활안전 경찰기획

✔ 사례 : 외근경찰관의 범죄대응능력 향상방안

1. 서언

외근경찰관이 순찰중 또는 범죄신고접수후 범인대처능력을 습득치 못하여 국민들에게 많은 비난을 받고 치안의 부재와 경찰관의 능력과 자질을 의심하는 정도에 까지 이르른 요즘 외근경찰관의 범죄대응능력을 높이고 자질향상과 주민에대한 친절한 치안서비스를 제공하자는 취지에서 경찰청에서는 '친절봉사 및 범인안전검거요령'이라는 비디오를 제작하여 전국 일선경찰서에 배포하였으며 외근경찰관을 상대로 지방청별 직무교육과 종합학교에서의 집중교육등이 거론되고 있다.

또한 직무교양자료로서 99년 4월 16일 파출소근무경찰관 특별교육교재를 제작하여 배포하는등 외근경찰관의 범죄대응능력의 향상을 꾀하고 있으나 정작 본인들은 교육의 필요성보다는 현실의 과중한 근무여건과 노후한 장비 그리고 집중적이고 획일적인 근무지시로 인해 근무의 창의와 적극성보다는 민원야기가 일어나지 않도록 하자는 패배주의가 팽배해있어 본건 범죄대응능력향상방안은 주제의 광범위성에 비추어 경찰조직과 구성원 그리고 환경요소등 거시적으로 파악하여 문제점을 도출해 해결방안을 모색하지 않으면 안된다.

여기서는 일선경찰관의 잘못된 범죄대처사례를 먼저 검토하고 이에 대한 문제점과 향상방안을 언급하려한다.

2. 문제사례[29)]

【사례1】

98년 7월 16일 03:40경 서초경찰서 모경장등은 관내 골목을 순찰중에 검은색 엔터프라이즈 승용차를 발견, MDT로 도난차량임을 확인한 이들은 차에 타고 있던 신창원을 내리게 했으나 '당구장 직원이다. 차주인은 당구장에 있는데 돈가방을 갖다달라고 해서 심부름왔다.'고 대답했다. 신창원은 모경장과 함께 20여미터 떨어진 당구장으로 걸어갔고 모순경은 순찰차로 뒤따라갔다. 이때 입구에서 신창원이 갑자기 주먹으로 모경장의 얼굴을 때렸고 모경장은 신창원을 붙잡고 격투를 하였으나 신창원은 구룡산 방향으로 도주하여 현재까지 검거치 못함.

【사례2】

99년 2월 25일 17:20경 경북 상주경찰서 동문파출소 112순찰차 근무자 김경장과 김순경등 2명이 납치범 검거과정에서 범인검거 안전수칙을 준수치 않아 범인에게 권총을 피탈당하여 총격을 입고 사망함.

---

29) 초급간부(경사)과정 직무사례보고서의 사례내용과 경찰청에서 발간된 파출소근무경찰관특별교육교재에서 발췌,인용함.

【사례3】

98년 6월 27일 04:30분경 관내 한진빌라앞 노상에 경기넘버 세피아 차량을 발견하고 도난여부 확인한바 98년 6월 26일 23:00 경기도 수원에서 도난된 차량으로 확인되어 파출소장에게 보고한후 피해자에게 도난여부 확인한바 위일시에 도난되었다고하여 차량을 회수하여 가도록 조치하고 차량절도 범인을 검거코져 매복 근무를 실시한바 도난차량 주변에서 사복근무로 차량안에서 도난차량을 주시하던중 당일 08:30경 17세 가량의 남자가 맞은편에서 걸어와 동태를 파악하였으나 지나가던 프라이드 운전자와 이야기를 나누어 특별히 의심이 가지않아 방심하고 있던중 갑자기 도난차량에 승차하는 것을 발견하고 쫓아가서 운전석 차량문을 열고져 하였으나 안에서 시정 장치를 하여 열지 못하고 범인이 갑자기 핸들을 틀고 급출발하여 소지하고있던 장봉으로 차량 유리문 내리쳤으나 유리문이 깨지지않고 그대로 도주하여 파출소로 연락하여 관내 수배 조치하였으나 도난차량을 회수치 못하고 범인도 검거치 못함

【사례4】

98년 5월 20일 14:20경 경남 함안군 시장주변에서 30대전후로 보이는 남자 3-4명이 돗자리를 들고 지나가면서 부녀자를 상대로 목걸이 등을 절취하려 한다는 주민신고를 받고 파출소장외 112순찰차2명,도보순찰자 1명을 대동하고 현장에 출동. 위장소에서 서성거리던 용의자 김00(32세)외 1명을 불심검문하여 인적사항 확인중 경찰청 특공대 소속 박순경이라면서 구 경찰관 신분증을 내보이는 것을 순간 공문서 위조범으로 단정, 긴급체포코져 할 때 위 김00이 미리 소지하고 있던 소형 미제 개스분사기를 호주머니에서 꺼내어 경찰관들의 얼굴을 쏜후 길이 약 40센치의 사시미칼로 대항 격투중 위 김00은 150여미터 추격 공포탄1발을 쏜후 주민의 도움으로 검거 다른 1명은 도주 미검한 것으로 격투중 순경 이00외 2명이 좌측두부에 20센치정도 열창을 입었던 내용임.

【사례5】

98.년 3월 25일 13:30경 동대문경찰서 혜화파출소 소속 112순찰차 순12호가 서울 46라 0000 르망 자가용을 발견하고 동차량을 정지 검문하자 검문에 불응 도주하는 것을 다른 순찰차를 지원요청하여 인접순찰차 순13호, 순1호, 순2호가 합동으로 추적하면서 정지하도록 신호를 해도 계속정지하지 않고 혜화동로터리-삼선교-미아리고개-석관동-

354

고려대-홍능-서울시립대까지 도주하면서 교통사고를 5차례 야기하고 서울시립대 안으로 동차량이 들어가자 차단,검거하려하자 등산용칼(칼날길이 25센치)을 휘두르면서 검거에 저항하기에 가스총 5발을 발사해도 칼을 버리지 않고 항거하므로 순13호 근무자가 공포탄 2발 발사 그래도 칼을 버리지 않고 저항하기에 실탄 3발중 첫발 대공발사 2발을 대퇴부에 발사하여 검거함.

【사례6】

95년 11월 3일 01:40경 경북청 포항남부경찰서 상대파출소에 성명불상의 남자로부터 포항시 남구 상도동 소재 황재단란주점이 시간외영업을 하고 있다는 신고가 접수되어 당시 동파출소 112순찰차 근무자인 장순경과 김순경이 현장에 임하여 위업소에서 시간외 영업을 하고 있는 것을 확인하고 주점에서 술을 마시던 남자손님 3명과 여자손님 1명 상대로 인적사항 및 자술서를 받으려고 하자 40대가량의 여자손님이 2층화장실로 피신하는 것을 보고 단속나간 장순경이 화장실까지 따라가자 문을 잠구어 버리는 것을 장순경이 문을 열어 달라고 수회 이야기하자 화장실에 들어갔던 여자가 문을 열어주면서 바지를 올리면서 비틀거리는 것을보고 장순경이 옆에서 부축하여 준후 인적사항을 확인하려하자 거부하여 확인치 못하고 업주 상대로 조사하여 위업주를 식품위생법 위반으로 단속하였는바 며칠후 동주점에 술을 마시던 40대 여자가 당시 위주점을 단속하였던 경찰관이 자신이 2층화장실에서 볼일을 보고 있는데 바지를 끌어 내려 음부를 만지고 뒤에서 껴안아 젖가슴을 만지는등 성추행 하였다고 대구지검 경주지청에 고소한 내용.

【사례7】

97년 10월 21일 15:50경(당시 경찰의 날) 서울 은평경찰서 갈현파출소 부소장으로 같은 파출소 김순경과 112순찰 근무중 갈현동 대성고교 교내에서 경찰관 요청이라는 무전지령을 받고 순간적으로 교내에서 누군가 안전사고를 당한 것으로만 생각하고 약2-3분후 학교 본관에 도착하여 경찰관 요청경위를 알아보던중 이학교 2학년 학생 신00이 달려와 교무실 앞 복도에서 과학교사 오00(당41세)으로부터 5교시 수업도중 과제물을 너무많이 내준다고 항의한 것에 자기를 때려 신고하게 된것이라고하여 체벌교사에게 확인한바 위와 같은 사실을 시인받고 그때는 휴식시간중이라 많은 학생과 학생들이 보고 있는 상황이라 파출소까지 같이 가줄 것을 요구하자 교사와 학생이 위 상황을 벗어나기 위해 임의동행에 순순히 응하여 파출소로 동행하게 되었고 파출소내에서 동일 16:10경

오교사는 2층에서 학생은 소내에서 각각 분리시켜 자필진술서를 작성케하고 16:40경 사전에 연락한 학생의 보호자가 파출소에 도착하여 교사의 체벌을 원하지 않는다는 진술을 하므로 모두 귀교조치.

【사례8】

95년 7월 23일 05:25 경기도 안산시 원곡동 810의 21 앞길에서 강도 용의자를 검거, 순찰차에 태워 연행하던 안산경찰서 원선파출소 이순경이 범인 김00가 손가방의 흉기로 가슴을 찔러 사망한 사건.

3. 문제원인분석

【사례1】 의 경우

도난차량임이 분명한 차를 타고 있는 사람을 검문하는 과정에서 집까지 동행해서 확인하겠다는 안이한 자세로 대하는 바람에 피검문자로부터 불의의 기습을 받고 범죄자를 놓친 어이없는 결과를 가져옴.

【사례3】 의 경우

도난차량을 발견하였으면 매복근무 직원은 도주할것이라는 것을 예상하고 무기 및 휴대장비을 갖추고 사전에 마음가짐을 가져야하나 장비는 장봉만 가지고 매복근무하는등 안일하게 대처하여 도난차량을 발견하고도 범인을 검거치 못하였고 매복근무시에는 2-3명으로 근무를 실시하여 검문자는 도주예상지역으로 적의배치 하여야하나 1인으로 매복근무토록 하였으며 또한 근무배치전에 사전 교양을 실시하여야하나 교양치않고 배치한 잘못이 있음.

【사례4】 의 경우

현장 출동전 주민등록증으로 인적사항만 확인,수첩에 기재하는 것으로 범죄예방 차원에서 불심검문타가 경찰관 구신분증을 제시하였고 칼은 소지하고 있을것이란 예측하였으나 휴대용 소형 개스분사기 소지는 예측하지 못하였으며 소매치기범은 그일당이 2명 이상으로 형사기동대 사전 요청하지 않은점과 시장중심지에서 돌발 상황 예측못하고 1명권총,1명 개스총으로 대응한점,그리고 무전기 교신혼선으로 경력지원요청 미흡함.

【사례5】의 경우

검거과정에서 순찰차가 4대이면 경찰관이 8명인데 아무리 난폭하게 저항하더라도 상대방은 한명이니까 가스총이나 봉만사용하면서 인내를 가지고 대처하여 인명에 피해가 가지않고 제압 검거했어야 했는데 성급하게 총기를 사용(보충성의 원칙위반)해서 상해를 가해 피해자측은 살인미수로 고소한 상태이며 총기사용경찰관은 현제 검찰조사중에 있음

【사례6】의 경우

위주점 업주는 식품위생법위반으로 단속하였으나 당시 출동한 경찰관이 성추행범으로 고소당한 것으로 의욕이 앞선 장순경이 당시 손님으로 있던 여자 손님이 2층 화장실로 피신하는 것을 보고 혼자 여자 화장실까지 따라가 인적사항을 확인하려하자 여자가 술에 취해 비틀거리면서 바지를 올리는 것을 보고 장순경은 도와준다고 여자 팔을 붙잡고 부축하여 주었으나 그 여자는 그것을 빌미로 장순경에게 성폭행을 당하였다고 고소한 것으로 당시 2층 여자 화장실에는 장순경과 고소한 40대 여자 두사람만이 있었던 관계로 목격자가 없었던 관계로 검찰에서 조사시 장순경은 성추행한 사실이 없고 술취한 여자가 비틀거리기에 도와주었을뿐이라고 변소하였으나 목격자가 없는 상태였고 부축할 때 팔을 붙잡은 것은 사실이었으므로 조사당시부터 6개월여간 직장상사 및 검찰로부터 많은 시달림을 받았으며 양쪽 모두 변호사를 선임하여 결백을 주장하던중 두사람이 합의 고소취하하여 종결된 사안으로 제복을 입은 경찰관이라 하더라도 밀폐된 장소나 여자화장실 같은 곳에는 항상 2명 이상이 동행하고 여자 상대로 조사시 신중을 기해야 하며 특히 술취한 여자의 경우 부축을 하더라도 위와같은 고소를 당하여 억울한 피해를 당하는 경우가 있으므로 사건 현장 출동시 2인 이상 출동하고 부득이한 경우가 아니면 목격자가 없는 곳에서 불필요한 행동은 여자에게 하지 않는 것이 좋다고 생각

【사례7】의 경우

신고사항에 대하여 즉시 출동 당사자의 동의를 얻어 동행,신속히 조사후 50분만에 귀교시킨 것은 적정하다고 생각되나 '교육공무원법 제48조 및 교원지위향상을 위한 특별법 제4조(교원의 불체포특권)-교원은 현행범인 경우를 제외하고는 소속 학교장의 동의 없이 학원안에서 체포되지 아니한다'라는 규정이 있음에도 대부분의 경찰관이 이를 알지 못하고 학교 당국의 동의를 구하지 아니하고 당사자의 동의만 얻어 경솔하게 동행함으로서 학교측으로부터 항의를 받은 사실이 있는바 자칫 사회적으로도 물의야기 소지가 있었음.

【사례8】의 경우

용의자 검거시 반드시 수색을하여 흉기등 발견시 수갑을 사용하여 피의자로부터 위해를 방지하여야 함에도 불구하고 이를 소홀히 함.

이상과 같이 몇가지 사례속에 나타난 외근경찰관의 잘못된 대처로 경찰관 본인은 물론 국민에게도 불신감을 초래하였다. 잘못된 대처의 원인은 몇가지로 살펴볼수 있다.

(1) 전문적인 교육부실

위의 문제된 사례를 통해 현재 외근경찰관의 법규의 부지(경찰관직무집행법상 총기사용등)와 정기적인 모의훈련과 사례분석 그리고 연기자역할(role playing) 등의 훈련등이 미흡함을 알수 있다. 98년 7월 16일 발생한 신창원사건과 관련하여 전임 김광식 서울청장은 '신창원 사건을 통해 경찰이 안고있는 문제점이 총체적으로 드러났다. 투철한 직업의식과 함께 맡겨진 직분에 충실하는 것이 경찰에게 주어진 가장 중요한 과제이다. 앞으로 경찰의 직업의식을 고취시키기 위해 모범적인 경찰관 모델을 만들어 전 경찰관을 대상으로 교육시키겠다.'고 하였고 전 이규식 기획관리관은 '기본수칙을 지키지 않아 신창원을 검거하지 못한 이번사건을 거울삼아 앞으로는 수사력을 완벽하게 키우는데 역점을 두겠다.특히 경찰의 자질을 향상시키기 위해 전문화,재교육에 더 많은 투자를 하겠다.'하였고 김영화 전 종로경찰서장은 '경찰관직무집행법에 명시된 합법적인 총기사용요

령도 제대로 지켜지지 않고 있다.완력으로 범인을 제압하면 된다는 안이한 생각 때문에 범인을 놓치는 경우가 허다하다.'고하여 우리 스스로 법규의 숙지와 대처능력의 향상을 위한 교육의 필요성을 제기하였다[30]. 그러나 교육기관이 아닌 직장내에서 직장훈련을 통해 충분히 대처할수 있는 사항임에도 불구하고 교육에 대한 필요성을 스스로 느끼지 못하고 있고 근무여건,민원해결,교양자료의 부족등등을 이유로 상급관서에서의 지시사항만을 낭독해주고 있는 실정이다.

현재 교육중인 초간경사과정 50명을 표본으로 면접 조사한바 90%이상이 직장 내에서의 직장훈련은 자기에게 아무 도움을 주고 있지 못하다는 응답을 하고 있어 교육의 전문화와 아울러 교관의 자질향상도 요구되고 있으며 교육기법역시 강의식의 교육이 아닌 새로운 교육기법의 전환이 요구된다.

(2) 열악한 근무여건

현재 일선 파출소의 외근활동은 점차 새로운 사고방식을 가진 신세대 경찰관이 담당해가고 있는데 그들에게 단지 사명감을 심어주고 교양을 강화시키는 것만으로 열악한 근무여건을 극복하라는 것은 무리이다. 또한 열악한 근무여건을 개선하지 않고서는 능력 있고 참신한 자가 경찰에 지원하지 않을 것이며 그렇게 되면 결국 경찰인력의 수준저하와 민생치안의 부실로 이어지게 된다.

외근경찰관의 열악한 근무여건은 일반공무원과 비교해서도 3교대제의 경우 월 48시간,2교대의 경우 월168시간,전일제의 경우에는 월228시간씩 초과근무하고 있으며 경찰업무가운데 행정기관의 협조업무가 전체업무의 30%를 차지하고 있다.[31]

'기소중지자 일제단속', '음주운전', '일제검문검색'등 본연의 기본근무보다는 특수근무가 차지하는 비율이 높아졌고 팩스 등을 통해 하달되는 지시문서와 지시에 따른 보고문서의 양이 하루 30건을 넘고 각종 행사장 정리나 특별 경비 등에 일선 외근경찰관이 2-3명씩 동원되기도 한다.

또한 병행근무로서 할당식으로 하달되는 교통이나 기초질서 위반사범 단속과 이런 실적을 채우지 못했을 때 오는 긴장감과 문책등으로 인해 직무만족을 떨어뜨림으로서 소

---

30) 위기의경찰,서울신문('98.7.24)
31) 치안연구소,파출소 근무제도 및 순찰활동 개선방안(97-05),p32

명의식과 적극적 치안서비스의 제공은 멀어지고 범인에 대한 대처능력도 무사안일주의 등으로 흐르고 있다.

한통계에 의하면 경찰서에 근무하는 공무원의 경우 직무만족을 하는 응답자의 비중은 20%정도인 반면 불만인 응답자의 비중은 25%정도 되는 것으로 나타났다. 응답대상자 중 불만이 만족도보다 높은 유일한 집단이 경찰로서 만족도가 은행은 40%이상 그리고 소방서의 경우에도 만족도가 37%정도인 반면 경찰서는 20%가 채 안되고 있다.[32]

이러한 여건속에서 위험을 무릅써가며 범인을 추적,검거하기보다는 과잉대응이나 과잉진압으로인한 언론의 질책과 이에따르는 징계 등이 두려워 범죄발생시,범인도주시 적극적으로 대처하지 않으려 한다. 위의 사례 7번에서 알수있듯이 적극적인 대처가 성추행이라는 사건과 맞물려 검사조사 및 합의서 작성과 300만원의 합의금지급등 불명예와 불이익등으로 소극주의,무사안일주의로 전락하고 이러한 무사안일주의와 소극적인 대처가 신창원사건이후 많은 경찰관이 직위해제되고 문책당함으로서 더욱 확산되고 있으며 상부에대한 불만등이 팽배하여 자기가 적극적으로 대처하다 문제발생시 자기가 책임져야 한다는 불신등이 두텁게 깔려있는 것이 문제이다.

(3) 잘못된 관행

'작은 잘못에도 큰 욕을 듣는다 ','경찰관이 동네북이냐? '라는 말은 익히 들어알고 있는 말로서 경찰내부에는 잘못된 관행들이 뿌리깊게 박혀있는게 사실로서 그 대표적인 예로 공조수사체제는 좀처럼 개선되지 않고 있다. 96년 5월 서울 양재동 데이트 남녀 납치사건은 공조수사의 부재를 드러낸 대표적인 사례로 당시 범인들이 충남 아산에 은신하고 있다는 정보를 입수한 서울경찰청은 직접 범인들을 잡겠다는 욕심에 현지에 형사대를 내려보냈으나 놓치고 말았다. 물론 아산경찰서에는 연락조차 하지 않았다. 공조수사가 제대로 안되는 이유는 공명심 때문이다. 위의 사례 3번에서도 알수 있듯이 공을 혼자 세워 '특진 '이나 '표창 '을 받겠다는 생각에 협조가 이루어지지 않고 있다. 반대로 관할구역에서 발생하지 않은 사건은 소홀히 여겨 강력사건 발생후 지령실에서 하달되는 긴급배치시 관할구역이 아닌 인접서에서는 늦장 출동하거나 지정된 장소에서 형식적으로 서있기만 하는등 자서이기주의와 공명심 등의 잘못된 관행이 광범위하게 미치어 범

---

32) 치안연구소,경찰공무원의 근로생활의 질에 관한 연구(98-13) p54

죄발생에 효과적으로 대처하지 못하는 원인으로 지적되고 있다.

(4) 장비 등의 열악

외근경찰관이 보유,활용하고 있는 장비는 권총,수갑,경찰봉,삼단봉,112순찰차,싸이카 등이 있다. 112순찰차의 경우 1500cc이하의 차량으로 사용연한은 4년이나 실제 1,2단의 저속운행 및 24시간 운행으로 잦은 고장을 일으켜 차량에 대한 고장수리 및 신뢰도가 떨어져 주행거리가 일정시점에서는 감소하는 추이를 나타내고 있다.[33] 싸이카의 경우 내용연한이 3년으로 배기량 125cc급으로 평균 운행시간은 3.8시간,평균 고장횟수는 6.5회,년간 주행거리는 6925km,년간 평균 유지비는 약 67만원으로 차량에 비해 사용량은 훨씬 적으나 고장의 빈도는 거의 비슷한 형태로 차량보다는 부품의 외부노출이 크고 관리 또한 소홀해서 그에 따른 부식이나 마모률이 심하여 차량이 갖지못하는 탁월한 기동성을 갖추고 있음에 비해 잦은 고장이 취약점으로 나타나고 있다. 따라서 범인추격 등에는 엄두를 내지못하고 있는 실정이며 근예로 99년 5월에 방영된 MBC뉴스데스크시간에 오토바이 폭주족과 관련한 단속을 일본의 예를 들며 우리나라에서는 단속을 안하고 폭주족의 광란행위를 방치한다는 비난여론을 방영하였다. 실제로 경인국도를 관할하고 있는 부천남부경찰서의 경인국도 관할 파출소의 경우 심야시간대 무리를 지어 달리는 오토바이 폭주족과 관련 추격하여 검거할수 있는 여건이 되지 못할뿐만 아니라 자칫 단속하다 오토바이 운전자가 사망할 경우에 대한 심리적 부담감으로 자기관내를 벗어나 주기만을 바라고 있을 뿐이며 일본에서 사용하는 에어백과 그물등도 갖추고 있지 않아 대처할 수 없는 곤란함을 가져다 주고 있다.

3.8구경 권총은 브라질이나 미국의 스미스제가 대부분을 차지하고 있으나 권총의 위력이 너무세 발사와 관련 신체에 적중시 중상해를 입힐수 있기 때문에 경찰관이 기피하는 경향이 강하며 수갑의 경우 한국산은 손목에 자욱이 남기 때문에 가혹행위라는 오해를 불러 일으킬수 있고 파출소 보유 3단봉의 경우 장비물품감사대비하기 위해 고장나거나 녹슨 것을 보유하고 있으며 4)의 사례문제점에서 보듯이 길이가 짧아 효과적으로 대처하기에는 한계가 있다는 것으로 장비의 노후와 성능이 떨어져 범인대응능력을 떨어뜨리는 한 요인으로 지적될수 있다.

---

33) 치안연구소,경찰장비 내용년한의 적정성에 관한 연구(97-16),p97

(5) 소극적인 시민참여

경찰서비스 전달과정에서의 시민참여인 공동생산은 서비스의 객관적 수준으로서의 투입,활동,산출,결과에 영향을 미칠뿐만 아니라 종국적으로는 주관적인 서비스 수준인 시민들의 안전감이나 서비스에 대한 만족감에도 크게 영향을 미치는 것으로 분석되고 있다. 즉 범죄피해 및 범죄발생의 신고,수상한자의 신고등은 경찰이 범죄단서를 포착하거나 혐의자의 신변을 확보하는 등 사건의 초동수사에 커다란 도움을 줄수 있게 되므로 경찰의 범인체포에 크게 영향을 미치게 된다.34)

그러나 각종 조사결과에서 나타나고 있듯이 범죄피해자의 50%이상이 보복이 두려워서,사건이 경미해서,경찰이 범죄를 해결하여 줄 것 같지 않아서,사건조사가 번거로워서 등의 이유로 범죄신고를 꺼리고 있다.35)

시민들 의식속에서 치안,범인검거등은 국가가 국민들에게 해주는 당연한 서비스라고 생각하고 있어 질좋은 치안서비스 제공을 바라고 있는 반면 도시화의 진행속에 자기와 관련없는 것이라면 무관심하게 바라보는 시민들의 자세도 경찰의 범인대응능력을 저하시키는 요인으로 파악할 수있다. 물론 지역사회의 구성원으로 경찰이 변모해 가는 것도 중요한 것이지만 시민들의 적극적인 참여와 관심이 요구되고 있으며 실례로 외국의 경우 영국은 이웃감시활동(neighborhood watch)36), 미국 뉴욕시의 수호천사(guardian angels)제도37)나 캐나다의 범죄정보보상제도(crime stoppers)38) 등의 민간자원봉사활

---

34) 치안연구소,경찰의 치안서비스 활동에의 시민참여 활성화방안(97-15),p57

35) 경찰종합학교, '방범경찰',1999

36) 80년대 전반에 '숨은 경찰'이란 별칭으로 태어난 이웃감시단의 회원은 현재 전국적으로 약 1천만명. 영국국민 5명중 한 사람꼴이다. 주변에서 수상한 사람을 보면 즉시 경찰에 신고하거나 전화,컴퓨터를 통해 다른 이웃감시단원에게 연락,빠른 시간내 경찰을 출동하게 한다. 젊은 회원들은 조를 짜서 주로 야간에 순찰활동을 하고 나이든 회원들은 각자 집에 머물면서 바깥의 움직임을 주시한다. 이같은 활동만으로 중부 잉글랜드 스톤리 지방의 경우 몇 년전만 해도 이지역 가정의 85%정도가 도둑을 맞은 경험이 있었으나 이웃감시단의 활동으로 범죄율이 75%나 격감.회원들은 조직 후원자들의 기부금으로 각종 보험료 할인혜택을 받고 지역사회의 여러활동에 우선적으로 참여할 수 있다. 한해 활동실적이 많은 회원에게는 '우수탐정'상이 주어지기도 한다.(98.6.24 국민일보)

37) 전국적인 규모로 조직되어 있으며 소수민족 젊은이들로 구성되어 있고 정부의 재정지원에 의존하지 않고 있는점에서 특색이 있다. 원래 뉴욕시의 지하철 내에서의 안전을 위해서 이조직이 결성되었으며 미국내에서 60개의 지부와 5000명 이상의 회원을 두고 있다. 이조직의 주요한 목적은 순찰하는 지역의 폭행,강간,강도 등의 각종 범죄발생을 예방하고 억제하여 범죄율을 감소시키는 것이며 이러한 목적외에도 지역사회 주민들을 교육시킴으로서 범죄에 대한 시민의 자각을 향상시키는것,범죄예방에 대한 능동적인

동을 통해 범죄를 억제하고 있다.

이처럼 우리나라에도 민간조직은 구성되어 있지만 관의 요구에 의해 형성된 조직이 많이 있고 시의 지원부족등으로 형식상의 조직으로 남아있는 경우가 많이 있다.

(6) 권한의 집중

문제요인으로 들추어내기에는 거대한 면이 없지 않지만 김대중대통령의 공약사업인 자치경찰제도에 관해 현재의 국가경찰을 왜 자치경찰로 전환해야만 하는 물음에 대한 답으로서 지역실정에 맞는 치안행정을 펼침으로서 현재의 범죄대응능력을 제고하고 지역주민의 요구에 부응한 치안서비스를 제공하자는 측면에서 파악할수 있다.

중앙의 경찰지시에 의하여 일제,특별단속등 집중단속을 실시할 경우 범죄발생지역이 건 아니건간에 전국적으로 집중적인 단속이 실시되어 경찰인력의 낭비가 초래되고 있는 실정이며 이러한 지역의 실정을 고려하지 않은 인력운용은 지역의 특성에 맞는 경찰서비스 제공에 문제점을 주고 있다. 더구나 상급경찰기관의 지침이나 지시로 말단 파출소의 경찰인력 배치와 치안책임자의 지휘권 및 재량권의 침해는 물론 주민의 요구에 대응하지 못하여 불신과 불만의 요소가 되고있다.[39]

즉 국가경찰이 지역적인 성격이 강한 치안과 방범문제 등을 모두 처리하게 됨으로써 국가경찰은 지나친 업무부담을 겪게 되고 지역의 특성에 유연하고 신속하게 대처할수 없음은 물론 중앙에서 실시하는 경찰간부의 잦은 인사이동으로 인하여 지방실정을 제대로 알지 못하는 인사가 지역경찰업무를 관장하게 되는 문제점이 있다.[40]

참여를 조장하는것,지역사회를 보다 안전하게 만드는 것 등의 목적을 갖고 있다.

38) 경찰,언론매체,그리고 그 지역의 시민사이의 협력에 의존하는 비영리프로그램으로 1976년 미국 뉴멕시코주의 한지역에서 처음 시작한 이후 급속히 확대되어 1985년에는 약 700개의 프로그램이 운용되고 있다.캐나다의 경우 1982년이래 70000건 이상을 해결하였으며 200만달러어치 이상의 장물과 마약물을 찾게 되었고 40000명이상이 체포되었다. 이제도는 이미 발생한 강력범죄,일어날 범죄,찾고 있는 사람의 소재 등에 관한 정보를 경찰에 제보해 주도록 시민들에게 부탁.정보가 기준에 맞고 그 결과 체포를 하게 된다면 범죄정보보상제도는 여러분이 경찰에 정보를 전해줄수 있는 방식을 알려줄 것이며 신분을 절대 밝히지 않을 것임. 동시에 현금 보상을 받을수 있으며 익명으로 지불됨. 보상금은 $50-$100이며 유죄판결의 약정을 조건으로 하는 다른 프로그램과는 달리 단지 체포만 하면 보상금을 지불하고 보상금 수령을 위해 기다리는 시간은 극히 줄어들며 전화추적이나 기록등이 남지않고 증인으로서도 압력을 받지않음.(http://www.king.igs.net/~crime)

39) 문재우,국가경찰의 자치경찰 지휘,감독체계에 관한 연구,자치경찰공청회1998.12

40) 한견우,자치경찰제도의 도입에 따른 국가경찰의 수사업무 및 조직에 관한 연구,자치경찰제도 공청

4. 개선방안

(1) 일선에의 권한이양 및 지원체제 구축

경찰이 시민의 시점에 서서 활동하기 위해서는 조직체제의 변혁이 불가피하고 경찰활동의 새로운 패러다임으로 거론되고 있고 도입 운용되고 있는 지역경찰활동(community policing)처럼 권한의 하부위임은 당연한 것이며 현재 시기와 방식만을 남겨놓은 자치경찰로의 전환도 시대적 소명인지도 모른다. 지역사회가 어떠한 문제에 직면하고 있고 무엇을 바라고 있으며 어떻게 하면 해결할수 있는지는 현장의 정황에 정통한 현장의 기관이 가장 잘 파악하고 있기 때문에 시민생활의 안전과 평온을 도모하는 수준높은 범죄대응능력을 갖추기 위해서는 현장의 체제를 정비,강화시키고 현장에 권한을 이양하며 현장의 판단으로 업무를 추진하는 현장중심의 체제를 구축할 필요가 있다. 현재 일선의 많은 파출소장이 현행 파출소의 근무형태에 대해 불만을 가지고 있는 이유도 경찰청의 방안이 일선에까지 수정없이 전달되고 있으며 그런 인식역시 문제 발생시 상부기관의 지시에 따른 경우에는 면책되고 자신의 판단에 따른 경우에는 책임을 추궁당할 것이라고 생각하는 사고방식이 만연되어 있음을 볼 때 일선 경찰서장,파출소장의 재량권을 명확하게 규정하여 보람과 책임감을 갖고 업무를 수행하도록 할 필요가 있다.

(2) 주민과의 긴밀한 협력체제 구축

주민들의 자율방범체제를 강화시켜 나아가기 위해서는 자율방범에 대한 범국민적 의식개혁운동이 추진되어야 할 것이며 자율방범체계와 경찰과의 긴밀한 협조체제구축을 위해서는 개인 및 가정 그리고 지역단위의 방범의식 고취와 방범역량을 증대시켜 나아가야 할 것이다. 즉 범죄수사나 범인체포는 주민자율방범체제에 의해서 상당한 역할 분담이 이루어질수 있어야 사회의 범죄대응역량은 제고되리라고 본다. 주민들의 적극적인 참여를 유도하기 위해 이들 행위에 대한 보상을 물질적,비물질적 차원에서 실시하는 것을 고려해야 할 것이며 나아가서는 신고에 관한 긍정적 인상을 국민들에게 심어줄 수 있도록 경찰 최고관리층 수준의 대국민 홍보노력이 있어야 한다. 이때에는 국민에게 신뢰

___

회,98.12

감을 줄수 있는 비영리단체나 인사들을 활용하는 방안을 고려해 볼 수 있다.[41]

(3) 파출소의 인프라 확충

외근경찰관이 활용하고 있는 장비중의 하나인 3.8구경권총은 안전장치가 되어있지 않아 오발의 가능성이 높고 무거워 허리의 통증을 호소하는 경찰관이 많아 실제 소내근무 혹은 112순찰근무중 경찰혁대를 풀러 책상위나 순찰차 뒷자석에 놓는 경향이 있는바 안전장치가 있으며 가슴에 권총혁대를 할수 있는 22권총으로 전환이나 리벌버식 가스총의 지급 등을 모색할 수 있다. 현재 경찰관중에는 총기사용으로 인한 정신적고통을 벗어나기 위해 리벌버식 가스총을 구입,소지하여 범인검거시 권총대신 가스총을 사용하려 하고 있으나 실명 등의 중상해 발생시 법적 사용근거에 대한 문제점이 발생하는바 경찰장구속에 리벌버식 가스총이 포함될수 있도록 법규보충을 요하며 수갑,3단봉 등의 장구는 경찰서에서 일률적으로 구입 지급하기 보다는 외근경찰관의 여론을 수렴하여 파출소에서 구입할 수 있도록 도급경비로 하달하는 것이 바람직하며 112순찰차등은 2000cc급이하로 상향조정하여야 하고 사용년한을 두기보다는 주행거리와 고장빈도를 통계로하여 교체토록 하는 것이 바람직하다.

파출소는 범인의 자수,취객,정신이상자,흉기소지자등 언제 어떠한 사람이 어떤 형태로 습격해 올지 모르기 때문에 예측하지 못한 사태에 대응할 수 있는 외근경찰관의 안전성 확보가 요구된다. 현재 외근경찰관의 안전확보를 위한 방식으로는 2인의 소내근무와 CCTV 등의 설치로 대처하고 있으나 향후 본서에의 긴급통보시스템,침입감시장치 등의 파출소 방호시스템과 112신고제도의 처리능력을 향상시키기위해 서울에서 도입운영되고 있는 차량용탑재조회기(MDT)[42]와 차량자동확인장치(AVL)[43],위치자동판독장치(ALI)[44]의 확대보급등을 계속 정비해 나갈 필요가 있다.

---

41) 치안연구소,총체적 품질관리와 경찰서비스 혁신에 관한연구,97.8
42) Mobile Data Terminal:112순찰차,교통순찰차,형사기동대 차량 등에 설치하여 이동중에 현장에서 사람, 차량,운전면허 등에 대한 신속한 조회를 가능케하고 출동현장약도와 같은 자료도 확인할 수 있도록 하는 장치이다.
43) Automatic Vehicle Location:MDT와 연계하여 112신고센터에 설치된 전자상황판에 112순찰차의 위치 및 이동경로등이 표시되어 상황발생시 신고자의 위치에서 가장 가까이 있는 112순찰차를 출동시키는등 보다 효과적인 지휘,통제를 가능케하는 장치.
44) Automatic Location Identification:현재 서울을 비롯한 6대도시 및 제주등 주요 도시 15개소에서 운용하고 있는 시스템으로서 신고자가 공중전화에서 신고를 할 경우 112신고센터 모니터에 공중전화의 위치

(4) 경찰인력의 효율적 재배치

상급관서의 불필요한 기능을 축소,조정하고 업무의 간소화,자동화,전산화를 통해 점차 상부기관의 내근인원을 일선으로 전환,배치하고 지방경찰청은 기획,총괄,지원업무에 국한하며 이에 종사하는 사람도 전문인력으로 소수정예화하여 대부분의 경찰력을 순찰과 수사에 집중배치하여야 한다.

일본 경시청의 경우 1992년 7월부터 신4부 2교대제를 채용하여 월160시간의 근무를 함에 반해 우리는 3교대의 경우 월240시간, 2교대의 경우 월 360시간, 전일제의 경우 월 420시간의 근무와 동원,특별근무 등이 있음을 비추어 볼 때 너무나 과중한 업무를 부담하고 있어 순찰함의 날인이외에는 적극적인 외근활동보다는 소극적이고 적당주의로 흐르는 분위기가 만연하다. 98년 6월 파출소233개소를 통합하고 99년도 4월부터 시범적으로 시행,6월부터 확대실시하려는 순찰반신설과 순찰차의 집중관리,그리고 파출소의 주재소화등은 근무여건의 개선과 범죄대응능력의 향상을 도모하기 위함으로 시행되는 사항으로 평가되고 있으나 파출소의 경우 당일당비의 근무실시로 근무부담이 가중되었고 순찰차근무자의 경우 2교대제 근무로 아직 근무여건의 개선이 필요하며 금번 경찰조직의 외부진단평가에 의한 부서통합과 내근근무자의 축소로 인력의 효율적인 분배와 일선외근경찰인력을 보강시킴은 바람직한 현상이라 볼수 있다.

(5) 외근경찰관 근무평가 방법의 개선

한 조사에 의하면 경찰관의 직업별 불만족 순위로 1위는 근로조건이며 보수,승진,상하관계등으로 나타나고 있다[45]. 허즈버그의 욕구충족이원론(two factor theory)에 의하면 종업원을 적극적으로 동기화시켜서 성과와 직무만족을 높이기 위해서는 직무에서 동기요인이 충족되어야 하고 이를 위해서는 직무가 성취감과 인정감,책임,자율성,성과의 기회 등을 제공하게끔 재구성되어야 한다는 것이다.[46] 여기서 가장 눈여겨 볼 사항은 승진으로 일선 경찰관의 가장 큰 욕구로 승진을 손꼽고 있다. 승진에는 시험승진 및 심

와 번호가 자동으로 표시되도록 컴퓨터 처리된 것으로 한국통신과 협조하여 범죄에 신속대응 체제를 갖추도록 한 것임.

45) 치안연구소,경찰공무원의 근로생활의 질에 관한연구(98-13),p66

46) 김규정,행정학원론(1998),p531

사,근속승진등이 있는데 명예를 가지고 싶고 승진하려는 욕구가 크다고 볼 때 이를 적극적으로 충족시켜 줄수 있는 유인방안의 모색이 필요하다. 특히 열심히 근무하는 자가 승진될수 있도록 근무평가의 방법이 개선되어야 하고 객관적으로 산출된 근무평가를 기준으로 승진 및 포상과 보직변경 등의 연계가 필요하다. 현재의 외근경찰관 근무평가는 1개월을 기준으로 검거건수에 의한 평가나 업무운영에 치우친 경향이 커 평가항목의 경우 검증자료를 검토하지 않을 경우 조작의 가능성이 크며 일부 외근경찰관은 보조자인 의경으로 하여금 자기의 실적을 채우는 경향이 있다. 근무평가를 1개월단위로 산정하여 포상 등을 지급하는 것보다는 1년을 기준으로 평가하고 평가항목 역시 관내의 지역주민 대표등으로 구성된 평가위원회의 조언과 동료 및 상사의 평가,그리고 자기평가를 제출하게 하는 등의 평가방법[47]을 동원하여 우수자에 대해서는 승진 및 능력급의 지급과 희망부서에 우선적으로 보직변경될수 있도록 유인책을 도모하지 않으면 안될 것이다. 범죄대응능력향상이 개개의 외근경찰관의 심리적요인과 밀접한 관계를 가진다고 볼 경우 개인의 목표를 조직의 목표와 연계시킬수 있는 목표에 의한 관리(MBO)와 근무평가방법의 개선이 요망된다.

(6) 외근경찰학의 교육

최근 사회정세의 변화와 국민의식의 다양화에 따라 경찰에게 요구되는 직무내용도 다양화되고 있으며 그 만큼 제일선에서 사건,사고를 처리하는데 있어서도 보다 고도의 전문지식과 정확한 판단이 요구되고 있다. 위의 사례 5,6,8번에서 알수 있듯이 외근경찰관의 법규 부지가 정확한 판단을 그릇치고 감정에 대응하여 언론에 잘못된행태로 방영되고 국민들에게 빈축을 사는 경향이 있다. 이에 개개의 법규부지에 대한 잘못을 탓하기 이전에 계속적인 교육실시 및 보수,전문화 교육을 실시하여야 한다. 일본의 경우 1994년 경찰대학교에 '지역전공과정'을 신설하였으며 도도부현 경찰에서도 신설된 파출소장을 대상으로한 '지역전과'를 년 2회 실시하여 관리지도의 능력의 향상을 꾀하고 있다.[48] 현재 종합학교에서 년2회 2주간 실시하는 방범간부과정은 일선 경감,경위급 방범계장, 방범지도계장,파출소장을 상대로하여 방범업무 전반에 대한 법령,전문지식습득과 범죄

---

47) 옥미동양,경찰학논집 제47권 9호(1994), p154
48) 森산태개,경찰학논집 제49권 8호(1996),p82

예방을 위한 시책 개발 및 우수사례연구등 관리능력향상을 도모하려 하고 있다.

일선 파출소장의 능력은 상당한 개인차가 있어서 반드시 모든 파출소장,방범계장이 종합적인 지도 감독능력이 뛰어나다고는 할 수 없다. 따라서 파출소장을 비롯한 모든 근무자에게 초동조치요령과 불심검문 및 검거활동을 위한 구체적 지도 및 관계법규 이외에 순찰요령,대주민 서비스요령 등에 관하여 교육시킬 필요가 있다. 지역실정에 맞는 체계적이고 전문적인 교육을 위해 교관을 발탁,선발하여 경찰청 및 경찰대학에서 소정의 교육을 이수시키고 이를 각각의 지방청에서 다시 외근경찰관을 상대로 교육을 실시하는 방법과 경찰종합학교 및 중앙경찰학교에서의 외근경찰관 집중교육을 생각해 볼수 있다. 현재 지방청 및 일선서 직장훈련시간을 이용하여 초동조치요령 등의 교육이 실시되고 있으나 보고만을 위한 교육이 아니라 사례를 분석하고,토론하고 역할연기로서 실습하는 등 교육생들이 동참하는 교육운영이 되도록 교재의 보강과 교관의 열의가 있어야 할 것이다. 특히 교육생들이 필요로하는 내용을 파악하고 감사담당관실에서 보관하고 있는 잘못된 사례를 인용 분석할 뿐만 아니라 팀별로 멧세지를 부여하여 결론을 도출해낼수 있도록 하는 참여적인 교육기법으로의 전환이 필요하다. 또한 법규 및 요령숙지여부를 파악하기 위한 측정으로서 시험이 요구되고 성적우수자에 대해서는 포상이 이루어지도록 하고 성적미달자에 대해서는 다시 교육을 이수토록 하는 방법이 요구된다.

5. 결론

한국의 치안상태는 80년대와 비교하여 '달라진 것이 없다'와 '더 나빠졌다'라고 응답하는 비율이 남자의 경우 59.7% 여자의 경우는 66.9%가 응답해 아직도 치안에 대한 불신과 불안이 팽배해 있다고 보아도 과언이 아니다.[49] 이에 대한 원인으로서 여러 가지가 있지만 그중 살펴볼수 있는 것은 범죄의 증가와 하이테크 범죄등 신종범죄출현에 대해 경찰관의 범죄대응능력이 전에비해 나아진 것이 없다라고 볼수 있다. 이와 연관하여 문제된 사례를 살펴보고 이에 대한 문제점을 교육,잘못된관행,구조,주민들의 비협조등 여러측면에서 살펴보았고 이에 대한 개선방안을 살펴보았다.

전경찰관의 44%를 차지[50]하는 외근경찰관의 범죄대응능력의 향상을 개개인의 피나

---

49) 치안연구소,주요국가간 경찰의 임무 및 치안상태의 비교연구(97-20),p179

는 노력에만 호소할 수 없음을 살펴볼 때 전문적이고 체계적인 교육과 근무여건의 개선, 그리고 개인의 목표를 조직의 목표에 일치시킬수 있도록 하기 위한 유인방안의 모색과 주민들의 적극적인 참여와 관심이 일반화될수 있도록 하기 위한 적극적인 홍보등이 필요하다.

또한 문제가 여론화되자 이를 해결하기 위한 즉각적이고 임시 방편적인 교육진행이 되지않도록 장기적인 기획수립과 최고관리층의 관심이 요구된다.

제3절 수사 경찰기획

✔사례 : 조사 업무 개선 방안

1. 서언

오늘날 우리사회는 급격한 변화의 소용돌이 속에서 밖으로는 세계화, 개방화가 급진전 되고 안으로는 국민의 정부를 맞이하여 민주화와 지방자치의 새로운 시대를 맞이하고 있다.

따라서 21세기를 맞이하는 경찰의 치안업무 중에서도 우리 조사경찰은 조사써비스의 중점을 민원인의 권리를 존중하고 참여를 이끌어 내며 보다 전문가적 입장에서 접근하고 해결하며 철저히 책임지는 조사경찰이 되어 조사써비스가 공급자 중심에서 수요자 중심으로 바뀌어야 할 절실한 시점에 와 있다.

그러나 최근에 와서 형사민원사건의 급증 등으로 인하여 조사업무를 기피함으로써 여러 가지 부작용과 문제점이 대두되는바, 조사경찰의 자질향상과 경찰 수사권 독립 등 수

---

50) 경찰청,경찰백서(1998),p27

사 경찰의 미래를 생각하는 마음에 평소 일선에서 조사업무에 임하면서 생각한 조사경찰의 제도개선 및 업무 감경화 방안을 피력 하고자 한다.

2. 조사업무 운영 현황

(1) 조사간부제 실시

95. 8.부터 전국 6대 도시 조사요원을 간부화 하면서 검사직제와 같이 제도 면에서는 사법경찰관 1명에 사법경찰리 1-2명으로 1개반을 편성 운용하고 있으나 실무면에 있어서는 사법경찰관과 사법경찰리가 똑같은한 사람의 조사요원에 불과하고

조사업무의 실제에 있어서 사법경찰관이 사법경찰리를 사실상 지휘 감독하지 못하고 각자 배당사건을 처리하면서 사법경찰관이 사법경찰리 작성의 피의자 신문조서 입회인이 되는등 불합리한 점이 있어 본래의 취지를 충분히 살리지 못하고 있고

특히 형사민원 사건의 급증으로 인하여 간부들조차 타부서 계장직책에 비하여 실무자에 불과하다는 상대적 박탈감을 느끼며 조사업무를 기피하자 하는수 없이 3년 기한부 근무후에 타부서 희망자에 한하여 보직변경 할 수 있도록 의무화하였고, 부산지방경찰청의 경우 3년 기한부 근무기간이 만료한 조사간부 1기생 9명의 98. 8. 10. 발령시 9명 전원이 타부서 희망하여 한사람의 잔류자가 없을 정도로 조사업무를 기피하는 심각한 실정임.

(2) 업무폭주

○ 부산지방경찰청

년도별	평균	중부	동래	영도	동부	부산진	서부	남부	해운대	북부	금정	사하	연산	강서
'97년	32,480	1,046	5,241	2,085	1,373	3,609	1,516	3,211	3,211	3,872	2,174	2,525	2,036	581
'98년	93,886	3,485	8,975	3,886	4,116	9,753	3,672	15,121	9,551	11,137	6,773	8,697	6,594	2,126
대비 (%)	+61,406 (189.1)	+2,439 (233.2)	+3,734 (71.2)	+1,801 (86.4)	+2,743 (199.8)	+6,144 (170.2)	+2,156 (142.2)	+11,910 (370.9)	+6,340 (197.4)	+7,265 (187.6)	+4,599 (211.5)	+6,172 (244.4)	+4,558 (238.9)	+1,545 (265.9)

98. 1. 1 ~ 9. 30 간 형사민원사건접수 현황을 보면

　　부산지방경찰청 전체의 경우 전년대비 189.1%가 늘어났고

　　동래경찰서의 경우　전년대비　71.2%　늘어나는 등

○ 동래경찰서

년도별	총접수	처리	미결	1인당미결 보유건수	실조사요원 (조사계)
'97.1.1~9.30	5,241	3,658	1,583	65건	24명
'98.1.1~9.30	8,975	6,993	1,982	83건	24명
대비(%)	+3,734 (71.2%)	+3,335 (91.2%)	+399 (25.2%)	+18 (27.7%)	0

　　IMF 등의 특수한 요인이 있겠지만 형사민원 사건이 폭발적으로 증가하고　이로 인하여 여러가지 부작용이 발생하고 있는바 이를 살펴보면.

1) 실체진실 규명 미흡

　　부산지방경찰청의 경우 98. 9. 30. 현재 13개 경찰서중 조사요원 1인 평균 적게는 64건에서 많게는 120건 평균 86건을 보유함으로써 2000년　기획단에서 산출한 1인 적정 처리건수 8건을 10배정도 초과하고 이로 인하여 실체적 진실의 발견보다는 이송, 송치, 기소중지 등 건수 줄이기에만 매달리다보니 양질의 조사써비스는 기대할수 없고, 법리오해와 검찰로 부터도 수사미진 등의 지적사례가 많고 검찰등 외부조직으로　부터 자질을 의심받는 요인이 됨.

2) 조사업무 기피

약10년 전만해도 경찰하면 수사경찰을 떠올릴 정도로 경찰에서 수사업무가 차지하는 비중이 컸고 특히 조사경찰의 경우 선호의 대상이었으며 전문분야로서 조사 능력을 인정받는 사람이 선발되었으나 업무폭주와 인권의 강화로 인한 수사력 약화, 민원인의 진정, 투서, 항의 등의 시달림으로 인하여 모두가 기피하는 부서가 되어 조사업무에 자부심 이나 긍지를 가지지 못하고 우리경찰서의 경우 정년이 임박한 몇 사람을 제외하고는 80%이상이 기회만 되면 타부서 보직 변경을 희망하고 있음.

3) 불친절 불공정 수사

이로 인한 당연한 결론이지만 밀리는 사건으로 인하여 민원인에 대하여 충분한 설명과 이해를 구할 시간과 마음의 여유가 없고 심지어는 사무실에 전화벨이 울려도 전화를 받는 사람이 시간을 빼앗겨 손해를 본다며 서로 전화를 받지 않을려는 인식이 팽배해 있고 사안에 대한 실체적 진실의 발견보다는 이송내지 합의를 유도하여 적당히 사건을 종결하는등 건수 줄이기에만 급급하여 공정한 수사를 기대할 수 없는 실정임.

(3) 승진에서의 불리 및 사기저하

○ 연초부터 계속되는 일과시간외 연장근무로 인하여 퇴근이 늦어지고 승진,취미생활 등 자기발전을 위한 시간을 가질수 없고,

○ 형사계, 파출소 교통계등과는 달리 내근근무로 책정되어 있어 여타부서에 비하여 수당이 현저히 적고 표창을 받을 기회 또한 거의 없으며

○ 민원인들이 사건의 수사진행을 자기에게 유리한 방향으로 끌어가기 위해 사실무근인 진정, 투서, 심지어는 고소 등을 하는 경우에도 불필요한 감찰조사 및 피고소인으로서 시달리고 이로 인하여 중간통지 나 기간 연장을 제때 이행하지 못한 사소한 절차 위반 등으로도 징계처분을 받아 신분상 불이익과 이로인해 사기가 저하되고,

(4) 잡무동원

주1회 당직근무외 후반 파출소 감독순시, 주2회(화,금) 방범 형사 소관 일제단속,

각종 경비동원, 자동차운전학원 감독, 설·추석·연말연시 특별방범비상근무 및 금융기관 감독순시 등으로 일상생활에 바쁜 민원인을 어렵게 출석시켰다가 돌려보내는 경우가 허다하고 다시 출석일을 맞추기 위해 며칠을 허비하는등 잡무동원으로 민원유발 및 업무처리 지장 초래

(5) 근무환경 열악

한 사무실에 조사요원이 30여명이고 민원인 포함 많을시는 7~80여명이 북적대므로 인하여 통로가 없음은 물론이고 민원인의 자기변명과 억울함 호소, 고성등으로 옆사람과의 대화가 곤란한 정도이고 좁은공간에 여러 개의 캐비넷, 집기 등을 들여놓다 보니
① 조사분위기가 산만하고 안정감이 없으며,
② 바로옆 조사자 및 피조사자 등과 인접하여 비밀 및 프라이버시가 침해되고,
③ 민원인이 조사관에 대한 신뢰감을 전혀 느낄수가 없는 실정임.

3. 개선방안

(1) 조사간부 의무근무 기간연장 내지 폐지

일본의 경우 지휘관이 되기 위해서는 반드시 수사경찰을 거치도록 할만큼 수사업무를 중요시하고 장기적으로는 경찰수사권을 독립하고 사법고시를 거쳐 평생을 수사업무로 일관하는 법률전문가인 검사와 대등한 위치를 점하기 위하여는 장기간의 조사 업무를 통하여 전문지식과 조사기술을 익히는 외에 다양한 사건 경험을 통해 노하우를 쌓는 것이 중요하므로 조사간부의 의무근무기간을 7내지 10년으로 연장내지는 폐지하든지 아니면 아예 총경까지는 수사부서에서 승진할 수 있도록 수사요원(조사.형사)에 대한 일정한 승진비율을 배당하는 등 제도적 유인책이 필요함.

(2) 업무감소 추진

1) 인원확충

현재 근무중인 조사요원도 기회만 되면 타부서를 희망하고 정년퇴직, 승진등으로 인한 결원을 충원할려고 하여도 희망자가 없는 가장 큰 이유중의 하나가 형사 민원 사건의 급증으로 격무에 시달리는 것이고 이로 인하여 법리오해, 수사미진, 수사지연, 불친절 민원유발등 여러 가지 폐단과 문제점이 발생하는바, 이를 해결하여 업무의 부담을 줄이고 형사 민원인에게 양질의 써비스를 제공하기 위한 근본적인 해결책 중의 하나가 인원을 확충하여 조사요원 1인당 사건 보유건수를 적정하게 줄여 주는데 있음.

※ 2,000년 기획단 적정처리건수 산출기준
- 2,000년대 경찰행정 연구 방안 (1992. 4. 한국개발연구원)
- 적정처리건수 8건
  - 조사요원 1인 1건당 소요시간 25시간
- 피해자조사 4-5시간 (평균 1.5인 X 5시간)
- 피의자조사 4-5시간 (평균 1.5인 X 5시간)
- 참고인조사 9.0시간 (평균 3.0인 X 5시간)
- 기타 중지조사 및 송치서류 작성 7.0시간

※ 소요판단 기준
- 연근무 2,400시간(1일8시간 X 월25일 X 12월 ÷ 건당소유 25시간
  = 연96건, 월8건)

위의 기준에 의할 경우 부산경찰청 산하에는 13개 경찰서 실조사 요원 1,011명이 필요하여 현재 인원 270명보다 무려 3.7배의 증원이 필요하여 현실적으로 불가하나

① 각 경찰서별 사안감안 최소한 1인 30건 내외의 사건 처리로 사안의 실체적 진실 규명과
② 수사간부의 실질적인 수사지휘 특히 조사간부의 업무량 감경으로 사건에 대한 법리연구, 배속직원 사건 기록검토 실적적인 수사지휘가 되도록 하고 타부서로 보직

변경하고 싶은 유혹을 배제시킬 필요가 있음.

2) 일부특별법 비범죄화 입법추진

일부 특별법중 일반사회 질서를 침해하는 점이 없고 일상생활에서 사소한 부주의로 인하여 흔히 발생할 수 있는 사안을 과감하게 과태료 내지 즉심회부 할수 있도록 입법추진 하므로써 많은 인력 낭비를 줄이고 업무부담을 줄일수 있다

- ○ 도로법 제54조 ① 축중초과(10톤초과 최고40톤)

　　　　　　　　② 측정불응 제54조

- ○ 자동차손해배상보장법 제5조의2 ③ 책임보험미가입
- ○ 병역법 69조 거주지 이동신고 불이행
- ○ 식품위생법 21조 ① 시설기준 위반

　　　　　25조 ③ 영업승계 불이행

　　　　　31조 준수사항위반

- ○ 옥외광고물등관리법 제4조 금지지역 부착
- ○ 자동차관리법 제13조 ① 폐차말소신청 미필

　　　　　제43조 ① 자동차검사 미필

- ○ 향토예비군설치법 제3조의2 ③ 편성기피, 주소이동 미신고등

위에 열거한 일부특별법 위반사항은 과태료로 전환 내지 즉심회부 입법 추진함으로써 얻을수 있는 이점으로는

1) 사건감소

동래경찰서의 경우 98. 1. 1 ~ 9. 30 현재 전체 고발건수4,449건중 위의 특별법이 1,207건으로 약30%를 차지하는바 이를 과태료 내지 즉심 회부로 전환할 경우 조사요원 한사람이 9월말 현재 평균 처리한 건수가 360건임을 감안할 때 이는 3명의 인원을 줄이는 것과 같은 효과가 있어 업무의 부담을 줄이고 그만큼 타 사건의 진실규명에 많은 시간을 할애 할 수 있는 잇점이 있고,

2) 국민 편익 증진

○ 위의 범죄들이 대부분 생계형 범죄임으로 우선 피고발인들의 수사관서 출석부담이 없어 생활에 충실할 수 있고

○ 사소한 생활범죄로 인하여 전과자를 양산하는 폐단을 줄일수 있는 것이다.

(3) 근무환경 개선

○ 현재는 10개반 30명 내외가 한 사무실을 사용함으로 인하여 혼잡과 소음으로 분위기가 너무 산만하여 조사에 있어서 절대적인 안정된 분위기 속에서 예리한 질문과 순간도 놓치지 않는 판단력, 주의력, 집중력 등에 필요한 사무실 분위기가 조성되지 않고있어 근무환경을 개선하기 위해서

○ 장기적으로는 경찰서 건물 신축시 수사권 독립에 대비하여 검사와 같이 호실 위주로 사무실 구조를 개편함이 바람직하고

○ 단기적으로는 2-3개 반을 묶어 한 사무실을 사용하는 최소한의 분리된 공간을 확보하는 것이 필요함.

4. 조사요원 능력향상

(1) 조사요원 특채

오늘날은 각종 사회구조가 세분화, 전문화되고 이로 인하여 범죄도 이에 대응하므로 대형 금융사고 건축, 환경 사범의 수사는 검사만이 할 수 있는 것처럼 인식하고 있으나 경찰도 사회 이목을 집중시키는 사건들의 수사를 일상화 할 수 있도록 하기 위하여 회계, 세무, 약학, 건축, 의료, 화공, 전산등 다양한 방면에 전공분야별로 조사요원으로 특채함이 바람직함.

특히 최근에는 의료사고에 대한 고소,진정 등이 빈번하게 접수되나 의료 분야에 대한 지식이 전무하여 대부분 의료협회에 의존하고 있으나 협회로부터 공정한 결과를 기대할 수 없고 전부 무혐의 처리하는 실정임.

(2) 조사 · 형사 순환근무

조사요원은 출석에만 의존하고 지나친 절차중시 등 수사가 극히 소극적인 반면 형사는 절차면을 소홀히 하여 적정절차 위반 또는 위법수집증거 등으로 무죄판결을 받는 등 부작용이 있는바 이러한 결함을 상호 절충, 보완 하기 위해 수사과 조사요원과 형사과 형사요원을 1년 단위 순환근무하는 제도가 바람직 할 것임.

(3) 반별 조사 업무 특성화

검찰의 경우 검사별로 건축, 위생, 환경 등 전담검사를 지정 사건 처리 하므로써 업무에 혼선이 없고 맡은 업무에 대하여 깊이 있는 연구를 할 수 있으므로 경찰조사도 특별법을 몇개군으로 나누어 반별로 전담시키며 분야별 전문화 시키고 사건취급중 특이한 점등은 연구, 의논, 토의 발표 하므로써 본인의 자질향상은 물론 전조사 요원의 수준은 한단계 높일수 있는 계기가 되리가고 본다.

5. 맺는말

조사계의 형사민원업무는 형사계, 소년계 등의 인지사건과는 달리 고소, 진정 등이 민원인의 접수에 의해 사건의 증감이 좌우되므로 사건접수가 급증할 경우 제한된 인원으로서는 사건처리에 한계가 있으므로 과감하게 정원을 늘리는 등 탄력적인 인력운영이 필요하고

특히 근래에는 연금고갈이 예상된다는 보도와 연령정년 단축으로 정년 및 명예퇴직 등 한꺼번에 많은 인원이 빠져나가 조사계는 인원 보충에 더 큰 어려움을 겪어 조사업무가 후퇴하고 있어 안타까운 마음에 시간관계나 여러 가지 원인으로 좀더 면밀한 진단과 심층분석으로 충분한 대책을 제시하지 못한점이 있지만 21C를 향한 바람직한 경찰상의 일면을 맡고 있는 조사업무의 발전을 위해 위에 살펴본바를 일시적이 아니라 부분적 단계적으로 실시한다면 커다란 재정적 부담을 주지 않고 조사업무의 발전과 사기진작으로

수요자 중심의 효율적인 업무수행을 할수 있을 것이다.

✔사례 : 수사경찰의 자질향상 및 사기앙양 방안

1. 서언

수사경찰은 경찰의 여러 가지 기능 중에서도『민생경찰의 버팀목』,『범죄행위의 완벽하고 신속한 최종처리자』로서의 역할을 수행하게 되므로 다른 어느 기능보다도 그 중요성과 절실성이 강조되고 있으며, 그 활동들에 대한 국민들의 기대와 관심 또한 지대하다.

수사요원의 자질향상은 본질적으로 우수한 수사요원이 수사부서와 경찰직업을 선호하고 정착하여, 주어진 직무에 충실할 수 있는 기본적 여건이 갖추어지는 것이 논의의 첫째 조건이 된다.

그러나 최근 3D현상의 만연은 경찰조직에도 그 여파를 미쳐 수사부서 근무를 기피하고 있는 분위기가 확산됨으로써, 기본적인 수사형사 근성마저 퇴조하는 양상을 보이고 있어 직,간접적으로 수사역량을 잠식하는 저해요소가 되고 있다.

또한 최근의 범죄가 날로 기동화, 광역화, 과학화, 조직화, 국제화, 지능화 되고 있는 추세에 반하여, 우리경찰의 수사여건은 형소법 개정에도 나타나듯이 국민의 기본적인 인권보호측면의 강화에 따라 점점 어려운 상황이 되고 있어 경찰의 수사제도도 이러한 사회환경 변화에 부응하여 동기부여화, 전문화, 과학화되어야 한다는 것이 대명제화 되고 있다.

이러한 치안환경에 적극적으로 대처하기 위해 수사능력의 배양, 수사경찰의 의식개혁 및 사기진작을 도모하고 궁극적으로는 국민에게 진정으로 변화된 수사경찰의 모습을 보여주어 국민에게 신뢰받은 수사경찰상을 구현하기 위하여 수사경찰의 자질 및 사기앙양

방안을 모색해보고자 한다.

2. 근무실태

(1) 형사근무실태

교육생이 근무하고 있는 부산남부경찰서는 형사반 6개, 강력반 3개 총9개반으로 편성, 1개반이 형사반장을 포함 7~9명으로 구성되어 있으며 당직은 형사6개반이 6일 간격으로 근무하고 있고,

기동순찰(심야근무) 근무도 6일 간격으로 근무(23:00~05:00)하며, 담당관할지역에서 발생하는 변사, 화재, 도난등 각종 제 사건을 처리하고 있으며, 강력3개반에서는 지역에서 발생하는 강력사건을 전담 처리하고 있은 실정이고,

○ 98년도 부산남부서 9대범죄 발생 및 검거 실적

구 분	발 생	검 거	인 원	구 속	불구속	비 고
총범죄	12,320	12,615	15,372	1,104	14,268	
소 계	2,938	2,416	4,013	679	3,334	
살 인	7	7	8	5	3	
강 도	64	63	122	98	24	
강 간	53	53	47	21	26	
절 도	983	468	595	205	390	
폭 력	1,676	1,604	2,846	182	2,664	
약 취	2	3	9	9	0	
마 약	92	157	153	143	10	
도 박	49	49	222	11	211	
방 화	12	12	11	5	6	

위 도표에서 보는 바와 같이 9대범죄 발생이 12,320건, 검거인원이 15,372명으로 1

인당 평균 년150건에 183명을 처리함으로 업무가 과중함과 동시에 토요일, 일요일, 공휴일도 적정한 휴식을 취하지 못하는 실정이고,

아래 도표에서 보는바와 같이 99년도 각종 단속기간 설정 및 실적평가를 실시함으로 과잉수사등으로 물의가 야기되고, 일상생활의 불규칙, 격무에 따른 피로누적으로 수사력이 저하되고 있는 실정이다.

○ **특별검거기간 설정 및 실적평가 내용 (99.10월 현재)**

기 간	내 용	기 간	내 용
연 중	관서평가	99. 7. 9. ~ 12. 31.	하절기 치기배단속계획
99. 2. 1. ~ 2. 18.	설날전후 형사활동강화	99. 8. 1. ~ 12. 31.	기소중지자 검거계획
99. 3. 1. ~ 4. 20.	신학기 학폭단속계획	99. 9. 1. ~ 10. 31.	강·절도범 일제단속계획
99. 4. 8. ~ 4. 17.	치기배 일제소탕계획	99. 9. 1. ~ 9. 30.	관광객상대 호객갈취단속
99. 5. 1. ~ 5. 31.	기소중지자 일제검거계획	99. 9. 6. ~ 9. 26.	추석절전후 형사활동강화
99. 5. 10. ~ 7. 31.	상반기 조폭특별검거계획	99. 10. 1. ~ 10. 31.	학폭 특별단속계획
99. 5. 25. ~ 7. 24.	양귀비·대마 일제단속계획	99. 10. 5. ~ 12. 31.	하반기 조폭특별검거계획
99. 7. 1. ~ 8. 31.	하절기 형사활동강화계획	99. 10. 15. ~ 11. 14.	마약류사범 특별검거계획

※특별검거기간 일정만 774일임

(2) 수사요원 근무실태

우리 부산 남부경찰서는 조사관이 간부 30%, 비간부70%로 구성되어 있으며, 개인당 1개월 사건처리 적정건수는 25~30건 정도이나 우리서 에서는 개인간 약간의 차이는 있으나 평균 보유건수가 40여건으로 처리능력의 한계를 넘어 책임회피식 사건처리를 하고 있고, 민원이 제기되는 경우 내용여하를 불문하고 물의 야기등으로 징계조치 되고 있으며,

간부급 조사요원의 경우에는 친절도, 공정성, 적법절차의 이행도 면에서 좋은 평가를 받고 있으며, 검찰관계에 있어서도 소신있는 조사로 조사능력을 인정받고 있으나 자기사건조사, 부하직원의 수사서류 검토 및 결재, 순시, 각종 경비동원등의 업무폭주로 인해 보직 및 업무에 대한 불만이 팽배해 있는 실정이다.

3. 활동비 지급 및 컴퓨터보급 실태

형사활동비는 1인당 24만원으로 장거리출장, 잠복수사등으로 유류비, 매식비, 주차비 등 경비가 많이 소요되므로 수사활동을 함에 있어 절대 부족한 실정이고,

컴퓨터 보급은 수사형사 90명중 28대가 보급되어 업무수행상 당연히 필요한 컴퓨터가 비품으로 공식 지급되지 못한 관계로 사비로 구입하는 등 컴퓨터가 절대 부족한 실정임. (수사과는 56명중 43대가 지급됨)

4. 수사요원의 전문화 분석

○ 부산남부경찰서(99.10. 30일 현재)

과별	구분	총원 (737)	인 원		학 력		경 찰 경 력				현부서 근무년수			교육이수	
			간부	비간부	대졸	고졸	3년 미만	5년 미만	10년 미만	10년 이상	3년 미만	5년 미만	10년 미만	간부	비간부
형사과	인원	90	12	78	21	69	5	3	45	37	69	15	6	5	36
	비율	12.21	13.33	86.67	23.33	76.67	5.56	3.33	50	41.11	76.66	16.67	6.67	41.7	46.1
수사과	인원	56	17	39	25	31	7	1	15	33	53	3		14	12
	비율	6.78	30.36	69.64	44.64	55.36	12.5	1.79	26.79	58.92	94.64	5.36		82.4	30.8

※형사과는 전체인원 중 12%이고 경찰경력은 5~10년이 50%로 가장 많고 형사경력은 3년미만이 76%로 주를 이루고 있음

※수사과는 전체인원 중 6.7%이고, 10년이상이 58%이고, 조사경력은 3년미만이 94%로 주를 이루고 있음

5. 자질향상방안

(1) 우수인력의 적극적 모집

가. 수사전문 인력의 수급과 적정관리를 위한 합리적인 인력계획을 수립하여 우수한 인력을 적시성있게 공급해야 한다.

나. 모집방법을 현재의 폐쇄체제에서 적정한 비율에 의한 개방체제로 전환하여 수사분야의 개열별 모집을 통한 적극적인 모집이 이루어 져야한다.

다. 개열별 모집에는 컴퓨터전공, 세무전공, 통신전문, 건축전문등의 모집이 바람직하다.

라. 신체검사 기준의 타당성이 검토되어야하고 강인성 및 기민성측정이 이루어져야한다.

마. 지원자에 대한 인성시험을 실시해야하고, 면접기법의 개발 및 시험관의 훈련등이 이루어져야 한다.

(2) 교육 훈련 체제의 강화

가. 교육프로그램에 대한 진단평가를 실시하여 직무와 연관성을 가지면서 각 과정별 단계성이 유지되도록 프로그램을 정비해야하며 현장실습, 분임토의, 모의연습, 역할연기 등의 비중을 높여야 한다.

나. 국내외의 위탁교육의 범위를 확대하고 이에 대한 재정적 지원을 도모해야 한다.

다. 교관요원의 자격기준을 보다 강화해야 하며 이들에게는 연구비지원, 인사상우대, 연구교관제 등의 도입을 시도하고 우수한 퇴직간부의 활용방안도 검토해야 한다.

라. 수사요원에 대하여 체계적이고 종합적인 교육훈련을 실시할 수 있도록 형사연수원을 설치 해야하며, 이에 대한 투자를 확대하여 교육의 실질적 효과를 달성해야 한다.

(3) 단기인사이동억제

수사요원은 관내파악과 업무숙달에 있어 상당한 기간이 있어야 가능하며 고도의 전문성을 요하는 부서인 바 민원부서 장기 근무자라는 이유로 잦은 교체를 하게되면 전문성이 부족하여 최선을 다하여 업무를 수행했음에도 조사기술의 미숙, 전문지식이나 경험부족 등으로 정확성이 결여되는 등 업무처리가 명쾌하지 못하여 사건당사자로부터 오해를 불러일으키는 경우가 많음으로 부적격자가 아니면 교체를 지양하는 것이 바람직하다고 본다.

(4) 조사간부의 조사 전종화

조사간부제도는 청렴도, 친절도, 공정성 면에서 높은 평가를 받고 있고 적법한 절차의 이행으로 인권보장을 실현하고 있으며 소신있는 사건처리등으로 조직 내외적으로 긍정적 평가가 나오고 있어 지속시켜야할 제도이므로,

조사간부 1명에 비간부 수사요원 2명 체제로 하여 경미한 사안부터 조사간부를 해방시키고 부하직원 수사서류검토 및 감독자로서의 기능을 강화하고 개인업무량을 감경시켜 사명감을 가지고 일할 수 있도록 배려되어야 한다.

(5) 수사경과의 설치

수사, 형사, 교통사고조사를 묶어 수사경과를 설치하여 수사경과 내에서만 인사이동을 하고 타 부서로의 전출을 지양 수사경찰의 전문성을 더 높이고 수사력을 더욱 향상시켜야 한다.

또한 모집시부터 수사경과로 모집해야하며, 경찰 내에서도 수사 부서에 근무하는 것을 긍지로 여기고 가장 우수한 인재가 지원하고 국민들은 수사경찰을 경찰의 꽃으로 인식하도록 해야한다.

수사경과를 설치하여 전문화하지 않으면 현 체제하에서는 타부서 근무자에 비하여 상대적으로 불이익을 당한다고 생각하여 열심히 근무하지 않고 다른 부서로 전출할 것을 항상 염두에 두고 조사기술등 수사능력을 향상시키기 위한 노력을 게을리 하게 된다. 수사경과로 고정되면 개인발전을 위해서도 열심히 노력할 것이다.

(6) 과다한 실적경쟁지양

실적경쟁이 없이는 조직이 움직이지 않고 인간은 『X이론』에 전제한 바와 같이 능동적으로 일을 찾아서 하지 않는 경향이 있으나 치안수요 관내여건이 각지방청, 각경찰서간에 상이함에도 실적경쟁으로 지휘관이 문책인사 내지 질책을 당하지 않기 위해 부하직원에게 실적거양을 강조 지시한 결과 무리한 근무가 되고 있으므로 과다한 실적경쟁은 지양되어야한다.

6. 사기앙양방안

(1) 근무여건개선

가. 적절한 휴식보장

수사경찰의 가장 큰 애로사항은 일상생활이 불규칙하고 격무에 시달리는 것인데 근무여건이 필히 개선되어야 한다. 장시간, 장기간 긴장하여 철저히 근무한다는 것은 체력, 정신력의 한계상 대단히 어려운 일이기에 적당주의 근무형태로 흘러 형식적이고 부실한 근무가 되므로 적정한 근무 뒤에는 적정한 휴식이 보장되어야 적극적이고 능동적인 근무를 할 수 있는 바, 정당한 휴식을 어느 정도까지는 제도적 명시적으로 보장해 주어야 한다.

나. 수사인력의 대폭적 증원

수사조사요원의 경우 사건이 30건 이상이면 처리하는데 상당한 부담이 되고 40건 이상이면 근무의욕이 극도로 저하되고 한계를 느끼게되고, 수사형사도 당직, 기동순찰, 강력사건, 변사, 화재등 항상 긴장상태에서 근무하고 있는 실정으로, 사건건수를 인위적으로 줄일수도 없고 경제 위기에 따른 대량 실업자 발생, 경제침체등으로 고소 고발이 격증하는 것이 분명함을 감안할 때 인원보강이 절대적인 선행조치로 생각된다.

(2) 충분한 활동비지급

형사활동비는 1인당 24만원, 뺑소니반은 21만원으로 책정되어 있는바 형사들은 기본적으로 차량을 이용하여 근무하고 외근, 잠복, 출장근무등으로 많은 비용이 소요되고 있으며, 교통과 뺑소니반에도 피해자, 목격자등의 진술을 토대로 출장조사등이 대부분이므로 활동비로는 부족한 실정으로 대폭적인 활동비 인상이 요망된다.

또한 언제, 어느 지역에서나 사용할 수 있는 형사개인별카드 지급도 추진되어야 한다.

(3) 근무에 상응한 혜택부여

가. 승진기회 부여확대

형사반, 조사계, 교통사고조사반 사무실은 업무 속성상 또한 근무형태도 2인1조, 8인1조 등으로 근무하고 있어 자기발전을 위해 공부할 시간이 거의 없고 연일 계속 강조되는 실적경쟁과 개인당 처리능력의 한계를 넘어선 사건보유로 정시 퇴근할 수도 없고 업무누적으로 피로가 가중되어 귀가하여서도 공부할 수 없어 승진시험준비는 엄두도 낼 수 없는 현실이며

심사승진에 있어서도 다른 부서에 비해 인사고가를 관리하지 못해 상대적으로 불이익을 당하고 있으므로 심사승진시 근무자수에 비례하여 타부서보다 많은 인원을 별도로 배정하여 수사부서에서 열심히 근무한 사람에게 승진기회를 확대해야 한다.

동기부여 대책으로 기소중지자검거, 절도, 강도범검거시 등 각종피의자 검거시 포상금 확대 및 금액인상을 하고, 예컨대 살인 30점, 절도 5점, 기소중지자 1점등의 점수를 적절히 부여하여 총점수가 50점이되면 특진시키는 등의 범인검거실적에 따른 메리트가 부여되어야 한다.

(4) 직무수행중 과실에 대한 관용조치

자체사고 요인이 적은 정보과, 보안과등은 직원들이 선호하고 조사를 수반하는 수사부서를 기피하는 이유중의 하나가 직무수행과정에서 사소한 실수를 하거나 또한 정당한 사건을 처리하였는데도 민원이 제기되면 징계를 당하는 경우가 많은데 소위 『접시론』처

럼 접시를 열심히 닦다가 깨뜨리자, 즉 열심히 직무를 수행하는 과정에서 벌어진 사소한 실수등은 관용조치를 베풀어야 아예 접시를 닦지 않은 행위 즉 복지부동을 방지할 수 있게된다.

7. 결

경찰의 숙원사업인 수사권독립은 조만간 실현되어야 할 과제이다. 현실적으로 이루어지는 수사활동을 보거나 선진국의 추세를 보더라도 단순폭력, 절도, 교통사고등 단순범죄에 대해서는 경찰에 수사권을 부여하고

고도의 정치, 경제범죄, 공무원범죄등은 현행대로 검찰이 수사권을 갖는 경찰 독자수사권확보가 실현되어야 하고, 동시에 수사부서에 우수한 인재가 모여 객관성, 공정성, 친절성, 신속성 면에서 수사를 한 차원 높게 발전시켜 국민의 신뢰를 확보하고 국민 인권보장에 만전을 기하여야 한다.

승진에서 타부서에 근무하고 있는 동기보다 뒤떨어지고 열악한 근무여건등 상대적으로 개인 발전이 저해된다고 생각되는 현실에서는 지원자가 없는 것이 당연하다. 수사권독립의 실현을 앞두고 있는 상황에서 수사부서가 기피 부서로 전락한 것은 심각한 문제가 아닐 수 없다.

수사경찰의 자질향상 및 사기앙양을 위해서는 경찰청장이하 지휘관의 특단의 관심이 요구되고 수사부서에서 긍지를 가지고 근무할 수 있도록 동기부여를 하고 유인할 수 있는 법적, 제도적 장치가 확실히 마련되어야하고, 또한 조직내부와 대국민 홍보로 공감대 형성을 적극추진 해야할 것이다.

수사경찰의 자질향상 및 사기앙양이 있다면 수사능력, 수사능률도 향상되어 객관적이고 공정한 수사, 엄정한 수사로 법집행 권위가 확립되고 국민의 신뢰를 얻게될 것이다.

제4절 **교육 경찰기획**

✔**사례 : 신임순경교육 개혁방안 -중앙경찰학교 교육체계 개편을 중심으로-**

1. 머리말

경찰의 교육기관은 역사적으로 많은 변화과정을 겪으면서 현재의 3대 교육기관 -경찰대학, 경찰종합학교, 중앙경찰학교- 체제로 자리 잡았다. 이들 경찰교육기관은 나름대로의 특성화된 목적과 그에 맞는 실질적인 교육을 담당하고 있기 때문에 금년도에 있었던 전국 공무원 교육기관 통폐합때도 그대로 존속되었다.

이중 1987년 개교한 중앙경찰하교는 신임 순경과 전·의경 교육을 전담하고 있는데 신임순경 교육인원만도 연간 3천여명씩을 배출하고 있고, 전·의경은 연간 2만 5천~3만명 정도를 교육하고 있다.

그러나 개교후 10여년이 지난 지금 중앙경찰학교의 신임 순경 교육이 당초 학교 설립 목적대로 잘 이루어지고 있는가에 대하여는 의문이다. 특히 신임 순경교육을 경찰종합학교에서 별도 분리시켜 교육을 시키면서 오히려 교육 체계나 교과 내용은 경찰종합학교의 체계나 과목을 그대로 옮겨 놓은 듯한 인상을 지울 수 없다.

경찰종합학교는 기성 경찰관에 대한 보수교육을 시키기 때문에 당연히 분야별 전문경찰관 양성을 위한 전문교육이 되어야 하고 교육체계나 교과내용도 그에 맞게 편성되어야 한다. 반면에 중앙경찰학교는 졸업후 대부분 최일선 파출소로 배치되는 초임순경들을 대상으로 한 교육이기 때문에 경찰 종합학교와는 근본부터가 다르다. 그럼에도 교육체계나 교과편성이 경찰종합학교와 대동소이하다면 둘중 하나는 분명 잘못된 것이다. 즉, 나중에 출발한 중앙경찰학교 교육체계가 근본적으로 잘못되어 있음에 틀림없다.

따라서 지금의 중앙경찰학교 교육체계가 어떤 문제점을 지니고 있으며 어떻게 개편해야 바람직한가를 분석, 검토해 보고 그 개편방안을 제시해 보고자 한다.

2. 신임순경교육기관으로서 중앙경찰학교의 역할

(1) 신임순경 교육생들의 특성

신임순경은 고등학교 이상 학력 소지자로서 병역을 필한자를 대상으로 공개 경쟁을 통해 모집하고 있으며, 연령별로는 22세부터 30세까지 분포되어 있고 평균 연령은 26,5세이다.

학력별로는 IMF체제라는 시대적 특수성으로 인해 많은 지원자가 몰리고 있어 양질의 인력이 충원되어지고 있는 바, 현재 중앙경찰하교 신임순경 과정 교육생들의 학력별 통계현황은 다음 표와 같다.

○ 신임순경과정 학력별 통계

기수별	인 원	고 졸	전문대졸	대 재	대 퇴	대 졸	대학원	방통대
112기 (일반)	796	64	172	98	23	430	3	6
113기 (여경)	153	2	7	4		137	3	
114기 (일반)	694	53	190	108	17	321	1	4
계 (%)	1,643	119	369	210	40	888	7	10
		고졸7.2%, 전문대졸22.5%, 대재이상 70.3%						

(자료출처 : 중앙경찰학교 신임순경 신상분석 통계표)

(2) 신임순경 교육목표

어느 나라든지 초임 경찰관 교육은 그 기간이나 교육내용, 방법 등에 있어서 어느 정도 차이는 있겠으나 교육 목표는 대동소이하다. 즉 최일선 법집행자로서 필요한 자질과 실무지식을 습득시켜 현장적응 능력을 길러주는 범주에서 크게 벗어나지 않는다. 일본의 경우도 초임 교육은 "신규채용한 순사에 대하여 직책의 자각, 원만한 양식의 함양, 체력·기력의 충실등 경찰관으로서 필요한 자질을 육성함과 동시에 외근경찰활동에서 필요로 하는 기초적인 지식,기능을 습득시켜 공정명랑하고 능률적으로 직무를 수행할 수 있는 외근경찰관을 육성한다"[51]고 '초임교양실시요강'에서 밝히고 있다.

(3) 신임순경교육에 대한 중앙경찰학교의 역할

가. 최일선 파출소요원 양성

신임순경과정은 101경비단 요원, 전산통신요원, 무도경찰 등 특수목적을 띤 과정을 제외하고는 중앙경찰학교 졸업후 대부분 일선 파출소에 배치되고 있다. 따라서 중앙경찰학교 교육도 여기에 중점을 두어 실시되어야 한다.

나. 경찰관으로서 부적격자 배제

경찰관은 누구보다도 엄격한 직업윤리와 건전한 심신을 가지고 있어야 한다. 경찰관 한사람의 잘못이 얼마나 경찰 명예를 실추시키고 신뢰에 큰 손상을 주는가는 새삼 언급할 필요가 없을 것이다.

따라서 신규채용 당시부터 체력검사, 적성검사, 면접 등을 통해 적격자만을 선발하도록 하여야 하겠지만 그 많은 경찰관 지망자를 대상으로 일일이 모든 인성을 파악하여 적격자 여부를 가려내기란 불가능한 일일 것이다. 때문에 교육기관에서 이를 걸러내지 않으면 안된다. 일단 졸업하고 나면 구체적인 비리 행위가 적발되어 이미 경찰의 명예와 위신을 실추시키고 많은 시민에게 큰 피해를 안겨준 연후에야 파면, 해임 등의 조치를 통해 조직에서 배제시킬 수 밖에 없으므로 이는 사후 약방문과 다를 바 없다. 따라서 중앙경찰학교 신임교육과정에서 최대한 부적격자를 파악, 퇴교 조치시킴으로써 이를 사전에 예방하여야 할 것이다.

---

51) 외국경찰제도 연구총서﹡ "일본경찰", 치안본부, 1988, 137면

3. 중앙경찰학교 신임순경 교육체계의 문제점

(1) 불합리한 교육체계

위에서도 언급했듯이 당초 신임순경교육이 경찰종합학교에서 분리된 것은 기성경찰관 보수교육과는 교육목적이 다르기 때문에 교육체계를 달리해야 한다는 점의 작용되었을 것이다.

그럼에도 기본적인 교육체계가 경찰종합학교와 아주 유사하게 만들어진 것은 아이러니가 아닐 수 없다. 학교편제와 기능, 교관단 편성, 생활지도 체제 등대부분의 교육체계가 경찰종합학교 방식을 그대로 옮겨다 놓은 것이나 다름없게 되어 있다. 예를 들어 경찰종합학교는 기능별 전문경찰관을 양성해야 하기 때문에 교관단 편제도 경무, 방범, 경비, 교통, 수사, 정보 등 기능별로 학과를 두어 전문분야별로 교관이 있고 그 분야만 집중적으로 연구, 강의해야 하겠지만 중앙경찰학교는 파출소 외근경찰관 양성에 주된 초점이 맞추어져 있기 때문에 전문분야별 연구, 강의보다는 기초적인 외근방범근무수행에 필요한 것들을 현장에서 즉시 처리할 수 있게 현장위주 실무능력을 길러주어야 한다.

그러므로 교관 편제도 굳이 기능별 전문교관을 두어야 하는가는 의문이다. 생활지도도 마찬가지다. 경찰종합학교는 교육생 대부분의 기성경찰관이므로 새로운 인성교육이나 부적격자 파악 등이 의미가 없으므로 각 생활관별로 적은 수의 지도교관만으로도 충분할 것이다. 그러나 중앙경찰학교는 개개인의 인성파악은 물론 생활전반에 대한 지도를 위해서도 많은 수의 지도교관이 필요함에도 실제로는 경찰종합학교 방식과 크게 다를 바 없다. 적은 수의 교직원으로 학과교관 따로 지도교관 따로 운영하려다 보니 어쩔 수 없이 그렇게 할 수 밖에 없는 것일지도 모르나 교육체계를 근본적으로 개혁하지 않고는 해결될 수 없는 문제인 것이다.

(2) 교과편성 부적정

앞에서도 언급했듯이 중앙경찰학교 신임순경교육생들은 6개월과정 수료후에 대부분 일선 파출소에 배치하고 있다. 따라서 그에 맞는 교과 편성은 물론 교육방식도 현장위주, 체험위주, 실습위주로 진행되어야 한다.

그러나 전문교육을 담당하는 경찰종합학교처럼 각 기능별로 학과를 두고 그 학과 소속하에 교관을 두다 보니. 교육목표에 맞는 교과편성이 아니고 어떤 면에서는 교관을 위한 교과편성이라는 비난도 있을 수 있다. 예를 들면 특정학과나 특정 교관의 과목이 수업이 없거나 적으면 상대적으로 다른 학과 교관들-특히 방범등 파출소 기능과 밀접한 관*련이 있는 학과의 교관들-은 수업부담이 가중되는 현상이 초래될 수 밖에 없다.

중앙경찰학교와 일본의 도도부현(도도부현)경찰학교의 경우와 비교해 보면 그 차이를 금방 알 수 있다. 즉, 중앙경찰학교는 실무분야의 과목이 각 기능별로 골고루 편성되어 있으나 일본의 경우 초임경찰관들에 대한 실무교육과목은 외근경찰활동-지역경찰활동이라고도 함-으로 일원화되어 있고 다만 최일선 외근요원들이 업무수행을 하기 위해 꼭 알아야 할 것들을 각 기능별로 묶어 외근경찰활동 1, 2, 3, 4 라는 교과목안에 교수요목으로 지정해 놓고 있는 정도이다.

○ 중앙경찰학교와 일본경찰학교의 교과목 비교

중앙경찰학교		일본도도부현경찰학교	
소양 과목	경찰사, 순국역사현장교육, 경찰관의 공직윤리, 경찰예절 국가중요정책, 특강, 좌선 및 건강관리, 사회봉사활동, 체력 및 극기훈련	훈육 및 일반교육	훈육,국어,일반교육, ※일반교육:경제,시사,교양강좌등
실무 과목	헌법, 경찰행정법, 형법, 형사소송법, 형사특별법, 한문, 실무영어, 컴퓨터, 구급법, 경무, 방범, 일반경비, 훈련, 교통, 수사실무, 수사서류, 형사실무, 감식실무, 정보, 보안, 외사, 파출소 실습, 무도	법학	헌법, 경찰행정법, 형법, 형사소송법
		실무	외근경찰활동1 외근경찰활동2 외근경찰활동3 외근경찰활동4
행정 및 기타	입교 및 과정소개, 졸업식, 평가, 기타	술과 (술과)	점검, 사격술, 구급법, 체포술, 유도, 검도, 체육, 자동차운전등

(자료출처)

○ 98 경찰교육훈련계획, 경찰청, 231~232면

○『검증 일본の 경찰』, 일본충호사연합회,평문사, 1996, 278~282면

(3) 부적격자 파악 기대난

앞에서도 언급한 바와 같이 신임 순경을 모집하는 과정에서 적격자를 선발하기 위한 절차를 거쳤다고는 하나 과연 적격자만이 선발되었다고 자신할 수 없기 때문에 중앙경찰학교에서는 6개월의 교육기간중 부적격자를 최대한 파악, 배제시켜야 한다.

이러한 역할을 수행해야 할 교직원은 교관, 특히 지도교관이 주된 주체가 되어야 한다고 본다. 왜냐하면 교육생들과 생활을 함께 하지 않는 학과 교관들은 각자 담당과목을 가지고 부여된 시간만큼 수업만 하기 때문에 교육생 개개인의 인성파악도 사실상 불가능하다.

그런데 생활지도를 담당하는 지도교관은 어떠한가? 중앙경찰학교에는 생활관이 6개 동이 있는데 3개동은 신임순경과정 교육생이, 나머지 3개동은 전·의경 과정 교육생들이 합숙하고 있다. 각 생활관별 통상수용인원은 1개 생활실당 최대 20명씩을 기준으로 600~700명 규모인데 이들을 지도교관 4~6명이 격일제로 담당하고 있다. 즉, 1일 담당 지도 교관은 2~3명에 불과하며이들이 생활지도만 하는 것이 아니라 제식 훈련, 극기훈련 등의 교육도 담당하고 야간점호, 신상면담, 청소, 자습, 보급, 응급환자 수송, 부식 검수 등 업무영역이 광범위하다. 따라서 사실상 지도교관에게도 실질적인 인성파악을 기대하기는 역시 힘든 실정이다. 결과적으로 중앙경찰학교에서는 신임순경 교육생들을 입교시킨 후, 별탈없이 졸업시키기 바쁜 실정이지 개개인의 인성파악 등을 통해 부적격자를 가려내는 일은 기대하기 어렵다고 해도 과언이 아니다.

4. 중앙경찰학교 신임순경 교육개혁 방안

(1) 전담교관제 실시(학과교관과 지도교관 통합)

한정된 교직원(특히 교관)으로 신임순경에 대한 중앙경찰학교가 올바른 역할을 담당하기 위해서는 지금처럼 학과교관 따로 지도교관 따로 편제되어 있는 체계를 근본적으로 개편해야 한다고 본다. 물론 일부 전문성을 요하는 과목이나 유도, 태권도, 검도 등

무도교육을 담당하는 교관등은 별도의 편제를 둔다하더라도 일반 교양이나 실무과목은 적어도 경위 또는 경사급 이상의 경찰관이면 누구나가 파출소 근무요원 수준의 교육은 가능하다고 본다. 그러므로 경찰종합학교에서처럼 전문학과 편제가 아니라 학과 교관과 지도교관을 통합하여 구대 단위(1개 구대 60명 기준)별 전담교관제 실시가 바람직 하다고 생각된다. 교관은 정교관(경감 또는 경위급)과 부교관(경사 또는 경장급)으로 하여 각 1명씩 2명이 1개 구대를 전담하여 실무교육은 물론 생활지도까지 6개월간 전담한다면 체계적인 교육은 물론 세밀한 생활지도 및 관찰을 통한 인성파악으로 부적격자 발견이 훨씬 용이해질 것이다.

일본의 도도부현경찰학교에서도 이와 유사한 제도로 "담임교관제"가 있어 학과교관 2명(정교관 1명, 부교관 1명)이 교육생 20~25명을 담당, 주 2회씩 정기적으로 정규 교과 시간에 훈육 및 면담 등 인성파악을 담당하고 있다.

상기 방안은 일본의 "담임교관제"보다 훨씬 발전된 방안으로 우리나라의 현실과 부합된 대안이라고 생각된다. 물론 한정된 교관으로 연간 3천여명에 달하는 교육생들을 어떻게 60명씩 나누겠는가 하는 의문이 생길 것이다.

그렇다면 구체적으로 계산을 해보자. 연간 3천명에 달하는 신임순경 교육생들의 교육기간이 6개월이므로 1년에 2회 나누어 입교시킨다면 평균 1,500명 정도이다. 이를 구대 단위로 환산하면 25개 구대이고, 1개 구대당 교관 4명이 필요하기 때문에 -1일 2명씩 격일제 근무 기준 - 100명 정도의 교관이 있어야 한다. 이 숫자는 지금의 중앙경찰학교 교관수(학과 교관과 지도교관을 모두 합한 수)와 엇비슷하다. 일부 전문성을 요하는 교과목과 무도를 담당할 교관 수(10여명)를 감안하더라도 이정도 인원은 일부 인원 조정 및 보충을 통해서 충분히 해결할 수 있다고 본다.

(2) 전 · 의경 교육 폐지

신임순경과 전의경은 성격이 전혀 다르다. 애초에 중앙경찰학교를 신임순경 전담교육기관으로 발족시키면서 전의경 교육을 함께 담당하도록 한 것은 신임순경교육의 부실을 초래하는 자충수나 다름없다. 병역의무를 필하기 위해 군복무대신 의무적으로 경찰에서 26개월간 복무하게 될 전의경과 평생 직업으로 국가와의 계약에 의해 지원한 신임순경은 근본이 다르기 때문에 이들을 같은 교육기관에서 교육시킨다는 것은 매우 잘못된 일이라고 생각하며 신임순경을 올바로 길러 내기 위해서는 차제에 전의경만 전담훈련시키는 별도 훈련소를 만들거나 아예 전의경 교육을 폐지시키고 군 훈련소를 출소하면서 곧바로 일선 서,대로 배치시켜 자대교육을 받도록 하는 것이 인력 활용면에서도 훨씬 바람직하다고 본다.

(3) 신임순경 모집의 정례화

인력의 정기적인 신규충원은 교육 일관성 확보를 위해서 뿐만 아니라 지원자들의 혼란방지와 양질의 인력충원을 위해 반드시 필요한 조치이다. 그러나 불행하게도 그동안 경찰의 인력 충원은 시기와 인원면에서 들쭉 날쭉해 온 것이 사실이다. 80년대 초부터 중반까지는 아예 신규 채용이 없다가 6공화국 들어 한꺼번에 수천명씩 채용하는 바람에 경찰관의 질적 저하를 자초하였고, 그 이후로도 일관성과 철학이 결여된 충원 방법 때문에 경찰관은 다른 직업 또는 일반 공무원 시험준비를 하다 여의치 않으면 연습삼아 한번 쳐보는 시험으로 전락되기도 하였다. 어찌 되었든 특정시기에 한꺼번에 많은 인원을 모집하는 것은 질적 저하는 물론 필연적으로 교육의 부실화를 불러오게 마련이고 이는 곧 치안능력 저하와 직결되게 된다. 따라서 장기적인 인력 수급계획에 따라 매년 일정인원을 주기적으로 모집해야만 하며, 이는 곧 중앙경찰학교 교육개혁을 위한 기본 바탕이 된다고 할 수 있다.

(4) 교육기간 임의적 단축 지양

신임 순경교육의 중요도를 고려하면 6개월간의 교육기간도 결코 길다고 할 수 없다. 그럼에도 일선 치안의 당장의 어려움 등을 이유로 임의로 교육기간을 단축, 일선에 내보내고 보자는 발상은 참으로 어처구니가 없다고 본다. 심지어 '90년을 전후해서는 입교 2주만에 일선에 배치한 전례도 있었으니 그들이 과연 어떻게 경찰관 직무를 수행하였겠는가? 더구나 지금도 느닷없이 경찰공무원 교육훈련시행규칙을 위반하면서까지 신임순경 교육기간을 6~8주씩 단축할 예정이라고 하니52) 교육은 뒷전이라는 비난을 받지 않을 수 있겠는가?

---

52) 경찰공무원 교육훈련규정시행규칙에는 전의경 출신과정(ㄹ지금은 모집하지 않고 있음), 통신, 운전 등 특수경과를 제외한 일반요원은 24주 교육기간을 지키도록 되어 있다.

물론 채용인원을 늘리다 보니 중앙경찰학교의 수용 능력을 초과하게 되어 불가피하게 교육기간을 단축하는 것이라는 설명도 있으나, 만일 그렇다면 전의경 교육기간을 줄이거나 없앨 일이지 신임순경 교육기간을 줄여서는 안될 것이다.

(5) 교과편성 및 내용 개선

앞에서도 언급했듯이 기성경찰관 보수교육을 위한 경찰종합학교의 교과목과 교육내용은 전문화를 위해 각 기능별로 세분화될 필요성이 있으나, 신임순경 교육은 기초적인 실무수행능력만 갖추어지면 되므로 굳이 전문적이고 세분화된 교과목을 편성할 이유는 없다고 본다. 따라서 각 기능별 실무과목중 일선 파출소에서 꼭 필요한 내용들만 추출해서 "외근실무" 또는 "방범실무" 등의 이름하에 교과목을 단일화할 필요가 있다고 본다. 그리하여 그 과목을 각 구대 단위 전담교관들이 순서대로 체계성 있게 가르치면 된다. 그래야 강의 위주가 아닌 체험위주, 실습위주 교육도 아울러 가능하지 않을까 생각된다.

5. 맺음말

일반적인 인식으로 교육기관은 한직이고, 교육기관에 근무하는 경찰관은 소극적 현실 안주형이라는 얘기도 있다. 아주 잘못된 생각이라 아니할 수 없다. 군대의 경우 전투시가 아닌 평상시 전력 강화를 위한 유일한 방법이 교육훈련이다. 교육훈련을 통해 모든 전투력을 응집하고 능력발전도 도모하고 있다. 경찰이라고 해서 예외일 수 없다. 교육을 소홀히 하고 일선 근무능력이 떨어진다고 하는 것은 어불성설이다. 교육기관에 근무하는 교직원은 물론 일선경찰관이나 본청, 지방청 등에서도 교육의 중요성을 인식하여 교육의 일관성 확보 및 치안현장과 직결된 교육이 이루어질 수 있도록 정책적인 뒷받침이 있어야 할 것이다.

특히 신임순경 교육을 전담하는 중앙경찰학교는 순경 출신 경찰관들의 요람이고 21세기에는 세계적으로도 손색이 없는 경찰교육기관으로 거듭 발전할 수 있게 제도적 개선이 요망된다.

교통 경찰기획

✔사례 : 교통사고조사 개선방안

1. 개 관

　우리나라는 과거 70년대에서 80년대까지 별로 교통소통에 어려움이 없었으며 특히 교통사고등은 문제시 되지 않았다. 그러나 90년대에 들어 국민소득의 증가로 생활수준이 향상됨에 따라 도로는 좁은데 비해 차량은 기하급속도로 증가하여 전국민의 4명중 1명이 차량을 보유하고 있는 실정으로 차량이 약 1,000만대를 넘어섰으며 면허인구는 96년 현재 1천 7백 72만 1천명을 넘어섰다. 이러한 양적 교통수요의 팽창에 반하여 제반 교통환경과 교통안전에 대한 국민의 의식수준이 이에 따르지 못하고 있는 상황에서 차량 교통사고는 연간 26만5천52건이 발생하여 매년 6조원이상의 교통사고손실비용과 1만명이상의 사상자를 발생시키고 있는 것이 우리의 교통현실이며 교통사고 세계최고라는 불명예를 안고 있다.

2. 개선의 필요성

　사고발생에 따른 처리는 신속 명쾌해야 될 뿐만아니라 민원인들이 신뢰를 할 수있어야 됨에도 불구하고 교통사고 발생율 세계 1위라는 불명예에 반해 우리의 교통사고조사 현실적 수준은 후진국의 수준밖에 안된다고 본다. 더욱이 현재 우리나라에서 교통사고를 조사하는 것을 보면 과학적이지 못하고 거의 선배들의 경험칙 등에 의존한 주먹구구식의 사고 조사를 하고 있어 특히 교통사고 당사자들간 사이에 많은 민원이 발생하고 경찰조사에 불만을 표출하고 있는 실정이다.

　그러므로 우리경찰은 다음과 같은 문제점을 해결하여 시민복지 증진과 민원인에 대한 편의를 도모해야 할 것이다.

3. 문 제 점

(1) 장비不足

현행 사고조사 장비는 거리측정기, 경광봉, 엑스반도, 비디오 카메라, 입체도화기 등이 있으나 입체도화기는 사용방법이 어렵고 다시 판독을 의뢰해야 하므로 사용을 기피하고 있는 실정이고 실제 현장에서 꼭 필요한 장비가 비치된 차량이 없고 비디오 카메라의 경우도 구형으로 너무 커서 현장출동시 휴대하기가 불편하며 수사과 조사계의 경우 컴퓨터가 모두 지급되어 있으나 사고조사의 경우 개인구입 컴퓨터가 대부분이고 극히 한정적으로 몇대만 경찰서 예산으로 구입한 실정이며 사고조사에 따른 컴퓨터프로그램 등의 개발이 안되어 있음.

(2) 주먹구구식 사고조사

사고조사자의 경험칙과 사고차량의 파손상태 등을 보고 사고는 이렇게 났을 것이다라고 생각하는 추측을 통하여 모든 것이 이루어지고 있다. 그러나 주위 선진국들의 예를 들어보면 컴퓨터 등을 통한 시뮬레이션 사고조사, 차량과의 역학관계 조사 등 최첨단 과학을 통한 사고조사를 하고 있는 실정으로 모든 교통사고를 위와 같이 근거하여 조사를 하여야함에도 대형사고발생이나 교통사당사자들의 첨예한 대립이 있을시에만 도로교통안전협회등 전문기관에 의뢰하여 교통사고를 처리하고 있다.

그러나 때로는 전문기관의 답변도 애매모호한 경우가 많으며 그렇기 때문에 여러 업무가운데에서 특히 민원이 많은 것이 교통사고이며 우리의 경험칙과 추측이 빗나가는 경우가 가끔 발생하여 민원이 많이 발생하고 있다.

(3) 민원인의 상반된 진술

교통사고를 조사함에 있어서 특히 우리나라 국민들은 교통사고를 야기하였을시 사실 대로 진술하는 것이 아니라 자신에게 유리한 방향으로 거짓진술(특히 보험이 안되는 경우등 막대한 손실이 초래될 경우)을 하다보니 현장에 있지 않은 교통사고 조사요원이 차량손상된 부분과 사고 당사자들의 진술만 가지고 사고조사를 하게 되는데 사고조사가 어려우며 때로는 잘못된 판단을 내릴 수가 있다.

(4) 조사자료의 不足

○ 자동차 업체의 무관심

사고발생시 (특히 뺑소니) 현장유류품을 가지고 추적을 하여야 하나 커다란 유류품이 아니고는 백미러 쪼가리나 범퍼가 깨진 부스러기 등은 제작사 자체를 알 수 없거나 알 수 있더라도 최소 몇백대 많게는 몇천대가 나오고 조사 의뢰시도 적극적인 협조가 이루어지지 않고 마지못한 협조로 시일이 많이 걸리며 상세한 자료제공이 잘 안 되고 있다.

○ 전문기관의 자료 미축적

전문기관별로 자동차 제작사 차종 색상 등에 따른 자료를 계속 수집하여 사고 발생시 특정 유류품만으로도 즉시 차종, 색상 등을 확정할 수 있는 자료가 축적되어 있어야 하나 제대로 안되고 있음.

○ 첨단기술의 不足

사고조사 전문기관에서 차량의 크기, 중량, 승차인원, 충돌각도 등을 다각적으로 실험하여 사고차량의 충돌부위 충격상태를 가지고 컴퓨터 시뮬레이션등으로 처리하여 정확한 사고 원인을 판단할 수 있는 첨단기법장치나 자료 축적을 하지 못하고 있다.

(5) 명백한 지침 不足

도로교통법상 우선 순위가 정해져 있으나 각각의 사고가 일률적으로 똑같이 적용할 수 없으므로 사고시 마다 판단이 달라 조사자 개인의견에 치우치게 되는 경우가 있어 운전자가 전에는 똑같은 경우 이렇게 처리되었는데 이번에는 왜 내가 가해자가 되느냐며 이의를 제기하는 경우 등이 있고 우선 순위간에도 명백한 순위가 없으므로 대개의 경우 장기 사고조사 유경험자의 판단에 의존하게 되는 경우가 있음.

(6) 과중한 업무부담

교통사고 조사요원 당직근무시 개인당 일일 평균 10여건 이상(단순음주, 무면허 포함) 취급하므로 한건한건 상세한 현장조사 등이 필요하나 사고가 동시 다발적으로 발생할 경우 특히 사망사고 등과 겹칠 경우에는 취급시간에 쫓기고 있어 사고당사자의 진술청취와 간단한 현장파악, 사고차량의 육안확인 등만으로 판단을 내리게 되어 양당사자간의 다툼이 있을 경우도 충분한 조사를 거치지 못하고 목격자 등의 진술에만 의존하게 되고 목격자가 없을 경우는 추정 판단에 의존하게 되며 잦은 당직근무로 피곤해 하고 있으며 또한 업무에 부수적으로 따르는 통계원표, 차량행정, 면허행정 등이 너무 복잡하여 일일이 확인을 해야 하다보니 업무량이 배가되는 실정임

(7) 교통사고 조사업무 기피

평소 사무감사나 감찰 활동시 교통사고에 대해 너무 편견을 가지고 보며 업무상 실수로 행정집행 등에 대한 누락이나 통보조치가 안되었을 경우 또는 경미한 사고로 사고처리치 않고 돌아간 사안(112신고 접수된

사건의 경우에 대해 부정이나 부조리 혐의는 없음에도 징계조치등 과도한 벌을 가하므로 조사요원 모두 현부서에서 근무하겠다는 사람이 없으며 꼭 필요에 의해 교체시 사고조사요원 희망을 하지 않으므로 강제발령을 하게 되는 경우가 발생하며 그로 인해 업무에 열의가 없게 되며 그 피해는 결국 민원인에게 귀착이 되고 있음.

(8) 교통사고 조사전문기관의 전문성 미흡

교통사고조사 전문기관인 도로교통안전협회는 교통사고 발생에 따른 각 분야별로 물리학자, 차량손상부분 담당자 등 전문인들이 있기 때문에 어떠한 교통사고 1건을 두고

많은 전문가들이 사건처리에 임하고 있기는 하나 실제 첨예하게 대립된 사건의 경우 조사를 의뢰하고 있어도 경찰의 1차 교통사고조사 내용 외에 별로 기대할 만한 결과가 나오지 않고 판정불능이 나오는 경우가 상당히 많으며 민원인들이 처리결과에 대해서 만족치 못하고 검찰에서 다시 조사를 의뢰하겠다는 등의 반응을 보이고 있음.

(9) 지침의 비현실성

일반사고의 경우 사고 발생시로 부터 24시간이내 완결토록 하고 완결이 되지 않을 경우 상사에게 보고한 뒤 처리하게 하고 있으나 보통의 경우 사고 발생 후 최하 3-4일이 걸려야 진단서, 견적서 등을 제출하고 오래 걸리는 경우 출석을 하지 않고 1주일 이상 걸려 독촉을 해야 겨우 완결될 수 있으나 매 건마다 보고하는 자체가 불가능하며 24시간내 종결을 할 수가 없음.

(10) 민원인의 신뢰도 不足

가피해자 모두가 인정하기 어려운 상황의 경우 민원인이 충분히 인식이 될 수 있도록 과학적 근거나 자료를 제공해야 하나 과학적 자료가 부족하고 단순히 조사담당자의 경험칙이나 개인적인 추측에 따른 판단이 많으므로 특히 민원인간 이해관계가 얽힐 경우 승복을 하지 못하고 진정을 하거나 이의를 제기하게 되는 경우가 가끔 있음.

(11) 잦은 인사이동에 따른 업무기능 저하

한 부서에 장기간 근무하면 그 업무에 나태해지던가, 민원인 등의 문제가 있겠지만 교통사고 조사요원 자격증제까지 도입하여 시행을 하면서도 새정부가 들어설 때마다 부조리 근절을 이유로 자격증을 가진 직원을 타부서로 보내는 것은 분명히 문제가 있는 것 같다. 민간부문에서는 각 분야별로 전문인을 양성해 나가고 있는 추세인데 반해 우리의 경찰관인사는 시대에 역행하고 있는 것 같다. 특히 사고조사요원은 각자의 분야에 전문성을 필요로 하고 단시간에 처리할 수 있는 능력이 갖추어 지기는 어려운데도 불구하고 몇 년간에 걸쳐서 사고처리를 함에 있어서 잦은 시행착오 등을 겪으면서 어느 정도 전문인이 되면 부조리 근절을 이유로 또다시 다른 곳으로 발령을 내기 때문에 초임 직원은 전과 같이 또다시 많은 시행착오를 겪어야 또 어느 정도 전문인이 될 수가 있다. 심지어 초임자의 경우 판정을 내리기 어려워 민원인이 보고 있는 가운데 답변을 제대로 못하고 장기근무자에게 물어보는 경우가 허다하며 그러한 과정을 본 민원인은 사고담당자에 대한 불신을 가지게 되며 그러한 과정에서 우리는 국민들에게 불편함을 초래하므로 국민들에 대한 경찰의 신뢰는 또다시 떨어지게 되고 있음.

⑿ 교육의 비현실성

현재 우리나라에서 실시하고 있는 교통실무교육은 3주간에 걸쳐서 1회 실시되는 것이 전부이다. 여기서는 주로 도로교통법 해설, 교통사고 발생사례 및 판례중심의 교육이 3주라는 짧은 기간 안에 모두 이루어진다.

물론 사고당시의 차량속도 추정이라던가 낙하점 등의 물리학 측면의 교육은 없는 것은 아니지만 피교육생이 어느 정도 이해하기까지는 오랜 시간이 걸린다. 그러나 이 짧은 기간 안에 교육을 모두 끝마치다보니 특별히 교육에 기대할 만한 것이 없고 단지 교통사고조사의 극히 일부분만을 간략하게 배운 후에 일선경찰서로 배치되어 교통사고를 실제로 조사함에 있어서 정확한 판단 등을 내리지 못해 기존 직원들에게 판정을 부탁하여 실무경험을 쌓고 있는 실정이다.

특히 어떠한 교통사고가 발생시에 사고차량의 손상부분과 운전자의 진술 등만을 듣고 사고 현장에 나가서 사고원인행위를 판별해 주는데 현재의 교통실무교육만 가지고는 거의 해결이 힘든 상태이다.

그래서 기존직원들과 같이 현장에 나가서 사고 발생원인을 규명하게 되는데 기존 직원들도 교통실무교육을 받은대로 하기보다는 자신들의 경험칙과 차량의 손상 등을 보고서 아마 이런 식으로 사고가 발생하였을 것이다라고 추측을 하는 방법으로 사고처리에 임하다보니 잘못된 판단을 내릴수가 있으며 교통사고조사자가 교통사고의 발생원인을 잘못 판단하여 사고의 가해,피해자가 뒤바뀌어 어느 한쪽이 부당한 처벌을 받게될 때 사고조사하는 경찰관을 불신하게 되고 다른 한편으로는 진정서 등을 제출하거나 이의 사항을 주장하여 처음부터 다시 사건을 재조사 하여야하는 경우도 종종 있음.

4. 개 선 방 안

(1) 장비의 현실화

야간조사를 위한 조명등의 부착이 된 차량제공이 필수적이고 세밀한 현장답사를 위한 등불 달린 돋보기 등 조사에 필요한 장비가 개발되어야 하며 선진국의 장비를 조사 필요 장비를 도입해야 하고 각 개인에게 사고조사용 컴퓨터 지급이 되어야 함.

(2) 사고조사의 과학화

○ 자료 축적과 업무 협조

교통사고조사 전문기관과 자동차 업체가 협조하여 자동차의 외관 부품(범퍼, 깜박이, 백미러등)에 대한 일련번호를 부여(최소수량)하고 도색흔등 극히 일부 유류물만으로 차종과 제작일시 등을 알 수 있도록 특수재료의 삽입을 통하여 뺑소니 사고시 가해차량을 확정할 수 있게 해야하고 신속한 공조가 되도록 자동차업체와의 협조체제 구축이 필요함.

○ 첨단기술도입

차량충돌 실험을 통한 컴퓨터 시뮬레이션을 개발 충돌부위와 기타 자료를 컴퓨터에 입력하면 상황재연을 할 수 있는 등의 기술적 연구가 도입되어야 하며 사고다발지에는 24시간 감시카메라를 설치 사고를 감소시키고 실제 사고시에는 녹화화면등으로 즉시 판별이 가능토록 해야 함.

(3) 사고조사요원의 내실화

○ 업무부담 경감

사고조사요원이 부족 업무량이 과중하므로 인원을 증원해야하며 복잡한 행정집행 등을 단순화시켜야함.

○ 인사 우대조치

장기 교통사고 조사요원의 경우(자격증 소지자등) 승진에 대한 가점부여등 인사상 혜택으로 사고조사요원에 대한 선망도를 부여하고 사고조사요원 자격증을 가진 자에 대해서는 부조리와 물의야기를 제외하고는 어떤 경우라도 타부서로 발령치 못하도록 경찰청 예규로 명확하게 규정해서 즉흥적 발령이 이루어지지 않도록 제도화해야 됨.

○ 교육의 현실화

3주간 조사교육으로는 현실적인 업무판단을 하기에 부족하므로 조사교육기간을 늘리고 교육시 현장학습등 실무사례를 교육 실제 사고조사실무능력을 배양해야 함.

(4) 업무지침의 현실화

도로교통법상 우선 순위를 사고유형별로 좀더 세분화하여 법규에 명시를 하여야 하며 현행 교통사고 조사교본에 미진된 부분은 전국 경찰서별로 의문점 등을 광범위하게 수렴 사고사례별로 체계적으로 정리 사고의 잘잘못에 대한 설명을 붙여 누구라도 책자를 보면 수긍이 갈 수 있도록 현실화가 요망되며 일반사고 처리시한인 24시간 종결은 현실과 부합되지 않으므로 좀더 세밀한 현황파악을 통해 현실에 맞게 수정을 해야 할 것임.

(5) 종합보험 강제 가입화

현행 책임보험제를 좀더 강화해서 어떤 차든지 종합보험을 들지 않으면 운행이 되지 않도록 하여야 하며 자동차 사고의 경우 가,피해자를 떠나 누구든지 막대한 손실이 발생치 않도록 보장되어야 함.

✔**사례 : 전 · 의경 자체사고 예방대책**

1. 서 론

(1) 주제선정동기

본인은 '94. 7. 20. 제주도 901전경대대 부대대장으로 승진 임용되어 '97. 8. 10까지 재직하면서 전경들의 생태와 근무 여건상황등 고려해 볼 때 전경들에게 나타날 수 있는 사고요인이 항상 잔존해 있다는 것을 감지하여 전경들에게 사고예방차원에서 세밀한 분석과 치밀하고 실질적인 대책을 확립하여 다소나마 전경들의 사고를 줄일 수 있도록 보탬이 되고자 제주도 901전경대를 토대로하여 서술하고자 합니다.

(2) 개 요

제주도 901전경대대는 '85. 4. 26 창설하여 통합방위 작전임무수행, 해안경계 및 공항외곽경비 임무수행, 다중범죄진압 임무수행, 중국어선 피항에 따른 경계 근무 등으로 임무수행함에 있어 전경대원들에게 막중한 대내외적으로 치안부담이 증가되어 내부적 갈등, 자아극기 부족으로 인하여 대원들의 사고가 발생요인 존재하므로 지휘관· 지휘자는 항상 전·의경의 기강 확립과 사고예방을 위하여 복무지도, 정훈교육 합리적인 인사제도확립, 사기관리 등을 중점적으로 시행하여 전경들의 실질적인 근무를 활성화하여 전경들의 자체사고를 제로베이스개념을 두고자 합니다.

2. 본 론

(1) 주요사고 발생현황 (제주도 901전경대대 통계)

구분 년도별	자 체 사 고						대 민 사 고				
	계	총기 사고	무단 이탈	미귀	구타	안전사고 (사망)	계	강도	강간	절도	폭력
96년	25	1	7	12	5	·	3	1	1	1	
97년	36	·	17	4	13	2	2	1			1
대비	+11	-1	+10	-8	+8	+2	-1	·	-1	-1	+1

(2) 사 례

1) 총기오발사고

'96. 6. 26. 15:45경 제○전경대본부 소속 상경○는 사격훈련대비 총기 수입하던중 옆에 있는 일경에게 오발 사고로 인하여 12주간 상해 발생

2) 무단이탈 (탈영)

가. '97. 4. 17. 05:20경 ○전경대○초소 이경○은 위경소 근무도중 부대 무단이탈하여 인근 과수원에서 3일간 기거하다 자진복귀

나. '97. 6. 19. 23:00경 ○전경대○초소 근무자 2명이 근무지 무단 이탈하여 인근 상점에서 술을 마시고 자리를 옮기는 도중 주민신고로 인하여 검거

다. '97. 7. 13. 11:00경 ○전경대○초소 이경○는 기율교육 입교를 해야한다는 심리적인 중압감을 이기지 못해 무단이탈(미검거)

라. '97. 8. 15. 00:00경 ○전경대○초소 일경○는 경계근무도중 상급자 로부터 근무태만 지적을 받자 다음날 문책이 두려워 02:20경 무단 이탈하여 2일만에 자진복귀

3) 구타가혹행위

가. '97. 1. 22. 12:00경○전경대○초소 수경○는 전입이경○에게 군가교육을 하던중 제대로 숙지 못한다고 군화발로 복부 2회, 각목으로 엉덩이 부분을 2회 구타

나. '97. 4. 28. 18:00경○전경대 상경○은 전입 이경○에게 전입신고 연습을 시키던 중 잘 따라하지 못한다고 주먹으로 가슴부위를 10회 가량 구타

다. '97. 4. 29. 10:00경○전경대 일경○는 세면장 뒤에서 이경○에게 생활지도교육차 상급기수들의 기수표를 암기토록 하였으나 숙지 못한다는 이유로 주먹으로 가슴 부위 5회가량 구타

4) 미 귀

가. '97. 3. 23. 13:30 ~ 3. 24. 17:00 (1박 2일)간 외박을 명받은○전경대 이경○은 군생활 회의를 느껴 4일간 미귀

5) 강 도

가. ○ 전경대○초소 일경○는 '96. 5. 1 ~ 5. 20 (20일간) 1차 정기휴가중 5. 10. 02:00경 서울 강서구 화곡동소재 노상에서 친구 2명과 함께 길가던 피해자○ (여 28세)를 신용카드 6매, 현금 1만원등 강취

나. ○ 전경대○초소 수경○는 '97. 2. 22 ~ 3. 18 (15일간) 제3차 정기휴가도중 '97. 2. 26. 03:00경 경기도 안양시 안양 3동 풍물시장내 노상에서 친구와 함께 주취자를 때리고 돈을 요구

6) 절 도

가.○전경대○소대 상경○는 '95. 6. 10 ~ 8. 31간 5회에 걸쳐 초소내 동료대원 및 소대장의 금품을 상습적으로 절취

(3) 사고발생원인

1) 외적요인

가. 전경조직의 특수성

의경모집은 지원체제로서 의경자원에 대하여는 문제가 되지 않지만 전경은 육군에서 임의대로 차출하고 있어 전경에 대한 자부심과 긍지가 결여되어 있다.

나. 사회적 인식 미흡

전경은 군입대에서 차출된 자원이기 때문에 군보다 전경을 보는 시각이 상당한 인식이 좋지 않는 현상이 나타나고 있다.

2) 내적요인

가. 대원의 관리 소홀

○ 지휘관 등 기간요원의 사고방지에 대한 타성과 관심부족으로 감독소홀
○ 기간요원 일조점호, 취침시 동행동숙 불이행
○ 취약시간·장소 감독 미흡

나. 형식적인 면담실시

○ 보호대원을 선정하고 면담은 형식적으로 실시하여 보호대원의 문제점 대처에 대한 미흡
○ 대원의 갈등요소를 면전 면담하지 않는 형식적으로 실시

다. 대원들의 이질적인 가치관

○ 요즘 신세대 대원들은 타인보다는 나를 먼저 생각하고 희생이나 손해를 감수하지 않는다
○ 부대 적응기간(6개월)동안 고참의 지시에 무조건 복종에 대하여 갈등을 유발한다.

라. 사기저하

○ 기간요원의 무관심과 형식적인 면담실시, 상급자의 일방적인 지시로 사기저하되어 즐거운 부대생활의 저해요인으로 작용한다.

○ 내무반 및 열악한 근무환경, 보급품의 지급 미흡 등 사회보다 낙후된 현상 때문에 자신을 못이겨 근무이탈 초래하고 싶은 심정이 발생한다.

(4) 문제점

1) 일반사항

가. 지휘관 · 지휘자의 관심부족

○ 지휘관 · 지휘자는 소극적이고 형식적으로 면담을 실시하여 사고 요인을 정확히 분석, 예방하는데 문제가 있다.

○ 문제 및 관심을 요하는 대원은 비공식적, 간접적 면담을 통해 대상자를 공동체 인식으로 전환 하여야 함에도 공식적, 형식에 불과한 면담을 통한 결과 대상자가 소외감이 발생한다.

나. 후견인 제도의 비효율성

현재 보호대원 관리에 철저를 기하기 위해 의형제 맺기, 보호수경제, 전 · 의경 어머니회등 많은 후견인 제도가 형식적으로 운영되어 효율성이 떨어지고 있다.

다. 형식적인 면담실시

기간요원들이 면담실시 자체를 귀찮게 여겨 형식적인 면담현상을 초래하여 항상 사고예방을 적절하게 조치 못하고 있다.

라. 안이한 복무자세

가정의 과보호등으로 인하여 인내와 극기심 및 자제력 결여로 군생활에 항상 나약해지는 현상이 발생한다.

마. 폐·악습의 잔존

○ 내무생활이 자율적인 기강확립 아래 고참묵인 중참의 내무생활 주도 하여 횡포하는 상황이 발생 한다.

○ 전·의경 공동생활에서는 서로의 위상을 추구하다 계급의 존엄성을 상실하여 하급의경은 상급전경에 대한, 하급전경은 상급의경에 대한 무시하고 있어 항상 다툼이 잔존하고 있다.

바. 자기관리의 동기부여 미흡

부모의 과잉보호로 연계된 해이한 정신상태는 군복무생활로 인하여 자기목표가 없어 자기관리가 되지 않고 있고 매사에 대한 적극성이 상실되고 있다.

2) 인사사항

가. 우수자원의 확보미흡

현행 선발제도는 의경의 형식적 면접과 인성검사, 전경의 무작위 차출은 건전한 상식과 올바른 성품을 소유한 양질의 자원을 선발하는데 문제가 있다.

나. 정실 인사

대체로 부모의 과보호로 편안한 군대생활을 바라는 심리에서 부서 배치 보직관련 청탁 등 정실 인사로 인사의 공정성이 흐리지고 타대원의 사기를 저하시켜 위화감을 조성하고 있다.

3) 감독사항

가. 전·의경에 대한 책임감 결여

기간요원들은 전·의경에 대한 심도있게 분석하지 않고 전·의경에 대한 인식이 미흡, 전혀 신경을 쓰지않아 기간요원과 전·의경간 공동체 의식이 형성되지 않고 있다.

나. 사고발생후 미온적처리

사고발생후 모든사항은 전·의경에게 전가하는 현상이 나타나 기간 요원의 지도력 부족현상이 나타나 전·의경은 기간요원을 불신을 하고 있다.

다. 형식적인 점검

구타방지등 대책을 효과적, 실질적으로 실시하여야 하나 기간요원은 무관심한채 전·의경 자체에서만 실시되니 실효성이 미흡한 실정이다.

(5) 사고예방대책

1) 개인신상관리 철저

가. 개인신상관리는 개인적 상담을 통해 대원의 개인적 문제점을 해결토록 도와준다. 개인적 문제점은 재정 문제부터 결혼생활의 난관까지 다양할 수 있다.

나. 상담자는 피상담자의 관점에서 고래해야 한다. 상담자가 간단하고 사소한 것으로 간수하는 것은 피상담자에게 부담을 줄 수 있기 때문에 상담은 신중히 이루어져야 한다.

2) 기강확립

가. 규정이나 방침, 기타 설정된 기준을 어기는 대원들을 상담하는 것은 지휘자 의무중에서 필수부분의 하나이다.

나. 부대 사기와 효율성을 와해시키는 행동을 하는 대원을 상담하는 것이 필요한 때에는 그 상담은 공정하고 확고하게 실시되어야 한다.

3) 인사 및 교육개선

가. 선발제도개선

현재 전·의경에 대한 선발제도를 보완, 발전시키기 위해 상당한 노력이 필요하다. 의경모집에 있어서는 홍보로 인해 좋은 자원을 확보하고 전경모집에 있어서는 군과 협조하여 군과 똑같은 입장에서 선발되도록 조치한다.

나. 교육의 활성화

① 집체 및 수시교육을 활성화하여 준비된 교안을 통하여 유능한 교관을 확보하기 위해 양성한다. 그러므로 대원들에게 단결심 배양하여 군복무에 충실한 동기부여형성

② 교육을 통하여 부대내 잔존하는 폐·악습을 스스로 제거해 나가도록 유도해 주어야 한다.

4) 지휘감독 철저

가. 근무현장 관리감독 강화

① 기간요원 및 피지원부서 경찰관에 의한 이중 감독체계 유지

② 근무현장 인솔자는 근무배치 또는 피지원부서 인계 후 일정 장소에 정착, 쉬고 있지만 말고 근무시간 동안 계속하여 근무 장소를 순회, 감독 실시

나. 동행동숙 체계 확립

① 동행동숙 기준

　ㅇ중대장 : 주2회 이상 동숙

　ㅇ소대장 및 부소대장(소대부관) : 매일 교대 동숙

　　※ 모든 내부반내에 기간요원이 24시간 상주 하되, 근무지·버스대기 등 영외에서도 내무반 개념과 동일하게 상시 동행

② 교육훈련, 근무지정, 내무생활 지도 등을 기간 요원이 직접 실시

다. 취약장소 봉쇄 및 점검

① 내무반 출입문에 투명유리 설치

② 옥상, 창고 등은 평상시 봉쇄 - 기간요원 감시하에 개방

③ 차고 등 취약장소에 보안등, 비상벨, 순찰함 설치

④ 일석 점호전·후 2시간, 기상전 2시간 등 취약 시간대 집중순찰 실시하고 주간 2시간마다 야간 1시간마다 기간요원(경찰관)이 순찰

라. 피해신고 통로 확보 · 교양

① 피해신고 통로표 게시판 게시 및 대원 개개인에 배부

- 상급기관 전화번호와 주소(경찰청 및 지방청)
- 각급 지휘관 전화번호, 호출번호 및 주소
   ※ 소지여부 월1회 이상 점검
② 지휘관 직장 소원수리함 운용
- 열쇠 지휘관이 직접 관리, 수시 확인
- 소원자 비밀 보장

6) 화목한 부대분위기 조성

가. 내무생활 관리

① 냉장고, 세탁기, 온수기, 청소용구 등 지속적 확보
② 자율활동 시간 부여, 종교활동 보장
③ 환경 개선 및 정리 정돈, 침구류 일체 일광소독 확행

나. 급식관리

① 최고 품질의 주식 및 부식구입, 급식
- 주식 : 1회 구입시 2개월분 이내 양곡 구입
- 부식 : 가급적 매일 구매
   ※ 월1회 시장조사(소위 "단골"을 두지 말 것)
② 대원 위주(5~7일)로 메뉴위원회 구성, 주1회 이상 회의개최 및 결정사항 추진(1주 단위 메뉴 편성)

다. 사기 및 복지관리

① 부대내에 매점, 체육실, 독서실 등 여가선용을 위한 공간 확보
② 휴가, 외박 계획 및 순서 공개

라. 가급적 전 대원이 참여하는 문화, 예술활동 기회 부여

① 부대 소식지, 문예지 발간
② 특기나 취미 발굴, 서화전, 사진전 등 개최
- 가족, 친지, 친구 등과 함께 하는 시간 마련 - 부대 개방

③ 취미활동 동우회 활성화

마. 잔존 악습 제거

① 1부대 1전통 세우기 운동 적극 추진
② 부대내 주류 반입 및 음주 금지
③ 제대회식 등을 빙자, 외부 식당이나 다방에서의 쌍쌍파티 등 불건전 행위금지
  • 부대내에서 "다과회" 정도의 제대회식은 가능

3. 결 론

○ 사고없는 부대 육성

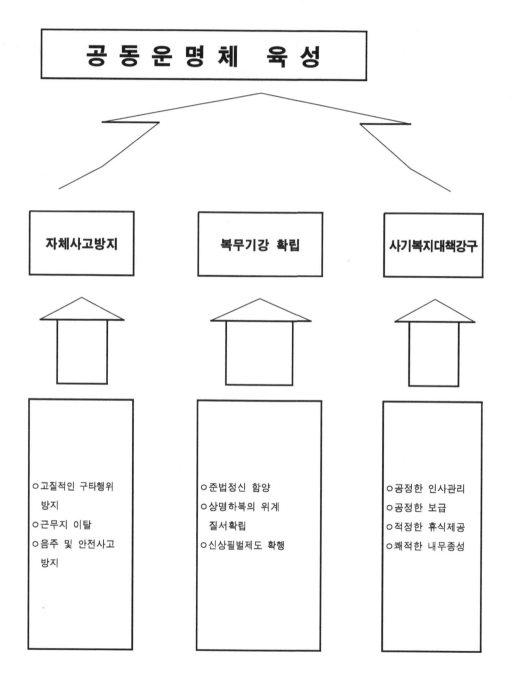

○ 전・의경 제도는 전투 경찰대를 위시하여 기동대, 시설경비, 교통보조 및 경찰행정 보근업무 등 경찰구성원의 일원으로 업무를 훌륭히 처리하고 있다.

○ 전・의경들은 20대전후의 젊은이들로서 혈기 왕성하고 감수성이 민감하며 단순하고 직선적인 사고방식을 가진자들이므로 최대한 활동하기 위해서는 경찰관은 전・의경에 대한 공동의식을 가지고 항상 대해 주어야 한다.

○ 어느부대를 막론하고 자체사고 없는 부대, 단결되고 사기 충전하는 부대을 육성함에 있어서는 지휘관의 확고부동한 신념과 끊임없는 관심・애정이 필요하며, 관리대상자들은 모두 나와 똑같은 인간이라는 평범한 상식으로부터 출발하여 지휘관 각자가 독특하고 창의적인 요소까지 가미한다면 전・의경 활용은 상당한 성과를 거둘 수 있을 것이다.

제7절 정보 경찰기획

✔사례 : 효율적인 첩보수집활동 개선방안

1. 문제제기

○ 1970년대부터 정보는 저장・관리될 뿐만 아니라 가공되어 조직의 목적에 맞게 재사용할 수 있는 핵심적인 도구로 인식되어졌으며, 1980년대에 들어서는 정보의 역할이 조직의 전략을 수행하는데 있어 지원의 역할로서가 아니라 전략수행의 핵심자원이 되어, 조직의 전략을 수립하고 시행하는 데 있어 가장 중요한 도구가 되었다
1990년대에 이르러 정보는 단순히 그 자체로서의 의무 뿐만아니라 정보를 가공하여 새로운 지식으로 재탄생시켜 사용하려는 노력이 활발하다

○ 그러나 경찰정보(범죄·일반정보를 총칭)에 있어서는 시대적인 환경변화에 신속히 적응하지 못하고 있는 실정이다. 이러한 변화는

　－ 매스컴의 발달로 누구나 쉽게 공개정보에 접근할 수 있고 특정분야에 있어서는 기업 및 언론·사회단체가 국가정보기관이상의 정보수집·분석능력을 보유하고 있는 현실이며

　－ 정치·경제등 모든 분야에서 전문화가 심화되어 충분한 지식없이는 정보수집 자체가 곤란할뿐만 아니라 새정부 출범이후 "국가정보기관의 활동도 합법적인 범위내에서 이루어져야 한다"는 국민적 공감대가 형성됨에 따라 첩보수집활동이 점차 어려워지고 있고

　－ 국정원이 정보기능을 축소한 것과 달리 검찰에서는 범죄정보기능을 강화(1998. 1.10, 범죄정보기획관제도 신설)하게 됨으로써 국정원(정책정보)·검찰(사정정보중심)등 조직 위상면에서 우위에 있는 기관과 치열한 첩보수집·분석 등 업무 경쟁을 해야할 현실이 도래하고 있다

○ 따라서 본고에서는 우리와 외국의 첩보수집실태를 비교하고 범죄첩보수집과 정보 과에서의 일반첩보수집을 망라하여 효율적인 첩보수집활동 개선방안을 논하고자 한다.

2. 첩보수집활동의 현실태

(1) 개　　관

○ 범죄첩보를 민생치안 주무기능인 수사부서에서 수합 및 분석하여 적절한 기획수사 전개등 보다 효율적인 범죄대책강구로 민생치안의 성공적인 수행을 위해 1991년 「수사첩보활동규칙」을 제정하였으나 아직까지도 범죄첩보수집활성화와 수집된 수사첩보의 효율적인 관리 및 활용이 제대로 이루어지지 않고 또한 형식적인 범죄첩보의 제출로 수사첩보의 질적 및 양적 수준이 기대이하이며 결국 범죄첩보수집이 경찰수사력강화로 직결되지 못하고 있는 현실이다

○ 이는 지금까지 경찰업무에 따른 정보분류상 범죄정보가 차지하는 비중이 미미함을

말해주며 경찰정보의 중점은 여전히 일반정보, 즉 국가의 안전을 위태롭게 하는 개인이나 단체의 모든 불법행위를 예방·수사하는 경찰이 수집하는 정보에 치중하고 있으며 정치, 경제, 사회 등 제반분야의 흐름과 문제점, 그리고 관련 국가정책결정을 위한 정보수집 등에 역점을 두고 있다

(2) 실　태

○ 「견문수집 및 처리요강」과 「수사첩보활동규칙」에 의거, 경찰관은 일반첩보이든 범죄첩보이든 구별없이 일정량을 수집·보고하면되나 수사경찰은 범죄신고나 고소사건의 처리에 치중하고 있는 등 업무과중으로 심층적인 첩보수집의 한계

○ **월간첩보수집기준량**

기 능 ＼ 구 분	보고건수	기 준
정보외근요원	30건	제한없음(일반 및 범죄첩보)
외근형사 및 강력	4건	범죄첩보만 4건
외근보안 및 외사	4건	제한없음
내근수사, 형사, 강력	2건	범죄첩보만 4건
내근 기타	2건	제한없음
파출소직원	4건	범죄첩보를 2건이상 포함

※견문수집및처리요강(경찰청예규 제29호), 수사첩보활동규칙(경찰청예규 제62호), 경찰관직무집행법(제2조3호) 등에 첩보수집근거를 두고 있으며, 경찰관은 각종 범죄와 방범에 관한 사항, 다중범죄와 관련된 사항 등 범죄첩보를 포함하여 일반첩보를 수집보고하고 있다

○ 형식적인 첩보제출로 인하여 범죄첩보의 양적·질적수준이 낮음

○ **최근 범죄첩보수집 현황**

구 분		수 집			평 가			
		목표량	제출건수	비율	중보	통보	기록	참고
계	98년	1,071,986	386,681	36.11	10,841	74,922	120,165	180,753
	97년	988,411	332,868	33.7	10,617	50,896	112,845	158,510

[분석]

· 범죄첩보제출을 의무화했음에도 제출건수가 목표량에 미달

· 특보와 중보가 차지하는 비율저조 (중보 3.2%, 특보없음)

· 보고건수의 대부분은 풍속위반에 관련된 첩보와 각종의 보도내용 등 공개된 것이 며 실제 범죄첩보처리내용은 수사중이거나 입건된 건수가 제출건수의 10%에도 미치지 못하고 있음

○ 범죄첩보보고로 인한 첩보누설로 수사에 지장이 초래될 것을 우려, 중요사안에 관한 범죄첩보보고를 기피하는 경향이고 업무과중과 형식적인 하명처리로 실제 하명 사건에 대한 조사 및 수사가 미진

○ 일반정보수집은 경찰관이 오관의 작용을 통하여 지득한 제견문 사실을 보고하면되 나 범죄첩보는 진실성, 완전성, 객관성 등 보고내용의 구체성을 요구하기 때문에 보고서 작성의 어려움이 상존

○ 정보요원의 자질부족으로 유가치한 첩보에 접근조차 할 수 없을뿐만 아니라 수집 된 첩보마저 개괄적이고 일반론적인 수준에 머물러 생산하기가 곤란하며 그나마 수집된 첩보를 즉시 제출하는 것이 아니라 월말에 일괄제출하는 경우가 많음

○ 정부주요시책에 대한 문제점 및 제언, 통치권 차원의 건의사항, 사회구조적 병리현 상에 대한 개선방향, 치안행정상 문제점, 사회지도급 인사 등에 대한 비리·사정차 원 첩보 등 심도있는 정책첩보수집이 저조

○ 첩보수집활동을 계획하고 수집된 첩보를 종합적으로 분석하여 정보로 생산하는 종 합관리기구 부재

3. 외국의 첩보수집제도 비교

(1) 독일

○ 1976년에 제정된 「통일경찰법모범초안」에 인적정보의 수집을 위한 신원확인, 감식 조치, 소환 외에 현저한 위험을 방지하기 위하여 필요한 경우에는 개인정보를 수집

할 수 있는 일반규정을 두고 있다

○ 경찰의 정보수집대상은 형사소송법상의 전신전화검열대상의 범죄, 성범죄 및 인신매매범죄, 특수절도 등 재산범죄를 포함하고 특히 공개적인 행사 등에서도 공공의 안전과 질서에 대한 위험의 발생이 예상되는 경우에 개인의 정보를 수집할 수 있다

○ 형사소송법상의 첩보수집방법
　－전산망을 이용한 스크린 검색
　－정보비교검색
　－전신·전화의 도청
　－신분위장수사관에 의한 잠입수사방법(주로 마약범죄와 조직범죄에 활용)
　－경찰관찰을 위한 수배(수배대상인물의 동정을 관찰)

○ 연방범죄수사국(BKA)의 첩보수집
　－범죄투쟁을 위한 자료 및 정보수집과 평가를 위해 자료처리부를 둠
　－관할기관에의 정보전달
　－개인의 신상에 관련된 자료의 수집, 처리, 보관과 전달의 권한을 가짐
　－테러조직들의 불법행위에 대한 첩보수집과 공작활동도 가능
　　※ 연방내무성 소속 연방범죄수사국의 인력은 3,480여명이며 그외 일반정보의 수집을 위해 연방헌법보호국(극우·극좌단체, 스파이등)과 주 내무성소속 주헌법보호국(주헌정질서파괴, 혼란)을 운영

(2) 미　　국

○ 미국의 국가정보활동은 연방법에 의하여 국외정보에 관한 사항은 CIA가 관장하며 국내공안정보 및 범죄관련 정보수집과 수사는 FBI와 재무성, 관세청, 마약단속국 등 연방정보수사기관이 담당하고 특히 범죄관련 정보를 전산화하여 관리하는 「통일범죄정보체계」를 운영하고 있다.

　한편 주경찰, 지방경찰은 전 기능에서 범죄관련 정보를 수집하여 자체적으로 처리한다
　※ 국내정치와 관련한 일반정보는 수집하지 않으나 연방법위반혐의가 있을때는 예외없이 정보수집과 조사활동을 벌임(예, 클린터대통령의 불법선거자금모금과 관련한 조사)

○ 그외 일반정보수집기관으로 국방성소속 8개 정보기구(국방·군작전), 국무성정보국(국가정책결정), 에너지성정보국(과학, 기술, 에너지)등이 있음

○ 각 주의 경우
  - LA : 일반정보기능 담당부서는 없으나 경찰국내 조직범죄과 및 대테러범죄과는 관련정보수집을 수행
  - NY : 형사부 정보과에서 관련첩보수집 처리기능을 담당하며 활동방법을 경찰업무지침 PATRAL GUIDE의 정보활동편에 명시되어 있음
  - 시카고 : 경찰훈령(General Order)으로 범죄 및 일반정보활동을 규율
  - 일리노이 : 경찰훈령에 근거, "범죄관련 및 지역사회를 위협하는 행동"에 관한 정보수집이 가능

(3) 영   국

○ 범죄첩보수집을 위해 「국립범죄정보국」('98. 4. 1이전까지 내무성소속에서 독립된 관리위원회로 이관)에 정보분석국, 국제국, 국내국 3개국과 그 하부조직으로 6개 지방분국을 운영하고 인력은 614명이며, 지방경찰청 형사국에 범죄 정보과에서 광범한 범죄첩보의 수집·분석을 수행하고 있다
  ※ 그외 우리의 국정원과 같은 기관인 「보안국」(속칭 M15국내정보)과 「비밀정보국」 (속칭M16해외정보), 「군정보국」이 있음

○ 1992. 4 영국내 조직적인 범죄에 대하여 첩보를 수집하여 이를 예방하고자 NCIS (National Critical Intelligence Service)를 창설하여 상당한 성과를 거두고 있다
  - NCIS는 모든 수집된 정보를 국제기관과 공유하고 협력
  - 업무효율화를 위하여 주 정부차원에서 일선경찰청에 관련법 제정, 네트워크시스템 구축 등 지원을 아끼지 않고 있음
  - 정보제공자의 모집, 동기부여, 향후 안전을 보장함
  ※ NCIS 내 SPB과를 두어 수집된 첩보를 분석하여 각종 정보를 유관기관에 제공

(4) 일   본

○ 경찰법, 경찰관직무집행법 등에 "치안정보수집"이라는 명문규정은 없으나 경찰법 제2조의 "공공의 안정과 질서유지", 경찰관직무집행법 제1조의 "공안의 유지"로 표현되는 조항에 따라 정보활동이 인정되며 이에 근거하여 경찰청 조직령(1954. 6. 30)에서는 경찰청경비국의 소관사무로 정보활동을 규정하고 있다

※ 정보업무의 담당부서는 경찰청 경비국 공안·외사기능 → 관구경찰구 공안부 → 도도부현의 경시청 공안부 → 경찰서경비과에 공안1계~공안4계를 두어 범죄첩보와 일반치안정보수집업무를 병행

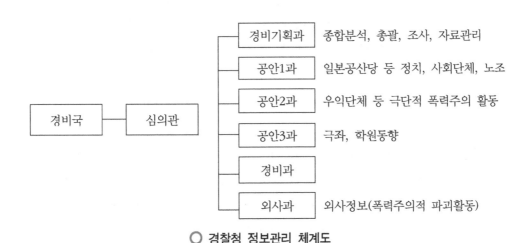

○ 경찰청 정보관리 체계도

경비국 — 심의관
- 경비기획과 — 종합분석, 총괄, 조사, 자료관리
- 공안1과 — 일본공산당 등 정치, 사회단체, 노조
- 공안2과 — 우익단체 등 극단적 폭력주의 활동
- 공안3과 — 극좌, 학원동향
- 경비과
- 외사과 — 외사정보(폭력주의적 파괴활동)

○ 활동범위

– 정치, 경제, 사회, 문화, 국제 등 공안에 관한 사항을 모두 다루며 일본공산당, 우익, 극좌, 학원, 노조대상 정보활동에 주력하고 경찰청에서 전국적인 상황·활동을 지휘·조정·통제한다

※ 공안과는 정보요원별로 담당기관을 지정해 대상기관의 정밀한 업무파악에 주력하나 고정적인 기관출입은 할 수 없음. 다만, 공산당 등 주요 정당의 특이동향수집은 별도로 파괴활동방지법에 따라 허용됨

– 공개자료의 수집과 공식·비공식적인 견문보고서는 물론 미행·잠복·도청, 정보망을 운영하며 지·파출소 직원을 비롯한 모든 경찰관은 월 1회 이상의 첩보를 제출함

※ 지·파출소 직원은 각각 담당구역이 있으며 호구조사, 순회연락(방범조사)을 통하여 첩보수집·보고함

4. 개선방안

(1) 범죄첩보수집 활성화 방안

○ 범죄첩보의 가치와 체계적인 첩보수집에 대한 인식제고
   범죄첩보는 수사의 출발점이자 수사의 성공여부를 좌우하는 중요한 요소가 되며 특히 마약, 조직범죄, 경제범죄, 컴퓨터범죄 등과 같은 새로운 범죄유형이 등장하면서 적극적인 범죄첩보수집활동 없이는 신속한 범죄해결은 어려우므로 범죄첩보에 대한 인식제고를 위해 범죄첩보론에 관한 교육이 강화되어야 함

○ 범죄첩보 수집대상과 방식에 관한 법적근거마련 필요
   독일의 형사소송법과 통일경찰법초안에 규정하고 있는 장기간의 관찰, 사진촬영, 도청 등 과학적 수사장비투입 등이 가능해야 하고 조직범죄의 경우에는 경찰관이 신분을 위장하여 투입할 수 있는 등 일정한 범죄의 예방을 위해 특별한 방식을 도입할 수 있는 법적근거마련이 긴요함

○ 첩보업무전담기구와 범죄첩보관리분석 전문요원 양성
   검찰·국정원 등에서는 이미 조직개편을 통해 첩보수집, 분석 및 관리기능을 강화하고 있으나 경찰은 오히려 첩보수집인력 등을 감축시켜 타기관과의 질적·양적 경쟁에 뒤지게 될 우려가 있으므로 범죄정보를 종합관리할 수 있는 전담기구 및 전담요원 양성이 필요
   ※ 예컨대 경찰청 수사국하에 「범죄정보센타」(지방청의 경우 범죄정보관리팀)를 신설하여 범죄정보의 수집·분석 및 관리를 체계화 할 필요

○ 제출의무제를 인센티브제로 전환
   범죄첩보를 의무적으로 제출하는 것보다 자율적으로 범죄첩보를 제출하는 경우 분기별 포상 및 인사고과에 반영하는 방식으로 전환하고 범죄첩보에 의한 수사성공

사례의 경우에는 첩보자, 검거자, 수사자 등 공적을 배분하는 명문규정이 필요

○ 매월 또는 분기별 중점 범죄첩보지정

지방청마다 매월 또는 분기별로 조직폭력, 선거, 경제, 공무원범죄 등 중점분야를 지정하여 범죄첩보를 수집토록 하고 이를 기획수사와 연결시키는 방안 마련

○ 행정업무자동화로 범죄첩보 보고 및 처리결과 통보 간소화

신고양식의 간소화로 업무를 경감시키고 관리 및 처리결과에 대한 통보업무도 전산화하며 보고, 분석처리, 통보절차를 체계화하여야 함

○ 정보종합체계의 신속한 추진 및 새로운 정보기술들의 도입

- 수집된 첩보 및 기타 행정관련정보를 관리하고 그림이나 사진 등 멀티미디어 형태의 자료들을 활용할 수 있도록 데이터베이스 구축과 과거의 데이터를 함께 관리함으로써 첩보의 추세들을 분석하여 의사결정을 지원해 줄 수 있는 데이터웨어하우스(Data Warehouse) 기술 등을 도입

- 전산망을 통해 범죄첩보 및 수사정보를 상호교환하고 각 자료의 관련 여부를 조사하여 압축하는 다각대조시스템 등을 구축

(2) 정보요원의 첩보수집 활성화 방안

○ 충원·인사면

- 객관적 선발기준 및 충분한 사전검증없이 일단 선발후 형식적인 심의 절차를 거치는 것보다 부서장 등 소수의 주관적 판단이 아닌 관서별 충원계획을 사전공고, 모든 경찰관에게 동등한 기회를 부여하는 방식을 우선 채택

- 소위「정보인력 pull제」를 도입, 분야별 정보요원자격자를 사전확보, 결원시 선발

- 경찰서 과·계장 간부는 정보경력을 충분히 고려하여 1차배치한 후 정보수요가 적은 곳에서 많은 곳으로 상향조정하는 방식을 예외없이 적용

※ 정보경력이 없거나 능력검증이 되지 않은자를 정보수요자 많은 경찰서에 배치, 업무수행에 차질을 빚고 있는 것이 현실

○ 교육·훈련면

 - 정보요원에 선발된 후, 정보활동에 필요한 최소한의 소양교육은 물론 전임자와의 명확한 업무 인수인계도 없이 바로 근무에 당하게 되고, 상당기간의 직접 체험과 선배를 따라 배우는 「도제식」 방법만으로 단기간내 능력향상이 곤란한 바
 - 정보요원 개별능력 향상 및 업무전체 발전을 위해
   · 정보요원은 정보교육을 반드시 이수토록 하는 것은 물론, 정보요원이 되고자 하는 경찰관에게도 교육기회를 부여한 후, 정보요원 후보자로 관리

◯ 정보교육현황

구 분	대 상	기간	과 목
전문화과정	경위·경사	4주	42과목 130시간(소양17, 실무109, 기타26)
실 무 반	경장·순경	2주	25과목 76시간(소양9, 실무51, 기타16)
채 증 반	경사 이하	1주	14과목 38시간(실무34, 기타4)

   · 교육과정상 실무교육의 비중(총 교육과목중 67%~82%)을 높이고 교육내용도 현장에서 활용이 가능한 구체적인 것으로 개편하는 한편, 교관으로 국정원 교수 또는 국정원 위탁교육 간부를 활용하는 방안 강구
   ※ 국정원의 경우, 접촉대상 선정시 필요한 「대상 분석방법 및 접근시 착안점」은 물론, 차후 협조망으로써 활용하기 위한 「사후관리 방법」까지 구체적으로 교육중이며, 실무현장 경험을 중시하여 교수요원과 정보요원간 인사교류 원활
 - 특히, 정보간부에 대한 국정원 위탁교육을 더욱 확대하고, 교육 이수자에 대하여 고급과정을 추가 이수할 수 있도록 기관협조

   기관장 등의 변동에 따른 자의적 운영을 방지하기 위해 인사·교육관련사항을 경찰청 훈령·예규로 규정한 후 위반시 제재방안 검토

○ 기구·인력운영면

 - 현제체는 상황과 분석업무를 병행토록하여 전문성이 떨어짐에 따라 상황이 과중한 시기는 물론, 평상시에도 고급정보 생산을 기대하기 곤란한 바,
 - 기획정보·분석 및 상황관리로 담당업무를 구분·전담하는 등 전문성을 강화하

기 위하여

- 본청은 최종단계의 기획부서라는 점을 감안, 2과 기정업무(계단위)를 분리, 기획 정보과를 신설하여 치안정보 종합업무를 담당

- 지방청은 전국상황에서 차지하는 비중을 고려, 정보상황실(계단위)을 신설하여 상황관리를 전담토록 하고, 각 계에서는 대책수립 및 분석업무를 담당

  ※ 대형 집회·시위와 관련, **주무계(대책반)에서 대책서를 작성한 후 정보상황실로 주게되면 이에따라 상황관리 및 결과를 종합보고하는 방식으로 운영**

- 업무수행시 필요에 따라 주무 과·계에서 독자적으로 공개정보를 수입하고 있어 공개정보에 대한 효율적인 관리체제가 미비되어 있고 수집된 정보도 해당분야에만 유용한 토막정보에 불과하여 상호간 정보교류 및 지원이 불가능한 실정인 바, 종합적인 공개정보 관리를 위해 본청 및 지방청에 정보자료실(계단위) 신설

  ※ **정보자료실은 신문·방송·인터넷 등을 이용한 공개 정보검색 및 분석업무 담당**

> 정보수요 변화에 능동적으로 대처할 수 있도록 부서별 총정원 범위내에서 부서장에게 기구·인력을 조정할 수 있는 권한을 부여하는 방안 검토

○ 기   타

- 첩보수집활동을 계획하고 수집된 첩보를 종합적으로 분석하여 정보로 재생산하는 종합관리기구를 신설, 첩보에 대한 평가와 기록관리의 책임을 부여

  ※ **검찰은 '99. 1 대검찰청에 범죄정보기획관과 범죄정보담당관을 신설하여 범죄정보 수집 및 관리기능을 강화하고 있는데 경찰과 거의 동일한 정보업무를 취급하는 등 검찰의 정보기관화가 우려됨**

〈검찰의 정보업무내용〉

- 부정부패 사범, 경제질서 저해사범 등 정보의 수집 및 관리에 관한 사항
- 신문, 간행물, 정보통신의 공개범죄정보 수집과 분석
- 대공, 사회단체 및 종교단체 관련 공안사건 범죄정보의 수집 및 분석
- 선거, 학원, 외사, 노동관련사건 정보의 수집 및 관리에 관한 사항 등

– 정보외근요원감축으로 사건·상황의 추적에 급급, 기획·심층정보접근이 불가
능하므로 주요정책·시책자료 등 정책기획첩보수집 능력 강화

**※ 국회경비대, 종합청사경비대, 공항경찰대 등 직할대에 치안정보요원을 지정하는
것도 방법**

– 정보경찰의 경쟁력 제고와 열심히 일하는 분위기 조성을 위해 첩보수집에 대한
「실적관리제」를 실시, 경찰정보의 질적수준을 향상시키고 우수자 표창, 미달자
도태 등 엄정한 신상필벌확행 필요

– 월간, 주간, 일일EEI, SRI 부여 정례화로 생동감 있는 첩보수집 등

> 자치경찰제를 시행할 경우 「경찰법」을 개정하여 경찰의 임무와 권한 규
> 정에 「치안정보수집·작성 및 관리에 관한 사항」을 포함시켜 효율적인 경
> 찰행정집행과 적법성 확보가 긴요

제8절 ✱ 보안 경찰기획

✔ **사례 : 북한이탈주민 관리상 문제점과 개선방향**

1. 목 적

남북분단이후 휴전선과 해안 등을 통하여 간헐적으로 있어왔던 탈북자가 동구 유럽의
사회주의 체제 붕괴 및 북한내부의 극심한 식량난 등 경제적 어려움으로 '90년대 이후
대폭 증가추세에 있는바, 이들의 자유민주주의 체제에서의 적응상의 어려움, 의식구조
등 종합적인 생활상을 저 자신이 경찰청에서 탈북자 신변보호 업무를 담당하면서 얻은
관련자료를 검토분석하여 장차 증가추세에 있는 탈북자의 효율적 관리를 도모함에 있음

2. 개 요

1) 탈북자 수의 연도별 증가추이 및 탈북자가 발생했을 경우 이들을 관리·보호하는 부처별 업무범위와 법적근거를 밝히고

2) 이들의 의식구조를 비롯한 종합적인 생활상을 기실시한 설문자료를 이용, 분석하며

3) 향후 이들이 자유민주주의 사회에서 빠른기간내에 정착, 건전한 민주시민으로 생활할 수 있는데 필요한 법적·제도적장치 등 대안 제시

3. 관련근거

1) 북한이탈주민의 보호 및 정착지원에 관한 법률 ('96.12.17 법률 제5259호)

2) 북한이탈주민의 보호 및 정착지원에 관한 법률 시행령('97. 7.14 대통령령 15436호)

3) 북한이탈주민 신변보호지침 ('97. 8. 1 국정원 지침)

4) 북한이탈주민 신변보호지침 ('99. 1. 1 경찰청 지침)

4. 업무범위

1) 경 찰 청 : 신변보호를 주업무로 하고 기타 생활정착 유도 및 애로사항 청취 → 관계기관 통보

2) 통 일 부 : 정착금 지급, 주택 및 취업알선, 직업훈련, 고충상담, 기타 민원처리 등 관리업무

3) 국 정 원 : 유관기관 업무조정, 중요대상자 신변보호, 합동신문

4) 국군정보사 : 수용관리 및 합동신문, 기타 자매결연 등 업무수행

5. 증가추이

1) 신분별
('99.4 현재)

구 분	계	민 간 인		군 인	간 첩		중국귀환	국군 포로
		일 반	벌목공		자 수	검거전향		
계	676	372	45	181	27	20	27	4
특 별	137	119	4	7	1	2		4
일 반	539	253	41	174	26	18	27	

2) 연도별
('99.4 현재)

구 분	계	'780|전	'79~ '93	'94	'95	'96	'97	'98
계	676	326	70	46	39	51	84	49
특 별	137		4		5	2	84	48
일 반	539	326	66	46	34	49		1

6. 관리 및 보호

(1) 관 리 (통일부)

○ 보호신청 및 결정
  - 재외공관 기타 행정기관의장에게 신청
  - 통일부장관은 북한이탈주민협의회 심의를 거쳐 보호여부 결정
○ 주거지원, 취업알선 및 사회적응 교육
○ 북한이탈주민대책협의회 운영
  - 위원장은 통일부 차관, 위원 20인이내 구성
  - 보호의 결정 및 정착지원에 관한 사항 심의
○ 재단법인 북한이탈주민후원회 관리

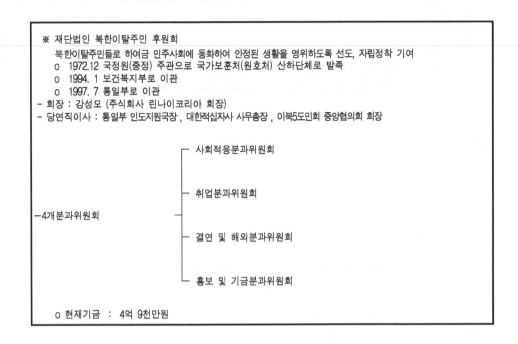

```
※ 재단법인 북한이탈주민 후원회
   북한이탈주민들로 하여금 민주사회에 동화하여 안정된 생활을 영위하도록 선도, 자립정착 기여
   o 1972.12 국정원(중정) 주관으로 국가보훈처(원호처) 산하단체로 발족
   o 1994. 1 보건복지부로 이관
   o 1997. 7 통일부로 이관
 - 회장 : 강성모 (주식회사 린나이코리아 회장)
 - 당연직이사 : 통일부 인도지원국장, 대한적십자사 사무총장, 이북5도민회 중앙협의회 회장

                              ─ 사회적응분과위원회

                              ─ 취업분과위원회
 ─4개분과위원회            ─
                              ─ 결연 및 해외분과위원회

                              ─ 홍보 및 기금분과위원회

   o 현재기금  :  4억 9천만원
```

(2) 보 호 (경찰, 국정원, 기무사)

o 수용보호

북한이탈주민 발생시 국군정보사 합동신문소에서 통상 3~5개월 수용하고 국정원, 경찰, 기무사, 정보사 합동 신문, 순화

o 특별보호

- 신병인수후 2년간 (연장 또는 단축가능)

- 전담경찰관 지정 1:1 또는 1:2 상시적 신변보호체제 유지

- 관내 저명인사를 상담관으로 지정 자유민주시민으로 조기정착 유도

o 일반보호

- 특별보호 해제와 동시 친목단체인 「숭의동지회」에 편입

- 지역담당 경찰관이 수시 신변안전 확인

7. 실태조사

(1) 개 요

○ 조사기관 : 경찰청, 통일부
○ 기   간 : '98. 10. 19~'98. 11. 14 (27일간)
○ 방   법 : 우편을 이용한 설문조사
○ 대   상 : '90년이후 입국자 328명중 국내거주자 286명
  ※ 이중 161세대 214명 응답 (75%)
○ 내   용 : 기초 인적사항(주소, 연락처 등), 경제문제(직업, 소득, 재산 등), 취학
          및 직업훈련, 생활상의 애로점 등 생활실태, 기타 사회 적응관련 사항

(2) 사회적응 및 생활실태

○ 구 분
'90년 이후 국내거주 북한이탈주민의 생활실태는 첫째 '90년~ '93년도 입국자, 둘째 '94년~ '96년 입국자, 셋째 '97년~ '98년 입국자 등 크게 세그룹으로 구분할 수 있었음

○ 실 태
① '90년~ '93년도 입국자
이들은 취업률 100%, 소득, 재산수준, 정착지원 만족 64.7%, 한국생활에서의 만족도 77.3%로서 여타 입국자보다 대부분 만족도가 높아 비교적 안정된 정착 생활을 하고 있어 특별히 문제가 없는 그룹임

② '94년~ '96년 입국자

이들은 취업률이 70%정도이고 소득수준은 매우 높게 나타 났으나 정착지원 만족도가 30%, 한국생활 만족도 50% 정도로 가장 낮았고 재산수준도 가장열악한 것으로 나타나 사회, 심리적으로 특별한 관심과 교육이 필요한 그룹임

③ '97년~ '98년 입국자

이들은 취업률이 50%정도이고 소득수준은 매우 낮았으나 정착지원 만족도가 50%정도이고 한국생활에 대한 만족도가 70%정도 상대적으로 높게 나타났음. 취업 등에 대한 특별한 지원이 필요한 그룹임

○ 분 석

이러한 입국년도별 이탈주민의 사회적응상의 특징은 관련법의 변천에 따른 정착지원 수준·방법 및 국내경제사정과 밀접한 관련이 있는 것으로 분석

- 월남귀순용사 특별보상법('79년~ '93년)상에서는 국가유공자에 준하는 대우
- 귀순북한동포보호법('94년~ '97.7월)상에서는 정착금 대폭삭감 등으로 정부의 정책전환에 대한 불만이 가장 크고, 국내경제 호황으로 초기 취업률은 90%이상으로 좋은편이었으나 최근 경제난 등으로 부적응자가 많이 발생
- 북한이탈주민 보호 및 정착지원에 관한법 ('97. 7월~현재) 상에서는 정착금이 감소되고 국내경제사정 악화로 취업은 부진한 편이나 사회적응교육의 내실화 및 직업훈련 강화로 심리적 안정감은 높은편이었음

(3) 생활환경 (총 676명, 경찰청관리대상)

○ 서울 (371명), 경기 (140명), 인천 (44명), 부산 (34명) 등 4개 시도에 전체 북한이탈주민의 87.1%가 거주, 특히 서울·경기·인천 등 수도권에 82% 거주
○ 연령은 50대가 99명, 60세 이상이 259명으로 53%가 고령자
○ 직업은 공무원 (9명), 국영기업체 (50명), 회사원 (126명)을 비롯 231명이 다양한 직업에 종사
　　※ 미취업자 260명
○ 주택은 자가 (303명), 임대주택 (286명), 전세 (70명), 월세 (17명)로 그중 87%가 자가 또는 임대주택 거주

(4) 범죄화 경향

○ 자유민주주의 체제 적응에 실패한 일부 탈북자의 경우 강도·절도 행위 등 범법자로 전락

○ 최근 IMF사태이후 실직으로 극히 일부 노숙자 발생 가능성 대두

○ 최근 범죄추이 ('95년도 이후~ '99. 4 현재)

계	강 도	강 간	절 도	상 해	폭 력	기 타
83건	3건	2건	3건	2건	31건	42건

(5) 기타사항

○ 의식구조

－'97년 "북한이탈주민의 보호 및 정착지원에 관한 법률"시행 이후 "북한이탈주민" 이라는 용어와 관련 거부반응을 느끼고 있으며 특히 정착금, 보로금 지급액수와 관련한 불만감 포지

－ 의식이나 사고방식이 사회주의 사회에서 출생 성장하면서 피동적·의존적 성향으로 굳어져 성실하고 건전한 근로관념 결여

－ 자신들의 능력은 고려치 않고 대기업 사무원이나 대기업가를 꿈꾸며 경우에 따라서는 일확천금을 얻으려는 허황된 마음가짐 소유자 다수

－ 신변보호 등 경찰의 근접보호를 감시 또는 사생활 침해로 오해

－ 자유민주주의를 몰이해 방종으로 착각, 사회적응에 어려움 상존

○ 인적구성

－ 탈북자 수가 늘어나면서 탈북동기가 체제나 이념상의 갈등 문제보다 단지 자신의 신변안전을 도모하고자 탈북을 결행한 자의 비율 증가

－ 재북시 형사상의 중범죄(살인, 강도, 강간 등)를 범한 자와 러시아 벌목공출신 탈북자 수의 비율 증가로 의식수준 및 질의 저하

○ 일부 문제탈북자 중심 반정부성향 대두

　－「자유를 찾아온 북한인 협회」라는 임의단체 결성

　－단체성격

　　・기존 공식단체인 「숭의동지회」와는 별도 임의단체

　　・비판적 의식을 갖고 있는 일부 문제탈북자 중심 결성

　　・전면에 인권문제를 내세우지만 내면으로는 다분히 체제부정적 반정부성향

　－배　경

　　・기존 탈북자들의 내재되어 있던 욕구불만이 정착금 상향 조정과 맞물려　일시에 표출

　　・북한이탈주민 상호간 이질감 팽배(년령, 시기, 동기, 과정 및 현생활 수준 환경 등의 요인으로 일체감 부족)

　　・재야인권단체의 문제 탈북자와 연계접촉 및 사주

　　・입국직후 합동신문 과정에서의 조사절차를 인권침해라고 주장, 이의 시정 요구 및 책임자 처벌, 피해보상 요구

　－결성과정

　　・ '98.12.13 (일) 서울 종로구 흥사단 3층 회의실 탈북자 34명이 「자유를 찾아온 북한인협회」 결성

　　・ '99. 1.15 (금) 서울 중구 카톨릭회관 3층 천주교 인권위사무실 탈북자 12, 인권단체 4, 기자 등 50여명이 참석하여 공동 기자회견

　　・ '99. 1.24 (일) 서울 종로구 흥사단 3층 회의실
　　　탈북주민 10여명참석 임원진 구성, 인권유린 중지, 생계유지대책 요구

8. 문제점

(1) 수용 · 조사과정의 문제

○ 탈북자에 대한 대한민국의 실상이해 및 사회정착 교육을 전담 할 수 있는 전문 수용시설의 미비

○ 조사과정에서 인권침해의 오해소지 개연성

(2) 정착금의 비현실성

○ '94년 "귀순북한동포보호법", '97년 "북한이탈주민의 보호 및 정착지원에 관한법률"
  시행후 현실경제 여건과 괴리된 낮은 수준의 정착금 지급으로 조기정착에 실패
○ '94년~ '98년 사이 북한을 이탈한 주민들의 정착금 지급에 관해 불만팽배

(3) 취업 및 직업교육 미흡

○ 북한이탈주민과 직업훈련기관간 협조체제 결여
○ 체계적인 직업훈련 프로그램 미흡
○ 실직자를 위한 재취업 기회 부족

(4) 지방자치단체(업무위임기관)의 활동 저조

○ 사회적응교육이나 취업알선, 직업훈련, 기타 생활보호 등 탈북자들이 우리 사회에
  조기정착할 수 있도록 하는 지원업무가 통일부와 일선 지방자치단체간의 유기적
  협조체제하에 이루어지도록 관련법규에 규정되어 있으나
○ 일선자치단체의 이해부족 및 업무기피 현상으로 이들의 역할 및 업무실적이 거의
  없는 실정임

(5) 막연한 기대감, 물질적 욕구 팽배

○ 북한이탈주민이 민주시민으로서 지켜야 할 의무보다는 막연한 기대감이나 물질적
  욕구 팽배
○ 자신의 자질과 능력을 고려치 않고 서울에 거주코자하며 대기업 사무직 희망
○ 국가가 생활대책을 마련해 줄 것이라는 기대감으로 직업훈련 기피
○ 신변보호를 담당하는 경찰관에 대하여 사생활을 간섭한다는 등 불만포지

(6) 북한이탈주민 상호간 이질감 상존

○ 귀순동기, 경위, 시기, 연령 및 현 생활환경 등의 요인으로 일체감 부재
○ 일부회원 중심으로 숭의동지회와 별도의 임의단체 결성
    (※ 통일복지회, 자유를 찾아온 북한인 협회 등)

(7) 범죄화 경향

○ 자유민주체제에 적응하지 못한 일부 탈북자 범법자로 전락
○ 최근 경제난으로 인하여 걸인 및 노숙자 전락 우려

(8) 보안요원 부족 및 업무과중

○ 탈북자 지속적 증가 및 수도권 집중, 장기보호 등으로 탈북자 보호업무
    폭발적 증가
○ 주거, 취업, 의료 등 경찰고유업무 외 부수적 업무 수행

(9) 서울, 경기 등 수도권 집중

주거시설, 본인희망 등으로 대상자가 주로 수도권에 집중되어 관리상의 혼란
및 어려움 초래

9. 대 책

(1) 법제도 개선

○ 취업보장 및 창업융자제 도입
  -사회적응과정에서 일정기간 동안 취업보호 실시(노동부 등)
    ·3~5년(취업보호기간)간, 국가의 인력수급 계획을 고려한 업종의 위주로 취업

보호 실시(2회로 한정)

- 북한에서의 경력자 및 직업훈련을 받고 자격증을 취득한 자에게 우선적으로 적용하여 직업훈련과의 연계강화
- 고용지원금 제도와 연계 (노동부 등)
  - 취업보호를 수용한 기업에 대해서는 임금의 일부를 정부에서 보조하여 부족한 직업능력 보전
  - 지원내용 : 임금의 1/2을 취업후 1년간 지원
- 창업 및 영농 지원제 (노동부)
  - 북한이탈주민후원회 기금을 활용, 장기저리로 융자(기금확보 전제)

○ 소득보장제 실시
  - 실업자, 고령자, 영세자들의 기본적 생활수준 유지를 위해 고용보험, 연금보험 등을 활용한 소득보장제 실시
    - 정착지원시설에서 받는 직업훈련 기간부터 고용보험 특례 규정
    - 국민연금에 정부 혹은 후원에서 기여금 지원방안 강구
  - 소득감면의 특례
    - 거주지 전입후 일정기간동안의 소득의 세금 감면혜택

○ 북한이탈주민 호칭변경 및 보로금 문제
  - 북한이탈주민중 「이탈」개념의 어감에 대한 반발에 따라 법개정시 호칭변경 문제도 신중히 검토
    - 자유북한인, 북한이주민, 탈북이주민 등 검토 가능
  - 탈북자들간의 불만소지가 되고 있는 보로금 지급규정을 삭제

(2) 사후관리체계 구축 · 운영

○ 지방자치단체 담당관 지정 · 운영
  - 지방관서 전담관
    - 거주지 보호담당관(시 · 군 · 구 사회복지과 공무원)
    - 신변보호 담당관(관할 경찰서 경찰관)
    - 고용상담관 (지방노동사무소 공무원)

○ 지역별 북한이탈주민 지원단체협의회 구성

　　· 지방관서 전담관, 민주평통 지역협의회, 탈북자지원 민간단체 등

○ 북한이탈주민후원회를 중심으로 민간지원단체 네트워크화 및 특화된 지원을 지속
적으로 유도

(3) 전문 수용시설 건립

탈북자 입국후 대한민국의 실상 및 자본주의 체제 이해와 사회정착을 위한 직업교육
의 효율화를 도모하기 위하여 전문수용 시설 확보 시급

**※ 경기도 안성군 삼죽면 유곡리 소재 최대 500명 까지 수용할 수 있는 수용시설 건립중
(99. 5.30일 준공예정이며 4월말현재 90% 진척 상황)**

(4) 조사방법의 개선

○ 현재 탈북자 발생시 관계기관 합동으로 하고 있는 신문과정이 인권침해의 소지가
있는 점을 감안 조사방법을 전향적으로 개선 투명성 확보

○ 위장귀순여부 식별 및 전략정보 추출이라는 국가적 이익과 개인의 인권보장이라는
법익과의 조화 도모

(5) 정착금 상향 조정

○ 현 경제여건에 맞는 정착금 지급으로 조기 자립정착기반 구축

○ '94~ '98년 탈북한 이탈주민들에 대하여도 아래 표의 내용과 같은 수준의 정착금
및 주거지원금 등의 경제적 혜택이 돌아 가도록 하기 위한 방안 강구(그러나 이들
에게는 법 개정시 소급적용 조항신설이 불가능하다는 이유로 극빈자, 병약 불우자
에 대하여만 월 35만원씩 지급 - 시행중)

○ 정 착 금 ('98.12.31 시행령 개정)

구 분	현 행	조 정	비고
기본금	○ 월최저임금 60배이내 ·1급(8인이상) : 60배 ·2급(5~7인) : 50배 ·3급(3~4인) : 40배 ·4급(2인) : 30배 ·5급(1인) : 20배	○ 월최저임금의 160배 이내 ·1급(5인이상) : 160배 ·2급(4인) : 150배 ·3급(3인) : 130배 ·4급(2인) : 110배 ·5급(1인) : 80배	3.2배 3.8배 3.3배 3.7배 4배
가산금	○ 월최저임금 40배이내 ·13세이하, 60세이상 : 10배 ·중증장애, 장기치료요 : 20배 ·자활능력 감안 필요 : 10배 ※ 동일인 중복시 1개만 적용	○ 좌 동 ·18세이하, 55세이상 : 10배 ·좌동 (3개월이상 10배) ·좌동 ※중복조항 및 인원제한 삭제	

○ 주거지원금 ('98.12.31 시행령 개정)

구 분	현 행	조 정	비고
임대 보증금	·8인이상 : 17평 ·5~7인 : 15평 ·3~4인 : 13평 ·1~2인 : 11평(840만원)	·5~7인 : 21~25평 ·4인 : 19평(1,260만원) ·3인 : 17평(1,155만원) ·2인 : 15평(1,050만원) ·1인 : 13평(945만원)	지방거주 가산금 3~5%→ 10~15% 인상
무상 지원	·세대주 중병, 중증 신체장애 ·기타 신변보호 등 특별사유	·좌 동 ·좌 동	

· 월 최저임금의 100배이내 → 200배 이내   · 1인기준 최저 1,500만원 → 3,700만원

(6) 기 타

○ 자질 및 인성파악 철저

　－수용관리기간 연장

　－대공정보 수집 이외의 본인에 대한 정밀한 자질 및 인성파악

○ 직업훈련 및 재취업기회 확대

　－직업훈련 및 취업알선, 생활대책, 주거지원책 강구

　　－취업을 했다가 실직한 사람에 대하여 재취업기회 보장

　　－민주시민으로의 지켜야 할 규범 등 적응교육의 다원화

○ 특별보호기간 탄력적 적용

　　－현행 2년간 특별보호 기간을 직업, 사회생활 적응능력을 고려 단축 또는 연장 등 탄력적 적용

　　－전담관의 합리적 판단 지정(일가족, 유아 등)

○ 전국 분산배치

　　－수도권 집중을 방지하기 위하여 가급적 지방분산 배치 ← 관계기관 협조

　　－전국분산배치를 위하여 지방의 교회나 후원자를 선발, 자매결연 유도

제9절　외사 경찰기획

✔사례 : 외국인 범죄의 효율적 대처 방안

1. 개　념

(1) 외국인의 일반적 정의

외국인이란 대한민국 국적을 가지지 않은 자(외국 국적자)로서 원칙적으로 내국인과 마찬가지로 대한민국 주권에 복종하여야 하나 단지, 조약 및 국제법에 의하여 각각 상이한 지위를 갖게된다. 여기서 외국인이란 사인으로서의 외국인을 말하며 외국의 공적기관이나 그 지위에 있는 자, 외국의 외교관 및 군대는 이에 포함되지 않으나 범죄의 주체 및 객체로서는 이를 모두 포괄하는 개념으로 이해된다.

(2) 외국인의 권리와 의무

1) 외국인의 권리

○ 국제법상 생명·신체·명예에 관한 인격과 재산권은 원칙적으로 내국인과 동등하게 인정되며 보호를 받는다

○ 거주, 영업 및 기타 경제적·사회적인 권리는 두 국가간에 상호적으로 인정하는 경우가 많다.

○ 공법상의 권리에 관해서는 인정치 않음이 보통이며, 사법상의 권리에 있어서도 신분상의 권리 또는 국가의 안전 및 국민의 이익보호를 위하여 필요한 권리는 제한하고 있다

2) 외국인의 의무

외국인은 원칙적으로 내국인과 동일한 의무를 갖는다. 따라서 경찰권, 과세권 및 재판권에 복종할 의무를 가진다.

(3) 외국인 범죄

현대는 교통, 통신, 전산 시스템의 발달로 인해 범행의 장소 및 대상 등에 있어 국경을 초월하고 있으며 범행 후 수시 세계각처로 도주할 수 있는 상황이며 범죄의 무국경화 현상은 복잡한 사회구조와 국제교류 증가로 더욱 뚜렷한 양상을 보이고 있다.

외국인 범죄란 외국 국적을 가진 사람에 의해 행해지는 범죄를 말하며 범죄의 주체, 객체, 행위, 보호법익, 결과 발생 등의 요소가 2개 이상의 주권국가와 관련된 범죄로서 예방, 검거, 소추, 처벌을 위해 국가간 협력을 필요로 하는 범죄를 말한다.

따라서 외국인 범죄는 어느 특정범죄에 국한되어 있는 것이 아니고 광역화, 조직화 성격을 띠고 있으며 종류, 원인, 행위 및 그 대처에 있어 국제적 성격을 띠고 있는 관련범죄의 유형을 포괄하는 개념이다.

2. 외국인 범죄의 추이

'98. 4. 30 현재

구분 기간		계	살인	강도	강간	절도	폭력	성범죄	지능범	기타	처리결과			
											구속	불구속	이첩	기타
'97 (1.1- 4.30)	건	170	6	4	1	32	68	4	16	39	47	147	12	15
	명	221	6	5	1	48	88	4	25	44				
'98 (1.1- 4.30)	건	272	5	13	4	54	83	2	45	66	115	193	33	23
	명	364	8	22	4	71	118	3	55	83				
대비 (%)	건	+102 (60)	-1 (17)	+9 (225)	+3 (300)	+22 (69)	+15 (22)	-2 (50)	+29 (181)	+27 (69)	+68 (145)	+46 (31)	+21 (175)	+8 (53)
	명	+143 (65)	+2 (33)	+17 (340)	+3 (300)	+23 (48)	+30 (34)	-1 (25)	+30 (120)	+39 (89)				

(자료: 경찰청 국제형사과)

○ '98. 4. 30 현재 외국인 범죄 현황은

- '97년 동기간 대비 전체 발생건수는 +102건, 60% 증가하였으며, 특히 강도 +9
건(225%), 강간 +3(300%), 절도 +22건(69%), 폭력 +15건(22%)등 강력범과
문서위조 등 지능범이 29건(181%) 증가하였음

- 중요 죄종별 증·감 현황은

  · 강　　도　　＋ 9건　　　　(225%)

  · 강　　간　　＋ 3건　　　　(300%)

  · 절　　도　　＋22건　　　　(69%)

  · 폭　　력　　＋15건　　　　(22%)

  · 지 능 범　　＋29건　　　　(181%)

  · 특별법범　　＋27건　　　　(69%) 증가

  · 살　　인　　- 1건　　　　(17%)

  · 성 범 죄　　- 2건　　　　(50%) 감소

3. 범죄 양상

(1) 미군범죄 감소, 일반 범죄 증가

산업기술연수생 도입 및 불법체류자 증가로 일반 외국인 범죄는 급증하는 반면 미군범죄는 SOFA 개정 추진, 미군당국의 교육강화로 급감

※ 총 외국인 범죄에서 미군범죄의 비율이 91년 51.2% → 96년 15% 급감

(2) 범죄의 광역화

○ 동남아 · 남미 · 아랍인들이 관광 목적으로 입국 후, 렌트카 등을 이용하여 전국에 걸쳐 절도행각을 벌이고 불법체류자와 산업기술연수생들이 전국에 산재하고 있어 범죄의 광역화 현상 초래

(3) 범죄의 조직화

중국 등 일부 국가의 불법체류자들이 범죄조직을 구성, 자국의 산업기술생을 대상으로 금품강요를 하거나 자신들의 권익 보호를 주장하는 등 불법행위 자행

〈사 례〉 '95. 7. 18 불법체류 중국교포 2천여명을 규합, 소위 "중국 노동자협회"를 결성하여 자신들의 권익보호 구실로 조직확대 및 불법집회에 가담한 혐의로 동 협회장 "조영구(44세)"등 간부 30여명 피검

(4) 범죄 수법의 첨단화

정부가 정보화 사업을 적극 추진하고 있는 가운데 국제해킹 사건 3건이 발생하므로서 국제해커에 의한 국가 중요 정보 유출이 우려됨

> 〈사 례〉'95. 8. 8 국제해커가 국내 선경(주)의 전산망을 경유하여 프랑스 남파리 대학에 침투, 중앙 컴퓨터에 저장된 자료들을 불법 변조

※ 인터폴은 현재 국제해커 2,000여명이 활동 중이라 함

(5) 밀입국 사범 급증

'95년 이후 배를 타고 해상으로 밀입국하다 검거된 교포들이 87건에 1,024명에 달하고 알선업자도 19건에 69명이 사법처리는 되는 등 중국교포들의 밀입국이 크게 증가하고 있음

(6) 국제 범죄 조직 잠입 활동

○ 국가경제력 향상에 따라 「일본 야쿠자」가 국내 호텔 구입 및 카지노에서 고리대금업을 하기 위해 불법자금을 유입하고, 「러시아 마피아」와 연계된 매춘·총기밀매 행위가 노출

> 〈사 례〉'96. 2. 중국 단동시 소재 밀조공장에서 제조된 히로뽕 275kg을 김포공항을 통해 일본 야쿠자에게 전달하고, 부산 등지의 국내 판매책에게 공급한 혐의로 일본인 "아시아 요시마쯔" 검거

○ '97 홍콩의 중국반환이후 활동에 제약을 받고 있는 삼합회(TRIAD)의 제3국 진출 기도

※ 한국을 주 공략대상으로 삼고 있다는 다수의 첩보

4. 문제점

(1) 맹목적 과잉 친절

○ 외국인에 대한 맹목적 과잉친절 등으로 범죄 요인을 제공하고 있으며 거동 수상 외국인에 대해 번거로움을 이유로 신고 회피

○ 해외에서 「보신 관광」·「도박 관광」등 과소비 여행을 하므로써 한국의 경제력을 과대 평가, 한국인을 「봉」으로 보고 입국 범행

(2) 국제범죄조직 거점화

○ 영종 신공항 개항 및 2002년 월드컵 개최 등 대형 국제행사 유치로 세계의 주무대로 부상함에 따라 야쿠자·삼합회·러시아 마피아 등의 활동 거점화할 가능성 잠재

○ 미국 FBI는 '97년 홍콩반환 후「삼합회」의 새로운 거점으로 한국을 지목하면서 이러한 범죄조직들에 대응키 위해 「한국지부」설치를 추진 중

(3) 출입국 관리의 부실

입국심사시 여권에 대한 과학적 검증이 필요함에도 성명으로만 확인하여 위·변조 사범적발에 애로가 있고, 사전 정보없이는 국제수배자와 국내 중요 수배자들의 입·출국시 검거가 곤란

(4) 외사인력 절대 부족

○ 외사 수요 폭증, 외사 인력 감소

불법체류자가 92년 이후 30,889 → 97년말 현재 146,262명으로 374% 증가하고 외국인 범죄가 98. 4. 30 현재 전년 동기 대비 60%가 증가하는 등 외사수요가 폭증하고 있는 반면, 외사경찰 인력은 오히려 997명 → 917명(98. 4. 30 현재)으로 80명(8%) 감소

※ 외사인력은 전 경찰력(91,000명)의 1% 수준임

○ 하부조직 취약

　· 서울·부산지방청에만 「외사과」가 설치되어 있고, 여타 지방청는 보안과 산하에 「외사계」가 설치되어 있으며, 외사계 직원 5~12명중 외근요원 2~4명만이 정보·방첩 업무 병행하여 수행

　· 225개 경찰서 중 79개 경찰서만 「외사계」가 설치되어 있고 102개는 경찰서 보안과내 외사요원 1-2명으로 구성되어 있고 나머지 44개 경찰서는 외사요원 전무

(5) 수사요원의 능력 제고

○ 「수사전문화」교육의 강화 절실

　수사간부연수소에 외국인 범죄 수사 전문과정이 없고, 다만 수사 지휘 과정에 「인터폴 활용방안」의 4시간 배정 및 경찰종합학교 국제범죄수사과정이 4주간 개설되어 있으나 보다 전문적인 교육의 필요성이 요구됨

○ 통역원 수급 불균형

　전국 통역요원 2,373명중 1,651명(약 70%)이 민간인으로써 경찰관에 비해 전문 수사용어 및 긴급 통역시 활용이 곤란하고 파키스탄어, 방글라데시어, 베트남어, 이란어 등 특수언어권 통역요원이 절대 부족

(5) 수사 공조체제 이완

○ 기능·관서간 공조 미흡

　형사 등 타기능과 업무 조정 기능이 없어 외국인 사건관련 공조가 어렵고 범죄는 기동·광역화함에도 불구하고 관서간에 긴밀한 공조체제가 이루어지지 않아 조기 검거에 실패

○ 국제 공조 노력 결여

　수사요원의 인터폴 활용 방법에 대한 정확한 지식이 결여되거 있고 외국경찰과의 주도적인 유대강화 노력이 부족

445

(6) 범죄정보 수집·관리 부실

○ 외국인 동향관리 소홀

외국인 출입국자 및 불법체류자 급증에도 불구하고 이들에 대한 체계적인 관리가 되지 않아 「비밀 범죄조직」 결성 등 사태 발생

○ 정보 분석기능 미비

주재관 및 인터폴을 통하여 수집되는 국제성범죄 정보를 체계적으로 분석, 생산하여 활용하는 기능이 없어 국제성 범죄의효율적인 대처가 곤란

5. 대 책

(1) 단기 대책

1) 협력방범체제 구축

○ 범죄수법 등 홍보 교육

· 반상회, 일간지, TV, 지역민방, 협력단체 등을 통하여 외국인 범죄수법 및 피해방지대책을 대대적으로 홍보

· 자율방범대원, 아파트 경비원 등에 대한 지속적인 교육 실시

○ 유기적 방법체제 구축

외국인이 빈번하게 이용하는 호텔, 백화점, 렌트카 영업소 등과 긴밀한 협력체제를 구축하여 범죄 사전 제압

○ 신고보상제 실시

주민의 적극적 신고를 유도하기 위해 중요범인 검거에 결정적인 제보를 하거나 검거한 주민에게는 관서장 표창 및 「신고자 보상금 지급규칙」에 의해 보상금 지급

2) 예방활동 강화

○ 권역별 검문검색 강화

역, 터미널, 무허가 하숙촌, 인력시장 등을 배회하는 떠돌이 외국인 및 백화점, 수
퍼마켓 등 현금취급업소 주변지역을 취약 대상으로 선정하여 경력 집중투입, 검문
강화

○ 해상경계 강화
중국 조선족 밀입국과 각종 밀수 예방을 위해 해경과 협조, 빈틈없는 해상 경계활
동 전개

○ 범죄정보 수집
외국인 범죄조직, 체류 외국인 동향, 향후 범죄추이 등 충분한 범죄 정보 축적

○ 범법자 카드 작성 관리
「외국인 범법자 카드」를 작성, 데이터베이스화하여 재입국 거부 등 조치로 재범
사전 방지

3) 신속한 검거 수사체제 확립

○ 「외국인 범죄 수사전담반」대폭 확대 운영
외사·형사 합동 외국인 범죄 수사전담반(264개반 943명(98. 5. 31 현재)의 인원
을 보강(현 2명→3명 이상 1개반)하고 전담반이 미설치된 대도시 경찰서는 필히
설치하며 중소도시와 농촌까지도 확대 설치하여 초동 수사체제 확립

○ 불법체류자 단속
· 불법 유흥업소 종사자 등 비생산업체는 강력단속
· 생산업체 종사자들에 대한 단속은 3D 현상에 따른 외국인력 도입의 필요성 등을
고려하여 법무부, 노동부 등 관계기관과 긴밀 협조하여 신축적인 단속 전개

○ 해외 물의 야기 관광객 엄정 수사
사치 해외여행 물의야기로 현지에서 입건된 자는 입국시 해당국 인터폴과 협조하
여 엄정 재수사 후 사법 처리

○ 「외국인 지명수배」방안 개선
수배시 성명을 여권상에 표기된 영문으로 입력하는 등 전산입력 방안을 개선하여

신속한 검거체제 확립

○ 「중앙통역센터」의 24시간 가동으로 신속한 수사 지원

○ 국제공조수사 체제 확립
  · 피검자의 명단을 자국에 통보하고 도주시 추적 검거하여 의법 조치토록 협조
  · 인터폴 수배자에 대한 출입국 상황을 상시 점검, 입국시 검거 또는 집중 동향 관리
  · 남미 · 동남아 · 아랍권 국가들의 전문 절도단 계보 등 범죄 정보 확보

4) 「외국인 범죄대책 위원회」설치 운영

○ 목 적
  외국인 범죄 종합대책을 수립, 민생치안 확립에 기여

○ 구 성

구 분	위 원 장	위 원	간 사
경찰청	외사관리관	외사 1 · 2 · 3 과장, 방범기획 · 수사 · 형사 · 교통안전 과장	외사3과 1계장
지방청	차장(부장)	외사 · 방범 · 수사 · 형사 · 교통 · 보안과장	외사(2/3)계장

※ 일본경찰은 장관 관방장을 위원장으로 하는 「외국인 문제 대책위원회」를 구성 운영
  하면서 형사기획과 직원을 국제 2과(인터폴 담당)에 겸직 근무시켜 외국인 범죄에
  효율적으로 대처하고 있음

○ 기 능
  · 외국인 범죄를 분석, 평가하고 종합적인 대책 수립
  · 기능간 원활한 업무 수행토록 조정

○ 회 의
  · 정기회의 : 반기별 1회
  · 임시회의 : 중요 사안 발생시

○ 기능간 역할 분담 조정(안)

기능	외 사	방 범	형사·수사·교통	보 안
역할	•통역 지원 •범죄정보수집 •방첩활동 홍보 •인터폴 공조 수사	•홍보 •소년범 수사	•일반 형사범 수사 •과실범 수사	•간첩 및 좌익 사범 수사

(2) 장기 대책

1) 수사 역량 강화

○ 전 경찰서 외사전종 요원 배치

외사요원 미배치 44개 경찰서에 1명 이상 배치하고, 신설시 외사수요를 고려하여 반드시 「외사계」 설치 등 검토 반영

○ 전문 교육 강화
- 「국제범죄 수사과정」 '97년부터 개설
 · 설치기관 : 경찰종합학교
 · 교육기간 : 4주, 년 2회
 · 교과대상 : 경위 이하 외사, 형사(수사)요원
 · 교과편성 : 국제법 등 15과목 172시간
 · 교 관 : 경찰, 검찰, 안기부 직원, 외래교수
- FBI 등에 경찰관을 지속적으로 파견하여 선전 수사기법 획득

○ 특수언어 구사자 다수 확보
- 해외단기 연수를 통역요원이 부족한 동남아어·아랍어 등 특수언어권에 많이 실시하여 해당국 언어 습득토록 추진
- 영어·일어·중국어 위주의 외사특채를 아랍어 등 특수 외국어 구사자 위주로 전환하여 통역수급의 불균형 해소

○「국제범죄 수사대」신설
  - 기 능
    국제범죄 조직과 관련된 마약, 총기밀매 등 범죄로서 국가 및 사회 법익을 침해하는 국제성 범죄의 수사
  - 조 직
    전 지방청에 설치하고 외사수요에 따라 직제 규모 차등화
    · Ⅰ급 수사대 - 서울, 부산, 경기, 대구, 인천, 충남, 전남, 경남(8개)
    · Ⅱ급 수사대 - 강원, 충북, 전북, 경북, 제주(5개)

    > - 1 반 : 마약·밀수·총기밀매
    > - 2 반 : 밀입국, 인신매매 등 국제성 조직범죄
    > - 3 반 : 외환 등 유가증권, 지적소유권

○「국제범죄 정보센터」운용
  - 기 능
    인터폴, 주재관 등을 통하여 입수되는 각종 국제범죄 정보를 종합분석·관리하고 정보지를 발간하여 각급 수요기관에 제공
  - 조 직
    · 본청은 계단위로 운영
    · 지방청은 범죄정보 담당자 배치 활용

○ 항구·공항「3차원 영상검색 시스템」도입
  - 필요성
    · 지명수배자의 얼굴화상을 입체 분석, 대조하여 수배자 색출
    · 수사의 효율화, 과학화로 경찰의 신뢰성 제고
  - 설치 장소
    본청 및 김포공항에 우선 설치 운영하고 연차적으로 여타 항구·공항에 확대 설치

2) 국제공조수사의 공고화

○ 국제형사경찰기구(ICPO-INTEROPL) 활성화

- 제 68차 총회 유치

'99년에 인터폴 총회를 서울에 유치하여 경찰의 국제적 지위 향상을 통한 대국민 이미지를 개선하고 외국인 범죄 적극 대처

※ **경찰청장(예정)을 위원장으로 하는 「'99 인터폴 총회 조직위원회」를 '98. 10월부터 운영 예정**

○ 집행위원 배출

'99년에 경무관 1명을 집행위원으로 배출하여 인터폴의 중요 정책 결정 과정에 적극 참여하고 주요 회원국과 협조 증진

○ 인터폴주재경찰관 증원

인터폴 사무총국에 경정 1명을 증파(현재 경감 1명 파견 근무중)하여 사무총국내 계장직을 수행토록 함으로써 별도 정원 확보후 파견 주재 경찰관들과 친교를 다지고 각종 국제범죄 정보 획득

○ 분담금 증액

2000년까지 20단위 4억3900만원으로 증액 추진하여 각종 회의에서 우리나라의 영향력을 증대

○ 「인터폴 실무 회의」개최 확대

'97년 「한·일 인터폴 실무회의」를 개최하여 얻은 성과를 토대로 중국, 러시아, 미국 등 주요국 인터폴과 실무자 회의를 확대하여 국제범죄에 아·태 지역의 공동대처 방안을 숙의하고 범죄정보 교환 등 협력을 증진

○ 주재관 파견지역 확대 추진

- 외국 수사기관과의 직접 접촉 해외 도피사범 송환 등에 원활한 협력을 위해 경찰 주재관을 현재 8개국 13개지역에서 확대 추진

제10절 해양 경찰기획

✔사례 : 여객선 서해훼리호 침몰사건

세월호 사건을 성찰하며 20년 전에 이 기획서에서 제시하고 있는 대안이 충실히 실천되었다면 20년 후 오늘의 비극은 비켜갔을 것이라는 통탄을 금할 수 없다.

1. 서론

○ 오늘날 미래학자들은 다가오는 21세기를 해양을 무대로 한 해양산업이 크게 융성하는 이른바 「해양혁명」(Marine Revolution)의 시대로 예견하고 있으며, 세계각국에서는 이러한 변화의 물결에 편승하여 해양이 갖고 있는 막대한 자원을 개발하고 해양환경을 보전하기 위한 노력을 경주하고 있다. 한편 우리 나라는 삼면이 바다로 둘러 쌓여 있어서 육지의 3배에 달하는 30만㎢의 대륙붕, 11,542㎞의 해안선, 3,200개의 섬 등의 천혜의 해양조건을 갖추고 있다. 뿐만 아니라 특히 국제교류가 급속도로 확대되는 오늘날 해양은 국가간ㆍ지역간의 통상과 교류를 위한 교통의 주요수단으로서, 또한 육상자원의 고갈위기에 직면한 인류에게 있어 각종 자원의 보고로서 그 중요성이 과거 어느 때보다 강조되고 있는 상황이다. 이에 따라세계 각국은 근해에 대한 기득권을 확보함과 동시에 공해상에 부존된 광물 및 수산자원 등을 개발하고 해상교역을 확대하여 자국의 발전을 도모하고 있다.

○ 해상교통의 특징은 첫째, 육상교통의 도로와 같은 명확한 통로를 공간적으로 확정지울 수 없다. 둘째, 국제간의 교역은 주로 해상통로를 통하여 이루어지나 교통로로 이용되는 바다는 주된 부분이 공해이지만 반드시 영해와 연결되어 있다. 셋째, 화물의 운반구인 선박이라는 수송구는 다른 교통의 운반구에 비하여 크기가 비교가 되지 않을 정도로 대형화되어 있기 때문에 그것을 안전하게 조종하는 것은 오랜 경험과 대단한 기술을 요한다. 넷째, 선박이 대형화되어 있기 때문에 충돌이나

좌초 등의 교통사고가 생길 때는 재화의 손실이 엄청나게 클 뿐만 아니라 환경의 오염이 대단히 크게 생긴다. 그리하여 육상교통질서와는 전혀 다른 해상교통질서가 필요하다.

○ 그리고 한 번 해난사고가 발생하면 수십억 내지 수백억되는 선박이 침몰하고 수명 내지 수십명의 선원이 일시에 바다에 수장되는 결과를 초래한다. 특히 부산과 여수가 위치하고 있는 남해안의 경우 해난발생의 빈도가 높아 해마다 수많은 인명과 재산을 빼앗기고 있고, 구조의 어려움과 과다한 비용문제로 침몰된 선박과 시체의 인양을 포기함으로써 그대로 바다에 수방되는 사례가 헤아릴 수 없다.

○ 따라서 국가적으로 이러한 재난적 위기상황을 사전에 예방하고 대처하기 위한 과학적인 선박운항 감시체제 등 제도적 장치는 물론, 선박의 좌초나 충돌 등 돌발적인 사고에 대비한 국가 긴급계획이 마련되어 있지 않고, 장비면에서도 후진성을 면치 못하고 있기 때문에 사고가 발생하면 속수무책으로 재래식 방법에 의하여 대처하고 있는 안타까운 실정이다.

○ 앞으로 해양경찰이 해난사고 발생시 구난주관부처로서 역할과 임무를 다하기 위하여 이러한 대형해난사례를 교훈으로 삼아 문제점을 도출하고 대안을 제시하여 재난발생시 신속하고 과학적으로 대처하여 피해를 최소화하는 한편, 정부에서도 해난과 관련한 각 부문에서의 과감한 투자와 제도적 정비를 서둘러 범국가적으로 대응하여 21세기 새로운 자원의 보고인 천혜의 바다를 안전하고 깨끗하게 관리하고 보전하며, 국민의 생명과 신체에 대한 안전을 최대한 보호하기 위하여 대책을 마련할 필요가 있다.

2. 사건개요

(1) 사고발생상황

○ 1993. 10. 10. 09:45경 승객 등 362명을 태우고 전북 부안군 위도면 소재 파장금 항을 출항하여 같은 군 변산면 소재 격포항으로 항해중이던 110톤급 여객선 서해 훼리호가 10. 10. 09:57경 같은 군 위도면 소재 임수도 앞 해상(파상금 등대로부터 동북동쪽으로 약 4.6킬로미터 지점 : 북위 35도 37분 08초, 동경 126도 20분 04초)에 이르러 심한 풍파로 인하여 항해불가 피항차 위도로 회항하려고 선수를 돌리는 순간 선체가 파도에 의해 기울어짐에 따라 과승·과적된 승객과 화물이 한 쪽으로 쏠리면서 선박이 복원력을 상실 전복·침몰하였음.

○ 이 사고로 승선원 362명(승객 355명, 선원 7명) 중 고광신(53세, 당시 경제기획원 총괄국장) 등 292명은 사망상태로 구조되고, 이남수(36세, 부산경찰서 경찰관) 등 나머지 70명이 생존상태로 구조된 대형해난사고임.

(2) 서해훼리호 운항행태

가. 승객매표 및 승객확인

○ 회사에서 위도 등 육상에 매표소를 두지않고 선원이 선내에서 매표
○ 승객수를 사실상 확인하지 않고 운항

나. 선박안전통제

○ 여객선 안전관리 주무기관인 군산지방해운항만청에서 임검 등 통제하지 않음
○ 여객선내에 청원경찰이 있었음에도 안전통제는 하지 않고 매표 및 잡무일을 맡고 있었음
○ 출항 후 항만청 및 회사에 승객수 및 출항시간도 보고하지 않음
　※ 회사에서는 편리한대로 아무런 통제없이 운항

(3) 선박제원

- 선   명 : 서해훼리호
- 톤   수 : 110톤(전장, 전폭, 흘수 : 37.4m×6.2m×1.9m)
- 선   령 : 3년(90. 10. 군산 대양조선소 건조)
- 선   질 : 강선
- 속   력 : 12놋트
- 정   원 : 승객 207명, 승무원 14명
- 운항구간 : 전북 부안군 격포 ↔ 위도 : 1일 1회 왕복
- 소요시간 : 1시간
- 구명장구 : 구명벌 9개, 구명의 245개
- 소속회사 : 서해훼리주식회사(전북 군산시 소재, 대표 유동식)

(4) 승객 및 화물적재량

- 승선원 : 392명
  - 선원 : 7명
  - 승객 : 355명(148명 과승)
  - ※ **인원 중량 : 24,850kg(355명×70kg)**
- 화 물
  - 적재무게 : 13,500kg
    - 젓갈통 약 600개 → 9,000kg
    - 낚시도구 등 150명분 → 4,500kg
- 재화중량합계 : 67.016톤(허용 재화중량 60.518톤보다 6.498톤 과적)
  - ※ **재화상태는 추정 또는 확인가능한 중량물만 포함**

(5) 기상 및 조석

가. 기상

북서풍 14~18m/sec, 파고 3~4m(황천 4급)

※ 당시예보는 파고 2~2.5m이나 현지 돌풍현상에 의한 기상악화

중략 -

(6) 침몰사고 원인

가. 간접원인

1) 상부하중 현상

○ 수면하의 무게중심보다 수면상의 승객과승 및 화물적재 부적합으로 복원력 상실.

○ 즉 객실에 들어가지 못한 승객 다수가 갑판에 나와 있었고, 조타기어실에 약 7.3톤의 자갈 및 모래 등이 적재되어 있었음. 또한 상갑판에 멸치액젓이 약 9톤, 승객화물이 약 4톤 등 총 67,016톤이 적재되어 선박의 재화중량 60.518톤보다 6.498톤이 초과하였음.

2) 승객 초과승선

○ 정원(221명) 대비 141명(63%) 초과한 362명 승선
  - 정원 : 221명(승객 207명, 선원 14명)
  - 실재승선 : 362명(생존 70명, 사망 292명)

  ※ 승객초과 무게 9,870kg(1인당 평균 70kg 기준)

3) 자유이동 상태의 화물

○ 화물적재 창고용량은 23톤으로 수면~수면하에 설치되어 있으나 중간 기착지(벌금, 식도) 경유시간이 짧아 하역을 쉽게 하기 위하여 대부분 갑판상부에 적재하여 고정되지 않은 상태에서 선체경사에 따라 자유 이동으로 선체경사 가중효과

4) 수면하의 연료, 식수소모로 하부중량감소 : 약 5,000kg 감소

- 연료탱크 용량 4,000리터 : 1,500리터 잔류

                                 2,500리터 감소 추정

- 식수탱크 용량 3,000리터 : 500리터 잔류

                                 2,500리터 감소 추정

※ 왕복 2시간 정도의 근거리 항로로써 연료와 식수 만재 필요성 인식 저하

- 1일 1회뿐인 왕복운항으로 근거리 주말 낚시꾼 및 여행객 주민들이 동시에 승선하였고, 아울러 젓갈통 등 적재로 과적·과승현상 초래

나. 직접원인

1) 복원력 감소상태에서 운항

○ 과승으로 인하여 무게 중심이 상승하여 초기 복원력이 감소하였으며, 또한 자갈 적재를 포함한 과적으로 인하여 건현이 감소하여 큰 경사각에서의 복원력이 줄어 들어 규정보다 동복원력이 작은 상태에서 운항.

○ 즉 과승·과적으로 인하여 무게중심이 상승하였으며, 건현이 감소되어 큰 경사각에서의 복원력이 감소되었던 것으로 판단되며, 위 상태에 대한 복원력 계산결과에 의하여도 복원성기준에서 가장 중요한 값인 C값(복원에너지와 동 복원력여유의 합을 전복에너지로 나눈 값)이 0.86정도로서 기준값인 1.0보다 작아 사고 여객선은 복원력이 규정보다 작은 상태에서 운항하였던 것으로 나타남.

2) 파랑 중 복원성이 급격히 줄어 들어 전복 유발

○ 사고 여객선의 출항 당시의 C값이 과승과 과적으로 인하여 기준치인 1보다 작지만, 위도 무인 측정기에서 측정된 사고 당시의 평균 풍속이 5.5m/s, 최대순간풍속이 10.5m/s로서 C값 계산에 사용되는 기준 풍속인 16m/s에 훨씬 못미치므로 위와 같은 과승과 과적상태로 출항하였다고 하더라도 사고 당시의 기상상태하에서 필연적으로 사고가 발생하였다고 볼 수 없음.

○ 위와 같은 상태로 운항한 경우의 파랑 중 복원성 계산 및 선체운동 시뮬레이션 결과 배의 진행방향과 파도진행방향의 사이각이 45도에서는 전복되지 않고, 약 30도

근처부터 전복되는 것으로 조사되었음.

○ 사고나기 직전에 사고여객선이 우회전하다가 크게 좌우로 흔들렸고, 침몰 직전 "웡"하는 소리가 들렸으며, 그 후 사고여객선의 속력이 더 빨라졌다는 생존자들의 진술 및 1차 인양 당시 라다의 각도가 우현 15도 내지 20도였던 점 등을 종합하면 사고 당시에 이르러 북풍의 영향으로 파고가 2미터 정도로 높아지고 파장이 평균 30미터 정도로 길어진 파도가 북쪽으로부터 밀려오고 있던 상황에서 우회전하다가 후방에서 추파(선박의 진행방향에 대한 파도의 진행방향이 이루는 각, 즉 만남각이 선미로부터 0-45도 이내의 파도를 의미한다)를 받게 되어 선박 및 중간부분에 파정이 위치하는 순간 선박 후미의 스크류우가 대기중에 노출되어 공회전하였으며, 파정쪽에서 파저쪽으로 내려가면서 가속되던 순간에 전복되어 침몰되었던 것으로 추정됨.

○ 위와 같은 추파를 받았을 경우에는 속력을 50 내지 60퍼센트 정도 감속하고 서서히 배의 방향을 바꾸어 추파를 벗어나야 함에도 이러한 운행방법을 제대로 취하지 못한 운항부주의가 사고에 영향을 미친 것으로 판담됨.

3) 방수구가 작동되지 않아 전복력 증가

○ 방수구는 선박 상갑판상에 들어온 바닷물이 흘러 나가게 함으로써 바닷물에 의하여 선박의 복원력이 감소되는 것을 막는 역할을 하는 바, 사고여객선의 한쪽현의 방수구 면적은 0.267제곱미터로써 양쪽이 모두 0.534제곱미터이나 사고여객선에 적합한 방수구면적은 1.661제곱미터로서 사고여객선의 실제 방수구는 부적절한 것으로 판단되었음.

○ 선미 갑판위에 있던 생존자의 진술 중 사고직전에 갑판위로 물이 올라와 자신은 물속에 잠겼었다는 진술을 토대로 추정해 보면 사고당시 갑판위에 많은 양의 물이 넘쳐 들어왔으나 신속히 방수가 되지 않아 전복력을 증가시켜 사고가 촉진되었다고 판단.

※ **설계 및 시공 : 부적정**

4) 만재흘수선 지정 부적합

○ 만재흘수선 규정에 의거 사고선박의 만재흘수는 하기 건현계산에서 건현이 0.409m가 되어 만재흘수가 2.311m까지 가능하다고 하여도 관련 다른 법령(즉,

선박복원성규칙)에 의해서 복원력계산이 만제흘수를 1.912m로 하였기 때문에 선박안전운항을 위한 만재흘수는 2.311m가 아니고 1.912m가 되어야 하며, 따라서 본 선박의 만재흘수선 지정은 부적합하였음.

다. 인명피해가 많은 이유

○ 정원에 비해 과승

　주말 낚시꾼이 월요일 출근에 대비하여 동시에 과다승선

○ 파도가 심하여 많은 인원이 선실내에 있었고 선실문이 잠겨있어 탈출 실패

○ 침몰사고가 순간적이어서 구명장비를 이용할 시간적 여유가 없었음

○ 낮은 수온, 높은 파도, 수영미숙으로 조기 익사

- 당시 수온은 10℃ 내외로 추정

- 사고발생 30분 이내 모두 사망

3. 구조활동

(1) 초동조치

가. 사고신고 전파경위

○ '93. 10. 10. 10:00경 전북 부안군 위도면 벌금리 선적 선영호(7톤급) 선장 강길웅(당 44세)씨가 낚시중 여객선이 침몰하는 것을 목격하고 파장금항쪽으로 입항하면서 소리치는 것을 부둣가에 있던 택시기사 주원훈이 듣고 10:10경 인근에 있는 군산해경서 파장금 선박출입항신고소에 신고함

4. 주민여론 및 매스컴 보도

(1) 주민여론

가. 해경경비정은 피항하는데 여객선은 왜 출항시켰나?

　※ 파도가 높고 강풍이 불어 여객선이 정상운항하기에는 어려운 날씨였다. - 생존자 증언

나. 승선인원도 모르다니 안일이 부른 인재다. 선장은 헤엄쳐 도망쳐서 살아 있다.

　※ 전주지검 군산지청에서 선장 전국 수배했으나 선박내 사망으로 발견됨

다. 바다의 기상은 육지와 다른데 철저한 여객선 관리가 필요하다.

라. 항만청·해경·해운조합에서 책임있는 답변은 않고 모두 변명만 한다.

마. 「모두가 적당하게 또는 회사에서 알아서 잘 처리하겠지」하는 적당주의가 큰 화를 불렀고 우리 사회 전체가 나사가 풀렸다.

바. 해경·해군의 「목숨을 건 바다 구조대의 사체구조, 선체인양」에 크게 감명받았다.

　※ 해경·해군 잠수부를 믿지 못하겠다고 유족들이 동원한 민간잠수부들이 잠수작업을 시도했다가 포기하면서 「해경과 해군구조대가 강조류·암흑·추위에도 불구하고 생명을 건 작업을 하고 있는데 우리는 엄두도 못낸다」고 한 후 여론

(2) 매스컴 보도

가. 해경의 해난구조능력 수준이하다. (MBC - 10. 10. 21:00 뉴스)

○ 어선들은 헌신적으로 조난자를 구조하는데 해양경찰 경비정은 한 척도 보이지 않는다.

○ 해경에서는 즉각 경비정을 보냈다고 하는데 모두 허위다.

○ 사고가 나면 먼저 헬기를 보내는게 상식인데 구조함부터 보내고 헬기는 보낼 생각 안하고 있다.

○ 사고난 뒤에도 군산해양경찰서는 우왕좌왕 하기만 할 뿐 도무지 무얼하고 있는지 모르겠다.

〈당시상황〉

- 258함은 현장에서 15해리 상거한 횡경도에 피항 중 10:15 출항 1시간내 도착하였음.

- 사고해역 인근어선을 제외하고 타구조세력 중 가장 먼저 도착하였음.

- 보도화면은 경비정은 군산해경 258함임에도 해군함정이라고 보도

  ※ KBS·SBS는 10. 10. 11:30과 15:30 해양경찰청에 와서 구조상황을 상세히 취재하여 갔으나, MBC는 취재하지 못하고 현지 취재 중 현지여론 중심으로 취재한 결과로 추정됨.

- 헬기지원요청은 25분 지연되었으나 당시 상황으로는 헬기이륙이 불가하다는 상황판단을 하였음.

  ※ 그러나 헬기 이륙은 당해기관 판단사항이며 요청부서 판단사항이 아니므로 긴급상황 발생시는 긴급요청 및 정보전파 측면에서 신속한 헬기지원요청은 필수적인 요소라는 교훈을 얻음.

- 헬기 이륙은 수명후 최소 30분 이상이 소요됨(기관 시운전·기상불량·계기 점검·충분한 워밍 및 이륙속도 도달 등으로)

나. 나사풀린 행정정책

○ 위도 여객선 출항지에는 경찰관이 있었는데 왜 안전점검과 출항통제를 안했는가

  ※ 당시 위도 파장금항에는 군산해양경찰서 출입항신고소가 있었으나 여객선 출항 통제권이 항만청·해운조합 소관으로 통제할 수 없었음

○ 승객수도 모르고 선장이 헤엄쳐 살아 피신했는것도 모르고 모든 것이 헛점투성이다.

  ※ 서해훼리호의 위도 여객사무실이 없었고 선장이나 선원이 선상에서 매표하고 승객을 승선시키기 때문에 승객수를 확인할 수 없었음

다. 낚시배는 구조하는데도 악천후냐

  ※ 당시 낚시배는 위도 가까이에서 조업하므로 북서풍의 파도가 위도에 가려 조업이 가능했으나, 생존자의 증언처럼 여객선이 운항 불가할 정도로 기상이 악화되었음. 따라서 군산해경서 250톤급은 무리한 구조 항행을 하였으나 60톤급 이하는 항행 불가

하였음.

라. 선체시체 인양하는거냐, 못하는거냐 못하는 이유가 어디있는가 - 사건은폐 의혹

※ 침몰한 서해훼리호는 수심 18m의 해저로서 2~3놋트의 강조류, 시야가 0, 5~10℃ 정도의 저수온, 서해훼리호는 90°각도로 넘어져 있어 정상진입 불가, 선내 진입로 폭은 한사람이 지나갈 정도로 매우 협소하는등 작업상황이 매우 극한 상황으로 지연 되었음.

마. 서해훼리호 참사 땀과 눈물로 구조

○ 해양경찰청 특수구조단 김종식 경위가 매스컴의 왜곡·허황된 보도를 보고서 잠수 구조에 실상을 알리기 위해 「구조일기」란 보고자료를 신문에 게재하자 비로소 매 스컴에서 호의적인 보도가 되기 시작함.

※ 매스컴에 대한 사실자료와 충분한 홍보가 필요하다는 교훈 도출

6. 분석평가

(1) 구조활동시 애로사항

가. 해양경찰 경비정의 수색활동

1) 기상악화 및 경비정 위치 원거리로 현장도착시간 지연

○ 군산해경서 경비정 11척 중 250톤급 2척(1척은 부산정비창 수리창)을 제외한 여 타 9척은 60톤급이하 소형정으로 사고당일 기상에는 매우 취약하여 구조불가

○ 258함은 15해리 상거한 곳에 피항 중 현장 도착시간 1시간 소요로 수색지연 불가 피

○ 태안·목포·제주해양경찰서 경비정 지원은 70해리 이상으로서 6시간이상 소요

2) 야간 및 안개시 수색은 매우 어려움

3) 표류시체는 해면상 돌출부분이 거의없이 해면에 잠긴 상태로서 기상이 양호한 경우 500m, 파도가 있는 경우는 식별거리가 매우 제한되어 넓은 해역수색에 많은 시간 소요

4) 기상이 악화된 해상에서 경비정간 계류하여 인원이송·시체운송·물자 이송하는 경우 파도에 의해 선체 파손우려와 실족우려 있었음

나. 특수구조단의 침몰선내 잠수수색

1) 최악의 상황에서 잠수구조작업

○ 심한 흙탕물로 시야 0의 암흑상태
○ 유속 2놋트의 강조류로 구조대원의 떠밀림과 체력소모
○ 1회 잠수가능 시간이 30~40분에 불과
○ 선체가 90°로 경사된 상태에서 3등선실 출입구의 협소로 겨우 2인 1조가 손으로 더듬으며 출입
○ 선실내 상층부위에 낚시도구·낚시줄·아이스박스·부유시체가 뒤엉켜 구조대원의 공기통에 걸려 작업곤란과 구조대원이 죽을 고비 다수 넘김.

2) 잠수작업수칙을 무시한 작업강행 심한 체력손실로 다수가 몸살 감기에 시달림

○ 잠수규정은 1일 1인 1회 잠수토록 되어있으나 당시상황(주민과 매스컴의 성화, 상부의 독촉) 여건상 매일 2회씩 7일간 잠수 강행)
○ 잠수구조대원이 현장정박 지휘통제함인 1501함에서 취침·급식·대기하므로서 불리한 여건(온수샤워·목욕 못함)속에 극심한 고생

3) 구조작업의 난이성과 구조장비 보충미흡

○ 선실내 하부에는 중량물·시체·뻘이 뒤엉켜 있어 손으로 더듬으며 일일이 헤쳐 시체를 구분해야 했고, 사망자들은 3~4명씩 꽉 부둥켜 안고 경직된 상태로서 떼어 내는데 애를 먹음.

463

○ 잠수작업 중 시체의 손발이 구조대원을 감싸는 경우가 흔하여 암흑속에서 심한 공포가 엄습함

○ 잠수복 · 물안경이 찢겨 파손이 심하나 여분이 없어 보충되지 못하여 신체가 차가운 해수에 노출되어 심한 체온저하

다. 헬기 수색

○ 풍속 16m/sec이상인 경우와 구름높이 450m, 시계 4,800m 이하인 경우에는 헬기이륙, 수색 불가로 당시에 많은 제약을 받음

○ 헬기의 체공시간이 2시간 이내로서 장시간 계속 수색 불가

○ 해경 · 경찰청 · 해군 · 공군 등의 다양한 헬기가 해상수색하였으나 그 정보가 입수되지 못하여 체계적 수색과 종합평가가 불가하였음

○ 헬기 이륙은 수명후 최소 30분이상 소요

(2) 교훈

가. 대형사고는 안전통제 · 감독사각지대에서 발생

○ 민간회사의 자율적 운항은 아직도 위험요소 있음

○ 정부기관의 안전통제 필요성 증명

○ 포괄적인 안전관리는 정부가 관장하여야 함

나. 기상과 자연여건을 등한시 할 경우 그 결과는 재앙으로 귀결

다. 지휘관의 능력은 위기상황에서 평가됨

※ 지향되어야 할 지휘관의 위기관리 의식

• 백마디 말보다 한 장의 문서 · 보고서를 작성

• 자기자랑보다는 항상 위기의식과 그 대책을 생각

• 자신의 무능력을 생각하지 않고 부하의 무능력만 나무라서는 안됨 - 형소 부단한 교육훈련

- 평소의 좋은 지휘관보다는 위기시 능력있는 지휘관으로 평가되야 함 - 평소 부하의 능력배양을 위해 과제를 주고 교양
- 부단하게 위기관리대책을 위해 연구하고 계획과 시나리오를 구상·작성
- 규정과 현상에 매달리지 말고 변화와 개혁을 하자 - 부하와 격이없는 난상토론과 Down Sizing을 하자

라. 「예방대책만이 사고수습의 최선의 방법이다」를 재인식시켜 줌

○ 이런 사고는 해양경찰의 능력으로 수습·대응하기에는 역부족
  - 함정·헬기·장비의 절대 부족
  - 구조체제·제도의 미비(강제권 없음)
    ※ 구조 종사자에 대한 법적명령수단 및 손실비용보상방안이 없음
  - 인력과 기술·대응력 부족

마. 홍보관리미숙이 매스컴으로부터 비난·매도 초래

○ 종합상황보고서 작성이 안됨
○ 현장기록·기사작성·비디오·사진촬영 없음
  - 기자나 매스컴에 내놓은 것이 없음
○ 함정직원·특수구조단 직원 등은 극한 상황속에서 엄청난 고생을 하는데도 정당한 보도가 안됨

바. 숨김없는 현장만이 국민을 감동시킴

○ 매스컴의 비난, 극한 상황속에서도 잠수구조에 열중하는 현장을 목격한 유족·내방객·일부기자(사고 5일째부터)
○ 파도속에서도 소형경비정에서 시체가 파도에 휩쓸리지 않도록 정중히 모시는 것을 목격한 유족
○ 교통수단이 없는 위도에 주민수송·유가족 수송
  - 15일동안 퇴근 한 번 못하고 계속 해상수색·수송

(3) 문제점

여객선 안전관리면

가. 여객선 관리 사각지대 노정

1) 서해훼리호는 정부보조의 낙도항로를 운항하는 여객선임에도 일체를 여객선회사에 일임(행운항만청 · 해운조합)

○ 안전지도 · 점검 · 통제 결여
○ 회사이익만을 우선한 과적 · 과승

2) 안전의식 결여

○ 구명장구 관리상태 부실
─구명벌 비상자동분리장치 고장
─구명벌을 선체에 고정시켜 자동분리작동 불가
○ 선박검사 소홀

　　사고 2개월전 선박검사를 실시하였으나 형식적이었음

　　※ 선박검사원 사법처벌

3) 구명의 관리부실

○ 구명의 착용자 없음
─구명의 보관대 잠김
─구명의 착용법 알지 못함 → 안내방송이 없음
○ 신속하게 착용할 수 있는 지근거리에 배치되지 못함

나. 경직된 여객선 운항

1) 1일 1회 왕복운항 규정에 기속되어 여객증가에 따른 운항 증편, 예비선 투입 등 탄력운항 소홀

2) 여객량 집중도 패턴을 조사하지 않음

○ 위도 주변의 관광·낚시 승객이 많이 몰리는 여건이 조성되어, 주말이나 연휴인 경우 승객이 급격히 증대됨에도 이에 대한 표본조사와 대응책이 없음

3) 선장 재량권이 없음

○ 회사에서는 선장에게 선내 매표임무를 부여하였으나 정원초과 단속 또는 운항정지권을 부여치 않음

다. "나만 타면 된다"는 승객의 안전의식

1) 선실에는 승객정원이 기재되어 있으나 아무도 정원초과에 대하여 관할회사·항만청에 문제제기를 하지 않음

2) 주말귀가를 위해 동시에 다수의 승객이 몰려버리고 분산되지 못한 승객의 안전불감증

라. 화물적재 불량

1) 자유이동가능 화물보관장소가 없이 갑판상에 적재

○ 젓갈통·낚시도구 등이 일정장소에 수납되어 움직이지 말아야 함에도 갑판상에 적재하므로서 파도에 의한 선체요동에 화물자유이동으로 경사각도 증가현상

해양경찰 조치면

가. 긴급상황 인식결여 및 초동조치 미흡

1) 상황긴급성 간과

○ 대형사고수습 대응 3대 요건(신속·동시·다수)에 따른 조치 결여
  – 당시 황천 4급 날씨에 구조활동이 가능한 인근 해양경찰서의 대형경비함정 지원

요청 없이 소형인 예속 경비함정만 출동조치

※ 그 결과 1시간후 258함 제외한 잔여 9척 모두 피항하므로서 신속한 구조를 하지 못했다는 매스컴과 주민들 비난

○ 당해 서장이 해양경찰청장에게 긴급상황 즉보 않음

○ 해양경찰청에서는 상황실장이 청장에게 구두 즉보치 않고 메모보고로 긴급성 주지 결여

○ 항공기 지원요청 지연

- 「으례 이런 기상에서는 항공기 출동이 불가할 것이다」하는 자의적 판단

2) 상황처리 및 운영 미숙

○ 전반적으로 신속성이 저하됨

- 긴급상황을 구두 · 전화로 보고 전파하지 않고 타자 · 전문 작성하는데 시간 지연 (5분이상 소요)

- 다수인이 분담하여 상황을 전파하여야 하나 전경 1~2명이 다수기관에 전화전파로 시간 지연

○ 상황실이 혼잡 소란하기만 하고 체계적인 상황처리 · 유지가 되지 못함

- 전문 및 전보가 순차적으로 순환하면서 기록 · 기점 · 상황분석 · 판단 · 조치가 되어야 함에도 개별로 처리되어 상황종합이 안됨.

- 지하 상황실이 방음장치가 되지 않아 통신기 · 전화 · 지시 등으로 소음발생

○ 팀웍부재

- 몇사람에게만 업무가 집중되고 나머지는 빈둥거림

○ 초동조치는 최초 입수된 정보 · 전문에 따라 신속하게 조치해야 함에도 총체적 상황을 확인 파악한 후 조치하려고 하므로써 상황조치 지체

3) 대형사고의 파급영향(주민 · 매스컴 · 상부기관) 인식결여 및 대응책 미비

○ 수많은 기관 · 주민 · 매스컴에서 확인 · 문의 · 지시가 파생됨에도 불구하고 상황종합 및 조치가 체계적으로 수립되지 못함

○ 신속 · 체계적 보고 및 보도자료가 사전 작성되지 못해 일방적 지시 · 추정보도로 해경을 매도

나. 위기관리 체제 · 능력결여 및 교육 · 훈련 부족

1) 현지 당직감의 조치능력 미흡

○ 일요일 과장급 당직자가 책임 조치하지 못하고 상황실장에게 모든 것 일임
○ 평소의 타성적 인식과 현장감 결여

2) 당직감이 일정장소(상황실 또는 당직실)에 위치하지 않고 다른 장소에 있어서 현위치를 알지 못하는 상황실에서는 당직감 찾아 허둥댐

3) 전문 및 보고서 작성능력 부족으로 장시간 소요

4) 상황종합이 안되어 분석 · 판단 · 조치가 지연되고 향후 상황 예측과 사전대책 강구없이 안절부절함

○ 상황처리는 정보의 종합 → 기록 → 기점 → 분석 → 판단 → 조치 → 향후상황 예측 → 애로 · 문제점 개선 등 종합적 · 체계적이어야 하나 단편적이어서 상부기관 매스컴에서 오해 질책 · 비난
○ 후속되는 모든 정보 · 보고서 · 지시는 문서로서 집중관리 되어야 하나, 구두로 하다보면 중간단절현상

5) 대형사고 수습처리 지침이 수립되지 못함

6) 주기적인 상황처리교육 훈련이 부족함

다. 구난경비함정 및 항공기 세력 열세

1) 경비함정체계가 소형고속형으로서 내파성이 약하여 구난업무 등 치안업무수행에 부적합

○ 내파성이 양호한 1000톤급 이상 함정 절대수 부족
○ 1000톤급 이상 경비정 5척으로 군산해경서에는 배치되지 못함
○ 인근 목포 및 제주해양경찰서 대형경비정 지원 출동시 6시간이상 장시간 소요
　※ 시간지연에 따라 매스컴과 국민 비난 극심

2) 항공기 절대수 부족

○ 고정익 수색비행기는 없음

○ 헬기 1대로서 기능상실

   −가동 · 대기 · 수리를 위해 3대 이상이어야 함

   −헬기 조종 및 정비사가 1개조밖에 없어 비상대기 불가

○ 헬기 가동시까지 장시간 소요

   −비상소집 : 거주집 → 김포공항까지 30분이상 소요

   −헬기 이륙시까지 30분이상 소요

○ 특수구조단요원 수송을 공군에 지원요청하는데 많은 시간 소요

라. 위기상황 발생시의 통신대책 및 통신망 장악 결여

1) 다수세력 지휘 · 통제 통신대책이 없음

○ 현통신체제는 평소 단일서 내의 상황처리와 함정지휘, 통제는 별문제가 없으나 다수의 함정을 지휘 · 통제하는데는 부적합

○ 투입된 구조세력 32척 함정이 단일지휘망에 개입하므로서 교신불능상태 봉착

○ 통신 우선순위 지정이 안되어 있고 불필요한 전문, 장문으로 작성된 전문 등으로 혼잡 가중

2) 지휘관전용 이동지휘망과 상황전용망이 없음

○ 별도의 통신수단 없음

3) 일선지휘관 · 관리자들의 통신교신 미숙

4) 통신기의 장기사용 노후로 잡음 · 스퀴시 소음으로 교신감도 극히 저하

5) 교신자들의 고성 · 발음 부정확 · 중간개입 등으로 상호의사 전달이 충분치 못하여 전문내용 변이

○ 10. 17. 운송사체 77구가 85구로 오인되어 엄청난 후유증 파생

마. 보급 및 행정지원 미흡

1) 해양경찰청 자체가 대응해야 할 긴급상황임에도 일선부서 업무로 국한

○ 관심저하 및 적극적인 지원의지 부족

2) 재정적 지원 미흡

○ 특수구조대원과 구조함정 직원·전경에 대한 증식·피복·의료지원이 안됨

바. 홍보대책 미흡

1) 능동적인 기사작성, 촬영에 의한 매스컴 보도, 홍보가 되지 못함

○ 현재의 상황과 조치한 사항
○ 구난현장의 극한 상황의 생생한 모습
○ 구조상황의 어려움, 애로사항
○ 주민 등의 협조사항

2) 홍보기법과 사전준비 미흡

○ 상황별 기사작성요령과 체계
○ 카메라·비디오 촬영술
○ 평소의 자료화면과 대형사고자료

3) 기자관리

제도 및 사기면

가. 구조협력체제 미흡

1) 공식적인 구조협력체제 없이 단순 구조협력 지원으로 법적인 책임의식과 강제력이 없음

※ 서해훼리호 사건을 계기로 수난구호법을 전면개정하는 계기가 되었음

2) 해상구조와 육상에서의 구호활동을 혼동하여 모두 해양경찰에서 관장하는 것으로 인식

○ 사망자 운구확인 · 안치 · 유족인계 · 장례 등과 부상자의 응급처치 · 병원가료 등 육상구호활동은 당해 지방자치단체가 관장하여야 함에도 해양경찰이 관장하는 것으로 잘못 인식

나. 매스컴의 무분별한 매도보도는 구조기관의 사기저하

○ 현장확인없이 주민얘기와 유언비어성 루머 취재
○ 해상의 특수성(기상 · 구난세력 · 경비정 속력 등)을 고려치 않고 일방적 추정보도
○ 극한상황하에서의 잠수구조활동 보도를 외면

다. 무분별하게 찾아오는 내빈 · 유족 · 주민 · 기장 등은 구조활동과 업무집행에 막대한 지장 초래

(4) 대책

가. 위기관리체제 수립

1) 정보입수 : 조난선 · 인근선박 · 경비정 · 무선국 · 외국

2) 초동조치

○ 함정 · 항공기 현장출동, 대기함정 비상소집 체제
○ 인근해경서 및 해군 등 관계기관 협조요청

3) 관계기관 비상연락망 구성

○ 담당자(직책 · 성명 · 전화) 지정 수시 점검

4) 상황체제 구성

○ 지휘 · 분석 · 평가반

○ 보고 · 전파반

○ 기록 · 기점 · 상황유지반

○ 지원반

5) 현장지휘반 구성

○ 지휘 · 보좌

○ 상황유지반

○ 기술지원반 : 선박기계연구소 · 해양연구소 · 관련대학교수 · 전문업체요원으로 구성

○ 홍보반

6) 해상안전체제 시스템 구성

나. 대형사고 수습처리 지침 수립, 교육 · 훈련

1) 최초상황 정보 판단과 초동조치

2) 신속한 장비(경비정 · 항공기) 및 인력(특수구조단) 동원 투입 및 관계기관 지원 요청

3) 현장지휘

4) 구조단 편성 및 구조활동 : 해상구조 · 항공탐색 · 잠수구조 · 구조기관 협력

5) 상황판단 · 예측 · 조치 · 건의

6) 상황처리 요령

○ 전보 · 문서 · 정보의 순환과 집중

○ 기록 · 기점 · 유지 · 요령

○ 현장상황판 제작

7) 지휘본부 및 대책반 구성운영

8) 후속상황 대응 및 돌발상황 대응 예비계획

9) 보고 및 전파 : 보고서 작성체계 · 서식 · 요령

10) 지원대책 : 행정 · 보급 · 예산

11) 사건수사

12) 홍보관리

13) 내방객 관리 : 내빈 · 유족 · 기자 · 이해관계인

14) 사기관리 : 예산 · 보급지원 · 표창

15) 종합보고서 : 평가 · 교훈 · 문제점 · 개선대책 등

다. 구조기술, 상황처리 능력 향상교육, 훈련

1) 지휘관급의 위기관리의식 및 능력제고

○ 상황판단 · 분석 · 평가 · 예측력
○ 신속한 지휘 및 상황장악
○ 통신교신 기술함양
○ 인력정예화 및 팀웍 조성 수시 점검

2) 구조기술

○ 수색 및 탐색 : 함정 · 항공기
○ 수색편대 및 상호협력
○ 잠수구조 및 안전조치
○ 전문가 기술 자문 및 상황수습에 참여

3) 교육 · 훈련

○ 제반지침에 의한 시나리오 작성
○ 상황도상 훈련

- 함정요원 : 함정장 · 부장 · 상황처리요원 약간명
- 육상 : 서장 · 관련과장 · 상황실요원 · 경비구난과 직원 · 수사과 등

○ 해상실제훈련
  - 함정가동 및 헬기동원
  - 해경서
  - 관련기관

라. 여객선 안전관리

1) 선박검사의 적정

○ 검사기관
  - 해운항만청
  - 한국선급협회
  - 어선협회
○ 부실 · 부정검사 방지
  - 선박검사 결과서 사본 해양경찰서 통보

2) 출입항시 철저한 안전통제

○ 기상별 운항통제
○ 과적 · 과승방지 · 단속(출항저지 · 회항조치)
○ 안전한 화물적재 - 상부하중 및 자유이동화물 방지
  ※ **기술적인 면은 해운조합 안전통제관이 검칙**
○ 구명장비 작동 및 즉시 활용태세 여부

3) 탄력적인 여객선 운항관리

○ 여객집중되는 시기 등 여객량 모델링 조사
○ 여객집중시기의 운항증편 또는 예비선 투입

4) 선장의 안전운항 재량권 부여

○ 기상급변 · 화물과적 · 기관 및 중요장비 고장 등 안전위해 우려시 긴급회항 · 피항 권 부여

○ 낙도항로 운항시 정원준수 - 승선제한권 부여

5) 여객선사의 안전운항 체제 보고서 제출 및 지도 · 점검

마. 비상통신체제 구성 및 노후통신기 교체

바. 기타

1) 홍보관리
2) 사기관리
3) 보급지원
4) 사건수사

(5) 미담사례

가. 업무수행의 보람

군산해경서 68정은 '93. 10. 13. 유족대표 12명(사망자 신순님 부부의 장남 등 12명)을 편승 시체운구시 미리준비한 향불과 촛불, 소주 그리고 쌀 한 그릇을 운구 중인 시신 앞에 차려놓고 진정으로 유족들과 슬픔을 같이 하자 서러움과 초조함에 지친 유족들이 이렇게 좋으신 분들이 있기에 우리 나라가 날로 성장해 가고 있다고 말문을 트며 접근해 와 행여 촛불이 꺼질까 정성을 다하고 있던 경찰관이 해상의 실태와 선상에서의 안전수칙 및 구명장구 등에 대하여 자세히 설명하였으며, 유족대표 중 한 분은 부패된 시신을 그렇게 정성껏 만지고 누이고 하는 것을 보고 공무원이 아니면 할 수 없는 일이라 극찬하여 68정 승조 경찰관 및 전경들은 현직업무에 보람을 느꼈으며 부두에 도착하여 매점에서 컵라면 1박스를 구입 유족들을 대접하자 이구동성으로 4일만의 식사라며 이 고마움을 평생 잊지못할 것이라고 하고 헤어짐을 아쉬워 했을 때 정장을 비롯한 전 승조원은 매스컴의 악의적 보도와 피로함을 잊고 곧바로 수색차 현지로 출항하였음

나. 인양시체에 대한 경의 표시 및 신속한 운구 활동

시체를 운구하는 경비정의 전 승조원는 시체가 살아있는 가족이라는 심정으로 주·야 관계없이 단 1분이라도 빨리 유족들의 안타까움을 덜어주기 위하여 안전하고 신속하게 이송하고 사체운구시에는 주위에 둘러서서 높은 파도에 의한 선체 동요로 사체가 해상에 떨어지지 않게 1대 1로 붙들고 269구의 사체를 안전하게 관계자에게 인도하였음

다. 유족 및 주민 편의를 위한 경비정 투입

여객선 침몰로 인하여 격포-위도간 주민 및 유가족 수송선박이 없다는 여론을 듣고 당일 경비정을 동원하여 여객을 부정기적으로 수송하고 10. 12부터는 경비정 3척을 투입 1일 3회 정기운항을 실시하여 기간중 157회 4,567명 유족 및 주민을 격포-위도-현장-군산등으로 수송 편의 제공하므로 유족 및 주민으로부터 많은 찬사를 받음

[참고문헌]

1. 국내문헌

강근복. 2000. 정책분석론, 서울: 대영문화사.

강신택. 1982. 사회과학연구의논리, 서울: 박영사.

강태룡·정규서. 1999. 기획론, 서울: 대왕사.

경영실무연구소역. 1990. 2000년대를 향한 기획포인트, 서울: 더난출판사.

경찰청. 2001. 21C 한국경찰의 비전, 서울: 경찰청.

경찰청 정보국. 1997. 정보보고서 용어사용 요령. 서울: 경찰청.

경찰청. 2013. 「치안전망 2014」, 서울: 경찰청.

경찰청. 2012. 「치안전망 2013」, 서울: 경찰청.

고광의. 1992. 정보의 이론과 실제. 서울: 이상학습.

高橋憲行, 홍영희 역. 1995. 기획대사전, 서울: 가림출판사.

곽효문. 1995. 정책학원론. 서울: 학문사.

권영찬. 1983. 기획론, 서울: 박문사.

김기인. 1989. 행정실무강의, 서울: 형설출판사.

김명수. 1988. 공공정책평가론, 서울: 박영사.

김병진. 1993. 정책학원론, 서울: 박영사.

김봉식. 1991. 기획론, 서울: 박영사.

김성준. 김용운. 2003. 지방자치단체의 기획- 선택인가 필수인가: 미국지방정부의 교
        훈. 한국행정연구. 12(4).

김수영. 1987. 행정기획론, 서울: 법문사.

김신복. 1999. 발전기획론. 서울: 박영사.

김신복·노화준. 1988. 개발기획론, 서울: 방송대학출판부.

김의경. 2007. 상류인생 하류인생, 갈매나무.

김재권. 1991. 기획론, 서울: 대영문화사.

김정호. 2000. "지방행정에 전략적 기획의 적용과 그 한계". 지방정부의 개혁과 지방
        자치. 자료집, 한국지방자치학회.

김진애. 1999. 프로로 자라기, 서울: 서울포럼.

김형렬. 1998. "효과적인 정책 형성 및 집행을 위한 전략적 기획의 활용에 관한 고찰". 사회과학논집. 제29집. 연세대학교.

나태준·김성준. 2003. 공공조직의 전략기획체제 구축방안. 서울시정개발연구원.

노구치 요시아키편. 이정환 역. 2002. 파워 로지컬 싱킹. 국일증권경제연구소.

노화준. 1990. 정책분석론, 서울: 박영사.

노화준. 1999. "전략적 기획과 관리에 있어서 복잡성과 전략평가의 문제". 행정논총. 제37권 1호. 서울대학교 행정대학원.

다카하시 마코토저, 김영신 역. 2002. 기획력을 기른다. 서울: 지식공작소.

다카하시 겐코저, 홍영의 역. 2002. 기획대사전. 서울: 가림출판사.

랄프 쇼이스. 안성철 역. 2010. 전략사전. 서울: 옥당.

로저 본 외흐. 정주연 역. 2002. Creative Thinking. 에코리브르.

문정인 편저. 2002. 국가정보론. 서울: 박영사.

박영일. 1994. 강대국의 정보기구. 서울: 현대문예사.

박용치. 1992. 현대행정학, 서울: 고려원.

박우서·박경원 공역. 1997. 현대기획이론, 서울: 다산출판사.

박흥윤. 1998. "공공부문에서 전략적 기획의 필요성과 한계", 충주산업대학교 논문집. 제33집 1호. 충주산업대학교.

방석현. 1991. 행정정보체계론. 서울: 법문사.

손원일. 1992. 정보이야기. 서울: 하이테크정보.

신봉기. 2007. "한국의 행정절차와 행정정보에 대한 자유로운 접근". 공법연구 35(4).

송병호. 2011. "한국정보경찰역량과 효과성인식에 관한 조사연구", 한국자치행정학보, 25(3) : 399-417.

안문석. 1993. 계량행정론, 서울: 박영사.

안영훈·장은주. 2000. 지방자치단체 변화관리를 위한 전략기획의 활용 방안.. 한국지방행정연구원.

안해균. 1991. 정책학원론, 서울: 다산출판사.

유훈·김지원. 1998. 정책형성론. 서울: 방송대학출판부.

양창삼, 2003. 열린사회를 위한 성찰과 조직 담론. 한양대학교 출판부.

윤성식. 2003. 정부개혁의 비전과 전략. 서울: 열린책들.

윤은기. 1991. 정보학특강. 서울: 김영사.

윤은기. 1992. 정보력과 휴먼웨어. 서울: 유나이티드컨설팅그룹.

윤은기·김광영. 1990. 인간과 정보활용. 서울 : 유나이티드컨설팅그룹.

윤종진. 2002. 기획실무, 시·도지방공무원교육원.

이명진. 1989. 기획관리의 이론과 실제, 서울: 전진출판사.

이병곤. 1995. 정보개론. 서울: 정양사.

이윤식. 1994. 행정정보체제론. 서울: 법영사.

이장우. 1997. 벤처경영, 매일경제신문사.

이정환역. 2002. 파워 로지컬싱킹. 서울: 국일증권경제연구소.

이종수외. 2001. 새행정학, 서울: 대영문화사.

이환범. 2001. "공공조직의 전략적 관리 및 기획에 관한 논의". .행정논총.. 제40권 제
    1호. 서울대학교행정대학원.

임우순. 1986. 기획력 131의 법칙, 서울: 경영자료사.

정순태. 1971. 국가정보론. 서울: 경신출판사.

정정길. 1999. 정책학원론. 서울: 대명출판사.

제갈돈·이환범·송건섭. 2000. "정부 성과관리와 평가방법론에 대한 고찰". 정책분석
    평가학회보. 제10권 제2호. 한국정책분석평가학회.

중앙공무원교육원. 2001. 정책기획연습. 서울: 중앙공무원교육원.

지방공무원교육원. 2003, 기획실무, 부산: 부산시 지방공무원교육원.

최명호. 1989. 세계의 정보기관들. 서울: 대왕사.

최봉기외. 1995. 행정학, 서울: 법문사.

최신융 강제상 김선엽 임영제. 2005. 행정기획론. 서울: 박영사.

한치규. 1998. 기획의 노하우(상·하), 서울: 신세대.

허경미. 1997. 경찰정보론. 용인: 경찰대학.

홍영의 역. 1995. 기획대사전, 서울: 가림출판사.

2. 외국문헌

Ackoff, R.L.et al. 1981. *A Prologue to National Development*. Philadelphia: Univ. of Pennsylavania Social Systems Sciences Department.

Allison, Graham T. 1971. *Essence of Decision: Explaining the Cuban Missile Crisis,* Boston: Little Brown and Company.

Allison, Michael & Kaye Jude. 1997. *Strategic Planning for Nonprofit Organizations: A Practical Guide and Workbook.* WILEY.

Almond, Gabriel A. and Powell, G. Bingham(eds.). 1984. *Comparative Politics Today,* 3rd ed. Boston: Little Brown.

Anderson, James. 1984. *Public Policy Making,* 3rd ed. NY: Holt, Rinehart and Winston.

Ansoff, H. Igor. 1998. *The New Corporate Strategy.* New York: John Wiley.

Arizona State Government. 1998. *Managing for Results Handbook.*

Bachrach, P. and M. Baratz. 1962. *Two Faces of Power.* APSR. Vol. 56.

Barry, B. W. 1986. S*trategic Planning Workbook for Nonprofit Organizations.* St. Paul, Minn.: Amherst Wilder Foundation.

Berry, S. F. & Wechsler, B. 1995. "State Agencies' Experience with Strategic Planning: Findings from a National Survey". *Public Administration Review.* Vol. 55, No. 2.

Blacker, Phillip. 1994. "History of Strategic Planning". *Armed Forces Comptroller.* Vol. 39, No. 1.

Bryson, John M. 1995. *Strategic Planning for Public and Non-profit Organizations.* San Francisco: Jossey-Bass.

Cobb, Roger W. and Charles D. Elder. 1983. *Participation in American Politics: The Dynamics of Agenda Building.* 2nd ed. Baltimore: Johns Hopkins University Press.

Cohen, M., March, J. and J. Olsen. 1972. A Garbage Can Model of Organizational Choice. *Administrative Science Quarterly.* Vol. 17, No. 1(March).

Crow, M., & Bozeman, B., Strategic Public Management. In J.M. Bryson and R.C. Einsweiler (eds.). 1998. *Strategic Planning-Threats and Opportunities for*

Planners. Chicago: Planners Press.

Cyert, Richard M. and James G. March. 1963. *A Behavioral Theory of the Firm.* Englewood Cliffs, N. J.: Prentice-Hall.

Dictionary of U.S. Military Terms for Joint Usage. 1955. Washington, Department of the Army, *Navy and Air Force,* May.

Diesing, Paul. 1962. *Reason and Society.* Urbana: University of Illinois Press.

Dror, Y. 1963. The Planning Process: A Facet Design. *International Review of Administrative Sciences,* Vol. 29.

Dror, Yehezkel. 1968. *Public Policymaking Reexamined,* San Francisco: Chandler.

Dye, Thomas R. 1981. *Understanding Public Policy,* 4th ed. Englewood Cliffs, NJ: Prentice-Hall.

Easton, D. 1965. *A Systems Analysis of Political Life.* NY: John Wiley and Sons.

Etzioni, Amitai. 1967. *Mixed Scanning, A Third Approach to Policy Making,* PAR Vol. 27, No. 5(Dec).

Eyestone, Robert. 1978. *From Social Issues to Public Policy.* New York: Wiley.

Frey, Frederick W. 1971. Comment: On Issues and Nonissues in the Study of Power. *American Political Science Review.* December.

Hamel, Gary. 1996. "Strategy as Revolution", *Harvard Business Review.* 74(4): 69-82.

Hirschman, Albert O. 1975. Policymaking and Policy Analysis in Latin America: A Return Journey, *Policy Science,* Vol. 6.

Hogwood, Brian W. and B. Guy Peters, *Policy Dynamics.* N.Y.: St. Martin's Press.

Jones, Charles. O. 1977. *An Introduction to the Study of Public Policy,* 2nd ed. North Scituate, Mass: Duxbury Press.

Kendrick, F. et al., 1974. *Strategies for Political Participation,* 2nd ed. MA: Winthrop Publishers, Inc.

Kent, Sherman. 1951. *Strategic Intelligence,* Princeton University Press.

Kingdon, John W. 1984. Agendas, *Alternatives and Public Policies.* Boston: Little. Brown and Company.

Koontz Harold and Cyril O'Donnell. 1959. *Principles of Management : An Analysis of Managerial Funtions.* N.Y.: McGraw-Hill Book Co.

Koontz, Harold & Cyril O'Donnell, 1984. *Principles of Management.* N.Y.: McGraw-Hill Inc.

Lasswell, Harold D. 1965. *The Decision Process: Seven Categories of Functional Analysis.* College Park: University of Maryland.

Lasswell, Harold. 1971. *Preview of Policy Sciences.* NY: American Elsivier.

Levine, Charles H. 1978. Organizational Decline and Cutback Management. *PAR.* Vol. 38, No. 4(July/Aug).

Lindblom, Charles E. 1980. *The Policy-Making Process.* 2nd. Englewood Cliffs, N.J.: Prentice-Hall.

Lipsky Michael. 1980. *Street-Level Bureaucracy.* New York: Russell sage.

Lowi, Theodore J. 1972. Four Systems of Politics and Choice, *Public Administration Review,* Vol. 32 No.4(July/August)

Lynn, Laurence Jr. 1987. *Managing Public Policy.* Boston: Little, Brown.

March, James G. and Herbert A. Simon. 1958. *Organizations,* New York: John Wiley & Sons, Inc.

McLaughlin, Mac. ed. 1976. *Social Program Implementation.* NY: Academic Press.

Merriam, Charles E. 1941. "The National Resources Planning Board", in George B. Galloway and Associates, *Planning for America.* New York : Henry Halt & Co.

Miller, Gerald J., Jack Rabin, and W. Bartley Hildreth. 1987. "Strategy, Values, and Productivity". *Public Policy Review.* 43(11). 81-96.

Mintzberg, Henry. 1994. *The Rise and Fall of Strategic Planning : Reconceiving Roles for Planning, Plans, Planners.* New York: Macmillan.

Nakamura, Robert T. & Frank Smallwood. 1980. *The Politics of Policy Implementation.* NY: St. Martin's Press.

Nakano Akio, 나상억·김원종역. 2003. 기획서 잘 쓰는 법. 21세기북스.

Nisbett, Richard E., 최인철 역. 2003. 생각의 지도. 김영사.

Nutt, Paul C. & Backoff, Robert W. 1992. *Strategic Management of Public and*

Third Sector Organizations: A Handbook for Leaders. San Francisco: Jossey-Bass.

Olsen, John B. & Douglas C. Eadie. 1982. *The Game Plan: Government with Foresight.* Washington DC: Council of State Planning Agencies.

Oregon Progress Board. 1997. *Oregon Shines Ⅱ: Updating Oregon's Strategic Plan.*

Osborne, David & Peter Plastrik. 1997. *Banishing Bureaucracy: The Five Strategies for Reinventing Government.* New York. Addison Wesley.

Osborne, David & Ted Gaebler. 1992. *Reinventing Government.* New York: A Plume Book.

Ostrom, Vincent & Elinor Ostrom. 1971. Public Choice: A Different Approach to the Study of Public Administration, *PAR,* Vol. 31, No. 2.(March/April)

Poister, Theodore H. & G. D. Streib, 1999. "Strategic Management in the Public Sector". *Public Productivity & Management Review,* Vol. 22, No.3, March: 308-325.

Pressman, Jeffrey L. & Aaron Wildavsky. 1973. *Implementation.* Berkeley: University of Cal. Press.

Quade, E.S. 1982. *Analysis for Public Decisions,* 2nd ed. N.Y.:North Holland.

Rein, Martin and Francine F. Rabinovitz. 1978. Implementation: A Theoretical Perspective, in Walter D. Burnham and Martha W. Weinberg(eds.), *American Politics and Public Policy.* Cambridge: MIT Press.

Riley, Patrick G. 안진환 역. 2002. *The One Page Proposal,* 을유문화사.

Ripley, Randal B. & Grace A. Franklin. 1986. *Policy Implementation and Bureaucracy.* Chicago: Dorsey.

Ripley, Randal B. and Franklin, Grace A. 1980. *Congress, the Bureaucracy and Public Policy,* revised ed. Homewood, Illinois: The Dorsey Press.

Salisbury, Robery H. 1968. The Analysis of Public Policy: A Search for Theories and Roles, in Austin Ranney, (ed.), *Political Science and Public Policy,* Chicago: Markham.

Sharkansky, Ira. 1975. *Public Administration: Policy Making in Government*

Agencies. Chicago: Rand McNally.

Simon, H. 1963. Political Research: *The Decision-making Framework*. Paper delivered at APSA meeting in New York.

Sorkin, D. L., N. B. Ferris, & J. Hudak, 1985. *Strategies for Cities and Counties, A Strategic Planning Guide*. Washington D.C. Public Technology, Inc.

Steiner, G. A. 1979. *Strategic Planning: What Every Manager Must Know*. New York: Free Press.

Toulmin, Stephen. 1958. The Uses of Argument(Cambridge: Cambridge University Press.

Waterston, Albert. 1965. *Development Planning*. Baltimore: Johns Hopkins Press.

Wernham, R. 1984. "Bridging the Awful Gap between Strategy and Action". *Long Range Planning*. 17(6), 4-42.

Wildavsky, Aaron. 1964. *The Politics of the Budgetary Process*. Boston: Little Brown.

Winzant, J. C. & D. H. Vinzaant. 1996. "Strategic Management and Total Quality Management: Challenges and Choices". *Public Administration Quarterly*. 20: 201-219.

▌ 임재강

· 경운대학교 경찰행정학부 교수

최신 경찰기획론

1판 1쇄 인쇄 2014년 08월 20일
1판 1쇄 발행 2014년 08월 25일
저   자 임재강
발 행 인 이범만
발 행 처 **21세기사** (제406-00015호)
　　　　 경기도 파주시 산남로 72-16 (413-130)
　　　　 Tel. 031-942-7861   Fax. 031-942-7864
　　　　 E-mail : 21cbook@naver.com
　　　　 Home-page : www.21cbook.co.kr
　　　　 ISBN 978-89-8468-543-7

정가 30,000원